COLLECTION « VÉCU »

IACOCCA

PAR LEE IACOCCA

AVEC LA COLLABORATION DE WILLIAM NOVAK

Traduit de l'américain par
PATRICK BERTHON

ÉDITIONS ROBERT LAFFONT
PARIS

Titre original : IACOCCA, an autobiography

Traduction française : Éditions Robert Laffont, S.A., Paris, 1985
ISBN 2-221-04769-9
(Édition originale :
ISBN 0-553-05067-2 Bantam Books, New York

A toi, Mary, ma bien aimée,
pour ton courage
et ton dévouement à nous trois.

AVANT-PROPOS

Partout où je vais, on me pose les mêmes questions. Comment expliquez-vous votre réussite ? Pourquoi Henry Ford vous a-t-il licencié ? Comment avez-vous redressé la situation de Chrysler ?

Comme je n'avais pas de réponses toutes prêtes à ces questions, j'ai pris l'habitude de dire : « Vous le découvrirez quand j'aurai écrit mon livre. »

J'ai répété si souvent cette phrase au fil des ans que j'en suis arrivé à le croire. Si bien qu'en fin de compte je n'avais plus le choix ; il me fallait écrire ce livre dont je parlais depuis si longtemps.

Pourquoi l'ai-je écrit ? Certainement pas pour devenir célèbre. Les publicités télévisées pour Chrysler m'ont déjà donné plus de notoriété que je n'en désirais.

Je ne l'ai pas écrit pour l'argent non plus. Je jouis déjà de tous les biens qu'un homme puisse souhaiter. C'est pourquoi ce que cet ouvrage me rapportera sera intégralement versé à la fondation Joslin pour le diabète à Boston.

Et si je l'ai écrit, ce n'est pas pour me venger d'Henry Ford. Cela, je l'ai déjà fait, à la manière ancienne, en me battant pied à pied sur le terrain.

Au vrai, j'ai écrit ce livre pour que les choses soient claires (y compris dans mon esprit), pour raconter l'histoire de ma vie chez Ford et Chrysler telle qu'elle s'est réellement passée. En y travaillant, en revivant mon passé, j'ai souvent songé à tous les jeunes gens que je rencontre quand je donne des conférences dans les universités ou les écoles de commerce. Si cet ouvrage peut leur présenter un tableau réaliste des défis et des stimulations du monde des affaires dans les Etats-Unis d'aujourd'hui et leur donner une idée de ce qui mérite que l'on se batte pour le défendre, tout ce travail n'aura pas été inutile.

PROLOGUE

Vous allez lire l'histoire d'un homme qui a eu plus que sa part de réussite. Mais il y eut aussi des périodes noires. Quand je revois en esprit les trente-huit ans que j'ai passés dans l'industrie automobile, le jour qui a laissé dans ma mémoire le souvenir le plus vif n'a rien à voir ni avec le lancement d'une voiture nouvelle, ni avec la publicité, ni avec des bénéfices.

Le fils d'immigrants que j'étais est arrivé à la force du poignet à la présidence de la Ford Motor Company. En y parvenant, j'accédai au faîte des honneurs. Mais c'est alors que le destin a cessé de m'être favorable, comme s'il voulait me dire : « Attends ! Nous n'en avons pas fini avec toi ! Il te reste à découvrir ce que l'on éprouve en dégringolant du sommet ! »

Le 13 juillet 1978, je fus licencié. J'étais président de Ford depuis huit ans et dans la maison depuis trente-deux. Je n'avais jamais travaillé ailleurs. Et d'un seul coup, je me retrouvais sans emploi. Cela faisait mal au ventre.

Mon contrat devait officiellement se terminer trois mois plus tard, mais ma lettre de « démission » stipulait que je devais avoir la jouissance d'un bureau à la fin de cette période et jusqu'à ce que je trouve un nouvel emploi.

Le 15 octobre, mon dernier jour au bureau qui se trouvait être celui de mon anniversaire, mon chauffeur me conduisit pour la dernière fois à la direction de Ford-Monde à Dearborn. Avant de partir de chez moi, j'embrassai ma femme, Mary, et mes deux filles, Kathi et Lia. Ma famille avait énormément souffert au cours de ces derniers mois mouvementés chez Ford, et cela me mettait en rage. J'étais peut-être responsable de mon destin, mais pourquoi Mary et les filles devaient-elles subir tout cela ? Elles étaient les victimes innocentes du despote dont le nom s'étalait au fronton du bâtiment.

Aujourd'hui encore, leur peine est présente à mon esprit. Comme la lionne et ses lionceaux ; il est de l'intérêt du chasseur ne pas chercher à nuire aux petits. Henry Ford a fait souffrir mes enfants et jamais je ne pourrai le lui pardonner.

Le lendemain, je pris ma voiture et me rendis à mon nouveau bureau. Il se trouvait dans un entrepôt sombre de Telegraph Road, à quelques kilomètres seulement de Ford-Monde, mais j'eus l'impression de débarquer sur une autre planète.

Je ne savais pas exactement où était le bureau et il me fallut quelques minutes pour trouver le bon bâtiment. Quand j'y arrivai enfin, je ne savais même pas où garer ma voiture.

C'est alors que je découvris qu'il y avait des tas de gens prêts à me renseigner. Quelqu'un avait averti les médias que le président fraîchement limogé de Ford viendrait travailler là ce matin, et un groupe de journalistes m'attendait. Un reporter de la télévision me fourra un micro devant la bouche.

« Que ressentez-vous en arrivant dans cet entrepôt après avoir passé huit ans au sommet de la hiérarchie ? » demanda-t-il.

Je ne trouvai rien à lui répondre. Qu'aurais-je pu dire ? Mais dès que je fus hors de portée du micro, je marmonnai en aparté :

« J'ai l'impression d'être traité comme de la merde. »

Mon nouveau bureau était une sorte d'alcôve équipée d'une table de travail et d'un téléphone. Dorothy Carr, ma secrétaire, était déjà là, les yeux brillants de larmes. Sans un mot, elle me montra du doigt le tapis de linoleum fendillé et les deux tasses à café en plastique sur le bureau.

La veille encore, nous travaillions ensemble dans le luxe le plus inouï. Le bureau du président avait les dimensions d'une suite de grand hôtel. J'avais un appartement privé avec salle de bains. En ma qualité de cadre d'état-major, j'avais toute la journée à ma disposition des serveurs en livrée. J'avais un jour fait venir des parents d'Italie pour leur montrer où je travaillais, et ils avaient été transportés au septième ciel.

Mais ce jour-là, j'aurais pu être à l'autre bout de la terre. Quelques minutes après mon arrivée, le responsable du dépôt passa me faire une visite de courtoisie. Il me proposa une tasse de café du distributeur du hall. C'était un geste de sympathie, mais l'incongruité de ma présence en ces lieux nous mettait tous deux mal à l'aise.

Pour moi, c'était la Sibérie, l'exil aux confins du royaume. J'étais tellement abasourdi qu'il me fallut plusieurs minutes avant de me rendre compte que je n'avais aucune raison de rester. J'avais le téléphone chez moi et on pouvait m'apporter le courrier. Je quittai l'entrepôt avant dix heures et n'y remis plus jamais les pieds.

Cette dernière humiliation fut encore pire que le fait d'être limogé. Elle me donna envie de tuer, je ne savais pas très bien qui, Henry Ford ou moi-même. Je n'envisageai jamais sérieusement ni l'assassinat, ni le suicide, mais je me mis à boire un peu plus... et à trembler beaucoup plus. J'avais réellement l'impression d'être complètement déglingué.

A mesure que l'on avance dans la vie, d'innombrables petites bifurcations se présentent ainsi que quelques grands embranchements qui sont les moments de vérité. Je me trouvais à la croisée des chemins et je me demandais ce que j'allais faire. Fallait-il tout laisser tomber et partir en retraite ? J'avais cinquante-quatre ans, une vie bien remplie et j'étais à l'abri du besoin. Je pouvais me permettre de me consacrer au golf pendant le reste de mes jours.

Mais cela ne me disait rien. Je savais que je devais me ressaisir et aller de l'avant.

Il y a des moments dans la vie de tout un chacun où l'adversité engendre quelque chose de constructif. Il y a des moments où tout semble aller si mal qu'il est nécessaire de se reprendre en main et de se secouer. Je suis persuadé que c'est cette matinée à l'entrepôt qui m'a poussé à accepter la présidence de Chrysler une quinzaine de jours plus tard.

J'aurais pu m'accommoder de ma peine intime, mais l'humiliation publique et intentionnelle était au-dessus de mes forces. La colère m'étouffait et le choix était simple : soit je dirigeais cette colère contre moi-même, avec des résultats désastreux, soit j'utilisais une partie de cette énergie pour tenter de réaliser quelque chose de fructueux.

« Ne t'énerve pas, me conseilla Mary. Garde ton calme. »

Mais je tombais de Charybde en Scylla. Un an après mon entrée chez Chrysler, l'entreprise était au bord du dépôt de bilan. Il m'arriva souvent chez Chrysler de me demander comment j'avais pu me fourrer dans ce pétrin. Etre limogé par Ford était déjà assez pénible, mais faire naufrage avec Chrysler, c'en était trop.

Heureusement Chrysler ne fit que frôler la ruine, et je suis devenu un héros. Mais curieusement c'est le moment de vérité à l'entrepôt qui est à l'origine de tout cela. Avec de la détermination, de la chance et l'aide de nombreuses personnes de qualité, je suis parvenu à renaître de mes cendres.

Et maintenant, je vais vous raconter mon histoire.

MADE IN AMERICA

1

LA FAMILLE

Quand mon père, Nicola Iacocca, débarqua dans notre pays en 1902 à l'âge de douze ans, il était seul, pauvre et craintif. Il aimait à dire que la seule chose dont il était sûr en posant le pied sur le sol américain était que la Terre était ronde. Et seulement parce qu'un autre Italien du nom de Christophe Colomb l'avait précédé de quatre cent dix ans, presque jour pour jour.

Tandis que le navire entrait dans le port de New York, mon père contemplait la statue de la Liberté, ce grand symbole d'espoir pour des millions d'immigrants. Quand il revit la statue lors de sa deuxième traversée, il était un nouveau citoyen américain, avec sa mère, sa jeune épouse et l'espoir pour le soutenir. Pour Nicola et Antoinette, l'Amérique était la patrie de la liberté, la liberté de devenir tout ce que l'on voulait, à condition de le vouloir suffisamment fort et d'être prêt à travailler pour l'obtenir.

C'est l'unique leçon que mon père donna à sa famille, et j'espère avoir fait aussi bien avec la mienne.

Tout au long de ma jeunesse à Allentown, en Pennsylvanie, ma famille était si unie que j'avais parfois l'impression que nous étions les quatre parties d'une seule et même personne.

Mes parents me faisaient toujours sentir ainsi qu'à ma sœur Delma mon importance et mon originalité. Rien ne nécessitait trop d'efforts de leur part ni ne leur coûtait trop, et mon père, qui avait une dizaine d'activités, trouvait toujours du temps à nous consacrer. Ma mère s'efforçait de nous préparer les plats que nous aimions, uniquement pour nous faire plaisir. Et aujourd'hui encore, chaque fois que je vais la voir, elle me fait mes deux plats préférés : un potage au poulet avec des boulettes de veau et des ravioli garnis de ricotta. De toutes les grandes cuisinières napolitaines, elle doit être l'une des meilleures.

Mon père et moi étions très liés. J'adorais lui faire plaisir, et il était terriblement fier de ce que j'accomplissais. Il était aux anges quand je faisais une dictée sans fautes à l'école et plus tard, à chacune de mes promotions, je lui téléphonais et il allait aussitôt en informer tous ses amis. Il voulait être le premier à se mettre au volant des nouvelles voitures de chez Ford, et quand je fus nommé président de la firme en 1970, je ne sais lequel de nous deux fut le plus heureux.

Comme bon nombre d'Italiens, mes parents étaient très démonstratifs, aussi bien en public que dans l'intimité du foyer. La plupart de mes amis n'auraient jamais osé serrer leur père dans leurs bras, dans la crainte de ne pas paraître forts et indépendants, mais j'étreignais et embrassais le mien dès que l'occasion se présentait, et cela me semblait tout naturel.

C'était un homme dynamique, à l'esprit inventif, qui se lançait sans cesse dans de nouvelles activités. Il fit un jour l'acquisition de deux figuiers qu'il parvint à faire pousser sous le rude climat d'Allentown. Il fut aussi le premier à acheter une moto, une vieille Harley Davidson qu'il conduisait dans les rues de terre battue de notre petite ville. Mais mon père et son engin ne s'accordaient malheureusement pas très bien et il tombait si souvent qu'il finit par s'en débarrasser. Par la suite, il ne fit plus jamais confiance à un véhicule ayant moins de quatre roues.

A cause de cette fichue moto, mes parents refusèrent de m'acheter une bicyclette, et j'étais obligé d'emprunter celles de mes camarades. Mais dès que j'eus atteint l'âge de seize ans, mon père me laissa conduire sa voiture, ce qui fit de moi le seul gamin d'Allentown à passer directement du tricycle à la Ford.

Mon père adorait les voitures et il acheta l'une des premières modèle T. Il était l'un des rares habitants d'Allentown à savoir conduire et il passait son temps à bricoler sa voiture et à essayer d'y apporter des améliorations. Comme tous les conducteurs de cette époque, il était victime de fréquentes crevaisons et, pendant des années, il fut obsédé par la recherche d'une solution pour parcourir quelques kilomètres supplémentaires avec un pneu à plat. Aujourd'hui encore, je songe à lui chaque fois que la technologie du pneu fait de nouveaux progrès.

Il adorait les Etats-Unis et poursuivait de toutes ses forces le rêve américain. Quand la Première Guerre mondiale éclata, il se porta volontaire, en partie par patriotisme et en partie, il me l'avoua plus tard, afin d'avoir une meilleure maîtrise de son destin. Il avait déployé beaucoup d'efforts pour arriver en Amérique et se faire naturaliser, et il était terrifié à la perspective d'être renvoyé en Europe pour combattre sur les fronts italien et français.

Heureusement pour lui, il fut affecté à Camp Crane, un centre d'instruction militaire situé à trois kilomètres de chez lui. Comme il savait conduire, on l'employa à la formation des ambulanciers.

Nicola Iacocca venait de San Marco, une ville de la région de Campanie située à une quarantaine de kilomètres de Naples. Comme tant d'immigrants, mon père était plein d'ambition et d'espoir en arrivant aux Etats-Unis. Il vécut d'abord quelque temps chez son demi-frère à Garrett, en Pennsylvanie, où il trouva du travail dans une mine de charbon, mais il fut tellement rebuté qu'il n'y resta qu'une journée. Il aimait dire que c'était le seul jour de sa vie où il avait travaillé pour quelqu'un.

Il alla peu après s'installer à Allentown où vivait un autre de ses frères. En 1921, il avait mis assez d'argent de côté en faisant des travaux divers, apprenti cordonnier en particulier, pour retourner à San Marco afin d'aller chercher sa mère qui était veuve. En fin de compte, il revint aussi avec ma propre mère, car, au cours de ce séjour en Italie, le célibataire de trente et un ans tomba amoureux de la fille d'un cordonnier âgée seulement de dix-sept ans et l'épousa au bout de quelques semaines.

Depuis des années, un certain nombre de journalistes ont rapporté (ou répété) que mes parents ont passé leur lune de miel au Lido, à Venise, et qu'ils m'ont prénommé Lido en souvenir de cette semaine idyllique. C'est une merveilleuse histoire qui a pour seul défaut de ne pas être vraie. Mon père est bien allé au Lido mais c'était avant son mariage et non après. Et comme il était en compagnie du frère de ma mère, je doute que son séjour ait été placé sous le signe du romantisme.

La traversée de mes parents ne fut pas de tout repos. Ma mère attrapa la typhoïde et resta à l'infirmerie pendant tout le voyage. Quand elle arriva à Ellis Island, elle avait perdu tous ses cheveux. D'après le règlement sanitaire, elle aurait dû être renvoyée en Italie, mais mon père avait du bagout et il avait déjà appris à se débrouiller dans le Nouveau Monde. Il parvint à convaincre les fonctionnaires de l'immigration que sa jeune épouse souffrait simplement du mal de mer.

Je vis le jour trois ans plus tard, le 15 octobre 1924. Mon père avait déjà ouvert un petit restaurant de hot-dogs qu'il avait appelé l'Orpheum Wiener House. C'était le commerce idéal pour quelqu'un qui n'avait guère d'argent. Le seul investissement consistait en un gril, un appareil pour chauffer le pain et quelques tabourets.

Mon père m'avait inculqué deux grands principes. D'abord ne jamais monter une affaire exigeant un capital trop important, car les banquiers finissent toujours par vous absorber. (J'aurais dû m'inspirer beaucoup plus de ce conseil !) Ensuite choisir la restauration en période de crise, car même si les temps sont difficiles, les gens ne peuvent se passer de manger. C'est ainsi qu'il réussit à maintenir l'Orpheum Wiener House à flot pendant toute la crise de 1929.

Il prit par la suite mes oncles Theodore et Marco comme associés et aujourd'hui encore Julius et Albert Iacocca, les fils de Theodore, vendent des hot-dogs à Allentown. La société a pris le nom de Yocco's, ce qui est plus ou moins la manière dont les habitants de Pennsylvanie d'origine hollandaise prononçaient notre nom.

Je faillis moi-même entrer dans la restauration. A un certain moment, en 1952, j'envisageai sérieusement de partir de chez Ford et de me lancer dans le franchisage. Les concessionnaires Ford agissaient en franchisés indépendants, et l'idée me vint que dans la restauration un franchiseur pourrait très rapidement faire fortune. Mon idée était d'avoir une dizaine de boutiques de fast food avec une unique centrale d'achat. Cela se passait bien longtemps avant que l'idée des McDonald's commence à germer dans l'esprit de Ray Kroc, et je me demande parfois si je n'ai pas manqué ma véritable vocation. Qui sait ? Je vaudrais peut-être aujourd'hui un demi milliard de dollars et une enseigne proclamerait en lettres d'or : Plus d'un milliard de repas servis.

Quelques années plus tard, j'ouvris à Allentown une petite boutique de sandwiches à l'enseigne des Quatre Chefs. On y servait des steaks au fromage à la mode de Philadelphie (de minces tranches de viande accompagnées de fromage fondu dans un petit pain italien). Mon père monta l'affaire et j'apportai les fonds. Le résultat dépassa mes espérances, car en réalité c'est une échappatoire fiscale que je recherchais. Dès la première année, nous gagnâmes 125 000 dollars, ce qui me fit passer dans une tranche d'imposition assez lourde pour que je me voie contraint de me débarrasser des Quatre Chefs. Ce fut ma première expérience de la hantise des tranches d'imposition et de la nature progressive de la législation fiscale.

En fait, mes premiers contacts avec l'alimentation furent bien antérieurs à mon entrée dans l'industrie automobile. L'un des premiers supermarchés du pays s'ouvrit à Allentown quand j'avais dix ans. Après l'école et pendant le week-end, mes petits camarades et moi faisions la queue à la porte avec nos chariots rouges, comme une file de taxis devant un hôtel. Quand les clients sortaient, nous leur proposions de transporter leurs achats chez eux contre une petite rétribution. Rétrospectivement, ce n'est pas dépourvu de signification : j'étais dans l'alimentation mais je m'occupais déjà du transport.

Dans mon adolescence, je travaillais le week-end pour un marchand de fruits et légumes, un Grec nommé Jimmy Kritis. Je me levais avant l'aube pour aller m'approvisionner au marché de gros et rapporter la marchandise. Je recevais deux dollars par jour, plus tous les fruits et légumes que je réussissais à transporter à la maison après une journée de travail de seize heures.

A cette époque, mon père avait déjà d'autres entreprises que l'Orpheum Wiener House. Il avait pris une participation dans une compagnie nationale, U-Drive-It, l'une des toutes premières agences de location de voitures, et il finit par se trouver à la tête d'un parc d'une trentaine de véhicules, des Ford pour la plupart. Mon père était aussi très ami avec un certain Charley Charles dont le fils Eddie travaillait chez un concessionnaire Ford. Par la suite, Eddie devint lui-même concessionnaire et me fit connaître l'univers fascinant du commerce automobile de détail. Eddie me donna envie à l'âge de quinze ans d'entrer dans l'industrie automobile et je consacrai dès lors toute mon énergie à atteindre ce but.

C'est probablement de mon père que j'ai hérité l'instinct du marketing. Il avait fait l'acquisition de deux cinémas dont l'un, le *Franklin,* existe toujours. De vieux habitants d'Allentown m'ont confié que les enfants qui venaient aux matinées du samedi étaient plus excités par ses opérations promotionnelles que par le film lui-même. On évoque encore le jour où il annonça que les dix gamins ayant le visage le plus sale gagneraient une place gratuite.

Je doute qu'il y ait encore des enfants qui fréquentent le *Franklin.* Il s'appelle maintenant le *Jenette* et à la place des films avec Tom Mix et Charlie Chaplin on y projette des films pornographiques.

•

Au point de vue financier, notre famille avait des hauts et des bas. Comme bon nombre d'Américains, nous connûmes la prospérité des années 20. En plus des différentes affaires qu'il contrôlait, mon père commença de gagner énormément d'argent dans l'immobilier et, pendant quelques années, nous fûmes vraiment riches. Mais c'est alors que survint la crise de 1929.

Tous ceux qui ont connu cette époque ne pourront jamais l'oublier. Mon père perdit tout ce qu'il avait et nous faillîmes même nous retrouver sans toit. Je me souviens d'avoir demandé à ma sœur, qui était de deux ans mon aînée, si nous allions être obligés de déménager et comment nous trouverions un autre foyer. Je n'avais que six ou sept ans à l'époque, mais le souvenir de mon appéhension de l'avenir est encore très vif dans mon esprit. Les mauvais moments nous laissent une impression indélébile.

Tout au long de ces années difficiles, ma mère démontra qu'elle était une femme de ressources. C'était une vraie immigrante, le pilier de la famille. Un bouillon de légumes à cinq cents nous faisait du profit et il y avait toujours assez à manger. Je me rappelle qu'elle achetait des pigeonneaux — trois pour vingt-cinq cents — et qu'elle tuait les volatiles elle-même, car elle ne faisait pas confiance au boucher qui lui en garantissait la fraîcheur. Au plus fort de la crise, elle aida mon père au restaurant et elle fut même obligée à un moment d'aller travailler dans une filature de soie où elle cousait des chemises. Tout ce qu'il fallait faire pour survivre, elle le faisait et elle avait du cœur à l'ouvrage. C'est aujourd'hui encore une belle femme et elle paraît plus jeune que moi...

Comme de nombreuses familles de l'époque, nous cherchions un soutien dans la foi et nos prières étaient fréquentes. J'étais obligé d'aller à la messe tous les dimanches et de communier chaque semaine ou presque. Il me fallut un certain nombre d'années pour bien comprendre pourquoi je devais être entendu en confession par un prêtre avant de communier, mais dès l'adolescence, je commençai à prendre conscience de l'importance de ce rite extrêmement mal compris. Non seulement je devais réfléchir à mes péchés commis contre mes camarades, mais il me fallait les énoncer à voix haute. Quand je fus plus âgé, je me sentais tout revigoré après m'être confessé et je commençai même à suivre des retraites de week-end au cours desquelles les jésuites, à l'occasion d'examens de conscience en tête à tête, m'obligeaient à réfléchir à la manière dont je conduisais ma vie.

Cette nécessité de peser le bien et le mal à intervalles réguliers fut pour moi la meilleure des thérapies.

Malgré quelques moments pénibles, nous nous amusions bien. A cette époque, la télévision n'existait pas et les gens dépendaient beaucoup plus les uns des autres. Le dimanche, après l'office, la maison était toujours remplie de membres de la famille et d'amis qui riaient en mangeant des pâtes et en buvant du vin rouge. Nous lisions énormément de livres et ne manquions jamais le dimanche soir de nous rassembler autour de notre vieux poste de radio Philco pour écouter nos émissions préférées, celles d'Edgar Bergen et Charlie McCarthy ainsi que *Inner Sanctum*.

Mais la grande crise de 1929 donna véritablement à mon père un choc dont il ne parvenait pas à se remettre. Après des années d'efforts, il avait enfin réussi à devenir prospère et du jour au lendemain, ou presque, tout avait disparu. Quand j'étais petit, il me disait que je devais aller à l'école pour apprendre la signification du mot dépression. Il n'avait pas lui-même été au-delà de l'enseignement primaire.

« Si on m'avait appris ce qu'est une dépression, disait-il, je n'aurais pas monté ces affaires en hypothéquant les précédentes. »

C'était en 1931. Je n'avais que sept ans mais j'avais compris qu'il s'était passé quelque chose de grave. Je devais apprendre plus tard à l'université tout ce qu'il y avait à savoir sur les cycles économiques et chez Ford et Chrysler la manière d'échapper à leurs effets néfastes. Mais l'expérience de ma famille me donna une idée de ce dont il s'agissait.

Mes parents adoraient prendre des photographies et notre album familial est tout à fait révélateur. De ma naissance à l'âge de six ans, je portais des chaussures de satin et des manteaux brodés. Sur une photo de bébé j'ai un hochet d'argent à la main. Puis d'un seul coup, vers 1930, mes vêtements commencent à présenter un aspect usagé ; mes sœurs et moi-même n'avions plus d'habits neufs. Je ne comprenais pas bien pourquoi, et ce n'est pas le genre de choses que mon père pouvait expliquer. Comment dire à un enfant :

« Mon fils, j'ai perdu tout ce que j'avais mais je ne sais pas pourquoi. »

La crise de 1929 fit de moi un matérialiste et à la fin de mes études mon attitude était la suivante : qu'on ne m'embête pas avec des questions de philosophie, je veux gagner 10 000 $ par an à vingt-cinq ans et devenir un jour milliardaire. Je me moquais de ma peau d'âne ; seul le fric m'intéressait.

Maintenant encore, alors que mon travail me permet de très bien gagner ma vie, la majeure partie de mon avoir passe dans des placements de père de famille. Ce n'est pas que je redoute la pauvreté, mais quelque part au fond de mon esprit j'ai toujours concience que la foudre peut tomber de nouveau et je ne veux pas que ma famille risque de n'avoir plus de quoi manger.

Même si ma situation financière est bonne, le souvenir de la dépression ne m'a jamais quitté et j'ai toujours détesté le gaspillage. Quand la mode passa des cravates étroites aux cravates larges, je mis de côté toutes celles que je possédais en attendant que les cravates étroites connaissent une nouvelle vogue. Je deviens encore fou quand je vois jeter de la nourriture ou balancer la moitié d'un steak dans le broyeur d'ordures. J'ai réussi à transmettre en partie cet état d'esprit à mes filles, et je remarque qu'elles ne dépensent leur argent que pour faire de bonnes affaires. On peut dire que ce sont de vraies habituées des soldes !

Il arriva plus d'une fois durant la grande crise que l'on retourne un chèque à mon père avec la mention : compte insuffisamment approvisionné. Cela le mettait toujours dans tous ses états, car il estimait qu'une bonne estimation de son crédit était vitale aussi bien pour un particulier que pour une entreprise. Il ne cessait de nous prêcher, à Delma et à moi-même, cette doctrine de la responsabilité budgétaire, nous exhortant à ne jamais dépenser plus que ce que nous avions. Il professait que le crédit était un procédé insidieux et il ne permit jamais à aucun de nous d'utiliser une carte de crédit ni de faire passer quoi que ce fût sur notre compte.

A cet égard, mon père était un peu en avance sur son temps. Il avait pressenti que les achats à tempérament et l'habitude des dettes émousseraient le sens de la responsabilité du public par rapport à l'argent. Il avait prédit que les facilités de paiement finiraient par se répandre dans toute la société et par la saper, et que les consommateurs se prépareraient bien des ennuis en considérant leurs petites cartes en plastique comme de l'argent existant sur leur compte en banque.

« Dès que tu empruntes de l'argent à un camarade, me disait-il, et même s'il ne s'agit que de vingt cents, prends soin de le noter quelque part pour ne pas oublier de le rembourser. »

Je me demande souvent comment il aurait réagi s'il avait vécu assez longtemps pour me voir contracter en 1981 l'emprunt qui m'a permis de sauver la Chrysler Corporation. Car il ne s'agissait pas de vingt cents ; le total se montait à 1,2 milliard de $. Je n'avais pas oublié le conseil de mon père, mais j'avais la curieuse impression que même sans le noter le remboursement de cette somme ne risquait pas de me sortir de la mémoire.

On dit que les gens votent selon l'épaisseur de leur portefeuille, et il est certain que les opinions politiques de mon père étaient fonction de ses revenus. Quand nous étions pauvres, nous soutenions les démocrates. Tout le monde sait que le Parti démocrate est celui du peuple. Il affirme que celui qui accepte de travailler dur et de ne pas vivre en parasite doit pouvoir nourrir sa famille et donner de l'instruction à ses enfants.

Mais pendant les périodes de prospérité, c'est-à-dire avant la crise de 1929 et de nouveau lorsqu'elle fut enfin terminée, nous étions républicains. Après tout, nous avions gagné cet argent à la sueur de notre front et nous méritions de le garder.

Dans mon âge adulte, je suivis une évolution politique similaire. Tant que je restai chez Ford et que tout se passa pour le mieux, je votai républicain. Mais quand je pris la direction de Chrysler et que plusieurs centaines de milliers de personnes furent menacées de perdre leur emploi, seuls les démocrates avaient le pragmatisme nécessaire pour faire face à la situation. Si les difficultés de Chrysler étaient survenues quand les républicains étaient au pouvoir, la firme aurait sombré en un rien de temps.

Chaque fois qu'il y avait des moments pénibles à traverser, c'est mon père qui entretenait notre moral. Quoi qu'il advînt, il était toujours là pour nous soutenir. Philosophe, il disposait de tout un réservoir de maximes et de préceptes. Son cheval de bataille était que la vie a des hauts et des bas et que tout un chacun doit assumer son lot de misères.

« Il faut que tu apprennes à accepter les infortunes de l'existence, me disait-il quand j'avais une mauvaise note ou une autre déception. Tu ne pourras jamais savoir ce qu'est le bonheur si tu ne peux le comparer à autre chose. »

Mais en même temps, il détestait nous voir malheureux et faisait tout son possible pour nous dérider.

« Dis-moi, Lido, me demandait-il quand quelque chose me rendait soucieux, qu'est-ce qui t'a fait tellement de peine le mois dernier ? Ou l'année dernière ? Tu vois... tu ne t'en souviens même pas ! Alors peut-être que ce qui te tracasse tant aujourd'hui n'est pas vraiment si grave. Oublie-le et pense plutôt à ce que demain t'apportera. »

Dans les moments difficiles, il se montrait toujours optimiste.

« Attends, disait-il quand l'avenir me paraissait sombre, le soleil brillera de nouveau, comme il le fait toujours. »

Bien des années plus tard, au moment où je m'efforçais de sauver Chrysler de la faillite, les paroles de réconfort de mon père m'auraient été bien utiles.

« Où est le soleil, papa ? Où est le soleil ? »

Il ne laissait jamais aucun de nous s'abandonner au désespoir, et je dois avouer qu'en 1981 je fus plusieurs fois sur le point de jeter l'éponge. Et je ne parvins à conserver ma santé mentale qu'en évoquant sa maxime favorite : les choses se présentent mal pour l'instant, mais cela aussi passera.

Il était véritablement impitoyable pour ce qui était de l'accomplissement de la tâche de chacun, quelle qu'elle fût. Quand il allait au restaurant et que la serveuse se montrait incorrecte, il l'appelait à la fin du repas et lui faisait un petit sermon.

« Ce que je vais vous dire vaut tous les pourboires du monde, commençait-il. Pourquoi êtes-vous si mécontente de votre travail ? Vous force-t-on à être serveuse ? En étant grincheuse, vous montrez à tout le monde que vous n'aimez pas ce que vous faites. Nous sommes ici pour passer un bon moment et vous gâchez notre plaisir. Si vous voulez vraiment être serveuse, efforcez-vous de faire votre métier du mieux possible. Sinon, trouvez autre chose. »

Dans les établissements qui lui appartenaient, il renvoyait sur-le-champ tout employé coupable d'impolitesse envers un client.

« Malgré vos qualités, vous ne pouvez rester ici, disait-il, car vous faites fuir la clientèle. »

Il allait directement au fond du problème et je pense être comme lui. Je crois toujours que tout le talent du monde n'excuse pas une conduite délibérément insolente.

Mon père ne cessait de me rappeler qu'il fallait *jouir* de la vie et il mettait en pratique ce qu'il prônait. Même quand il travaillait beaucoup, il s'arrangeait toujours pour garder du temps libre. Il adorait jouer au bowling et au poker et aimait la bonne chère et le bon vin, surtout avec des amis. Il se liait facilement avec mes collègues et je pense qu'il connaissait plus de gens que moi chez Ford à l'époque où j'y travaillais.

En 1971, deux ans avant sa mort, je donnai une grande fête pour célébrer les noces d'or de mes parents. J'avais un cousin qui travaillait à la Monnaie et que je chargeai de graver une médaille en or représentant mes parents sur la face et la petite église d'Italie où ils s'étaient mariés sur le revers. Chaque invité reçut une réplique en bronze de la médaille.

Plus tard, dans le courant de cette même année, j'emmenai avec ma femme mes parents en Italie pour qu'ils revoient leur ville natale, leur famille et leurs vieux amis. Nous savions que mon père était atteint de leucémie. On lui faisait une transfusion sanguine tous les quinze jours et il maigrissait à vue d'œil. Un jour, il disparut pendant plusieurs heures à Amalfi et nous commençâmes à craindre qu'il ait perdu connaissance ou eu un grave malaise. Nous le retrouvâmes enfin dans une boutique de souvenirs où il était en train de marchander avec animation des objets de céramique qu'il voulait rapporter à tous ses amis d'Amérique.

Il essaya jusqu'à la fin de jouir de la vie. Il ne dansait ni ne mangeait plus autant qu'avant, mais il était très courageux et décidé à tenir aussi longtemps que possible. Les deux dernières années furent quand même pénibles, aussi bien pour lui que pour nous. Il était douloureux de le voir devenir si vulnérable... et encore plus difficile de l'accepter.

Quand maintenant je songe à mon père, je retrouve l'image d'un homme d'une grande vigueur et d'une énergie indomptable. Un jour où je devais aller à Palm Springs pour un colloque de concessionnaires Ford, je l'invitai à prendre quelques jours de détente avec moi. Après la réunion, j'allai jouer au golf avec un des concessionnaires et nous demandâmes à mon père qui n'avait jamais mis les pieds sur un parcours de nous accompagner.

Dès qu'il eut frappé la première balle, il partit au pas de couse malgré ses soixante-dix ans et je fus obligé de lui répéter :

« Prends ton temps, papa. Le golf est un sport où l'on *marche !* »

Mon père était ainsi fait qu'il aimait à dire :

« Pourquoi marcher quand on peut courir ? » aimait-il à dire.

2

LE TEMPS DES ÉTUDES

Ce n'est qu'à l'âge de onze ans que j'appris que nous étions italiens. Jusqu'alors, je savais que nous venions d'un autre pays, mais j'ignorais comment il s'appelait et même où il se trouvait. Je me souviens d'avoir regardé sur une carte de l'Europe si des lieux appelés « Rital » ou « Métèque » y figuraient.

A cette époque, surtout dans les petites villes, on essayait de cacher ses origines italiennes. A Allentown tout le monde ou presque avait de lointains ancêtres allemands, et dans ma jeunesse ma différence me valut bien des insultes. Il m'arrivait de me battre pour laver une injure mais je gardais toujours présent à l'esprit le conseil de mon père : « S'il est plus grand que toi, refuse la bagarre. Sers-toi de ta tête plutôt que de tes poings. »

Les préjugés contre les Italiens n'étaient malheureusement pas l'apanage des garçons de mon âge. Quelques maîtres me traitaient tout bas de « petit métèque ». Mes problèmes ethniques arrivèrent au point critique le 13 juin 1933. J'étais en neuvième et je suis sûr de la date, car c'est le jour de la St. Antoine, un jour de fête dans notre famille. Comme ma mère s'appelle Antoinette et qu'Anthony est mon deuxième prénom, nous faisions tous les ans une grande fête le 13 juin.

Pour marquer l'événement, ma mère préparait des pizzas. Elle était originaire de Naples, la patrie de la pizza, et elle fait les meilleurs pizzas de tout le pays et peut-être du monde entier.

Cette année-là, la fête à laquelle étaient invités tous nos parents et nos amis fut particulièrement réussie. Il y avait, comme d'habitude, un fût de bière, et à neuf ans j'avais déjà le droit d'en boire un peu, à condition que ce fût à la maison et sous une stricte surveillance. C'est peut-être pour cette raison qu'au lycée et à l'université je ne pris jamais de cuite. Chez nous l'alcool (en général du vin rouge maison) avait droit de cité mais était toujours consommé avec modération.

A cette époque, la pizza était pratiquement inconnue aux Etats-Unis. Elle est maintenant en voie de supplanter le hamburger et le poulet frit dans la faveur du public, mais à l'époque seuls les Italiens connaissaient le nom de ce plat.

Le lendemain, je me vantai auprès de mes camarades d'école.

— Quelle fête nous avons faite hier soir !

— Ah bon ? fit quelqu'un. Quel genre de fête ?

— Une soirée pizza.

— Une soirée pizza ? Ces ritals ont de drôles d'expressions !

Et tout le monde de s'esclaffer.

— Ecoutez-moi, dis-je. Vous aimez les tartes ?

Comme ils étaient tous bien grassouillets, je ne risquais guère de me tromper.

— Eh bien, une pizza c'est une tarte garnie de tomates.

J'aurais dû abandonner la partie plus tôt, car ils devinrent tous hystériques. Ils n'avaient pas la moindre idée de ce dont je parlais, mais comme c'était italien, ce ne pouvait être que mauvais. Le seul bon côté de cet incident fut qu'il eut lieu peu avant la fin de l'année scolaire et l'été effaça le souvenir de l'épisode de la pizza.

Mais moi, jamais je ne pus l'oublier. Ces petits Américains se nourrissaient de tarte à la mélasse, et jamais je ne m'étais moqué de ce qu'ils prenaient au petit déjeuner. Les stands de tarte à la mélasse n'ont pas pas poussé sur tout le territoire américain comme les pizzerias, mais à neuf ans le fait de savoir que l'on est peut-être un précurseur n'est pas d'un grand réconfort.

Je n'étais pas la seule victime de ce sectarisme. Il y avait aussi dans ma classe deux juifs avec qui j'entretenais de bons rapports. Dorothy Warsaw était toujours première et j'étais en général deuxième. Benamie Sussman, pour sa part, était le fils d'un juif orthodoxe qui portait la barbe et le chapeau noir ; et à Allentown les Sussman étaient traités en parias.

Les enfants de ma classe traitaient aussi les deux juifs comme des lépreux et au début je ne voyais pas pourquoi, mais en arrivant en neuvième, je commençai à comprendre. En tant qu'Italien, j'étais légèrement mieux considéré que les juifs mais vraiment très peu. Et je n'ai jamais vu un Noir à Allentown avant d'entrer au lycée.

La xénophobie dont j'ai souffert dans mon enfance a laissé en moi une marque profonde et j'en ai gardé une certaine amertume.

Mais j'ai malheureusement été témoin de préjugés de ce genre bien après avoir quitté ma ville natale. Les auteurs n'en étaient plus des enfants mais des hommes au faîte des honneurs dans l'industrie automobile. En nommant en 1981 Gerald Greenwald vice-président de Chrysler, j'appris que je créais un précédent. Aucun juif n'était encore arrivé au sommet de la hiérarchie des trois Grands de la construction automobile, et j'ai peine à croire que pas un seul n'ait eu les compétences nécessaires.

Je me souviens aussi de certains épisodes de mon enfance qui m'ont obligé à prendre conscience de la manière dont fonctionnait le monde des adultes. Quand j'étais en septième, il y eut une élection pour désigner le capitaine de la patrouille de scouts. Tous les louveteaux portaient une ceinture blanche et un badge en argent, mais le lieutenant et le capitaine avaient droit à un uniforme et à un insigne particuliers. Le capitaine de la patrouille était l'équivalent à l'école primaire du capitaine de l'équipe de football au lycée. L'idée de porter cet uniforme me plaisait énormément et j'étais décidé à me faire élire.

On procéda au vote et je perdis par vingt-deux voix contre vingt. Ce fut une amère déception. Le lendemain, un samedi, j'allais dans l'après-midi au cinéma où l'on projetait les films avec Tom Mix. Le plus grand des garçons de ma classe occupait un siège dans la rangée devant moi. Il se retourna et me vit.

— Pauvre crétin, dit-il, tu as perdu l'élection.

— Je sais, répondis-je, mais pourquoi me traites-tu de crétin ?

— Parce que nous ne sommes que trente-huit dans la classe et qu'il y avait quarante-deux bulletins de vote. Les ritals ne savent donc même pas compter !

Mon adversaire avait mis des bulletins truqués dans l'urne ! J'allai voir l'institutrice pour lui dire que certains élèves avaient voté deux fois.

« Il vaut mieux en rester là, me dit-elle. »

Elle étouffa l'affaire, car elle ne voulait pas de scandale, mais cet incident produisit sur moi une vive impression. J'en tirai la leçon et compris que l'honnêteté n'était pas toujours payante dans la vie.

A tous autres égards, j'ai gardé de très bons souvenirs de l'école. J'étais un élève studieux et le chouchou de mes maîtres qui me choisissaient pour effacer le tableau ou sonner la cloche de l'école. Si l'on me demandait le nom de mes professeurs de l'enseignement supérieur, j'aurais de la peine à en retrouver plus de trois ou quatre, mais je me souviens fort bien des instituteurs qui m'ont façonné à l'école primaire et des professeurs du secondaire.

Ce que j'appris de plus important au lycée fut l'art de s'exprimer. Miss Raber, mon professeur d'anglais de troisième, nous demandait de lui rendre le lundi matin une rédaction de cinq cents mots. Et semaine après semaine, il fallait faire cet exercice. A la fin de l'année, nous avions appris à nous exprimer par écrit.

Elle nous faisait également faire en classe le Word Power Game, un jeu lexical du *Readers's Digest*. Elle prenait la revue et nous faisait passer le test de vocabulaire. C'est devenu pour moi une habitude profondément enracinée et je cherche encore la liste de mots dans chaque numéro du *Reader's Digest*.

Après avoir répondu à ces questions pendant plusieurs mois, nous connaissions beaucoup de vocabulaire mais nous ne savions toujours pas comment agencer les mots. C'est alors que miss Raber nous initia à l'improvisation. Comme je m'y montrai à mon avantage, on me fit entrer dans le groupe de débats contradictoires animé par Virgil Parks, notre professeur de latin. C'est là que je développai ma facilité d'élocution et que j'appris à parler impromptu.

Au début, je mourais de peur. J'avais le trac et aujourd'hui encore, j'éprouve une certaine nervosité avant de faire un discours. Mais cette expérience fut décisive ; on peut avoir de très bonnes idées mais si on est incapable de les exprimer, l'intelligence ne servira pas à grand-chose. A quatorze ans, rien ne vaut pour affiner son talent la répétition d'une argumentation sur l'abolition de la peine capitale. C'était une question brûlante en 1938, et j'ai dû au cours de ces débats contradictoires reprendre au moins vingt-cinq fois les arguments des partisans et des adversaires de l'abolition.

L'année suivante fut pour moi un tournant. Je souffrais de rhumatisme articulaire aigu et lorsque j'eus pour la première fois des palpitations, je faillis mourir... de peur. Je crus que mon cœur allait bondir hors de ma poitrine.

« Il n'y a pas à s'inquiéter, dit mon médecin. Il suffit de poser une poche de glace sur son thorax. »

Mais j'étais en proie à une terreur panique. Que faisais-je avec cette glace sur ma poitrine ? Je devais être à l'article de la mort !

Il faut dire qu'à l'époque on pouvait mourir de rhumatisme articulaire aigu. Le traitement consistait en pilules à l'écorce de bouleau pour faire disparaître l'inflammation des articulations. Elles étaient si fortes qu'il fallait prendre tous les quarts d'heure une pilule contre l'acidité pour combattre les nausées. De nos jours, on utilise, bien entendu, des antibiotiques.

Avec le rhumatisme articulaire aigu il y a toujours des risques de complications cardiaques, mais j'eus de la chance. Je perdis une vingtaine de kilos et fus cloué dans mon lit pendant six mois mais la guérison fut complète. Mais je n'oublierai jamais les attelles grossières rembourrées de coton imbibé d'essence de wintergreen destinée à calmer l'horrible douleur des articulations de mes genoux, de mes chevilles, de mes coudes et de mes poignets. En contrepartie du soulagement de la souffrance interne, elle infligeait à l'épiderme des brûlures du troisième degré. Cela semble vraiment primitif, mais le Darvon et le Demerol n'avaient pas encore été inventés.

Avant de tomber malade, j'avais été un assez bon joueur de base-ball. J'étais un supporter acharné des Yankees et Joe DiMaggio, Tony Lazzeri et Frankie Crossetti — tous des Italiens — étaient mes héros. Comme la plupart des garçons de mon âge je rêvais de jouer dans une grande équipe, mais ma longue maladie mit un terme à cette chimère. J'abandonnai le sport et me mis à jouer aux échecs, au bridge et surtout au poker. Je raffole toujours de ce jeu auquel je gagne souvent et qui permet d'apprendre quand il convient d'exploiter un avantage, de battre en retraite ou de bluffer. Nul doute que cela me fut bien utile des années plus tard à l'occasion de négociations serrées avec les syndicats !

Mais c'est surtout vers les livres que je me tournai pendant cette longue période d'inactivité forcée. Je dévorais tout ce qui me tombait sous la main. J'appréciai en particulier les histoires de John O'Hara. Ma tante m'avait apporté *Rendez-vous à Samarra*, qui était un ouvrage très osé pour l'époque. Mon médecin traitant faillit perdre contenance en le voyant à mon chevet. Ce n'était certainement pas le genre de livre qu'il aurait conseillé à un adolescent souffrant de palpitations.

Bien des années plus tard, quand Gail Sheehy m'interviewa pour *Esquire*, je lui parlai de *Rendez-vous à Samarra*. Elle me fit remarquer que c'était un roman sur les cadres supérieurs et me demanda si je pensais que cet ouvrage avait influé sur le choix de ma carrière. Certainement pas ! Tout ce qui me reste de ce livre c'est qu'il avait éveillé en moi un intérêt pour le sexe.

J'ai dû lire aussi bon nombre de manuels scolaires, car au lycée j'étais toujours dans les premiers de ma classe et j'avais les meilleures notes en mathématiques. Je faisais partie du club des latinistes et je reçus un prix pour avoir été trois années d'affilée le meilleur élève en latin. Mais depuis quarante ans, je n'ai pas utilisé un seul mot dans cette langue ! Elle me servit toutefois pour le vocabulaire anglais et j'étais l'un des rares élèves à pouvoir suivre l'office dominical jusqu'à ce que le pape décide de supprimer le latin à l'église.

Il était très important pour moi d'être un bon élève mais cela ne me suffisait pas. Je prenais part à de nombreuses activités extra-scolaires, et notamment le groupe de théâtre et la société de débats contradictoires. Quand la maladie m'obligea à mettre un terme à mes activités sportives, je devins entraîneur de l'équipe de natation, ce qui consistait à porter les serviettes et à laver les maillots de bain.

A treize ans, je m'étais passionné pour le jazz et le swing. C'était l'époque des grands orchestres et tous les week-ends, mes camarades et moi allions écouter de la musique. Je dansais assez bien le shag et le lindy hop, mais je me contentais en général d'écouter. Nous allions à l'Empire Ballroom, à Allentown, ou au Sunnybrook, à Pottstown. Quand j'avais de quoi payer l'entrée, j'allais à l'hôtel Pennsylvania à New York ou au Frank Daley's Meadowbrook sur la route de Pompton.

Je vis un jour Tommy Dorsey et Glenn Miller... pour quatre-vingts cents. A cette époque, la musique était toute ma vie ; j'étais abonné à *Downbeat* et au *Metronome* et je connaissais le nom de tous les musiciens des plus grands orchestres.

J'avais commencé à jouer du saxo ténor et on m'avait même proposé une place de trompettiste dans l'orchestre de l'école. Mais j'abandonnai la musique pour me lancer dans la politique. En cinquième et en quatrième, je voulais être président de ma classe... et je le fus. En troisième, je me présentai à l'élection au poste de président de l'école. Jimmy Leiby, mon meilleur ami, était un génie. Il organisa ma campagne et mit sur pied une véritable machine politique. Je fus triomphalement élu, mais ce succès me monta à la tête.

Je perdis très vite le contact avec mes électeurs. Je me croyais supérieur aux autres et commençai à me conduire comme un snob. Je n'avais pas encore appris ce que je sais maintenant, que tout est dans l'aptitude à communiquer.

En conséquence, je ne fus pas réélu au second semestre. Ce fut un coup terrible pour moi. J'avais abandonné la musique pour entrer au conseil des élèves et ma carrière politique avait subi un coup d'arrêt parce que j'avais négligé de serrer des mains et de me montrer affable. Ce fut une leçon importante dans l'apprentissage du commandement.

Malgré mes activités extra-scolaires, je réussis à être reçu douzième sur plus de neuf cents à l'examen de fin d'année. La réaction de mon père fut révélatrice des espoirs qu'il plaçait en moi.

« Pourquoi n'es-tu pas premier ? » me dit-il.

A l'entendre, on aurait pu croire que j'étais recalé !

Au moment d'entrer à l'université, j'avais une solide formation dans les disciplines de base que sont la lecture, l'écriture et l'art oratoire. Avec de bons professeurs et un bon pouvoir de concentration, ce sont des atouts qui permettent d'aller loin.

Bien des années plus tard, quand mes filles me demandèrent quelle orientation elles devaient suivre, je leur conseillai d'acquérir une bonne formation générale. Je crois profondément que l'histoire peut beaucoup nous apprendre, mais il me paraissait de peu d'importance qu'elles connaissent par cœur toutes les dates et les lieux des batailles de la guerre de Sécession. L'essentiel est d'avoir de solides connaissances en lecture et en écriture.

C'est dans le courant de ma dernière année d'études secondaires que le Japon lança l'attaque-surprise contre Pearl Harbor. Les discours du président Roosevelt firent vibrer toute la nation qui se rassembla autour de la bannière étoilée. Du jour au lendemain, l'Amérique fut galvanisée et l'unité se refit. Cette crise m'apprit quelque chose que je n'ai jamais oublié : c'est souvent l'adversité qui donne aux gens l'occasion de serrer les rangs.

En ce mois de décembre 1941, j'étais, comme tous les jeunes gens, impatient de m'enrôler. Mais, ironie du destin, la maladie qui avait failli m'emporter me sauva peut-être la vie en fin de compte. A ma profonde déception, je fus classé 4F, un ajournement pour raisons médicales qui m'interdisait d'entrer dans l'aviation et de prendre part aux combats. J'étais totalement rétabli et je me sentais en parfaite forme physique, mais l'Armée avait décidé de n'engager personne ayant souffert de rhumatisme articulaire aigu. Je ne me sentais pourtant aucunement malade et un ou deux ans plus tard, quand je me soumis à mon premier bilan de santé avant de souscrire à une assurance-vie, le médecin se tourna vers moi et me dit : « Vous êtes en très bonne santé, jeune homme. Pourquoi n'êtes-vous pas sous les drapeaux ? »

La plupart de mes camarades s'engagèrent et beaucoup d'entre eux ne revinrent pas. Nous faisions partie de la classe de 1942 et les jeunes appelés de dix-sept ou dix-huit ans étaient envoyés dans un camp d'instruction de la marine, puis directement outre-Atlantique où les Allemands nous infligeaient des pertes terribles. Il m'arrive encore en feuilletant l'annuaire du lycée de faire avec tristesse et incrédulité le compte de tous les élèves qui sont tombés au champ d'honneur pour défendre la démocratie.

Comme la Seconde Guerre mondiale n'a rien à voir avec ce que fut le Vietnam, les lecteurs les plus jeunes ne comprendront peut-être pas très bien ce que l'on pouvait éprouver lorsqu'on avait été déclaré inapte à servir son pays au moment où il en avait le plus besoin. Le patriotisme était à son comble et mon désir le plus cher était de piloter un bombardier au-dessus du territoire allemand afin d'assouvir ma soif de vengeance sur les troupes hitlériennes.

Je me sentais honteux d'avoir été réformé en période de guerre et commençai à me considérer comme un citoyen de deuxième classe. La plupart de mes amis et de mes proches étaient partis se battre contre les Allemands, et j'avais l'impression d'être le seul Américain à ne pas être au front. Il ne me restait plus qu'une solution : me plonger à corps perdu dans les livres.

J'avais envie de devenir ingénieur et je me mis en quête d'une université préparant à cette profession. L'une des toutes meilleures était Purdue. Je fis une demande de bourse et quand elle me fut refusée, je fus accablé. Mais il y avait aussi des écoles d'ingénieurs de haut niveau dans d'autres établissements d'enseignement supérieur : le Cal Tech, le MIT, Cornell et LeHigh University. Je choisis LeHigh parce que le campus n'était qu'à une demi-heure de voiture de chez moi et que cela me permettait de ne pas trop m'éloigner de ma famille.

LeHigh University, située à Bethlehem en Pennsylvanie, était une sorte d'école-satellite de la *Bethlehem Steel Company*. Les sections de métallurgie et de chimie étaient parmi les meilleures du monde et pour les étudiants de première année le régime était l'équivalent de celui d'un camp d'instruction militaire. Tous ceux qui à l'issue de leur deuxième année d'études n'avaient pas une moyenne suffisante étaient poliment priés de vider les lieux. J'avais des cours six jours par semaine, y compris un cours de statistiques le samedi matin à huit heures. La plupart des étudiants le sautaient, mais je fus reçu avec mention, moins pour ma compétence que pour mon assiduité, car j'y assistais toutes les semaines alors que les autres faisaient la grasse matinée pour récupérer de leur sortie de la veille au soir.

Je ne voudrais pas donner à croire que je ne m'amusais pas du tout pendant mes études universitaires. J'aimais bien faire un peu la fête, j'assistais à des matches de football et je prenais part à des soirées-bière. Je me rendais aussi de temps à autre à New York et à Philadelphie où j'avais des petites amies.

Mais avec la guerre qui faisait rage, je n'avais aucune envie de mener une existence de tire-au-flanc. J'avais appris dans mon enfance à faire mes devoirs en rentrant de l'école afin de pouvoir jouer après dîner, et, quand j'entrai à l'université, je savais comment me concentrer pour travailler sans la radio ni aucune autre distraction. Je me disais : « Je vais mettre le paquet pendant trois heures et à la fin de ces trois heures, j'irai au cinéma. »

La capacité de concentration et d'utilisation optimale du temps est vitale pour qui veut réussir dans les affaires, et dans presque tous les autres domaines. Depuis l'université, j'ai toujours travaillé dur pendant la semaine tout en m'efforçant de consacrer mes week-ends à ma famille et aux loisirs. Hormis les périodes de crise, je n'ai jamais travaillé le vendredi soir, le samedi ni le dimanche. Mais le dimanche soir, j'ai une poussée d'adrénaline en passant en revue ce que j'aurai à accomplir dans la semaine. C'est en gros ce schéma que je commençai à mettre en application à LeHigh.

Je suis stupéfié par le nombre de gens qui semblent incapables d'organiser leur emploi du temps. Combien de cadres ai-je entendus me confier avec une note de fierté dans la voix :

« J'ai tellement travaillé cette année que je n'ai pas pu prendre de vacances. »

Il n'y a vraiment pas de quoi s'en glorifier et j'ai toujours envie de leur répondre : « Bougre d'idiot ! Vous voulez me faire comprendre que vous êtes capable d'assumer la responsabilité d'un programme de 80 millions de $ et vous n'êtes même pas fichu de prendre deux semaines dans l'année pour partir avec votre famille et vous amuser un peu. »

Quand on veut utiliser son temps au mieux, il convient de savoir ce qui est le plus important et de s'y consacrer entièrement. C'est une autre leçon que j'ai retenue depuis LeHigh. Comme il m'arrivait d'avoir cinq cours dans la journée dont une interrogation orale où je ne voulais pas être trop ridicule, j'étais obligé de les préparer la veille. Quand on sait que l'on se destine aux affaires et que l'on aura des problèmes à résoudre, il faut apprendre aussi tôt que possible à établir des priorités. Les échéances sont bien sûr quelque peu différentes. A l'université il s'agissait de déterminer ce qui pouvait être accompli en une soirée, alors que dans l'industrie la planification est de l'ordre de trois mois à trois ans.

D'après mon expérience, soit on acquiert assez jeune les bases de cet esprit méthodique, soit on ne le fait jamais. Ce n'est pas à la Harvard Business School que l'on peut apprendre à établir des priorités et à utiliser son temps de travail d'une manière optimale. L'éducation peut apporter beaucoup, mais tout un chacun doit développer seul la majeure partie de ses dispositions innées.

Ma faculté de concentration me servit beaucoup à l'université, mais j'eus aussi de la chance. A mesure que les étudiants étaient appelés sous les drapeaux, les classes s'allégeaient à LeHigh. Les professeurs qui avaient coutume de faire un cours magistral devant cinquante étudiants se retrouvaient soudain en train de diriger un séminaire de cinq personnes. L'éducation que je reçus fut donc très exclusive.

Quand les groupes de travail sont réduits, tout le monde se voit accorder une grande attention. Un professeur pouvait se permettre de dire à un étudiant : « Expliquez-moi ce que vous ne comprenez pas dans ce problème de mécanique et je vous aiderai. » Je bénéficiai donc fortuitement d'un enseignement d'une qualité exceptionnelle. Juste après la guerre, le même cours était peut-être suivi à LeHigh par soixante-dix étudiants et dans ces conditions, je n'aurais pas appris la moitié de ce que j'y ai appris.

J'étais également motivé par la pression exercée par mon père et typique des familles d'immigrants qui attendent de leurs enfants ayant la chance de faire des études universitaires qu'ils compensent le manque d'éducation des parents. Il ne dépendait que de moi de profiter de toutes les chances qu'ils n'avaient pas eues et je devais toujours être le premier.

Mais c'était plus facile à dire qu'à faire et j'eus d'énormes difficultés au cours du premier semestre. En voyant que je ne figurais pas sur la liste d'honneur, mon père s'occupa de mon cas — et sans perdre de temps ! Il se demandait comment après avoir été si brillant au lycée, dont j'étais sorti parmi les meilleurs, j'avais pu devenir si bête en l'espace de quelques mois. Il supposa donc que je m'amusais au lieu de travailler. Comment lui faire comprendre que l'université était totalement différente du lycée ? A LeHigh *tout le monde* était bon — sinon ils n'auraient jamais pu y entrer.

Je faillis être recalé en physique en première année. Nous avions un professeur du nom de Bergmann, un immigrant viennois à l'accent si gras que j'avais de la peine à le comprendre. C'était un grand savant, mais il lui manquait la patience nécessaire pour enseigner sa spécialité à de jeunes étudiants, et son cours était malheureusement obligatoire pour tous ceux qui voulaient passer le diplôme d'ingénieur mécanicien.

Malgré mes difficultés dans son cours, j'avais d'excellentes relations avec le professeur Bergmann. Il me brossait un tableau des progrès de la physique tandis que nous faisions le tour du campus à pied. Il s'intéressait tout particulièrement à la fission de l'atome qui à l'époque semblait encore relever de la science-fiction. C'était du chinois pour moi et je ne comprenais qu'une petite partie de ce qu'il me racontait tout en réussissant à suivre à peu près le fil de son discours.

Il y avait chez Bergmann quelque chose de mystérieux. Tous les vendredis soir, il mettait brusquement fin à son cours et quittait le campus pour n'y reparaître que le lundi. Ce n'est que plusieurs années plus tard que j'appris son secret. Etant donné la nature de sa passion, j'aurais dû le deviner. Il passait tous ses week-ends à New York à travailler sur le *Projet Manhattan*. En d'autres termes, quand Bergmann n'enseignait pas à LeHigh, il collaborait à la fabrication de la bombe atomique.

Malgré nos bonnes relations et les cours particuliers que je prenais, je ne pus obtenir qu'un D en physique en première année, ma moins bonne note à LeHigh. Au lycée j'étais un excellent élève en mathématiques, mais je n'étais tout simplement pas préparé à l'univers du calcul intégral et des équations différentielles.

C'est alors que j'eus l'habileté de changer de matière principale et de choisir le génie industriel, et mes notes ne tardèrent pas à s'améliorer. En dernière année, j'avais plus ou moins abandonné l'hydraulique et la thermodynamique au profit de matières économiques telles que les problèmes de l'emploi, les statistiques et la comptabilité. J'étais beaucoup plus à l'aise avec ces sujets et j'obtins des A dans toutes les matières. Je m'étais fixé comme objectif une moyenne de 3,5 afin d'obtenir mon diplôme avec la mention très bien. Il s'en fallut d'un cheveu que j'échoue puisque j'eus 3,53 de moyenne. On prétend que la nouvelle génération a l'esprit de compétition, mais il aurait fallu nous voir travailler !

Outre tous les cours de génie industriel et d'économie, j'étudiai pendant quatre ans la psychologie et la psychologie pathologique. J'affirme sans rire que ces cours furent probablement les plus précieux de mes études universitaires ; ils m'ont été plus utiles pour m'occuper des cinglés qu'il m'a été donné de rencontrer dans l'univers des grandes entreprises que tous les cours de mécanique automobile.

Nous passions trois après-midi et trois soirées par semaine dans le pavillon de psychiatrie du State Hospital à Allentown, distant du campus d'environ huit kilomètres. Nous voyions tous les malades, maniaco-dépressifs, schizophrènes et même certains agités. Nous étions dirigés par le professeur Rossman qui nous donnait vraiment l'impression en travaillant avec ces malades mentaux d'être un maître en action.

Il ne s'agissait dans ce cours de rien moins que de l'étude des principes de base du comportement humain. Quelle est la motivation de tel individu ? Comment les problèmes de cette femme se sont-ils manifestés ? Qu'est-ce qui fait courir David ? Qu'est-ce qui a poussé Untel à se conduire comme un adolescent à l'âge de cinquante ans ? Pour l'examen de fin d'études, on nous présenta un groupe de nouveaux malades. Notre tâche consistait à faire en quelques minutes un diagnostic de chacun des cas.

Cette formation me permit d'apprendre à jauger rapidement les gens et aujourd'hui je peux, dès le premier entretien, en savoir long. C'est une qualité importante, car un chef d'entreprise n'a pas le droit à l'erreur lorsqu'il engage quelqu'un.

Mais il y a deux choses de la plus haute importance qu'il est impossible de savoir à l'issue d'une brève conversation avec un candidat : s'il est paresseux d'une part, et s'il est doté de bon sens d'autre part. Aucune analyse qualitative ne permet de déterminer s'il a quelque chose dans le ventre ni s'il aura de la jugeote ou de la finesse quand viendra le moment de prendre les décisions.

J'aimerais qu'il existe une sorte de machine chargée d'évaluer ces traits de caractère, car ce sont eux qui font la différence entre l'homme et l'enfant.

J'achevai mes études à LeHigh en huit semestres, ce qui signifie que je ne partis jamais en vacances d'été. Je regrette un peu de ne pas avoir pris le temps de jouir du parfum des fleurs, comme mon père me l'avait toujours recommandé. Mais la guerre faisait rage, mes amis combattaient et se faisaient tuer en Europe, et il me fallait aller de l'avant sans ralentir.

En dehors de mes études, j'avais de nombreuses activités. Le travail que je faisais pour *The Brown and White*, le journal de l'université, était de loin ce qu'il y avait de plus intéressant. Le premier reportage que l'on me confia fut l'interview d'un professeur qui avait mis au point une petite voiture fonctionnant au charbon de bois. (Cela se passait bien longtemps avant la crise de l'énergie.) Mon article devait être bon, car il fut remarqué par l'Associated Press et publié dans une centaine de journaux.

Grâce à cet article, je fus nommé metteur en pages. J'appris rapidement que c'est là que réside le véritable pouvoir de la presse. Je lus bien des années plus tard l'ouvrage de Gay Talese sur *The New York Times* dans lequel l'un des rédacteurs en chef confie que le personnage le plus puissant dans un journal n'est pas l'auteur de l'éditorial mais celui qui est chargé de la disposition des titres et de la mise en pages.

J'avais déjà tiré cette leçon de mon expérience de metteur en pages à LeHigh. Il ne me fallut pas longtemps pour me rendre compte que la plupart des gens ne lisent pas les articles et qu'ils se contentent de parcourir les titres et les intertitres. Celui qui les rédige a donc une influence énorme sur la perception que le public a des nouvelles.

Il me fallait en outre déterminer la longueur de chaque article en fonction de l'espace disponible. Je le faisais en toute impunité et il m'arrivait fréquemment de rogner quelques lignes d'un bon article parce que j'avais besoin de place pour les annonces publicitaires. J'appris également à bousiller un reportage par une utilisation judicieuse des titres, ce qui me permit plus tard de savoir quand les metteurs en pages des revues et des journaux les plus prestigieux du pays avaient voulu me nuire. Ce n'est pas à un vieux singe qu'on apprend à faire la grimace !

Avant même d'obtenir mon diplôme, j'avais envie de travailler chez Ford. Je conduisais une Ford 1938 toute déglinguée, et c'est grâce à elle que je m'intéressais à cette firme. Le levier de changement de vitesse sautait à maintes reprises quand la voiture montait une côte. Un responsable anonyme à la direction générale de Dearborn dans le Michigan avait sans doute décidé de réduire la puissance du moteur V-8 à 60 CV dans le but d'économiser le carburant. L'idée était bonne, mais à condition de limiter la circulation du véhicule à des régions aussi plates que l'Iowa. Or, LeHigh était bâti sur une colline.

« Ces gens-là ont besoin de moi, disais-je à mes amis en manière de plaisanterie. Quand on est capable de construire une voiture aussi mauvaise, on ne refuse pas un coup de main. »

Posséder une Ford était à l'époque un excellent moyen de s'y connaître en automobiles. En cette période de guerre, toutes les usines étaient employées à la fabrication d'armes et aucun véhicule nouveau ne sortait des chaînes de montage. Même les pièces détachées devenaient rares. Les gens essayaient de se les procurer au marché noir ou chez les casseurs. Quand on avait la chance de posséder une voiture, on apprenait à en prendre soin. La pénurie d'automobiles était si grande qu'après avoir obtenu mon diplôme, je vendis la Ford 450 $. Si l'on songe que mon père l'avait payée 250 $, je ne me suis pas mal débrouillé.

Quand j'étais étudiant, l'essence ne coûtait que 3 cents le litre, mais à cause de la guerre elle était très rare. En ma qualité d'étudiant en génie industriel, je reçus une carte C, ce qui signifiait que mes études étaient vitales pour l'effort de guerre. (Qui l'eût cru ?) Ce n'était pas aussi glorieusement patriotique que de combattre en

Europe, mais c'était un symbole honorable attestant que je servirais — un jour — mon pays.

Au printemps de ma dernière année à LeHigh, les ingénieurs étaient très recherchés. J'eus une vingtaine d'entretiens et il ne me restait littéralement plus qu'à choisir où je voulais travailler.

Mais c'était l'automobile qui m'intéressait. Comme je voulais toujours entrer chez Ford, je pris rendez-vous avec le recruteur de la compagnie qui répondait au nom cocasse de Leander Hamilton McCormick-Goodheart. Il traversait le campus en Mark I, l'une de ces superbes Lincoln Continental qui donnent l'impression d'avoir été fabriquées sur commande. Cette voiture me tournait vraiment la tête. Il me suffisait de la regarder et de humer l'intérieur tout cuir pour avoir envie de travailler chez Ford jusqu'à la fin de mes jours.

A cette époque, la politique de recrutement de Ford consistait à visiter cinquante universités et à sélectionner un étudiant dans chacune d'elles. Cela m'a toujours paru assez stupide. Imaginons en effet qu'Isaac Newton et Albert Einstein aient suivi des cours dans le même établissement ; Ford n'aurait pu engager que l'un des deux. McCormick-Goodheart eut une entrevue avec plusieurs étudiants, mais je fus l'heureux élu. J'étais aux anges.

Après avoir obtenu mon diplôme et avant de me mettre au travail, je pris de courtes vacances avec mes parents à Shipbottom, dans le New Jersey. Pendant ce séjour, je reçus une lettre de Bernardine Lenky, la responsable du placement à LeHigh. Elle y joignait une brochure proposant une bourse de troisième cycle à Princeton qui couvrait les frais d'enseignement, l'achat des livres et même l'argent de poche.

Bernardine m'annonça que cette bourse n'était accordée chaque année qu'à deux étudiants et me conseilla de poser ma candidature.

« Je sais que vous n'aviez pas l'intention de poursuivre vos études, me dit-elle, mais l'occasion me semble trop belle. »

J'écrivis à Princeton pour demander des détails et on me répondit d'envoyer mon curriculum vitae. Peu après, j'obtenais la bourse Wallace.

Dès le premier coup d'œil au campus, je sus que je m'y plairais. Et je songeai qu'un diplôme supplémentaire ne pourrait nuire à ma carrière.

Je me trouvais soudain devant deux occasions inespérées. Je téléphonai à McCormick pour lui faire part de mon dilemme.

« Si on vous accepte à Princeton, dit-il, n'hésitez pas à y aller pour faire votre thèse. Nous vous garderons une place jusqu'à ce que vous ayez fini. »

C'était exactement ce que j'espérais entendre et j'étais au comble de la joie.

Princeton était un endroit merveilleux pour étudier. Par comparaison au rythme frénétique de LeHigh, c'était presque la campagne. Comme matières à option, je choisis la politique et les plastiques, un domaine nouveau pour moi. Comme à LeHigh, le rapport entre le nombre des professeurs et celui des étudiants était extrêmement favorable en raison de la guerre. L'un de mes professeurs, M. Moody, était une sommité mondiale de l'hydraulique. Il avait travaillé sur le barrage de Grand Coulee et bien d'autres projets, mais nous n'étions que quatre à suivre ses cours.

J'assistai un jour à une conférence d'Einstein. Je ne compris pas très bien de quoi il parlait, mais il était très exaltant d'être en sa présence. Le bâtiment où je suivais mes cours n'était pas très loin de l'Institut des hautes études où il enseignait et je l'apercevais parfois se promenant sur le campus.

On m'avait accordé trois semestres pour préparer ma thèse, mais j'étais si impatient d'entrer chez Ford qu'il ne m'en fallut que deux pour l'achever. J'avais prévu de construire manuellement un dynamomètre hydraulique, et un professeur du nom de Sorenson me proposa son aide. Nous le construisîmes ensemble avant de le relier à un moteur dont General Motors avait fait don à l'université. Je passai tous les tests avec succès et terminai la rédaction de mon mémoire que je fis relier... en cuir, tellement j'en étais fier.

Mais pendant ce temps, à Dearborn, Leander McCormick-Goodheart avait été appelé sous les drapeaux. J'avais bêtement négligé de rester en contact avec lui pendant l'année passée à Princeton. Pis encore, je ne lui avais pas demandé de mettre sa promesse par écrit. Et quand je sortis de Princeton, personne de chez Ford ne connaissait mon existence.

Je réussis enfin à joindre Bob Dunham, le patron de McCormick-Goodheart, et lui exposai ma situation.

« Le groupe de formation est complet, dit-il, et nous avons déjà nos cinquante personnes. Mais compte tenu des circonstances, cela ne semble pas juste. Si vous pouvez vous libérer tout de suite, vous ferez le cinquante et unième. »

Le lendemain, mon père me conduisit à la gare de Philadelphie où je pris la *Flèche Rouge* à destination de Detroit pour commencer ma carrière.

Le voyage durait toute la nuit, mais j'étais trop excité pour dormir. Je descendis à la gare de Fort Street avec un sac marin sur l'épaule et cinquante dollars en poche.

— Quelle est la direction de Dearborn ? demandai-je au premier type que je croisai en sortant de la gare.

— Mettez le cap sur l'ouest, jeune homme, dit-il. C'est à une quinzaine de kilomètres !

FORD STORY

3

LES PREMIÈRES ARMES

En août 1946, j'entrai chez Ford en qualité d'élève ingénieur. Notre période de formation avait reçu le nom de stage en boucle, car les stagiaires faisaient un circuit complet de toute la structure de la compagnie et passaient quelques jours ou une semaine dans chaque service. A la fin du stage, nous étions censés être familiarisés avec les différents stades de la fabrication d'une voiture.

La compagnie ne lésinait pas sur les moyens pour nous permettre d'acquérir une expérience de première main. On nous envoya dans la célèbre usine de River Rouge, le plus grand complexe de fabrication du monde. Comme la Ford Motor Company possédait la mine de charbon et la carrière, nous pouvions suivre du début jusqu'à la fin l'ensemble des opérations techniques, de l'extraction du minerai à la production de l'acier et à son utilisation pour les voitures.

Notre tournée comprenait la visite de la fonderie et de l'aciérie, des ateliers d'outillage et de moulage, de la piste d'essai, de la forge et des chaînes de montage. Mais nous ne suivions pas uniquement les étapes successives de la construction. Nous passions aussi un certain temps au service des achats et même à l'hôpital de l'usine.

Il n'existait pas de meilleur endroit au monde pour comprendre comment l'on fabriquait des voitures et comment fonctionnait véritablement une entreprise industrielle. L'usine Rouge était la fierté de la firme et elle recevait sans cesse des délégations étrangères venues visiter les installations. Les Japonais mirent longtemps à s'intéresser à ce qui se passait à Detroit, mais ils finirent eux aussi par faire d'innombrables pèlerinages à l'usine Rouge.

J'avais enfin sous les yeux les applications pratiques de tout ce que j'avais lu dans les livres. J'avais étudié la métallurgie à LeHigh mais là, j'y travaillais vraiment, aussi bien aux fours ouverts qu'aux hauts fourneaux. Dans les ateliers d'outillage et de montage je fis fonctionner diverses machines-outils telles que les raboteuses, les fraiseuses et différents tours.

Je passai même quatre semaines sur une chaîne de montage. Ma tâche consistait à fixer le couvercle d'un faisceau de fils électriques sur un châssis de camion. Ce n'était pas pénible mais horriblement fastidieux. Un jour, mes parents vinrent me rendre visite et mon père sourit de me voir en bleu de travail.

« Dire que tu as passé dix-sept ans à faire des études, dit-il. Voilà ce qui arrive aux ratés qui ne sont pas premiers de leur classe ! »

Les responsables du stage étaient très sympathiques, mais les ouvriers faisaient preuve de méfiance, voire d'une certaine hostilité. Nous pensions au début que les badges que nous portions et sur lesquels était inscrit : « élève ingénieur » étaient la cause de cette situation. Nous demandâmes qu'on change les badges et on nous en remit d'autres portant l'inscription « administration ». Mais cela ne fit qu'aggraver les choses.

Je ne tardai pas à en apprendre assez long pour comprendre la situation de l'entreprise. Henry Ford, le fondateur, commençait à être trop vieux et la firme était dirigée par un groupe de ses disciples, en particulier Harry Bennett qui avait la réputation d'être un dur de dur. Les relations entre les ouvriers et la direction étaient très tendues et les élèves ingénieurs avec leur badge « administration » étaient pris entre deux feux. De nombreux ouvriers étaient persuadés que nous étions des espions envoyés pour les avoir à l'oeil. Ils ne tenaient pas compte du fait que nous étions frais émoulus de l'université et que nous n'avions aucune expérience.

Malgré la tension qui régnait, nous faisions tout notre possible pour prendre du bon temps. Nous étions un groupe de cinquante et un étudiants issus des universités de tout le pays qui partageaient leurs chambres, buvaient de la bière ensemble et essayaient de profiter au maximum de la vie quand ils ne travaillaient pas. L'organisation du stage de formation manquait de rigueur et si quelqu'un avait envie de partir deux jours à Chicago, son absence passait inaperçue.

Au milieu du stage, nous eûmes une réunion d'évaluation avec les responsables.

« Ah, Iacocca... dit l'un d'eux. Ingénieur mécanicien, dynamomètres hydrauliques, transmissions automatiques. Voyons... Nous sommes en train de mettre sur pied un nouveau groupe travaillant sur la transmission automatique. Nous allons vous envoyer les rejoindre. »

J'avais accompli neuf mois du stage et il m'en restait encore neuf. Mais le génie industriel ne m'intéressait plus. Dès le jour de mon arrivée, on m'avait demandé de dessiner un ressort d'embrayage et il m'avait fallu une journée entière pour en achever le plan détaillé.

« Mais qu'est-ce que je fabrique ? m'étais-je demandé. Vais-je passer le reste de ma vie à faire cela ? »

Je tenais à rester chez Ford, mais pas comme ingénieur. Ce que je voulais, c'était un domaine où il y avait de l'action : le marketing ou les ventes. Je préférais travailler avec des gens qu'avec des machines. Cela ne plut évidemment pas du tout aux responsables de mon stage. La firme m'avait engagé pour mon diplôme d'ingénieur et avait investi beaucoup de temps et d'argent dans ma formation. Et maintenant, je voulais travailler au service des *ventes* !

Comme j'insistai, nous en arrivâmes à un compromis. Je leur déclarai qu'il était inutile que je termine le stage et que mon diplôme de Princeton équivalait aux neuf mois restants de ma période de formation. Ils acceptèrent de me laisser partir et chercher un poste au service des ventes. Mais il me faudrait me débrouiller tout seul.

« Nous aimerions vous garder chez Ford, me dit-on, mais à vous de vous faire embaucher si vous décidez de suivre la filière des ventes. »

Je pris aussitôt contact avec Frank Zimmerman, mon meilleur ami dans le groupe des stagiaires. Il avait été le premier à être accepté dans le programme de formation et le premier à en sortir. Il avait décidé comme moi de ne pas travailler comme ingénieur et avait déjà réussi à entrer au service des ventes du département véhicules utilitaires dans le district de New York. J'allai lui rendre visite et nous nous conduisîmes comme deux gamins dans la grande ville, courant les restaurants et les boîtes de nuit, jouissant de la splendeur de Manhattan.

« Il faut absolument que je revienne ici », songeai-je.

Comme j'étais originaire de la côte Est, je me sentais vraiment chez moi.

Comme le responsable du district de New York était absent quand je me présentai dans son bureau, j'eus affaire à ses deux adjoints. J'étais nerveux. J'avais une formation d'ingénieur, pas de vendeur, et le seul moyen que j'avais de décrocher un poste était de faire impression au cours de l'entretien.

J'avais apporté de Dearborn une lettre de recommandation que je tendis à l'un des deux hommes. Il avança la main et la prit sans même quitter son journal des yeux. Il passa toute la demi-heure que dura l'entrevue à lire *The Wall Street Journal* sans lever une seule fois la tête.

Son collègue ne se montra guère plus avenant. Il regarda mes chaussures et vérifia que ma cravate était bien droite. Puis il me posa deux ou trois questions. Je compris qu'il n'appréciait pas que j'aie obtenu des diplômes universitaires et passé quelque temps à Dearborn. Il s'imaginait peut-être que j'étais venu me renseigner sur lui. En tout état de cause, il était évident qu'il n'avait pas l'intention de m'engager.

« Ce n'est pas la peine de nous appeler, dit-il. C'est nous qui vous contacterons. »

J'avais le sentiment d'avoir échoué à une audition à Broadway. Mon seul espoir était de trouver un autre service des ventes et je pris rendez-vous avec le chef des ventes du bureau de Chester, en Pennsylvanie, pas très loin de Philadelphie. Et cette fois, la chance me sourit. Non seulement le directeur régional était présent, mais il accepta de me prendre à l'essai. On me confia un obscur travail de bureau au service des ventes.

Ma tâche consistait à discuter avec les acheteurs du réseau de concessionnaires de l'attribution des véhicules neufs. Ce n'était pas facile, car j'étais gauche et timide à l'époque et j'avais la frousse avant de décrocher le combiné. Avant chaque appel, je répétais plusieurs fois ce que j'allais dire, tellement je craignais que l'on m'envoie promener.

D'aucuns s'imaginent qu'il suffit pour être un bon vendeur d'avoir des dispositions innées. Mais je n'avais aucun don naturel. La plupart de mes collègues étaient beaucoup plus décontractés et ouverts que moi et, pendant un ou deux ans, je demeurai trop théorique et emprunté. Mais je finis par acquérir une certaine expérience et faire des progrès. Quand je réussis à bien posséder les faits, je m'attachai à la manière de les présenter et on ne tarda pas à m'écouter.

L'apprentissage de la vente exige du temps et des efforts. C'est une technique qui demande à être longuement pratiquée avant de devenir une seconde nature. Il y a de nos jours beaucoup de jeunes gens qui ne le comprennent pas. En voyant un homme d'affaires prospère, ils ne prennent pas le temps de songer à toutes les erreurs qu'il a dû commettre dans sa jeunesse. Les erreurs font partie intégrante de la vie ; il n'y a pas moyen de les éviter. Tout ce que l'on peut espérer, c'est qu'elles ne coûteront pas trop cher et qu'on ne fera pas deux fois la même.

Là encore, comme à l'université, j'arrivai au bon moment.

Comme il n'y avait pas eu de production de voitures pendant la guerre, le demande était très forte entre 1945 et 1950. Les véhicules neufs étaient vendus à prix de catalogue, quand ce n'était pas plus cher. Et tous les concessionnaires cherchaient des clients ayant un véhicule d'occasion à reprendre, car la voiture d'occasion la plus déglinguée pouvait être revendue avec un coquet bénéfice.

J'avais une situation très modeste, mais les retards de livraison de véhicules neufs me mettaient en position de force. Si j'avais voulu être malhonnête, j'aurais certainement fait des affaires juteuses. Il y avait de louches tractations et presque partout les employés des directions régionales favorisaient leurs petits copains en échange de présents ou d'avantages financiers.

Les concessionnaires s'enrichissaient. Avec la politique de prix en vigueur, les gens achetaient au cours du marché qui était très élevé. Certains employés des agences régionales voulaient leur part du gâteau et faisaient des pieds et des mains pour se l'approprier. Ces pratiques choquaient le jeune homme idéaliste, fraîchement sorti de l'université que j'étais.

Je finis par ne plus passer mes journées pendu au téléphone. Je fus muté sur le terrain et faisais la tournée des concessionnaires en qualité de représentant pour leur donner des conseils de vente. J'adorais ce travail ; fini les études, je faisais enfin mon entrée dans le monde. Je passais mes journées au volant d'une voiture flambant neuve, faisant partager ma sagesse toute fraîche à deux ou trois cents concessionnaires. Et chacun d'eux espérait secrètement que je ferais de lui un millionnaire.

En 1949, je fus nommé directeur du secteur de Wilkes-Barre, en Pennsylvanie. Je travaillais en étroite collaboration avec dix-huit concessionnaires et ce fut pour moi une expérience irremplaçable.

Chez nous, les concessionnaires ont toujours été l'élément fondamental de l'industrie automobile. Ils ont certes des relations de travail avec la société mère, mais ce sont eux les véritables entrepreneurs dans la tradition américaine. Ils ont un rôle de pivot dans notre système capitaliste et il ne faut pas oublier que ce sont eux qui vendent et révisent tous les véhicules sortis de l'usine.

Comme j'ai commencé à travailler directement avec les concessionnaires, je connais leur valeur ; et quand je fis partie de la direction générale, je m'efforçai de les satisfaire. Quand on veut réussir dans les affaires, il faut travailler en équipe. Cela signifie que la maison mère et les concessionnaires doivent agir en parfaite harmonie.

C'est une idée qui échappe malheureusement à la plupart des responsables de l'automobile que j'ai connus. Les concessionnaires, de leur côté, nourrissent une certaine amertume de n'être que rarement invités à la table d'honneur. C'est pour moi assez simple à comprendre : les concessionnaires sont les *seuls* véritables clients d'une firme. Le bon sens veut donc que l'on prête une oreille attentive à ce qu'ils ont à dire, même si ce n'est pas toujours ce que l'on veut entendre.

J'appris énormément de choses à Chester sur le commerce de détail des voitures, en particulier grâce à Murray Kester, un responsable des ventes de Wilkes-Barre. Murray était un vrai professionnel qui excellait à former et à motiver ses vendeurs.

L'un de ses petits trucs consistait à téléphoner à chacun de ses clients un mois après l'achat d'un véhicule neuf et il ne manquait jamais de demander :

« Alors, qu'en pensent vos amis ? »

Sa tactique était simple : il se disait qu'en demandant au client ce qu'il pensait lui-même de sa nouvelle acquisition, il se sentirait peut-être obligé de trouver quelque chose qui clochait. Mais en lui demandant ce que ses amis en pensaient, il ne pouvait qu'en chanter les louanges.

Même si les amis n'aimaient pas la voiture, il lui serait impossible de le reconnaître. Pas si vite, en tout cas ! Il avait encore besoin de se prouver que son choix était judicieux. Et quand on était vraiment gonflé, on pouvait demander au client le nom et le numéro de téléphone de ses amis. Ils pouvaient avoir envie d'acheter la même voiture.

Il faut garder présent à l'esprit que celui qui achète quelque chose, qu'il s'agisse d'une maison, d'une automobile ou de titres, justifiera son acquisition pendant au moins quelques semaines, même s'il a commis une erreur.

Murray était également un grand conteur d'histoires. Il en tenait la plupart de son beau-frère qui n'était autre que Henny Youngman. Il fit un jour venir Henny de New York pour prendre la parole à l'occasion d'une vente publique à l'hôtel Broadwood à Philadelphie. Henny chauffa la salle avant de me laisser présenter les nouvelles voitures. C'est à cette occasion que j'entendis pour la première fois la fameuse phrase : « Prenez ma femme... je vous en prie ! »

Je suivis l'exemple de Murray et me mis à donner des conseils aux concessionnaires. Je leur expliquai qu'il fallait conditionner les acheteurs et leur poser les questions qui pouvaient aboutir à une vente.

Si un client avait fixé son choix sur un cabriolet rouge, c'est évidemment ce qu'on lui vendait. Mais un grand nombre d'entre eux ne savaient pas exactement ce qu'ils voulaient et les aider à le découvrir faisait partie du travail du vendeur. Il n'y a, somme toute, guère de différence entre acheter une voiture et une paire de chaussures. Quand on travaille dans un magasin de chaussures, on commence par déterminer la pointure du client, puis on lui demande s'il préfère des chaussures sport ou habillées. C'est la même chose pour les voitures. Il faut savoir quelle utilisation il envisage pour son véhicule et quel autre membre de sa famille le conduira. Il convient également de déterminer son budget afin de lui proposer les meilleures conditions financières.

Murray insistait toujours sur l'importance de conclure l'affaire. Nous nous rendîmes compte que la plupart de nos vendeurs se débrouillaient bien dans les phases préliminaires mais qu'ils redoutaient tellement d'essuyer un refus qu'ils laissaient souvent partir des clients potentiels. Ils étaient incapables de sauter le pas et de dire : « Signez ici. »

Je subis aussi à Chester l'influence d'un autre homme remarquable qui devait avoir dans ma vie plus de poids que quiconque, à l'exception de mon père. Charlie Beacham était le directeur régional de Ford pour toute la côte Est. Il avait comme moi reçu une formation d'ingénieur avant de passer à la vente et au marketing, et il fut à ce stade de ma carrière une sorte de mentor.

Originaire du Sud, Charlie était chaleureux et brillant. Massif et imposant, doté d'un merveilleux sourire, il excellait à motiver ses employés. C'était le genre d'homme pour qui on se fût lancé à l'assaut d'une citadelle en sachant que l'on avait de grandes chances de périr dans l'aventure.

Il possédait le don très rare d'être à la fois dur et généreux. Il arriva un jour que mon secteur de ventes obtienne les moins bons résultats des treize secteurs que comprenait la région. Je me sentais démoralisé et quand Charlie me vit traverser le garage, il s'approcha de moi et me prit par la taille.

— Pourquoi avez-vous l'air si abattu ? demanda-t-il.

— M. Beacham, répondis-je, il y a treize secteurs et j'ai le treizième chiffre de ventes ce mois-ci.

— Oh, mais il n'y a pas de quoi se laisser abattre ; il faut bien un dernier.

Et il s'éloigna. Mais au moment où il arrivait devant sa voiture, il se retourna.

— Mais faites bien attention, ajouta-t-il. Ne soyez pas dernier deux mois de suite !

Il avait une manière de s'exprimer très colorée. On avait un jour envisagé d'envoyer de nouvelles recrues chez les concessionnaires de Philadelphie qui étaient tous des durs à cuire. Beacham trouva cette idée exécrable.

« Ils sont trop jeunes dans le métier ! s'écria-t-il. Si on leur pressait le nez, il en sortirait du lait ! »

Il pouvait aussi être très direct.

« Gagnez de l'argent, aimait-il à dire, et envoyez chier tout le reste. C'est un système basé sur le profit. »

Beacham parlait souvent de débrouillardise, de ces choses que l'on *sait,* ces leçons fondamentales qui ne peuvent être enseignées.

« N'oubliez pas, Lee, me disait-il, que le seul atout de l'être humain est son aptitude à raisonner et le bon sens qu'il possède. C'est le seul avantage qu'il ait sur le singe. Le cheval est plus fort que l'homme et le chien plus affectueux. Alors, si vous ne vous rendez pas compte qu'on essaie de vous couillonner — et bien des gens ne s'en rendent pas compte —, tant pis pour vous, vous ne réussirez jamais. »

Il acceptait les erreurs, à condition qu'on en assume la responsabilité.

« Sachez que tout le monde peut se tromper. L'ennui est que la plupart des gens refusent de l'avouer. Quand un type fait une connerie, il ne voudra jamais reconnaître que c'est de sa faute, s'il peut l'éviter. Il essaiera d'en rejeter la responsabilité sur sa femme, sa maîtresse, ses gosses, son chien ou le temps mais jamais il ne l'acceptera. Alors si vous faites une connerie, ne cherchez pas d'excuses... allez vous regarder dans la glace. Et vous viendrez me voir après. »

Au cours des réunions de vendeurs, Charlie consacrait parfois plusieurs minutes à dresser la liste de tous les prétextes qu'on lui avait récemment donnés pour expliquer que les voitures ne se vendaient pas, afin que nul ne soit tenté d'y recourir. Il respectait ceux qui assumaient leurs échecs et ne pouvait supporter ceux qui se forgeaient des alibis ou avaient une guerre de retard. Charlie était un battant et un fin stratège, anticipant toujours son prochain mouvement.

C'était un fumeur de cigares invétéré et, même lorsque la faculté lui eut ordonné de cesser de fumer, il ne pouvait s'en séparer. Il gardait dans la bouche le cigare non allumé et le mâchouillait. De temps en temps, il sortait son canif de sa poche et tranchait l'extrémité ramollie. A la fin d'un entretien, on aurait pu croire qu'il y avait eu un lapin dans la pièce. Il restait sur le bureau dix ou quinze petits bouts de cigare qui ressemblaient étonnamment à des crottes de lapin.

Mais Charlie pouvait être un patron impitoyable quand il estimait que la situation l'exigeait. Lors d'un dîner donné en 1970 pour célébrer mon élection à la présidence de Ford, j'eus enfin le courage de faire savoir publiquement à Charlie ce que je pensais de lui.

« Il n'y aura jamais d'autre Charlie Beacham. Il occupe une place toute particulière dans mon cœur et je pense parfois qu'il l'a creusée à la main, comme une niche. Il n'était pas seulement mon mentor mais beaucoup plus que cela. Il était aussi mon *tour*menteur, mais j'ai pour lui une affection sans limites ! »

Quand j'eus pris confiance en moi et obtenu de bons résultats, Charlie me confia la tâche d'apprendre aux concessionnaires comment vendre des camions. Je rédigeai même un manuel intitulé : *Recrutement et formation des vendeurs de camions*. Il ne faisait aucun doute pour moi que j'avais fait le bon choix en renonçant à ma carrière d'ingénieur. J'avais trouvé le milieu idéal pour quelqu'un qui adorait l'action.

De même qu'à l'université, ma réussite à Chester est due à des conditions favorables. J'eus, là encore, la chance d'être au bon endroit au moment propice. Par suite de la réorganisation que Ford était en train d'opérer, il y avait de nombreuses possibilités d'avancement. C'était une chance et je sus la saisir. Charlie m'envoya bientôt sur le terrain mais beaucoup plus loin.

Je longeais la côte Est de ville en ville, tel un représentant de commerce, transportant les outils de mon métier — projecteurs de diapositives, affiches et graphiques. J'arrivais dans une ville le dimanche soir et mettais sur pied un cours de formation en cinq jours pour les vendeurs de camions du secteur. Je parlais toute la journée et, comme pour tout ce que l'on fait assidûment, on finit par attraper le coup.

Une partie de ma tâche consistait aussi à téléphoner aux différents concessionnaires. Comme à l'époque il n'y avait pas de liaisons directes, il me fallait passer par des standardistes. Quand on me demandait mon nom, je répondais : « Iacocca » ; mais ils ne savaient pas l'épeler et j'avais toujours beaucoup de mal à leur faire comprendre. Puis ils me demandaient mon prénom et quand je disais : « Lido », ils éclataient de rire. C'est ainsi que de guerre lasse je commençai à me faire appeler Lee.

Un jour, avant ma première tournée dans le Sud, Charlie me convoqua dans son bureau.

« Lee, me dit-il, vous allez partir dans ma région natale et j'aimerais vous donner quelques tuyaux. D'abord, vous parlez beaucoup trop vite pour les gens du Sud ; ralentissez donc votre débit. Ensuite, ils n'aimeront pas votre nom. Voici ce que je vous propose : dites-leur que vous avez un prénom bizarre — Iacocca — et que votre nom de famille est Lee. Je pense que cela devrait leur plaire. »

En effet, cela leur plut. Je commençais toutes mes réunions de cette manière et ils ne se tenaient plus de joie. Les gens du Sud se trouvaient ainsi totalement désarmés et oubliaient mes origines italiennes. J'étais accepté comme un gars bien de chez eux.

Ces voyages m'obligeaient à dépenser beaucoup d'énergie. Je prenais le train pour Norfolk, Charlotte, Atlanta ou Jacksonville et j'en vins à connaître tous les concessionnaires et les vendeurs du Sud. J'ingurgitai du gruau de maïs et de la sauce au suc de jambon jusqu'à en être saturé. Mais j'étais heureux. J'avais voulu travailler dans l'industrie automobile en conservant des contacts humains et j'y étais enfin parvenu

4
LES GROSSES TÊTES

Après quelques belles années à Chester, j'essuyai un revers inattendu. Il y eut une légère récession au début des années 50 et Ford décida de réduire massivement ses effectifs. Un représentant de commerce sur trois, y compris quelques-uns de mes meilleurs copains, fut licencié. Je suppose que j'eus de la chance d'être simplement rétrogradé, mais sur le moment je ne perçus pas les choses de cette manière et je me sentis malheureux pendant un certain temps. C'est à cette époque que je songeai à me reconvertir dans l'alimentation.

Mais quand on croit véritablement à ce que l'on fait, il faut persévérer en dépit des obstacles. Quand mon humeur maussade se fut dissipée, je redoublai d'efforts et me remis à travailler d'arrache-pied. Au bout de quelques mois, j'avais retrouvé ma place. Les revers font partie intégrante de la vie et il faut faire très attention à la manière dont on y réagit. Si j'avais prolongé trop longtemps ma bouderie, j'aurais probablement été licencié à mon tour.

En 1953, je fus nommé adjoint au directeur des ventes pour le secteur de Philadelphie. Que les concessionnaires les écoulent ou non, les voitures continuent de sortir des chaînes de montage et il faut s'en occuper. On apprend à se démener et à agir rapidement, on est obligé d'avoir des résultats, sinon les ennuis ne tardent pas.

Un malheur n'arrive jamais seul et l'année 1956 fut particulièrement funeste. C'est cette année-là que Ford décida de mettre l'accent sur la sécurité au lieu de la puissance et des performances. La compagnie présenta un bourrelet matelassé pour le tableau de bord. L'usine nous avait envoyé un film destiné aux concessionnaires et qui était censé expliquer tous les avantages du nouveau système au cas où un passager donnerait de la tête contre le tableau de bord. Pour illustrer ces assertions, le narrateur du film proclamait que le rembourrage était tellement épais que si on laissait tomber un œuf sur le bourrelet du deuxième étage, il rebondirait dessus sans se casser.

J'étais enthousiaste. Au lieu de laisser le film exposer aux vendeurs les avantages du bourrelet de sécurité, j'allais moi-même les mettre en évidence d'une manière beaucoup plus frappante en lâchant un œuf d'une certaine hauteur sur le bourrelet. Plus de onze cents personnes remplissaient la salle où se tenait la réunion régionale des vendeurs quand je pris la parole pour vanter l'accessoire extraordinaire dont seraient équipés nos modèles 1956. J'avais étendu sur la scène des bandes du bourrelet de protection et je grimpai sur une haute échelle, une boîte d'œufs frais à la main.

Le premier œuf que je laissai tomber manqua la cible et s'écrasa sur le plancher de la scène. De grands éclats de rire s'élevèrent dans le public. Je visai plus soigneusement avec le deuxième œuf, mais mon assistant, chargé de tenir l'échelle, eut le malheur de faire un mouvement dans la mauvaise direction et l'œuf tomba sur son épaule, ce qui souleva une tempête d'applaudissements.

Les deux œufs suivants tombèrent exactement où je le voulais, mais ils se brisèrent sous le choc. Je réussis enfin à obtenir le résultat désiré avec le cinquième œuf, ce qui me valut une ovation de l'assistance. Je tirai une double leçon de cet épisode. D'abord, ne jamais utiliser des œufs lors d'une réunion de ce genre. Ensuite, ne jamais se présenter devant un public avant d'avoir répété ce que l'on veut dire — et ce que l'on veut *faire* — pour vendre son produit.

J'eus l'air plutôt ridicule ce jour-là et il apparut que c'était un symbole prophétique de ce qu'il allait advenir de nos modèles 1956. La campagne de sécurité fut un bide. Elle avait pourtant été bien conçue et orchestrée, mais le public bouda.

Les ventes des Ford 1956 furent médiocres sur tout le territoire, mais notre région enregistra les résultats les plus mauvais. Peu après l'épisode des œufs, j'eus une autre idée que j'espérais meilleure. Je décidai que tout acheteur d'une Ford 1956 pourrait ne payer à la livraison qu'un premier versement de vingt pour cent et régler le solde en trente-six mensualités de 56 $. C'étaient des conditions de crédit auxquelles tout le monde ou presque pouvait satisfaire et dont j'espérais qu'elles stimuleraient les ventes dans notre région. J'intitulai ce projet : « 56 pour 56. »

A cette époque, la vente à tempérament des véhicules neufs n'en était encore qu'à ses débuts et le projet eut un succès foudroyant. En trois mois, le secteur de Philadelphie passa du dernier au premier rang sur le plan national. Robert S. McNamara, vice-président et directeur général de la division Ford, qui allait devenir secrétaire à la Défense sous la présidence de Kennedy, fut si enthousiasmé par le projet qu'il l'intégra à la stratégie nationale de marketing. Il estima par la suite qu'il était à l'origine de la vente de 75 000 véhicules supplémentaires.

C'est ainsi qu'après dix ans de préparation, la réussite couronna mes efforts du jour au lendemain. Le mineur de fond allait enfin pouvoir émerger au grand jour. L'avenir semblait d'un seul coup beaucoup plus riant et ma récompense vint sous la forme d'une promotion à la direction régionale de Washington, D.C.

Mon mariage prit place au milieu de tous ces événements. Mary McLeary travaillait comme réceptionniste à l'usine Ford de Chester. Nous avions fait connaissance huit ans plus tôt, à l'occasion d'une réception suivant la présentation de nos modèles 1949 au Bellevue Stratford Hotel de Philadelphie. Nous nous vîmes par intermittence pendant plusieurs années, mais je voyageais constamment, ce qui rendait difficile une cour suivie. Mais enfin, le 29 septembre 1956, notre mariage fut célébré à Chester en l'église St. Robert.

Nous passâmes plusieurs mois à chercher une maison à Washington, mais à peine en avions-nous acheté une, Charlie Beacham me convoqua pour m'annoncer ma mutation.

— C'est une blague, lui dis-je. Je me marie la semaine prochaine et je viens d'acheter une maison.

— Je regrette, répondit-il, mais si vous voulez être payé, c'est à Dearborn que vous toucherez votre chèque.

Non seulement il me fallut dire à Mary que nous partions immédiatement à Detroit, mais je dus également lui annoncer pendant notre lune de miel qu'à notre retour dans notre belle maison du Maryland, je passerais une seule nuit avec elle avant de repartir !

Charlie Beacham, qui avait été promu directeur des ventes automobiles et véhicules utilitaires de la division Ford, m'avait fait entrer à Dearborn en qualité de chef du marketing véhicules utilitaires. En moins d'un an, je devins chef du marketing automobiles et en mars 1960, je cumulai les deux postes.

Lors de ma première rencontre avec Robert McNamara, mon nouveau patron, nous parlâmes de moquette. J'étais enchanté par ma promotion à la direction générale mais je m'inquiétais un peu pour les sommes investies dans notre nouvelle maison de Washington. McNamara s'efforça de me tranquilliser et m'affirma que la compagnie me rachèterait la maison. Nous venions malheureusement de dépenser deux mille dollars pour faire moquetter la maison, ce qui à l'époque était une somme considérable. J'espérais que Ford me rembourserait aussi cela, mais McNamara secoua la tête.

« Juste la maison, dit-il. Mais ne vous inquiétez pas, nous tiendrons compte de la moquette dans votre prime. »

Cela me paraissait satisfaisant, mais en regagnant mon bureau, je commençai à me poser des questions. « Voyons, me dis-je, je ne sais même pas à combien se serait montée la prime *sans* la moquette. Comment puis-je être sûr que le marché est honnête ? » Rétrospectivement cette histoire semble bien ridicule et nous en rîmes souvent par la suite avec McNamara. Mais à cette époque, ce n'était ni le prestige ni le pouvoir que je recherchais. C'était l'argent.

Robert McNamara était entré chez Ford onze ans plus tôt. Il était l'un des fameux « petits prodiges ». Quand Henry Ford II quitta la Marine en 1945 pour prendre la direction de l'énorme mais fragile compagnie de son grand-père, c'étaient les dirigeants qui faisaient le plus cruellement défaut. Le destin se chargea d'apporter une solution à ses problèmes et il eut la sagesse de saisir l'occasion qui se présentait.

Peu après la fin de la guerre, Henry reçut un télégramme insolite et propre à exciter la curiosité. Il était signé par un groupe de dix jeunes officiers de l'armée de l'air qui désiraient aborder avec lui « le sujet du management », pour reprendre leurs propres termes. Ils se recommandaient du secrétaire à la Défense. Ces dix officiers qui avaient dirigé le bureau de contrôle des statistiques de l'armée de l'air voulaient continuer à travailler ensemble... mais cette fois dans le privé.

Henry Ford les invita à Detroit où leur porte-parole, le colonel Charles (Tex) Thornton, expliqua que ses hommes pouvaient rentabiliser l'entreprise comme ils l'avaient fait dans l'armée de l'air. Thornton précisa que c'était un contrat global qu'il proposait. Si Henry était intéressé, il lui faudrait engager toute l'équipe. Il eut la sagesse d'accepter. Aucun des officiers n'avait fait ses preuves dans l'automobile, mais deux d'entre eux, McNamara et Arjay Miller, allaient pourtant accéder à la présidence de Ford.

Ils entrèrent tous les dix dans la compagnie au moment où j'étais engagé comme élève ingénieur. Ils suivirent eux aussi un stage de formation mais, au lieu de passer en revue toutes les étapes de la fabrication comme je l'avais fait, ils étudièrent l'administration et la gestion de l'entreprise. Ils passèrent quatre mois à faire la tournée des différents services en posant d'innombrables questions et lorsque leur réussite fut patente, on les surnomma les « petits prodiges ».

Robert McNamara était sensiblement différent des autres anciens officiers ainsi que de ses collègues de la direction générale. Beaucoup estimaient qu'il manquait de chaleur humaine et je suppose qu'il émanait effectivement de lui une certaine froideur. Il est certain qu'il ne riait pas facilement, sauf lorsqu'il était en compagnie de Beacham. Charlie avait sur lui un effet apaisant et bien qu'on n'eût pu imaginer deux hommes plus dissemblables — ou peut-être à cause de cela — ils s'entendaient à merveille. Malgré sa réputation de robot humain, McNamara était un être d'une profonde gentillesse doublé d'un ami d'une fidélité indéfectible. Mais son intelligence était si impressionnante et si rigoureuse qu'elle occultait souvent sa personnalité.

Il n'était pas toujours facile de s'entendre avec lui et son exigence d'intégrité personnelle était telle qu'il y avait parfois de quoi devenir dingue. Il cherchait un jour une voiture équipée d'une galerie pour partir aux sports d'hiver.

« Pas de problème, lui dis-je, je vais faire installer une galerie sur une des voitures de société à Denver et vous aurez juste à passer la prendre. »

Mais il ne voulut pas en entendre parler. Il insista pour qu'on lui loue une voiture chez Hertz, qu'on paie un supplément pour la galerie et qu'on lui envoie la facture. Il refusa catégoriquement d'utiliser une voiture de société pour ses vacances, alors que nous en laissions des centaines tous les week-ends à la disposition des autres huiles.

McNamara aimait à dire que le grand patron devait être plus catholique que le pape et qu'il devait aller vêtu de probité candide. Il prônait une certaine réserve et mettait en pratique ce qu'il préconisait. Il prit toujours soin de garder ses distances.

Alors que la plupart des cadres supérieurs de l'automobile vivaient dans les faubourgs résidentiels de Grosse Pointe et Bloomfield Hills, McNamara et sa femme demeuraient à Ann Arbor, près de l'université du Michigan. Bob était un intellectuel et il préférait la fréquentation des universitaires à celle du personnel de l'industrie automobile. Il conservait la même indépendance d'esprit dans ses opinions politiques. Dans ce milieu qui soutenait automatiquement le parti républicain du grand capital, McNamara était à la fois un libéral et un démocrate.

Il était également l'un des hommes les plus intelligents qu'il m'ait été donné de rencontrer, avec un Q.I. phénoménal et un cerveau vif et bien organisé. Ses qualités intellectuelles étaient exceptionnelles. Doté d'une stupéfiante capacité d'assimilation, il retenait tout ce qu'il apprenait. Mais McNamara ne se contentait pas du réel, il s'attachait aussi à absorber les faits hypothétiques. Lors des discussions avec lui, on se rendait compte qu'il avait déjà passé en revue les détails de toutes les options et de tous les scénarios imaginables. Il m'apprit à ne jamais prendre une décision importante sans avoir au moins le choix entre vanille et chocolat. Et quand l'enjeu était de plus de cent millions de dollars, il était souhaitable d'avoir également fraise.

Lorsqu'il s'agissait de grosses sommes, McNamara calculait les conséquences de toutes les décisions possibles. Je n'ai jamais rencontré quelqu'un qui fût comme lui capable de garder en mémoire une dizaine de projets différents et de débiter les faits et les chiffres sans jamais consulter ses notes.

Il m'apprit cependant à mettre toutes mes idées par écrit.

« Vous êtes si efficace en tête à tête, disait-il. Vous pourriez vendre n'importe quoi à n'importe qui. Mais nous allons engager cent millions de dollars dans cette affaire. En rentrant chez vous ce soir, couchez donc votre grande idée sur le papier. Si vous n'y arrivez pas, c'est que vous n'y avez pas réfléchi assez sérieusement. »

C'était un conseil précieux et que j'ai suivi depuis lors. Chaque fois que l'un de mes collaborateurs a une idée, je lui demande de la mettre par écrit. Je ne veux pas qu'une voix mélodieuse ou la force d'une personnalité arrache mon adhésion à un projet. Je ne puis me le permettre.

McNamara et les autres « petits prodiges » faisaient partie d'une nouvelle race de dirigeants et ils introduisirent chez Ford ce dont la compagnie avait le besoin le plus urgent : un contrôle financier. Ce domaine était depuis de longues années le talon d'Achille de la firme. Cela remontait à l'époque où le vieux Henry Ford tenait la comptabilité en gribouillant des chiffres au dos d'une enveloppe.

Les « petits prodiges » firent entrer la Ford Motor Company dans le XXe siècle. Ils mirent sur pied un système de contrôle permettant pour la première fois d'évaluer chaque opération en termes de profits et pertes. Chacun des dirigeants pouvait ainsi être tenu pour responsable des succès et des échecs financiers de son secteur.

Outre les « petits prodiges », Henry Ford recruta plusieurs dizaines de diplômés de la Harvard Business School. A la direction des ventes, de la planification de la production et du marketing, nous considérions ces planistes financiers comme de purs cérébraux

— des diplômés des grandes écoles de commerce qui formaient un groupe élitiste au sein de la compagnie. Ils avaient été engagés pour mettre de l'ordre dans la maison et s'acquittaient de leur tâche à la perfection. Mais quand ils eurent fini, ils s'étaient approprié une grande partie du pouvoir.

Les responsables financiers sont souvent surnommés « les grosses têtes » dans notre milieu. McNamara était tout à fait représentatif de cette caste dont il incarnait les qualités et les défauts. Dans le meilleur des cas — et Bob valait n'importe lequel d'entre eux — les « grosses têtes » avaient le sens de l'argent et étaient dotés de prodigieuses capacités analytiques. Avant l'ère de l'informatique, ils jouaient le rôle de l'ordinateur.

Les analystes financiers sont par nature méfiants, conservateurs et pessimistes. De l'autre côté de la barrière se trouvent les professionnels de la vente et du marketing, à l'esprit spéculatif, accrocheur et optimiste. Ils sont toujours prêts à foncer, alors que les « grosses têtes » passent leur temps à leur conseiller la prudence. Les deux aspects de cette équation sont indispensables dans toute entreprise, car la tension naturelle entre les deux groupes engendre son propre équilibre.

Si les « grosses têtes » n'ont pas assez de poids, les prodigalités conduiront l'entreprise à la faillite, mais s'ils sont trop influents, elle ne pourra s'adapter au marché et demeurer compétitive. C'est ce qui se produisit chez Ford dans les années 70. Les responsables financiers en vinrent à considérer qu'ils étaient les seuls de toute la firme à avoir une attitude prudente. Leur position était la suivante : « Si nous ne faisons rien pour les arrêter, ces clowns vont nous mettre sur la paille. » Ils se croyaient investis d'un mandat pour sauver l'entreprise des rêveurs et des radicaux acharnés à précipiter la perte de Ford. Mais ils oubliaient avec quelle rapidité les choses peuvent changer dans l'industrie automobile. La firme s'effondrait sur le marché, mais ils refusaient de prendre des mesures avant la réunion budgétaire pour l'année suivante.

Robert McNamara était différent. C'était un excellent homme d'affaires, mais il aimait prendre la défense du consommateur. Il croyait fermement au concept de voiture utilitaire, une voiture destinée à satisfaire les besoins essentiels de la clientèle. Il considérait comme futiles la plupart des modèles et des options de luxe et ne s'en accommodait qu'à cause des marges bénéficiaires plus élevées qu'elles autorisaient. Mais McNamara était si habile et si précieux qu'il continua de monter dans la hiérarchie de l'entreprise malgré son indépendance idéologique.

Il visait la présidence de Ford mais n'espérait pas vraiment y parvenir.

« Je n'y arriverai jamais, me dit-il un jour, car Henry et moi ne voyons absolument pas les choses de la même manière. »

Son jugement était exact, mais sa prédiction se révéla erronée.

Elle se serait certainement réalisée à la longue. Bob était homme à se battre avec acharnement pour défendre ses convictions et Henry Ford, comme je l'apprendrais à mes dépens, avait la sale manie de se débarrasser des hommes de poids. Le 10 novembre 1960, McNamara fut élu président de la Ford Motor Company et je fus promu le même jour à son ancien poste de vice-président, directeur général de la division Ford. Nos nominations coïncidèrent avec l'élection de John Fitzgerald Kennedy. Quelques jours plus tard, pendant la constitution du gouvernement Kennedy, des représentants du futur président vinrent à Detroit s'entretenir avec Bob. On proposa le ministère des Finances à McNamara qui, entre autres activités, avait été professeur à la Harvard Business School. Il refusa, mais Kennedy le tenait manifestement en haute estime et lorsqu'il lui proposa le secrétariat à la Défense, Robert accepta.

En 1959, McNamara avait lancé sa propre voiture. La Falcon était la première « compact » américaine et on a dit d'elle qu'elle était bon marché... et construite pour le rester. Elle eut un énorme succès et dès la première année, 417 000 unités furent vendues. Cette réussite sans précédent dans l'histoire de l'automobile fut plus que suffisante pour valoir à McNamara la présidence de la Ford Motor Company.

McNamara croyait à un moyen de transport dépouillé de tout gadget et il mit ses idées en pratique avec la Falcon. Je n'appréciais pas beaucoup la ligne de la voiture — je me demande d'ailleurs si elle en avait une — mais son succès ne pouvait que soulever l'admiration. C'était un véhicule dont le prix était étudié pour être compétitif avec celui des petites voitures d'importation qui commençaient à envahir le marché américain et dont le taux de pénétration atteignait presque dix pour cent. Mais contrairement aux véhicules d'importation, la Falcon pouvait transporter six passagers, ce qui était suffisant pour la plupart des familles américaines.

Mais Ford n'était pas la seule firme capable de défier les voitures étrangères. A la même époque, la General Motors lança la Corvair et Chrysler la Valiant. Mais la Falcon l'emporta largement, en partie grâce à son prix qui était le plus bas.

Outre son prix, la Falcon avait de nombreux avantages. Les économies de carburant n'étaient pas encore à l'ordre du jour en 1960, mais la Falcon avait une faible consommation d'essence. Elle avait aussi la réputation d'être robuste, silencieuse et d'un entretien facile. Grâce à sa conception très simple, les frais de réparations étaient peu élevés. Les réparations étaient d'ailleurs si peu fréquentes que les compagnies d'assurances étaient prêtes à proposer des réductions aux propriétaires de ce modèle.

Mais malgré l'énorme popularité dont elle jouissait, la Falcon ne nous rapporta pas autant d'argent que nous l'espérions. La marge bénéficiaire était limitée sur ce type de petite voiture économique. Elle ne proposait pas non plus beaucoup d'options, ce qui nous aurait permis d'accroître sensiblement nos bénéfices. Après ma promotion à la direction de la division Ford, j'entrepris de développer mes propres idées sur une voiture qui serait populaire tout en nous permettant de gagner beaucoup d'argent. Deux ans plus tard, l'occasion allait se présenter de les mettre en pratique.

5

CLÉS POUR LE MANAGEMENT

A l'âge de trente-six ans, j'étais directeur général de la plus importante division de la deuxième entreprise du monde. Malgré cela, je demeurais pratiquement inconnu. La moitié du personnel de Ford ne savait pas qui j'étais et l'autre moitié n'arrivait pas à prononcer correctement mon nom.

Quand Henry Ford me convoqua dans son bureau en décembre 1960, c'était comme si le bon Dieu en personne m'avait appelé auprès de lui. Nous nous étions déjà serré la main à plusieurs reprises, mais c'était la première fois que nous avions une vraie conversation. McNamara et Beacham m'avaient informé qu'ils avaient suggéré à Henry de me nommer à la tête de la division Ford, mais ils m'avaient conseillé de faire l'ignorant. Ils savaient qu'Henry voudrait me donner l'impression que l'idée venait de lui.

J'étais absolument ravi de cette promotion mais je me rendais compte que cela me mettait dans une position délicate. D'un côté, je me trouvais soudain à la tête de la division d'élite de la compagnie et Henry Ford avait fait de moi le dépositaire des bijoux de la couronne. De l'autre, j'avais grillé dans mon ascension une centaine d'hommes ayant plus d'ancienneté et d'expérience que moi. Je n'ignorais pas qu'un certain nombre d'entre eux m'en tenaient rigueur. De plus, je n'avais toujours pas de véritables références en tant qu'homme de produit. A ce stade de ma carrière, il n'y avait aucune voiture dont on pouvait dire : « C'est Iacocca qui l'a faite. »

Il ne me restait donc que le domaine que je connaissais bien : les relations humaines. Il fallait que je sache si toute ma formation pour les ventes et le marketing me serait utile dans mes rapports professionnels. Je devais me servir de tout ce que mon père et Charlie Beacham m'avaient appris, avoir recours à ma propre expérience et faire preuve de bon sens. L'heure de vérité allait sonner.

C'est de Wall Street que m'est venue l'une de mes premières idées. En 1956, quatre ans auparavant, la Ford Motor Company avait été constituée en société anonyme. Nous étions maintenant contrôlés par de nombreux actionnaires qui portaient un intérêt très vif à la santé et à la productivité de l'entreprise. Comme dans toutes les sociétés anonymes, nos actionnaires recevaient un rapport financier détaillé trimestriel. Quatre fois par an, ils pouvaient contrôler nos résultats grâce à ces rapports et à chaque fois, ils touchaient leur dividende.

Si nos actionnaires avaient ce système de contrôle trimestriel, pourquoi n'en serait-il pas de même de la hiérarchie de l'entreprise ? C'est à cette époque que j'entrepris la mise au point de la technique d'organisation dont je me sers toujours. Je posais à intervalles réguliers à ceux qui occupaient une position clé quelques questions fondamentales : « Quels sont vos objectifs pour les trois mois à venir ? Quels sont vos projets, vos priorités, vos espoirs ? Comment comptez-vous les réaliser ? » Et je leur demandais de poser les mêmes questions à ceux qui occupaient des postes-clés dans leur service et ainsi de suite jusqu'en bas de l'échelle.

Cette pratique peut en apparence sembler une méthode assez dure visant à rendre les subordonnés responsables devant leur supérieur hiérarchique. C'est bien entendu partiellement vrai, mais c'est aussi beaucoup plus que cela, car cette méthode oblige les employés à être responsables devant *eux-mêmes.* Non seulement elle force chacun à réfléchir à ses propres objectifs, mais elle constitue aussi un moyen très efficace de rappeler aux gens qu'ils ne doivent pas perdre leurs rêves de vue.

Tous les trois mois, chaque responsable va voir son supérieur immédiat pour passer en revue avec lui toutes ses réalisations et définir ses objectifs pour le trimestre suivant. Quand l'accord s'est fait sur ces objectifs, le responsable les jette sur le papier et son supérieur hiérarchique les contresigne. C'est McNamara qui m'a enseigné que la discipline à laquelle on s'astreint en écrivant les choses est le premier pas vers leur réalisation. On peut dans la conversation esquiver les problèmes en demeurant dans le vague, souvent sans même s'en rendre compte. Mais lorsqu'on couche ses idées sur le papier, on est tenu de se pencher sur les détails. Il est ainsi plus difficile de s'abuser... ou d'abuser autrui.

La méthode de contrôle trimestriel paraît presque trop simple, mais elle fonctionne bien. Et cela pour plusieurs raisons. D'abord, elle permet à chacun d'être son propre patron et de fixer ses propres objectifs. Ensuite, elle le rend plus productif et aide à le motiver. Et enfin, elle contribue à faire éclore de nouvelles idées. Les responsables sont obligés de prendre le temps de réfléchir à ce qu'ils ont accompli, à ce qu'ils veulent accomplir et à la manière d'y arriver. Je ne connais pas de meilleur moyen pour aborder les problèmes avec un esprit neuf.

Un autre avantage de cette méthode — dans les grandes compagnies en particulier — est qu'elle empêche de rester dans l'anonymat. Il est très difficile de demeurer noyé dans la masse quand on est contrôlé tous les trois mois par ses supérieurs. Ceux qui travaillent sérieusement ne passent pas inaperçus... et ceux qui travaillent mal non plus.

Enfin, et c'est peut-être le plus important, la méthode de contrôle trimestriel oblige à un dialogue entre le supérieur hiérarchique et son subordonné. Dans une société idéale, on ne devrait pas avoir besoin d'un système de ce genre pour assurer ce contact. Mais quand le subordonné et son supérieur ne s'entendent pas bien, ils sont quand même tenus au moins quatre fois par an de décider ensemble ce qu'ils feront dans les mois à venir. Il leur est impossible d'esquiver cette rencontre et avec le temps, à mesure qu'ils apprennent à mieux se connaître, leurs rapports professionnels ont toutes les chances de s'améliorer.

Au cours de ces réunions trimestrielles, il incombe au supérieur hiérarchique de porter un jugement sur les projets de son subordonné. « Je crois que vous visez un peu trop haut, mais si vous estimez pouvoir faire tout cela en trois mois, cela vaut la peine d'essayer. » Ou bien : « Ce projet semble tenir debout, mais il y a des priorités avec lesquelles je ne suis pas d'accord. Voulez-vous que nous y réfléchissions ensemble ? » Quelle que soit la nature de la discussion, le rôle du chef évolue lentement. Il n'incarne plus l'autorité mais devient plutôt un conseiller ou un collègue d'un rang plus élevé.

Admettons que je sois le patron de Dave à qui je demande ce qu'il espère faire pendant le trimestre suivant. Il va me répondre, par exemple, qu'il voudrait augmenter d'un demi-point notre taux de pénétration. Je peux alors lui demander comment il compte réussir.

Mais avant que je lui pose la question, nous devons nous mettre d'accord sur l'objectif qu'il s'est fixé. C'est rarement un problème et s'il y a un désaccord entre nous, il portera plus probablement sur les moyens d'atteindre l'objectif que sur l'objectif lui-même. La plupart des responsables hésitent à donner carte blanche à leurs subordonnés, mais un subalterne bien informé et motivé peut accomplir des miracles.

Plus Dave sera convaincu d'avoir choisi lui-même ses objectifs, plus il sera disposé à donner le meilleur de lui-même pour les atteindre. Car non seulement c'est lui qui aura pris la décision, mais il aura l'aval de son patron.

Le système de contrôle trimestriel sera tout aussi efficace si Dave n'est pas à la hauteur de la situation. Dans ce cas, le patron n'a en général rien à dire. C'est Dave qui abordera lui-même le problème, car son échec est cruellement évident.

D'après mon expérience, quand les trois mois sont écoulés, le subalterne viendra expliquer en s'excusant qu'il n'a pas atteint son objectif avant que son supérieur ait dit quoi que ce soit. Si cela se produit plusieurs trimestres d'affilée, il commencera à douter de lui et comprendra que c'est bien lui qui est responsable et non son chef.

Mais il est souvent encore temps à ce stade de prendre des mesures constructives. Et le subordonné dira : « Je n'arrive pas à m'en sortir, je suis dépassé. Pouvez-vous m'affecter à un autre poste ? »

Il est préférable pour tout le monde que ce soit l'employé qui arrive de lui-même à cette décision. Il est fréquent de perdre de bons employés qui n'occupaient pas le poste qui leur convenait et qui auraient connu plus de satisfactions et de réussite s'ils avaient été mutés dans un autre service au lieu d'être renvoyés. Et plus rapidement on peut déceler ce genre de problème, plus on a de chances de le résoudre. Cela va sans dire.

En l'absence d'un système de contrôle régulier, un subordonné qui ne réussit pas dans un domaine particulier risque d'éprouver du ressentiment à l'égard de son chef. A moins qu'il s'imagine que son échec est dû au fait que son patron lui en veut. J'ai connu de trop nombreux cas où quelqu'un demeurait pendant des années à un poste qui ne lui convenait pas et quand ses supérieurs s'en rendaient enfin compte, il était souvent trop tard.

En règle générale, je ne suis pas partisan de la rotation du personnel. Je doute de l'utilité de cette méthode actuellement en vogue, comme si les compétences étaient interchangeables. Comme si, en parlant d'un cardiologue, on disait : « C'est un grand chirurgien du cœur. Demandons-lui de faire un accouchement la semaine prochaine. » Il sera le premier à reconnaître que l'obstétrique est une spécialité totalement différente et que la compétence dans un domaine ne peut s'appliquer à un autre. Il en est de même dans le monde des affaires.

Aussi bien chez Ford que plus tard chez Chrysler je me suis toujours efforcé de faire adopter ma méthode de contrôle trimestriel par ceux qui travaillaient avec moi. « C'est de cette manière que j'exerce un contrôle sur tout ce qui se fait et je vais vous montrer comment je procède. Je ne vous impose pas de suivre cette méthode, mais si vous ne le faites pas, vous avez intérêt à trouver quelque chose qui donne d'aussi bons résultats. »

Après avoir employé cette méthode de travail pendant de nombreuses années, j'ai appris à m'attendre à deux problèmes potentiels. Il arrive parfois que les gens aient les yeux plus grands que le ventre. Mais cela peut être un bien, car cela montre que l'employé est ambitieux et pour lui un succès, même partiel, peut avoir une grande valeur. N'importe quel responsable digne de ce nom préfère avoir affaire à des gens qui visent trop haut plutôt qu'à des timorés.

L'autre problème est que le chef peut avoir tendance à intervenir prématurément. C'est une erreur que j'ai commise tout au long de ma carrière. Je ne pouvais résister à la tentation de mettre mon grain de sel partout et je ne me suis défait de cette manie qu'à force de patience. Le système de contrôle trimestriel fonctionne d'ailleurs d'autant mieux que je ne m'en mêle pas. Quand il suit son cours, il permet de souder une équipe qui se fixe des objectifs raisonnables sur lesquels s'est établi un consensus. On ne peut guère demander plus.

S'il me fallait résumer en un mot les qualités qui font un bon manager, je dirais que tout repose sur l'esprit de décision. On peut utiliser les ordinateurs les plus sophistiqués, avoir recours à tous les graphiques et tous les chiffres possibles, en dernier ressort, il faut rassembler toutes les données, établir un programme et *agir.*

Mais il ne faut pas confondre action et précipitation. On me décrit parfois dans la presse comme un fonceur, un chef d'entreprise agissant à la hussarde. Il est possible que je donne parfois cette impression, mais si cette image était vraie, je n'aurais jamais réussi dans ce métier.

En réalité, j'ai toujours suivi une ligne de conduite assez conservatrice. Chaque fois que j'ai pris des risques, je m'étais assuré que les recherches et les études de marché allaient dans le sens de mon instinct. Il peut m'arriver de me laisser guider par mon intuition, mais seulement si les faits m'y encouragent.

Il y a trop de chefs d'entreprise qui pèsent longuement le pour et le contre avant de se décider à agir, en particulier ceux qui ont reçu une éducation très poussée. J'ai dit un jour à Philip Caldwell qui m'a succédé à la présidence de Ford : « L'ennui avec vous, Phil, c'est que vous êtes allé à Harvard où on vous a enseigné à ne pas prendre de décision avant d'être en possession de *tous* les faits. Vous en avez quatre-vingt-quinze pour cent, mais il va vous falloir six mois pour obtenir les cinq pour cent restants. Et quand vous les aurez enfin tous réunis, ils seront déjà périmés, car entre-temps le marché aura évolué. Or, le plus important, c'est de bien choisir son moment. »

Un bon chef d'entreprise ne peut se permettre d'agir ainsi. Il est parfaitement naturel de désirer avoir toutes les données en main et d'attendre que les études garantissent la réussite de tel ou tel programme. Quand on est prêt à dépenser 300 millions de $ pour un nouveau produit, on tient à avoir la certitude d'être dans la bonne voie.

Tout cela est très beau en théorie, mais il en va tout autrement dans la vie. On est évidemment tenu de disposer d'un maximum de données et de prévisions, mais à un moment ou à un autre, il faut faire le saut. D'une part, parce qu'une bonne décision deviendra mauvaise si elle est appliquée trop tard. D'autre part, parce que dans la plupart des cas, il n'y a pas de certitude possible. Le meilleur manager se retrouve parfois dans la situation d'un petit garçon voulant aller promener son gros chien et attendant de voir quelle direction l'animal veut prendre pour l'y conduire.

A quel moment un « décideur » estime-t-il disposer d'une quantité suffisante de données ? C'est impossible à chiffrer, mais il est évident que lorsqu'il lui en manque la moitié, il y a de fortes chances qu'il coure à l'échec. Dans ce cas, il faut s'en remettre à son étoile ou avoir une intuition hors du commun. Le jeu en vaut parfois la chandelle, mais ce n'est certainement pas la manière idéale de diriger une entreprise.

Mais il est impossible d'avoir en sa possession la totalité de ce qu'il faudrait savoir. Comme bien d'autres branches, l'industrie automobile est en perpétuelle mutation. Pour nous, à Detroit, la difficulté consiste à imaginer ce qui plaira à la clientèle à longue échéance. J'écris ces mots en 1984 et nous sommes déjà en train de mettre au point nos modèles 1987 et 1988. Je suis donc obligé d'essayer de prévoir ce qui se vendra dans trois ou quatre ans alors que je ne puis affirmer avec certitude ce que le public demandera le mois prochain !

Quand on ne dispose pas de tous les éléments, il faut parfois avoir recours à l'expérience. Chaque fois que je lis dans un périodique que Lee Iacocca roule les mécaniques, je me dis : « Cela dure depuis un bout de temps et il doit commencer à s'y connaître en mécanique. »

Je me suis, dans une certaine mesure, toujours laissé guider par mes impulsions et j'aime être en première ligne. Je ne fais pas partie de ceux qui peuvent indéfiniment élaborer des stratégies autour d'une table.

Mais il y a une nouvelle race de chefs d'entreprise, diplômés des grandes écoles de commerce pour la plupart, qui se méfient des décisions intuitives. Ils n'ont pas entièrement tort, car l'intuition ne suffit pas pour se lancer dans l'action. Mais ils passent d'un extrême à l'autre et semblent penser que chaque problème peut se réduire à l'étude d'un cas. C'est peut-être vrai à l'université, mais dans le milieu professionnel il doit y avoir quelqu'un à qui il incombe de dire : « Voilà, les gars, c'est le moment de foncer. Soyez prêts dans une heure. » Quand je lis des récits de la Seconde Guerre mondiale, il y a toujours quelque chose qui me frappe : Einsenhower a failli tout compromettre à force de tergiversations. Mais il a fini par dire : « Même si les perspectives semblent mauvaises, il faut aller de l'avant. Il pourrait être encore plus dangereux de continuer à attendre. »

La même leçon peut s'appliquer à la vie de l'entreprise. Il y aura toujours des gens désireux de consacrer un ou deux mois supplémentaires à des recherches sur la forme du toit d'un nouveau modèle. Ces recherches peuvent être fructueuses mais elles peuvent aussi totalement désorganiser les programmes de production.

C'est pourquoi il est essentiel de prendre un minimum de risques. Mais je suis conscient que cela ne peut concerner tout le monde. Il y a des gens qui sont incapables de partir de chez eux le matin sans emporter un parapluie, même s'il fait soleil. Mais malheureusement le monde ne nous attend pas toujours pendant que l'on essaie d'imaginer nos pertes. Il faut parfois prendre des risques... et corriger sa route à mesure que l'on avance.

Tout au long des années 60 et pendant une bonne partie des années 70, tout cela n'avait pas autant d'importance que maintenant. A cette époque, l'industrie automobile était la poule aux œufs d'or et l'argent rentrait à flots sans même que nous y pensions. Mais aujourd'hui, retarder ses décisions est devenu un luxe, qu'il s'agisse de muter un individu ou de mettre au point toute une gamme de nouveaux modèles pour les cinq ans à venir.

Contrairement à ce que disent les manuels, les décisions les plus importantes dans une grande firme sont prises par des individus et non par des comités. Ma politique a toujours été d'agir démocratiquement jusqu'au moment de prendre la décision. J'entre alors dans la peau du patron impérieux. « Bon, j'ai entendu ce que tout le monde avait à dire. Voici maintenant ce que nous allons faire. »

Les comités de direction sont indispensables, car ils permettent de partager les connaissances et de faire connaître ses intentions. Mais quand ils suppléent les individus — et chez Ford il y a en ce moment plus de comités que chez General Motors — la productivité décroît.

Rien ne demeure statique ici-bas. J'aime aller à la chasse aux canards où le mouvement est permanent. On peut viser le canard, l'avoir dans sa ligne de mire, il n'interrompt pas son vol. *Si l'on veut le toucher, il faut déplacer son fusil.* Un comité placé devant une décision importante ne peut pas toujours agir avec la rapidité voulue. Quand il est enfin prêt à appuyer sur la détente, le canard est hors de portée de fusil.

Outre l'esprit de décision indispensable, le chef d'entreprise doit également savoir motiver ses troupes. A l'époque où j'étais directeur général de la division Ford, je fus invité à prendre la parole au MIT devant les étudiants boursiers de l'école de gestion Alfred-P.-Sloan. Ces étudiants formaient un groupe très talentueux qui recevait une formation de premier ordre comprenant entre autres une semaine en Europe pour étudier le fonctionnement du Marché Commun, une semaine à Wall Street et une autre au Pentagone.

Tous les jeudis soir, une personnalité du monde des affaires ou de l'industrie était invitée à s'entretenir avec les étudiants. Quand on me demanda en 1962 de participer à l'une de ces réunions, j'en fus honoré mais je me sentis un peu inquiet. « Détendez-vous, me dit-on. Les étudiants se réunissent dans le salon après dîner. Vous direz quelques mots sur l'industrie automobile, puis ils vous poseront des questions. »

Je parlai succinctement de la construction et de la vente des automobiles, puis je demandai s'il y avait des questions ou des commentaires. Avec ce groupe d'étudiants si brillants, je m'attendais à des questions très abstraites et théoriques. Quel ne fut mon étonnement quand l'un d'eux me demanda :

— Combien d'employés y a-t-il dans la division Ford ?

— A peu près onze mille, répondis-je.

— Vous êtes venu passer à Cambridge la journée d'aujourd'hui et celle de demain, poursuivit mon interlocuteur. Qui va motiver ces onze mille personnes pendant votre absence ?

C'était une question importante et je me souviens encore du visage du jeune homme qui me l'a posée. Il avait fait mouche, car le management n'est rien d'autre que l'aptitude à motiver son entourage.

Comme il était évidemment impossible de connaître par leur nom les onze mille personnes qui travaillaient avec moi, il devait y avoir autre chose que la méthode de contrôle trimestriel pour insuffler une motivation à tout le monde.

La seule manière de motiver les gens est de communiquer avec eux. Au lycée, j'avais fait partie du groupe de débats contradictoires, mais j'avais peur de parler en public et pendant les premières années de ma vie professionnelle, j'étais très replié sur moi-même.

C'était avant que je suive des cours d'art oratoire à l'institut Dale Carnegie. Je venais d'être nommé responsable de la formation des vendeurs de camions et la Ford Motor Company m'envoya avec quelques collègues à l'institut Dale Carnegie pour apprendre les secrets de l'art de parler en public.

On s'efforça pour commencer de nous faire sortir de notre coquille. Certains — et c'était mon cas — sont capables de parler toute une journée avec une ou deux personnes, mais ont le trac dès qu'il s'agit de s'adresser à un groupe.

Je me souviens d'un exercice qui consistait en une improvisation de deux minutes sur un sujet dont nous ignorions tout, le bouddhisme zen par exemple. Nous pouvions annoncer en préambule que nous n'y connaissions rien, mais il fallait continuer... et l'on trouvait très vite quelque chose à dire. Le but de l'exercice était de nous habituer à parler impromptu.

On nous enseigna également un certain nombre de techniques de base qui me sont encore utiles. On peut connaître son sujet sur le bout du doigt, mais il ne faut pas oublier qu'il n'en est pas de même du public. Il faut donc commencer par expliquer à l'assistance ce dont on va parler, puis après avoir fait son discours, en résumer le contenu. C'est un axiome dont je ne me suis jamais écarté.

On nous enseigna aussi une autre recette : toujours faire en sorte que l'auditoire s'engage à faire quelque chose. Ecrire à votre député, téléphoner à votre voisin, réfléchir à une proposition, peu importe. Ce qui compte, c'est de ne pas partir sans laisser la consigne.

Je me sentais plus décontracté au fil des semaines et je fus bientôt disposé à prendre la parole sans qu'on me le demande. Cette situation me stimulait. Le but était de nous débarrasser de nos inhibitions et cela marcha très bien pour moi. A partir du moment où je commençai à parler, je ne pus m'en rassasier. (Je suis sûr que d'aucuns regrettent que ces cours m'aient tellement donné le goût du verbe.)

J'éprouve encore une vive reconnaissance pour l'institut Dale Carnegie où l'on m'a donné ces cours. J'ai connu de nombreux ingénieurs bourrés d'excellentes idées et qui avaient des difficultés à les faire partager à autrui. Il est infiniment regrettable qu'un homme de talent soit incapable d'expliquer à un conseil d'administration ou à un comité quelconque ce qu'il a dans la tête alors que bien souvent des cours de perfectionnement à l'institut Dale Carnegie pourraient tout changer.

Il n'est pas indispensable à un chef d'entreprise d'être un bon orateur ou un bon écrivain, mais il y a de plus en plus de jeunes diplômés des grandes écoles qui ont acquis toutes les bases pour s'exprimer clairement. J'ai envoyé à l'institut et aux frais de la compagnie des dizaines de personnes souffrant d'inhibition. Ce fut pour la plupart d'entre eux extrêmement profitable.

Mais je souhaiterais aussi trouver un institut qui apprenne aux gens à *écouter.* Car il est aussi important pour un bon manager de savoir écouter que parler. On oublie trop souvent que la communication est un échange.

Dans la vie d'une société, il convient d'encourager tout le monde à apporter sa contribution au bien commun et à proposer des améliorations. Il n'est pas question d'accepter toutes les suggestions, mais si l'on ne félicite pas les gens pour leurs idées, ils n'en émettront pas d'autres. C'est en établissant avec eux des rapports de ce genre qu'ils sentent qu'ils comptent vraiment.

Il faut donc savoir écouter si l'on veut motiver les gens avec qui l'on travaille. C'est là que réside la différence entre un entourage médiocre et une bonne équipe. Ce qu'il y a pour moi de plus profondément satisfaisant en tant que patron, c'est de voir se réaliser quelqu'un que le système a catalogué comme un médiocre, simplement parce que quelqu'un d'autre a su l'écouter et l'aider à résoudre ses problèmes.

La manière la plus courante de communiquer avec ses subordonnés est évidemment de s'adresser à eux en groupe. L'éloquence qui est le meilleur moyen de motiver un groupe important diffère profondément de la conversation en ce qu'elle nécessite une longue préparation. Il n'y a pas à y couper, il faut travailler à son discours. L'orateur peut être très bien informé, mais s'il n'a pas mûrement réfléchi à ce qu'il veut dire *tel jour et à tel auditoire,* il n'a pas le droit de faire perdre aux autres un temps précieux.

Il est important de parler le même langage que ceux à qui l'on s'adresse. Quand on y parvient, ils songeront : « Il a exprimé exactement ce que je pensais. » Quand ils commencent à vous respecter, ils sont prêts à vous suivre jusqu'au bout. Et s'ils vous suivent, ce n'est pas parce qu'ils vous reconnaissent de mystérieuses qualités de chef mais parce que vous-même les suivez.

C'est ce que cherche Bob Hope en envoyant quelqu'un prendre la température de la salle afin que ses plaisanteries soient adaptées au public. Quand on le regarde à la télévision, on ne comprend pas toujours ce qu'il dit, mais le public apprécie toujours qu'un orateur se soit donné la peine de chercher à le connaître. Tout le monde ne peut pas se permettre d'envoyer quelqu'un en éclaireur, mais le message est clair : parler en public ne veut pas dire parler d'une manière impersonnelle.

Je pourrais probablement improviser un discours deux heures durant, mais je procède toujours à partir d'un texte préparé à l'avance, car parler impromptu est beaucoup trop fatigant. Mais je transige en m'éloignant de mon texte quand j'en éprouve le besoin.

Quand je m'adresse à un groupe d'employés de Chrysler, je suis moins divertissant qu'à l'occasion d'un dîner. J'essaie avec mon équipe d'être aussi franc et direct que possible. J'ai découvert que le meilleur moyen de les motiver est de les mettre au fait de ma stratégie afin qu'ils y participent. J'explique mes objectifs comme les autres responsables le font avec leurs supérieurs hiérarchiques. Et s'ils atteignent ces objectifs, ils méritent autre chose que quelques mots gentils. Une augmentation ou une promotion sont pour une grande compagnie des manières tangibles de montrer à quelqu'un que l'on fait grand cas de lui.

Quand on accorde à quelqu'un une augmentation de salaire, il faut aussi songer à accroître ses responsabilités. Profitant de ce qu'il est bien disposé, on le récompense pour ce qu'il a accompli et en même temps on le motive pour qu'il fasse encore plus. C'est quand le moral est bon qu'il faut être exigeant, mais on doit éviter d'être trop dur dans les moments difficiles. Quand il est perturbé par un échec, on court le risque de l'enfoncer un peu plus et de lui ôter toute envie de redresser la situation. Ou encore, comme le disait Charlie Beacham : « Quand vous voulez tresser des couronnes à quelqu'un, faites-le par écrit. Et quand vous voulez lui passer un bon savon, faites-le au téléphone. »

Charlie n'hésitait pas à me sermonner. « Vous voulez tout faire vous-même, disait-il, vous ne savez pas déléguer votre pouvoir. Ne vous méprenez pas sur mes paroles, vous êtes mon meilleur élément. Vous valez peut-être même deux gars. Mais cela ne ferait malgré tout que deux. Vous avez en ce moment une centaine de personnes sous vos ordres. Qu'en sera-t-il quand vous en aurez dix mille ? »

Il ne s'était pas trompé de beaucoup, car à la tête de la division Ford j'en avais onze mille. Il m'apprit à cesser de vouloir faire le boulot de tout le monde et à fixer des objectifs aux autres — et aussi à les motiver pour qu'ils les atteignent.

Je pense que lorsqu'un patron a réussi à motiver pleinement une seule personne, c'est déjà un grand pas de fait, car pour qu'une affaire tourne la motivation est indispensable. On peut faire le travail de deux personnes mais on ne peut pas *être* deux personnes à la fois. Il faut donc stimuler le zèle de celui qui vous suit dans la hiérarchie et qui lui-même inspirera ses subordonnés.

Un soir, à l'occasion d'un dîner chez Vince Lombardi, le célèbre entraîneur de football qui était un ami, je demandai à mon hôte quelle était pour lui la formule du succès. Je voulais savoir exactement ce qui fait gagner une équipe. Ce qu'il me confia ce soir-là s'applique aussi bien au monde des affaires qu'au sport.

« Il faut commencer par enseigner les principes de base, dit-il. Un joueur doit connaître les règles et savoir comment jouer à son poste. Ensuite, il faut lui inculquer la discipline. Les joueurs doivent former une équipe et non un assemblage d'individus. Il n'y a pas de place pour ceux qui se prennent pour des stars. Mais il y a beaucoup d'entraîneurs de bons clubs qui connaissent les bases et font respecter la discipline sans gagner pour autant. Nous arrivons donc au troisième ingrédient : pour bien jouer en équipe, il faut apprécier les autres, il faut les aimer. Chaque joueur doit penser à ses copains et se dire : " Si je ne plaque pas cet adversaire, Paul risque d'avoir des difficultés. Il faut que je fasse bien mon boulot pour qu'il puisse faire le sien. "

« La différence entre la médiocrité et le succès tient aux sentiments que les joueurs éprouvent les uns pour les autres, poursuivit Lombardi. C'est ce qu'on appelle en général l'esprit d'équipe. Quand les joueurs en sont imprégnés, on sait que l'on a une équipe qui va gagner.

« Mais pourquoi est-ce que je te dis ça, Lee ? ajouta-t-il, l'air presque gêné. Tu diriges une société. Et être responsable d'une équipe de football ou d'une entreprise, c'est la même chose. Existe-t-il un homme qui soit capable de construire une voiture tout seul ? »

Lombardi me dit qu'il aimerait visiter les usines Ford pour voir comment on construisait les voitures et je lui promis de l'inviter à Detroit. Mais peu après ce dîner, il fut hospitalisé pour une maladie inguérissable. Je ne l'avais rencontré qu'à deux ou trois reprises, mais je n'oublierai jamais ses paroles : « Chaque fois qu'un joueur de football entre sur le terrain pour exercer son métier, il doit se consacrer entièrement au jeu... des pieds jusqu'à la tête. Il y en a qui jouent avec leur tête et c'est vrai qu'il faut réfléchir pour devenir le meilleur dans le domaine que l'on a choisi. Mais le plus important, c'est de jouer avec son cœur. Quand on a la chance de trouver quelqu'un qui ait à la fois la tête et le cœur, on peut être sûr qu'il arrivera au sommet. »

Il était évidemment dans le vrai, et j'ai connu trop de gens intelligents et talentueux mais incapables de travailler en équipe. Ce sont les managers dont on se demande pourquoi ils n'ont pas mieux réussi. Ils semblent avoir tous les atouts dans leur jeu mais n'ont guère de résultats. Je ne parle pas de ceux qui ne veulent pas vraiment aller de l'avant ni des paresseux. Je pense aux ambitieux qui ont fait des études, décroché une bonne situation et travaillé d'arrache-pied mais qui n'ont pas réussi.

Quand on aborde ce sujet avec eux, ils allèguent souvent la malchance, ou parfois un patron qui ne les aimait pas. Et ils se posent invariablement en tant que victimes. Mais il convient de se demander pourquoi la malchance les a poursuivis et pourquoi ils n'essaient jamais de forcer la chance. Il est indéniable qu'il faut tenir compte du facteur chance, mais une des raisons essentielles qui empêchent des gens capables de s'élever est qu'ils ont des difficultés à bien travailler avec leurs collègues.

Je connais un homme qui a travaillé toute sa vie dans l'industrie automobile. Il a reçu une bonne éducation et sait s'organiser. C'est un brillant stratège, probablement l'un des hommes les plus précieux de sa société. Mais il n'a jamais réussi à atteindre les derniers échelons de la hiérarchie, car il ne sait pas s'y prendre avec les gens.

Quand je me penche sur ma propre carrière, je me rends compte que j'ai connu des tas de gens plus intelligents que moi ou qui en savaient plus long sur les voitures. Et pourtant je les ai laissés sur place. Est-ce parce que je me suis montré dur ? Certes non. On ne peut pas aller très longtemps de l'avant en rudoyant les gens. Il faut savoir leur parler, avec franchise et simplicité.

S'il y a une appréciation que je déteste découvrir dans le dossier d'un cadre, c'est bien celle-ci : A des difficultés à s'entendre avec ses collègues.

Pour moi, c'est rédhibitoire ; c'est un arrêt de mort. Car s'il ne peut s'entendre avec les gens, le problème est de taille puisque qu'il est appelé à ne fréquenter que des êtres humains. Il n'y a ni chiens, ni singes... rien que des humains. Et s'il ne s'entend pas avec ses semblables, que peut-il apporter à l'entreprise ? Son rôle de cadre est de motiver les autres. S'il en est incapable, il n'a rien à faire chez nous.

Et puis il y a ceux qui sont infatués d'eux-mêmes. Nul ne les aime, mais s'ils ont suffisamment de talent, ils peuvent être tolérés. Il y avait chez Ford un membre de la direction générale qui voulait faire décorer son bureau avec des meubles d'époque. Il soumit un devis qui s'élevait à la coquette somme de 1 250 000 $. (Pour une pièce et une petite salle de bains !) Je pris connaissance de la réponse d'Henry Ford et je compris qu'il avait dû être furieux d'après le texte griffonné sur le devis et qui disait simplement : « Débrouillez-vous avec 750 000 $ ». Le cadre supérieur en question connaît sur le bout des doigts l'industrie automobile, mais à mon avis, son style fait de lui un piètre gestionnaire.

Je me souviens également d'un autre cadre supérieur engagé il y a de nombreuses années par Ford pour mettre de l'ordre dans le service du marketing. Il finit par se faire limoger pour avoir osé l'inconcevable : il avait engagé son propre agent en relations publiques. Il essaya de le faire passer pour un consultant, mais la mèche fut rapidement éventée. La principale préoccupation de cet homme était que la presse rende compte de ses exploits. Il ne fit pas une longue carrière, ce qui n'a rien d'étonnant.

Mais il faut, dans une certaine mesure, savoir faire sa propre publicité. C'est naturel, voire nécessaire. Il existe des responsables qui sont trop timides ou trop craintifs pour avoir des rapports avec la presse, ou bien qui ne veulent pas que l'on sache ce qu'ils ont fait. General Motors a encouragé ce genre de conduite anonyme, mais je ne suis pas d'accord. Si ses dirigeants ne sont pas mus par leur amour-propre, comment une entreprise peut-elle demeurer dynamique et compétitive ?

Il y a un monde entre avoir de l'amour-propre, ce qui est vital pour réussir, et avoir un amour-propre hypertrophié, ce qui est souvent destructeur. Dans le premier cas, on connaît ses propres forces et on a confiance en soi. On a une vue réaliste de ce que l'on peut accomplir et on agit avec décision pour atteindre ses objectifs. Mais dans l'autre cas, on cherche à s'imposer à l'estime d'autrui et on a constamment besoin d'être complimenté. On s'imagine valoir mieux que les autres et on se montre condescendant avec ses subordonnés.

Je lus un jour dans *The Wall Street Journal* que j'étais « bouffi d'amour-propre ». Si c'était vrai, je ne pense pas que je serais si compétent dans une branche qui dépend tellement de la capacité de chacun à travailler en bonne entente avec les autres.

J'ai déjà dit que je croyais à l'utilité de mettre les choses par écrit. Mais il faut, là encore, se méfier des extrêmes. Certains semblent prendre plaisir à transformer une entreprise en papeterie. C'est en partie dans la nature humaine. Dans un bureau il y a toujours des situations où certaines personnes éprouvent la nécessité de se couvrir en pondant une note pour un dossier. Il est vrai qu'en couchant ses idées sur le papier on en fait en général plus facilement le tour. Mais cela ne signifie pas que tout ce que l'on écrit doit circuler dans tous les bureaux.

Le meilleur moyen pour *exploiter* ses idées est d'agir de concert avec ses collègues. Ce qui nous ramène à l'importance du travail en équipe et à la mise en commun des compétences. Cette méthode de collaboration peut avoir des résultats étonnants et ma réussite lui est due pour une large part.

C'est pourquoi je préconise des réunions fréquentes entre dirigeants. Pas toujours des séances de travail ayant un caractère officiel mais de simples conversations à bâtons rompus ou des échanges de services qui permettront de résoudre les problèmes.

Les gens qui viennent me rendre visite chez Chrysler sont souvent étonnés de ne pas voir un terminal d'ordinateur sur mon bureau. Ils oublient peut-être que toutes les données qui sortent d'un ordinateur ont d'abord été mises en mémoire par un programmateur. Le problème majeur des chefs d'entreprise américains est qu'ils disposent de trop d'informations. Elles sèment la confusion dans leur esprit et ils ne savent qu'en faire.

Ce ne sont pas les informations mais les gens qui sont la clé de la réussite. Et les postes de direction doivent être occupés par des travailleurs acharnés, qui font plus que ce que l'on attend d'eux, qui en veulent et qui sont prêts à faire bénéficier leurs collaborateurs de leurs compétences. Ils sont comme cela.

Et puis il y a les autres, ceux qui se contentent de faire leurs huit heures. Ils ne demandent qu'à suivre le train-train ordinaire et exécuter les ordres. Pas question pour eux de se jeter dans la mêlée, cela pourrait être mauvais pour leur tension. Ce n'est pas parce qu'on se donne avec passion à ce que l'on fait et qu'on a envie de foncer que l'on est guetté par l'hypertension !

J'essaie donc de trouver des gens qui possèdent cet allant. Avec vingt-cinq de ces battants, je pourrais gouverner les Etats-Unis !

Ils sont une douzaine chez Chrysler à travailler avec moi. Ce qui fait leur force, c'est qu'ils savent déléguer leurs responsabilités et motiver leur entourage. Ils savent trouver les points sensibles et établir des priorités. C'est le genre d'homme capable de dire : « Il vaut mieux laisser tomber, cela nous prendrait dix ans. Voici ce que nous allons faire *maintenant* ».

6

LA MUSTANG

Les années pendant lesquelles j'occupai le poste de directeur général de la division Ford furent les plus heureuses de ma vie. Ce fut pour mes collaborateurs et moi une période d'intense activité. Nous nous laissions griser par un cocktail de notre propre composition, un mélange de labeur acharné et de grands rêves.

Le matin, je brûlais d'impatience de me rendre au travail et le soir, je n'arrivais pas à quitter mon bureau. Nous ne cessions d'agiter des idées et d'envoyer de nouveaux modèles sur la piste d'essais. Nous étions jeunes et sûrs de nous. Nous nous considérions comme des artistes qui s'apprêtaient à créer les chefs-d'œuvre les plus étonnants.

En 1960, l'optimisme régnait dans tout le pays. Avec l'arrivée de Kennedy à la Maison-Blanche, c'était un souffle d'air frais qui se levait. Il était porteur d'un message d'espoir disant que tout était possible. Le saisissant contraste entre la nouvelle décennie et les années 50, entre John Kennedy et Dwight Eisenhower, pouvait se résumer en un seul mot : la jeunesse.

Mais avant de pouvoir réaliser mes rêves de jeunesse, j'avais d'autres affaires à mener à bonne fin. Après le succès spectaculaire de la Falcon, Robert McNamara avait autorisé le développement d'un nouveau modèle, une « compact » fabriquée en Allemagne fédérale et baptisée Cardinal. Le lancement était prévu pour l'automne 1962 et quand je pris la direction de la division Ford, il entrait dans mes attributions d'en superviser la production.

Comme McNamara était très attaché à la consommation réduite et à la simplicité de ses voitures, la Cardinal était destinée à être la réplique américaine à la Volkswagen. Comme la Falcon, elle était petite, simple et économique. Les deux modèles traduisaient la conviction profonde de McNamara qu'une voiture est un moyen de transport et non un jouet.

Quelques mois après ma nomination à mon nouveau poste, je partis en Allemagne pour suivre la réalisation de la voiture de McNamara. C'était mon premier voyage en Europe, ce qui suffisait à me procurer une grande joie. Mais quand je découvris la Cardinal, je fus atterré.

C'était un véhicule parfaitement adapté au marché européen, une traction avant avec un moteur à 4 cylindres en V. Mais elle n'avait absolument aucune chance d'atteindre les 300 000 unités que nous espérions aux Etats-Unis. Entre autres inconvénients, la Cardinal était trop petite et n'avait pas de coffre. Certes, la consommation d'essence était réduite, mais ce n'était pas encore un argument de vente pour la clientèle d'outre-Atlantique. De plus, sa ligne était catastrophique.

Comme d'habitude, McNamara était en avance sur son époque — de dix ans, pour être précis. Une décennie plus tard, après la crise de l'OPEP, la Cardinal aurait eu un succès fou.

Dans certaines industries, être en avance sur son époque est un avantage énorme. Mais pas à Detroit. De même que l'industrie automobile ne peut se permettre d'être trop à la traîne par rapport aux goûts des clients, elle ne doit pas trop les devancer. Lancer trop tôt sur le marché un nouveau produit est tout aussi désastreux que de le lancer trop tard.

Il y a un mythe très répandu qui laisse entendre que les dirigeants de l'industrie automobile manipulent le public, que nous persuadons les gens d'acheter tel ou tel type de voiture... et qu'ils nous écoutent. Chaque fois que j'entends des propos de ce genre, je ne puis me défendre de songer en souriant : « Si seulement c'était vrai ! »

La vérité est que nous ne pouvons vendre que ce que les clients veulent acheter et en réalité, nous suivons le public beaucoup plus que nous ne l'influençons. Nous nous efforçons naturellement de persuader les gens d'acheter nos produits, mais nos efforts ne sont pas toujours suffisants.

En cette année 1960, je n'avais pas besoin qu'on me rappelle cela. L'entreprise subissait encore le contrecoup du fiasco de l'Edsel. Je n'ai pas à me pencher ici sur l'ensemble de raisons qui ont conduit à ce bide ; je me contenterai de dire que l'Edsel — avec laquelle ni McNamara ni moi-même n'eûmes absolument rien à voir — fut un échec d'une telle ampleur que ce nom est devenu synonyme de faillite.

A mon retour d'Allemagne, j'allai directement voir Henry Ford.

« C'est perdu d'avance avec la Cardinal, lui dis-je. Le lancement d'un autre rossignol si peu de temps après l'Edsel porterait un coup fatal à notre image de marque. Nous ne pouvons mettre en circulation un nouveau modèle qui ne séduise pas la clientèle jeune ».

Je mettais l'accent sur la jeunesse pour deux raisons. D'abord, je commençais à prendre véritablement conscience du pouvoir économique de la nouvelle génération, pouvoir dont notre industrie n'avait jamais tenu compte. Ensuite, je savais que le grand patron se croyait dans le vent, se prenait pour quelqu'un de branché, comprenant ce que voulaient les jeunes.

Puis il y eut des réunions avec l'état-major de l'entreprise et le conseil d'administration pour débattre le sort de la Cardinal. J'eus l'impression au cours de ces discussions que tout le monde était dans la plus complète incertitude et que la direction générale était ravie qu'un jeune loup comme moi prenne les décisions à sa place. Personne n'aurait ainsi à assumer la responsabilité directe de l'arrêt de la production de la Cardinal s'il apparaissait qu'il s'agissait d'une erreur monumentale. La firme avait déjà investi 35 millions de $ dans ce modèle, mais je soutenais qu'il ne se vendrait pas et que nous avions intérêt à abandonner le projet si nous voulions sauver les meubles.

Je dus me montrer convaincant, car ma décision fut acceptée. Il n'y eut que deux voix contre, celles de John Bugas, le chef des opérations internationales, et d'Arjay Miller, le directeur des opérations financières. Bugas était un ami très proche, mais il était naturellement partisan du lancement de la Cardinal qui était fabriquée à l'étranger. Miller, quant à lui, était préoccupé par les 35 millions de $ déjà investis. Il songeait surtout à ce passif dans son bilan trimestriel.

La Cardinal jetée aux oubliettes, j'étais libre de travailler sur mes propres projets. Je ne perdis pas de temps pour constituer un groupe de jeunes cadres brillants et créatifs appartenant à la division Ford. Nous commençâmes à nous réunir une fois par semaine pour un dîner suivi d'une discussion à la Fairlane Inn de Dearborn, à un ou deux kilomètres seulement de notre lieu de travail.

Nous nous retrouvions à l'hôtel, car un certain nombre de nos collègues attendaient avec impatience que nous trébuchions. J'étais un jeune turc, un vice-président nouvellement promu qui n'avait pas encore fait ses preuves. Mon équipe était composée de gens talentueux mais qui n'étaient pas toujours les plus populaires de la firme.

Don Frey, notre chef de la production, devenu depuis directeur de Bell and Howell, occupait une position-clé dans le groupe. Il en était de même de Hal Sperlich qui travaille toujours à mes côtés à la direction générale de Chrysler. Le reste de l'équipe était composé de Frank Zimmerman, un spécialiste du marketing ; Walter Murphy, le directeur des relations publiques qui fut un ami fidèle tout au long des années passées chez Ford ; et Sid Olson, de J. Walter Thompson, un brillant écrivain qui avait rédigé des discours pour Franklin D. Roosevelt et forgé, entre autres, l'expression : « l'arsenal de la démocratie ».

Le comité Fairlane, comme nous avions baptisé notre groupe, avait du pain sur la planche. Nous pressentions que le marché de l'automobile serait saturé dans les années à venir mais nous ne pouvions savoir comment cela se passerait. Ce que nous savions, c'est que la General Motors avait transformé avec un grand succès la version économique de la Corvair en Corvair Monza en y ajoutant simplement quelques accessoires sportifs, tels que sièges-baquets, levier de vitesse au plancher et aménagement intérieur plus soigné. Ford n'avait rien à proposer à la clientèle intéressée par la Monza, mais il était évident pour nous qu'elle représentait une part croissante du marché.

Pendant ce temps, notre service des relations publiques recevait une multitude de lettres de clients réclamant une autre Thunderbird deux places. Nous en fûmes profondément étonnés, car ce modèle n'avait guère eu de succès et nous n'en avions vendu que cinquante-trois mille unités en trois ans. Mais cette abondance de courrier nous montrait que les goûts de la clientèle étaient en train d'évoluer. Nous en conclûmes que la Thunderbird deux places était peut-être en avance sur son époque et commençâmes à soupçonner fortement que si ce modèle était encore sur le marché, il se vendrait à beaucoup plus de dix-huit mille unités par an.

Les études de marché confirmaient que l'image jeune de la décennie qui s'ouvrait avait une base solide dans la réalité démographique. D'une part, l'âge moyen de la population baissait à une vitesse inhabituelle. Des millions d'adolescents, fruits du « baby boom », l'explosion démographique de l'après-guerre, allaient arriver sur le marché national. Le groupe d'âge des 20-24 ans allait augmenter de plus de cinquante pour cent au cours des années 60. De plus, les jeunes adultes dont l'âge était compris entre 18 et 24 ans seraient responsables au moins pour la moitié de l'énorme progression des ventes de voitures prévue par l'ensemble de la corporation dans les dix ans à venir.

Ces études de marché comportaient un post-scriptum obscur mais intéressant. Non seulement le nombre des jeunes serait plus élevé qu'il ne l'avait jamais été, mais ils auraient reçu une meilleure éducation que ceux des générations précédentes. Nous savions déjà que les gens ayant fait des études universitaires renouvelaient beaucoup plus fréquemment leur voiture que ceux qui avaient reçu une instruction plus sommaire, et nos projections montraient que le nombre d'étudiants aurait doublé en 1970.

Il y avait une évolution tout aussi intéressante concernant les acheteurs plus âgés. Un manque d'intérêt pour la voiture économique commençait à se faire jour. Cette préoccupation avait caractérisé la fin des années 50 et contribué aux records de vente établis par la Falcon. La tendance était maintenant à un refus du produit austère et purement fonctionnel et à un intérêt pour les modèles plus sportifs et plus luxueux. Tendance qui se retrouve en 1984.

Après avoir avoir analysé toutes ces informations, nous en arrivâmes à une conclusion inéluctable. Alors que l'Edsel avait vainement cherché sa place sur le marché, nous nous trouvions face à *un marché en quête d'une voiture.* La méthode habituellement suivie à Detroit consistait à fabriquer une voiture, puis à cibler la clientèle. Mais nous étions là en mesure d'agir en sens inverse... de construire un produit sur mesure pour un marché avide de l'accueillir.

La nouvelle voiture destinée à cette clientèle jeune devait présenter trois particularités : une ligne soignée, d'excellentes performances et un coût peu élevé. Le développement d'un nouveau modèle répondant à ces trois exigences ne serait pas aisé, mais si nous réussissions, un grand succès était en vue.

Les études de marché nous en apprenaient un peu plus long sur la demande des véhicules neufs. On notait d'une part une importante augmentation des familles possédant deux voitures, la seconde plus petite et plus sportive que la première. D'autre part, un nombre croissant d'automobiles étaient achetées par des femmes qui préféraient une petite voiture facile à manœuvrer. Les célibataires devenaient aussi de plus en plus nombreux parmi les acheteurs et ils préféraient des modèles plus petits et plus sportifs que les couples. Enfin, il devenait évident que dans les années à venir les Américains auraient plus d'argent que jamais à dépenser pour les transports et les loisirs.

Tout en analysant ces données, nous nous mîmes à étudier les chiffres de vente de la Falcon pour voir ce que nous pouvions découvrir sur nos propres clients. Les résultats furent surprenants. La Falcon était considérée comme une voiture économique, mais beaucoup plus de clients que nous ne le pensions commandaient des options telles que transmission automatique, pneumatiques à flancs blancs et moteur plus puissant. C'est ainsi que je découvris une importante particularité qui demeure aussi vraie de nos jours qu'elle l'était il y a vingt ans et qui concerne l'acheteur américain d'une petite voiture : il tient tellement à faire des économies qu'il est prêt à payer n'importe quel prix pour cela !

Le comité Fairlane commença à réfléchir d'une manière plus précise au nouveau modèle. Il devait être petit — mais pas *trop* petit. Le marché pour une voiture biplace était peut-être en augmentation, mais il restait limité à une centaine de milliers d'unités et une automobile à deux places ne connaîtrait jamais un grand succès populaire. Notre nouveau modèle devait donc pouvoir transporter quatre passagers. Pour avoir de bonnes performances, il devait être léger — nous avions fixé la limite à 1,135 kilogrammes. Et enfin, il devait être bon marché. Nous nous étions fixé comme objectif un prix de vente maximal de 2 500 $, équipement compris.

Pour la silhouette, j'avais une idée de ce que je voulais. En rentrant à la maison, j'aimais feuilleter un ouvrage intitulé *Auto Universum* qui montre des reproductions de toutes les voitures fabriquées depuis les débuts de l'industrie automobile. Celle qui me sautait toujours aux yeux était la première Continental Mark. C'était une voiture de rêve, pour moi tout au moins, depuis que j'avais vu celle de Leander Hamilton McCormick-Goodheart à LeHigh, en 1945. La Mark se distinguait par la longueur de son capot et les petites dimensions de son coffre. La longueur du capot créait une impression de dynamisme et de puissance et j'en conclus que c'était exactement ce que le public voulait.

Au fil de nos discussions, nos idées devenaient plus concrètes. Notre voiture devait être sportive et avoir une silhouette originale, avec juste un soupçon de nostalgie. Il fallait qu'elle soit aisée à identifier et ne ressemble à aucune de ses concurrentes sur le marché. Elle devait être facile à manœuvrer mais capable de contenir quatre personnes tout en conservant assez d'espace pour un coffre de dimensions suffisantes. Ce devait être une voiture de sport mais en même temps plus qu'une voiture de sport. Nous voulions créer l'automobile avec laquelle on peut se rendre à son club de loisirs le vendredi soir, faire des courses de rues le samedi et aller à l'église le dimanche matin.

En d'autres termes, nous avions l'intention de cibler des clientèles différentes. Il nous fallait élargir notre base d'acheteurs potentiels, car le seul moyen pour lancer le nouveau modèle à un prix très compétitif était d'avoir l'assurance d'en vendre énormément. Plutôt que de proposer plusieurs versions du même produit, nous décidâmes d'un commun accord que la solution la plus raisonnable consistait à développer un modèle de base et d'y adjoindre un large assortiment d'options. Le client pourrait ainsi jouer la carte de l'économie, du luxe ou des performances... selon ses moyens.

Mais la question était de savoir si *nous,* nous avions les moyens de fabriquer cette voiture. Un modèle totalement nouveau coûterait entre 300 et 400 millions de $. La solution résidait dans l'utilisation de pièces déjà existantes. Cela nous permettrait d'économiser une fortune en coûts de production. Nous disposions du moteur, de la transmission et des essieux de la Falcon et si nous réussissions à les adapter, nous n'aurions pas à partir de zéro. Nous pouvions faire d'énormes économies en nous servant de la Falcon pour le nouveau modèle qui ne nous reviendrait ainsi qu'à environ 75 millions de $.

Tout cela semblait fort prometteur, mais tout le monde ne partageait pas notre optimisme. Dick Place, un des responsables de la production, estimait que vouloir transformer la Falcon en voiture de sport revenait à mettre des faux seins à sa grand-mère ! J'assignai néanmoins à Don Frey et Hal Sperlich la tâche d'y réfléchir. Ils firent des expériences avec plusieurs modèles mais arrivèrent à la conclusion que la conception et la carrosserie du nouveau modèle devaient être totalement originales. Nous pouvions conserver le châssis et le moteur de la Falcon, mais, comme on dit à Detroit dans notre jargon, le nouveau modèle devait faire peau neuve et recevoir un nouveau vitrage — pare-brise, vitres latérales et lunette arrière.

Fin 1961, nous fixâmes la date de lancement. La Foire Internationale de New York devait ouvrir ses portes en avril 1964, ce qui nous semblait la période idéale pour l'apparition de notre voiture. Les nouveaux modèles sont traditionnellement présentés en automne, mais le produit que nous préparions était si enthousiasmant et si original que nous étions prêts à prendre le risque de le lancer au beau milieu de la saison. Seule la Foire Internationale avait la taille et le prestige voulus pour accueillir la voiture de nos rêves.

Mais il manquait une pièce importante du puzzle : nous n'avions pas encore choisi la ligne. Au cours des sept premiers mois de 1962, nos stylistes ne proposèrent pas moins de dix-huit maquettes, dans l'espoir que l'une d'elles était la voiture que nous cherchions. Plusieurs de ces modèles étaient fort intéressants, mais aucun ne nous convenait véritablement.

L'impatience commençait à me gagner. Si la nouvelle voiture devait être prête pour le mois d'avril 1964, il fallait de toute urgence achever cette phase de la conception. Il nous restait vingt et un mois pour faire approuver l'idée, nous mettre d'accord sur la ligne définitive, choisir l'usine, acheter l'outillage, s'assurer des fournitures et faire en sorte que les concessionnaires soient prêts à commercialiser le produit fini. L'été 1962 était déjà bien entamé et pour tenter le coup à la Foire Internationale, il fallait absolument qu'une maquette ait été définitivement retenue le 1er septembre.

Comme le temps manquait, je décidai d'organiser un concours entre nos stylistes. Le 27 juillet, Gene Bordinat convoqua trois de ses meilleurs dessinateurs et leur expliqua que leurs ateliers participeraient à un concours sans précédent pour dessiner au moins un modèle de la petite voiture de sport que nous étions résolus à fabriquer.

On imposa aux stylistes d'achever leurs maquettes en argile pour le 16 août, date à laquelle la direction générale se prononcerait. C'était beaucoup leur demander, car on ne peut normalement dessiner une voiture en si peu de temps. Mais au bout de quinze jours et quinze nuits de travail acharné, sept modèles s'offraient à notre choix.

Le vainqueur indiscutable était Dave Ash, l'assistant de Joe Oros, un chef d'atelier Ford. Quand son travail était à moitié fini, Joe m'avait invité à jeter un coup d'œil. Dès que je vis la maquette d'argile sur le sol de l'atelier, je fus frappé par l'impression de mobilité qui se dégageait d'elle.

Comme ils avaient voulu donner à la voiture une nature féline, Joe et Dave l'avaient baptisée la Cougar pour commencer. Le modèle qu'ils avaient préparé pour le 16 août était peint en blanc avec des roues rouges. Le pare-chocs arrière rebiquait légèrement et un couguar stylisé était représenté sur la calandre, ce qui conférait au modèle une allure où l'élégance s'alliait à la puissance.

Aussitôt après sa présentation, on transporta la Cougar dans les ateliers Ford pour une étude de faisabilité. Notre projet commençait enfin à prendre corps, mais nous n'avions toujours pas de voiture. Il nous fallait pour cela l'approbation du comité de l'esthétique, composé des cadres d'état-major de l'entreprise.

Je savais qu'obtenir leur feu vert serait une tâche ardue. D'une part, la direction n'était pas encore convaincue, comme nous l'étions, que le marché des jeunes était porteur. Et comme l'échec de l'Edsel était encore très frais dans leur mémoire, ils étaient prudents et hésitaient à mettre en œuvre un nouveau modèle. Qui pis est, ils avaient déjà décidé d'engager d'énormes dépenses dans le but de réorganiser la gamme Ford pour l'année 1965. Et on pouvait se poser la question de savoir si la firme avait vraiment les moyens de lancer un nouveau modèle, même si les coûts de production étaient relativement faibles.

Arjay Miller, qui allait bientôt devenir le nouveau président, ordonna que l'on mette notre proposition à l'étude. Il était assez optimiste pour les ventes mais redoutait que le succès de la nouvelle voiture ne se réalise au détriment d'autres modèles Ford, la Falcon en particulier. D'après les prévisions de cette étude, la Cougar se vendrait à quatre-vingt-six mille unités. C'était un chiffre respectable mais pas tout à fait assez élevé pour justifier les énormes frais de fabrication d'un nouveau modèle.

Henry Ford était heureusement devenu beaucoup plus réceptif à notre projet. Cette bienveillance contrastait très vivement avec la réaction qu'il avait eue lorsque j'avais présenté mon idée pour la première fois devant un comité de direction. Au beau milieu de mon discours, Henry s'était brusquement levé en disant : « Je m'en vais », et il avait quitté la pièce. Je ne l'avais jamais vu accueillir une nouvelle idée avec tant de froideur.

« Je me suis fait descendre en flammes aujourd'hui », dis-je à Mary en rentrant à la maison. Henry a quitté la séance pendant que j'exposais le projet qui me tient le plus à cœur.

J'étais complètement effondré. Mais nous apprîmes dès le lendemain que le brusque départ d'Henry n'avait rien à voir avec la présentation de mon projet. Comme il se sentait faible, il était rentré de bonne heure chez lui... où il passa six semaines alité avec une mononucléose. A son retour, il se sentait beaucoup mieux — et mieux disposé à l'égard de notre nouveau projet.

Plus tard, pendant la fabrication du prototype, Henry vint voir comment les travaux avançaient. Il monta dans la voiture et annonça :

« On est un peu à l'étroit à l'arrière. Ajoutez trois centimètres pour les jambes. »

Mais ajouter trois malheureux centimètres à la caisse d'une automobile peut être une opération extrêmement coûteuse. Ces trois centimètres supplémentaires avaient aussi des répercussions sur la silhouette et nous y étions tous opposés. Mais nous n'ignorions pas que les décisions d'Henry étaient sans appel et il ne se faisait pas faute de rappeler que c'était son nom qui était inscrit au fronton du bâtiment. D'ailleurs, à ce moment-là, nous aurions ajouté *trente* centimètres si cela avait été la condition nécessaire pour mener à bien la fabrication de la voiture.

Il ne l'a probablement pas su sur le moment — et, en fait, il ne le sait peut-être toujours pas — mais Henry eut aussi un rôle à jouer dans l'appellation du nouveau modèle. Avant de porter le nom de Mustang, il eut plusieurs autres dénominations. Au cours des étapes préparatoires, nous l'appelions la Falcon Spéciale, puis, après l'acceptation du projet Oros-Ash, la Cougar. Henry aurait voulu l'appeler T-Bird II, mais cela ne plaisait à personne.

Lors d'une réunion de stratégie de production qui se tint au mois de mai, le choix se réduisit à Monte-Carlo, Monaco, Torino et Cougar. Puis on apprit que les deux premiers avaient déjà été déposés par d'autres firmes auprès de l'Association des constructeurs d'automobiles et il ne resta plus que Torino et Cougar. Notre choix se porta sur Torino, le nom italien de la ville de Turin. Ce nom s'accordait aussi avec le parfum vaguement exotique que nous étions parvenus à créer autour de la voiture. Par une sorte de compromis, nous décidâmes de conserver le couguar stylisé comme emblème de la Torino.

En pleine préparation de la campagne publicitaire pour la Torino, je reçus un appel téléphonique de Charlie Moore, le directeur des relations publiques.

« Il va falloir que vous trouviez un autre nom pour votre voiture », me dit-il.

Et il m'expliqua qu'Henry Ford, qui était en train de divorcer, fréquentait Cristina Vettore Austin, une divorcée italienne du jet set qu'il avait rencontrée à Paris, dans une soirée. Certains des collaborateurs d'Henry estimaient qu'en donnant au nouveau modèle un nom italien, nous nous exposerions à une publicité défavorable et aux ragots, ce qui risquait d'embarrasser le grand patron.

Il nous fallait d'urgence trouver un autre nom. Et quand il s'agit de choisir un nom pour un nouveau modèle, les dissensions sont toujours très vives, pour la bonne raison que c'est ce qu'il y a de plus difficile à faire. Il est beaucoup plus aisé de dessiner les portières et le toit que de trouver un nom, car ce choix est nécessairement subjectif. Et cela peut parfois provoquer des débordements affectifs.

John Conley qui travaillait chez J. Walter Thompson, notre agence de publicité, était un spécialiste des noms. C'était lui qui avait fait des recherches sur les noms d'oiseaux pour la Thunderbird et la Falcon. Nous l'envoyâmes cette fois à la bibliothèque municipale de Detroit pour chercher des noms d'animaux — d'abeille à zèbre. John revint avec d'innombrables suggestions qui se réduisirent à six noms : Bronco, Puma, Cheetah, Colt, Mustang et Cougar.

Mustang était le nom que nous avions donné à l'un des prototypes de la voiture et qui ne nous avait curieusement pas été inspiré par le cheval mais par le légendaire avion de chasse de la Seconde Guerre mondiale. Quoi qu'il en soit, tout le monde aimait bien ce nom qui, pour reprendre les termes de nos publicitaires, évoquait « l'ivresse des grands espaces et était américain en diable ».

J'ai encore dans ma bibliothèque un moulage de l'emblème de la Cougar que l'on m'envoya dans un coffret de noyer avec un petit mot disant : « Pas de blague, s'il vous plaît. Ne l'appelez pas autrement que Cougar. » C'est une prière à laquelle je ne pus satisfaire, mais l'occasion se présenta quelques années plus tard d'utiliser le nom de Cougar pour un nouveau modèle de la division Lincoln-Mercury.

Depuis le lancement de la Mustang, on m'a souvent fait remarquer que l'emblème du cheval à l'avant de la voiture était dans le mauvais sens, car il galope dans le sens des aiguilles d'une montre, alors que sur les champs de courses des Etats-Unis les chevaux courent en sens inverse. J'ai toujours répondu à cette remarque que l'emblème de la Mustang est un cheval sauvage et non un cheval de course domestiqué. Et quel que soit le sens dans lequel il galopait, j'avais la conviction croissante qu'il avait pris la bonne direction.

Une fois la ligne choisie, il nous fallait prendre quelques décisions de fond concernant l'aménagement intérieur. Nous ne demandions qu'à satisfaire la clientèle cherchant le luxe mais nous ne voulions pas nous couper de ceux qui étaient plus intéressés par les performances ou l'économie. Et il était hors de question de fabriquer une voiture à l'intérieur trop dépouillé. La Mustang était déjà considérée comme la Thunderbird du pauvre et cela n'aurait rimé à rien de lancer sur le marché la Mustang du pauvre. Nous prîmes donc la décision d'uniformiser l'aménagement intérieur des différentes versions qui, outre l'intérieur en vinyle, étaient toutes équipées de baquets, d'un couvre-volant et d'un plancher moquetté.

Nous avions aussi pensé à une sorte de voiture à la carte s'adressant à un public aussi large que possible. Le client attiré par le luxe pourrait payer pour avoir des accessoires et un surcroît de puissance. S'il aimait le luxe mais n'avait pas les moyens de s'offrir tout cela, il serait quand même satisfait, car plusieurs options pour lesquelles il lui aurait normalement fallu payer étaient disponibles sans supplément sur ce nouveau modèle.

Les études de marché eurent lieu bien longtemps avant le lancement de la Mustang et l'un des derniers tests fut particulièrement encourageant. Nous avions invité un échantillon de cinquante-deux couples de la région de Detroit, possédant chacun une voiture de milieu de gamme et ayant des revenus moyens, ce qui ne faisait pas d'eux des candidats sérieux à l'achat d'un second véhicule. Nous les fîmes entrer par petits groupes dans l'atelier où était exposé le prototype de la Mustang avant d'enregistrer leurs impressions.

Nous découvrîmes ainsi que les couples d'employés de bureau étaient impressionnés par la ligne de la voiture, tandis que les ouvriers voyaient dans la Mustang un symbole de standing et de prestige. Quand nous leur demandâmes d'évaluer le prix du véhicule, tout le monde ou presque donna un chiffre trop élevé d'au moins 1 000 $. Et quand nous leur demandâmes s'ils voudraient acheter une Mustang, ils répondirent négativement pour la plupart, donnant comme raison soit qu'elle était trop chère, ou trop petite, ou encore trop difficile à manoeuvrer.

Mais quand nous leur annonçâmes le véritable prix de la voiture, ils eurent une curieuse réaction.

— Oublions mes objections, je la veux !

Tous les prétextes qu'ils avaient allégués pour refuser s'évanouirent. Ils trouvèrent subitement tout un tas de bonnes raisons pour estimer que l'achat d'une Mustang serait finalement une bonne chose.

— Si je garais cette voiture devant chez moi, dit l'un d'eux, tous les voisins se demanderaient quelle manne m'est tombée du ciel.

— Elle ne ressemble pas à une voiture ordinaire, dit un autre, et à ce prix-là, tout ce qu'on peut avoir, c'est une voiture ordinaire.

La leçon à en tirer était très claire. Quand le moment serait venu de commercialiser la Mustang, il faudrait mettre l'accent sur son prix avantageux.

Conformément à ce que nous avions décidé dès le début, nous réussîmes à lancer la Mustang à un prix de vente inférieur à 2 500 $. Dans sa version finale, la voiture avait cinq centimètres et cinquante kilogrammes de plus que nous ne l'avions initialement prévu. Mais pour le prix, il n'y eut pas de dérapage et la Mustang se vendit 2 368 $.

L'avenir continuait de se présenter sous d'heureux auspices et en janvier 1964, à quelques semaines du lancement, les conditions économiques étaient exceptionnellement favorables. Nous apprîmes plus tard que le premier trimestre 1964 était celui où les ventes d'automobiles avaient atteint leur niveau record. En outre, le Congrès était sur le point de voter une réduction des impôts et les revenus disponibles des ménages étaient en hausse. Tout bien considéré, la tendance économique du pays était à la confiance et à l'optimisme.

Le 9 mars 1964, 571 jours après que la Cougar d'Oros-Ash eut été sélectionnée face à ses six rivales, la première Mustang sortit des chaînes de montage. Nous avions pris nos dispositions pour produire un minimum de 8 160 unités avant le jour J — le 17 avril — afin que chaque concessionnaire Ford ait au moins une Mustang dans sa salle d'exposition quand la voiture serait officiellement lancée.

La Mustang bénéficia d'une gigantesque campagne publicitaire. Nous invitâmes à Dearborn les rédacteurs en chef de plusieurs revues universitaires pour leur laisser la jouissance d'une Mustang pendant quelques semaines. Quatre jours avant le lancement officiel, une centaine de représentants de la presse participèrent à bord de soixante-dix Mustang à un rallye géant entre New York et Dearborn et les voitures prouvèrent leur fiabilité en avalant les onze cents kilomètres sans le moindre incident. Dans un déferlement d'enthousiasme, la presse lyrique et unanime publia des articles et des photographies dans des centaines de revues et de journaux.

Le 17 avril, tous les concessionnaires Ford furent assaillis par les clients. A Chicago l'un d'eux fut même contraint de fermer les portes de sa salle d'exposition pour contenir la foule. Un autre raconta qu'à Pittsburgh la cohue était telle qu'il ne put sortir sa Mustang de l'appareil de lavage automatique. D'après un concessionnaire de Detroit, il y avait tant de voitures de sport appartenant aux gens venus voir la Mustang que son parking ressemblait au lieu de départ d'un rallye de voitures étrangères.

A Garland, au Texas, quinze clients potentiels firent des enchères pour acquérir l'unique Mustang en exposition chez le concessionnaire Ford. Il la vendit au plus offrant, un homme qui insista pour passer la nuit dans la voiture afin que personne d'autre ne puisse l'acheter pendant que l'on encaissait son chèque. A Seattle le conducteur d'une bétonnière fut tellement fasciné par la Mustang en exposition qu'il perdit le contrôle de son véhicule qui fracassa la vitrine.

Un extraordinaire succès était destiné à la Mustang. Au cours du week-end suivant son lancement, quatre millions de personnes, chiffre sans précédent, se rendirent chez les concessionnaires Ford. L'accueil du public dépassait nos espérances les plus folles.

La presse joua un rôle important dans la création de cette fièvre. Grâce aux efforts inlassables de Walter Murphy dans le domaine des relations publiques, la Mustang fit simultanément la couverture de *Time* et de *Newsweek*. C'était un coup publicitaire étonnant pour un nouveau produit. Les deux revues pressentaient que nous allions faire un malheur et la publicité qu'ils firent pendant la première semaine de l'arrivée de la Mustang sur le marché contribua à la réalisation de cette prophétie. Je suis persuadé qu'à eux seuls *Time* et *Newsweek* nous ont permis de vendre 100 000 unités supplémentaires de la Mustang.

Les articles publiés dans les deux revues eurent l'impact de deux gigantesques publicités. Après avoir annoncé à ses lecteurs que mon nom « rime avec Coca, » le rédacteur de *Time* écrivait que « ce n'est pas seulement un nouveau modèle que Iacocca a produit. Avec son capot allongé et son coffre court, avec l'élégance de sa ligne évoquant la Ferrari, la Mustang ressemble à ces voitures de course qui fascinent tant les Américains mordus de voitures de sport. Et pourtant Iacocca a réussi à donner à la Mustang une ligne si pure et à la proposer à un prix si raisonnable et avec une telle quantité d'options qu'elle séduit potentiellement les deux tiers des acheteurs du marché américain. Vendue au prix de 2 368 $ et capable, avec ses quatre places, de transporter une petite famille, la Mustang semble destinée à devenir une sorte de modèle A des voitures de sport — pour la masse aussi bien que pour les mordus d'automobile. » Je n'aurais pu dire mieux.

La presse spécialisée n'était pas moins enthousiaste. L'article de *Car Life* commençait ainsi : « Un marché a enfin trouvé la voiture qu'il cherchait. » Et *Consumer Reports*, qui, en général, n'était pas tendre avec Detroit, constatait qu'on ne pouvait relever « ni médiocrité de l'équipement ni bâclage du travail sur une voiture construite à une allure si précipitée. »

Mais nous n'avions pas compté sur la presse pour faire la publicité à notre place. Le jour du lancement, nous fîmes insérer des annonces d'une page entière dans deux mille six cents quotidiens. Nous avions utilisé ce que j'appelle la méthode Mona Lisa : une simple vue de profil de la voiture en blanc et le prix accompagné de la seule légende : « L'Inespérée. » Quand le produit est bon, il n'est pas besoin d'être un as du marketing.

Nous inondâmes également les réseaux de télévision de publicité pour la Mustang. J.Walter Thompson créa toute une série de spots basés sur le personnage de James Thurber qui rêve qu'il est pilote de courses ou d'avion. Dans un de ces spots publicitaires Henry Foster, un antiquaire conservateur aux manières douces, sort de son magasin en portant un sac à provisions. « Êtes-vous au courant de ce qui arrive à Henry Foster ? » demande la patronne de la boutique voisine. Henry tourne le coin de la rue et monte dans sa Mustang rouge. Il jette au loin son chapeau melon et le remplace par une casquette de tweed sport qu'il sort de son sac. Puis il enlève son veston sous lequel il porte un gilet rouge vif. Pour finir, il ôte ses besicles et met à la place des grosses lunettes de protection.

« Il y a du nouveau dans la vie d'Henry », poursuit la voisine.

« Il y a une Mustang dans la vie d'Henry », annonce une autre femme.

Elle est jeune et belle et elle attend Henry dans une prairie verdoyante, devant un pique-nique et une bouteille de vin.

Nous organisâmes aussi de vigoureuses campagnes de promotion au niveau national. Des Mustang furent exposées dans quinze des plus importants aéroports du pays et dans le hall de deux cents Holiday Inns sur tout le territoire. A l'occasion des rencontres de football de l'université du Michigan, nous louâmes un emplacement de plusieurs hectares sur le parking pour installer d'énormes panneaux annonçant : Corral Mustang. Il y eut encore de la publicité par courrier individuel adressé à plusieurs millions de propriétaires de petites cylindrées d'un bout à l'autre du pays.

Au bout de quelques semaines seulement, il me parut évident que nous allions devoir mettre en service une autre usine. Nos prévisions de ventes initiales pour la Mustang avaient été de 75 000 unités pendant la première année. Mais les prévisions étaient devenues de plus en plus optimistes et avant même le lancement du nouveau modèle, nous pouvions tabler sur des ventes de l'ordre de 200 000 unités. Et pour fabriquer ce nombre de voitures, il nous fallait convaincre la direction générale de la nécessité de reconvertir une seconde usine, celle de San Jose, en Californie, en unité de production de la Mustang.

En raison de l'insuffisance de la production, il était difficile de savoir combien de voitures nous pouvions réellement vendre. Quelques semaines après le lancement de la Mustang, Frank Zimmerman mit en œuvre une expérience à Dayton, dans l'Ohio, une ville considérée comme un bastion de la GM qui avait installé plusieurs usines dans la région.

Il organisa une réunion avec les concessionnaires Ford de Dayton et leur tint à peu près ce langage : « Vous avez ici un marché difficile et une forte concurrence. Mais la Mustang a énormément de succès. Comme nous voulons savoir jusqu'où ce succès peut aller, nous allons vous livrer à chacun dix voitures et nous satisferons à vos commandes dans les meilleurs délais.

Le résultat fut stupéfiant. Nous atteignîmes à peu près dix pour cent de tout le marché de Dayton. Nous disposions de tous les arguments nécessaires et, dès le mois de septembre, la reconversion de l'usine de San Jose fut mise en œuvre.

Notre capacité de production annuelle était passée à 360 000 unités et nous commençâmes bientôt à reconvertir une autre usine, à Metuchen, dans le New Jersey. Ces deux reconversions représentaient un gros risque, mais nous avions été échaudés par l'expérience de la Falcon où nous n'avions pas visé assez haut et où nous nous étions trouvés dans l'incapacité de produire toutes les voitures qu'il nous fallait. Nous n'allions pas refaire la même erreur.

Les chiffres de ventes de la Mustang atteignaient des records et les options et accessoires rencontraient le même succès. Nos clients réagissaient devant la longue liste des options comme des bûcherons suédois affamés à qui l'on présente un smorgasbord. Plus de 80 % d'entre eux commandaient des pneus à flancs blancs, 80 % voulaient un autoradio, 71 % choisissaient le moteur à huit cylindres et 50 % achetaient la transmission automatique. Une Mustang sur dix était vendue équipée d'un tachymètre. Pour une voiture qui coûtait 2 368 $ à l'achat, nos clients dépensaient une moyenne de 1 000 $ pour les options seulement !

Je m'étais fixé un objectif pour la première année. Au cours de sa première année de vente la Falcon avait atteint le chiffre record de 417 174 unités. C'était ce record que je voulais battre. Notre slogan était : « 417 au 17-4 », le jour anniversaire du lancement de la Mustang. Le 16 avril 1965 en fin de soirée, un jeune

Californien fit l'acquisition d'un cabriolet rouge. C'était la 418 812e Mustang et l'année s'acheva sur ce nouveau record.

Les grosses têtes retournèrent à leurs calculs en grommelant qu'il y avait manifestement plus d'une manière de fabriquer une voiture. C'était la ligne qui avait plu et ils ne s'attendaient pas à cela. Mais quand vint le moment de faire les comptes, leur gêne disparut. Pendant les deux premières années, la Mustang nous rapporta un bénéfice net de 1,1 milliard de $. Et je parle, bien entendu, en dollars de l'époque !

Dans les premières semaines suivant la sortie de la Mustang, nous fûmes inondés de lettres de clients manifestant leur satisfaction. J'ai l'habitude de prendre connaissance du courrier clients et je suis bien conscient du fait que la plupart des gens n'écrivent au constructeur que lorsqu'il y a un problème. Mais pour la Mustang, ils nous écrivaient pour nous faire part de leur gratitude et de leur enthousiasme. Les seules doléances avaient trait à la rareté des Mustang et à la longueur de la liste d'attente.

L'une de mes lettres préférées avait été envoyée par un habitant de Brooklyn quatre jours seulement après la sortie de la Mustang. « Je ne m'intéresse pas beaucoup aux voitures, écrivait-il, et cela depuis que la plupart sont d'une taille disproportionnée. De plus, New York n'est pas la ville idéale pour avoir une voiture. Les chiens sont encouragés par leur maître à pisser sur les roues et les gosses des quartiers pauvres piquent les enjoliveurs. Les flics distribuent des contraventions ; les pigeons viennent se percher sur la voiture... et s'ils ne faisaient que cela ; les rues sont toujours défoncées ; les autobus vous écrasent, les taxis vous tamponnent et le prix du garage double les traites de la maison ; l'essence coûte 30 % de plus que partout ailleurs ; le montant des primes d'assurance est délirant ; le quartier des grossistes en vêtements est impénétrable, les environs de Wall Street inabordables et le New Jersey inaccessible. »

Et il terminait sa lettre ainsi : « Dès que j'ai assez de fric, j'achète une Mustang. »

En passant en revue les propriétaires de Mustang, nous découvrîmes que leur âge moyen était de trente et un ans mais qu'un sur six était dans le groupe des 45-54 ans, ce qui prouvait que la voiture n'était pas réservée aux jeunes. Près des deux tiers des acheteurs étaient mariés et plus de la moitié d'entre eux avaient fait des études supérieures.

Avant la fin de la première année, on trouvait des clubs Mustang — par centaines — ainsi que des lunettes de soleil, des porte-clés et des chapeaux à l'emblème de la Mustang, sans oublier les

Mustang miniatures pour les enfants. Je sus que nous avions définitivement gagné quand quelqu'un vit dans une boulangerie un écriteau qui annonçait : « Nos petits pains se vendent comme des Mustang. »

Je pourrais facilement consacrer le reste de cet ouvrage à des anecdotes sur la Mustang mais je vais me contenter d'en raconter une seule.

Au cours d'un de mes cinquante-deux voyages en Europe, je sommeillais un dimanche matin dans l'avion de la compagnie qui survolait le trajet suivi par les icebergs, là où le *Titanic* coula. Au-dessous de nous se trouvait un navire météo où une pauvre âme esseulée transmettait des bulletins météorologiques aux avions. Quand nous passâmes au-dessus de lui, notre pilote lui demanda comment cela se passait.

« Je ne peux pas me tenir debout, répondit le météorologiste. Les conditions sont très mauvaises et il y a des creux de près de quatre mètres. »

Ils continuèrent à discuter jusqu'à ce que le météorologiste apprenne qui nous étions.

« J'ai une Mustang, dit-il aussitôt. Vous avez Iacocca à bord ? »

Tandis que se déroulait ce dialogue radio, un appareil de la KLM croisa notre route. « Attendez, dit le pilote. C'est le zinc qui transporte Iacocca ? J'aimerais lui parler. »

C'est alors qu'un appareil de la Pan Am passant à proximité entra lui aussi en communication radio avec nous.

Tout cela se passait pendant mon sommeil ; notre pilote vint me voir et m'annonça :

— Vous êtes demandé en même temps au téléphone par un bateau et deux avions.

– On ne respecte donc rien, répondis-je. Nous sommes au bout du monde, un dimanche matin, et la folie de la Mustang vient me poursuivre jusqu'ici !

On me considère généralement comme le père de la Mustang, mais, comme pour toutes les grandes réussites, un certain nombre de gens ont essayé de s'en attribuer le mérite. Un étranger se renseignant à Dearborn sur ceux qui ont travaillé sur l'Edsel passerait pour une sorte de nouveau Diogène errant, une lanterne à la main, à la recherche d'un homme. Mais ceux qui ont revendiqué la paternité de la Mustang sont si nombreux que je n'aimerais pas être vu en public en compagnie de la mère !

On dit que toutes les bonnes choses ont une fin et la Mustang ne fit pas exception à la règle. Au cours de l'assemblée annuelle de 1968, l'une de nos actionnaires prit la parole pour exprimer son mécontentement. « A sa sortie, dit-elle, la Thunderbird était une magnifique voiture de sport. Puis vous l'avez agrandie jusqu'à ce qu'elle perde toute identité. Et la même chose est en train d'arriver à la Mustang. Pourquoi une petite voiture ne peut-elle demeurer petite ? Vous ne cessez d'augmenter ses dimensions, puis vous lancez une nouvelle petite que vous vous empressez d'agrandir. »

Elle était malheureusement dans le vrai. Quelques années après son lancement, la Mustang avait perdu sa ligne pure et svelte de cheval sauvage. On eût plutôt dit un goret. C'est en 1968 que Bunkie Knudsen fut nommé président de Ford, et il y fit aussitôt monter un moteur monstrueux ayant deux fois plus de chevaux. Pour porter ce moteur, il fallut agrandir toute la voiture, de sorte qu'en 1971, la Mustang mesurait vingt centimètres de plus en longueur et quinze en largeur et qu'elle pesait près de deux cent cinquante kilos de plus que le modèle 1965 d'origine.

Ce n'était plus la même voiture et nos chiffres de vente en baisse le montraient très clairement. Nous avions vendu 550 000 Mustang en 1966, mais en 1970, les ventes s'étaient effondrées et n'atteignaient plus que 150 000 unités — un véritable désastre. Les clients nous avaient abandonnés parce que nous avions abandonné leur voiture. Et la Mustang qui lors de son lancement coûtait 2 368 $ en valait maintenant près de mille de plus. Cette augmentation était due à l'inflation, mais seulement en partie.

Fin 1969, nous commençâmes la mise en œuvre de la Mustang II, un retour à la petite voiture qui avait eu tellement de succès. Nombreux étaient ceux à Detroit qui avaient de la peine à croire à cette attitude allant à l'encontre d'une règle tacite qui voulait qu'un modèle déjà existant ne puisse qu'être agrandi. Préparer une nouvelle Mustang plus petite revenait à reconnaître que nous nous étions trompés.

C'était évidemment le cas. Pour la Mustang II, je me tournai de nouveau vers Hal Sperlich qui avait joué un rôle essentiel dans la création de la première version. Nous partîmes tous deux en Italie visiter les ateliers de Ghia à Turin où nous fîmes la connaissance du responsable, Alejandro deTomaso. Le prototype de deTomaso arriva à Dearborn deux mois plus tard, et c'était une merveille.

La Mustang II fut une grande réussite sans toutefois faire un malheur comme cela avait été le cas de la première version. Mais nous ne savions que trop bien que la barre avait été placée très haut.

7

BIS !

Le succès de la Mustang fut si vite évident qu'avant même son premier anniversaire, je bénéficiai d'une promotion d'importance. En janvier 1965, je fus nommé vice-président, chef du département automobiles et véhicules industriels. J'avais la responsabilité de la planification, de la production et du marketing de tous les véhicules pour la division Ford et la division Lincoln-Mercury.

Mon nouveau bureau se trouvait dans la Maison de Verre, le nom que tout le monde donnait au siège de Ford-Monde. Je faisais enfin partie de l'état-major, de ce groupe très fermé qui avait le privilège de partager tous les jours la table d'Henry Ford. Jusqu'alors, Henry avait simplement été pour moi le grand patron. Et du jour au lendemain, je le voyais presque quotidiennement. Non seulement je respirais l'atmosphère raréfiée de la direction générale, mais j'étais aussi le novice, le petit nouveau qui était responsable du succès de la Mustang.

J'étais en outre le protégé de Sa Majesté. Quand McNamara, appelé au gouvernement par Kennedy, avait quitté la firme en 1960, Henry m'avait plus ou moins pris sous son aile et il avait suivi attentivement mes progrès depuis le début.

En ma qualité de vice-président, j'avais un certain nombre de tâches et de responsabilités nouvelles, en particulier dans les domaines de la publicité et de la promotion. Mais ma mission consistait principalement, comme Henry tint à le préciser, à « appliquer un peu de l'onguent de la Mustang sur la division Lincoln-Mercury ».

Pendant des années, la division Lincoln-Mercury avait été la petite sœur fragile de la famille Ford et un fardeau pour le reste de la compagnie. Créée dans les années quarante, elle n'avait pas encore trouvé sa maturité vingt ans plus tard. On avait même envisagé de s'en séparer et de la vendre.

C'était cette division qui produisait les modèles coûteux de haut de gamme. La compagnie avait longtemps nourri l'espoir que le client ayant fait l'acquisition d'une voiture de la division Ford passerait un jour à une Mercury ou une Lincoln, de même qu'un client de la General Motors pouvait un jour passer d'une Chevrolet ou une Pontiac à une Buick ou une Oldsmobile.

Telle était la théorie. En pratique, la plupart des acheteurs de Ford finissaient par déserter le navire. Ceux qui avaient les moyens de s'offrir une voiture haut de gamme avaient toutes les chances de choisir une Buick, une Oldsmobile ou une Cadillac plutôt qu'une Mercury ou une Lincoln. Nous nous contentions donc de préparer de futurs clients pour les modèles de luxe de la GM.

En étudiant de plus près la division Lincoln-Mercury, je compris pourquoi. La gamme n'était pas attirante. La qualité des voitures n'était pas en cause, mais elles manquaient totalement d'originalité. La Comet, par exemple, n'était en fait qu'une Falcon améliorée tandis que la Mercury ressemblait à une très grosse Ford. Ce qui manquait aux modèles Lincoln-Mercury était une silhouette et une allure propres.

Les ventes s'étaient détériorées au fil des ans. La Lincoln qui se posait en concurrente directe de la Cadillac atteignait à peu près le cinquième des chiffres de vente de sa rivale. La Mercury connaissait un sort comparable et se montrait incapable de battre en brèche la suprématie du duo de la GM, la Buick et l'Oldsmobile. En 1965, la division Lincoln-Mercury était pratiquement morte et il fallait trouver d'urgence un moyen de la ressusciter.

Il aurait été facile de rejeter sur les concessionnaires la responsabilité de cette situation, mais cela aurait été extrêmement injuste. En réalité, les concessionnaires qui réussirent à survivre jusqu'en 1965 ne pouvaient qu'être de bons professionnels, puisqu'ils n'avaient pas l'avantage de disposer de produits de grande qualité. Mais leur moral était très bas. Ils avaient besoin de motivation ; ils avaient besoin d'une nouvelle direction régionale des ventes ; ils avaient besoin de quelqu'un qui prenne véritablement soin de leurs intérêts dans la Maison de Verre.

Mais ce qu'il leur fallait avant tout, c'étaient des produits nouveaux. Nous nous mîmes aussitôt au travail et, dès 1967, deux nouveaux modèles étaient prêts. La Mercury Cougar était une sportive de luxe destinée à conquérir l'acheteur d'une Mustang disposé à se tourner vers un modèle un peu plus sophistiqué. La

Mercury Marquis était une voiture grand luxe conçue pour rivaliser avec la Buick et l'Oldsmobile.

Gar Laux, directeur de la division Lincoln-Mercury, avait une position tout à fait symptomatique : il ne voulait même pas que la Marquis porte le nom de Mercury. Il estimait que le nom de Mercury était un handicap si lourd qu'il pouvait causer la perte d'une voiture, même très réussie. Je dus le persuader que le lancement de la Marquis allait marquer le point de départ d'une amélioration de l'image de marque de Lincoln-Mercury.

Pour que les deux nouveaux modèles fassent sensation, il était important de les dévoiler aux concessionnaires de la manière la plus théâtrale possible. Jusqu'à il y a une dizaine d'années, la présentation annuelle des nouveaux modèles de Detroit était un événement exceptionnel aussi bien pour les concessionnaires que pour le grand public. A l'approche du jour J, les concessionnaires recouvraient les nouvelles voitures d'une bâche et d'un bout à l'autre du pays les gamins restaient collés aux vitrines dans l'espoir d'être les premiers à apercevoir la nouvelle Ford ou la nouvelle Chevrolet. Ce rituel n'est plus aujourd'hui qu'un agréable souvenir.

Les grands shows que nous organisions tous les ans à Las Vegas au profit des concessionnaires ne sont plus, eux aussi, qu'un souvenir. Une fois par an, en été, nous les invitions à un dîner et nous dépensions des millions de dollars dans un grand spectacle au cours duquel les nouveaux modèles étaient présentés. Il y avait des voitures jaillissant des fontaines, des filles sautant de voiture, des bombes fumigènes, des stroboscopes et toutes sortes d'attractions éblouissantes. Ces shows étaient parfois meilleurs que ce qui se faisait à Broadway, mais là les vedettes étaient des voitures.

Nous mettions également sur pied des programmes de motivation pour les concessionnaires. A cette époque, les trois Grands roulaient sur l'or et nous ne reculions devant rien pour impressionner les concessionnaires. Ils étaient nombreux à faire au moins 1 million de $ de chiffre d'affaires par an et même ceux qui n'étaient pas parmi les meilleurs de la profession avaient de bons résultats.

Au cours des années soixante, de nombreux voyages étaient organisés à leur intention, à la fois comme stimulus et comme récompense. Et ils avaient beau être riches, il est difficile de laisser passer l'occasion d'un voyage bien organisé dans un lieu exotique. Ces voyages avaient toujours énormément de succès et des liens d'amitié se tissaient entre les concessionnaires, ce qui contribuait à raffermir leur moral et à accroître leur détermination et leur fidélité.

J'étais parfois invité à ces voyages à titre professionnel, ce qui me fournissait une occasion idéale d'entrer en contact avec un maximum de concessionnaires dans un minimum de temps. C'était aussi la solution rêvée pour joindre l'utile à l'agréable et ce fut toujours une fête pour Mary et moi.

La division Lincoln-Mercury mit sur pied en septembre 1966 une grande croisière pour les concessionnaires qui avaient atteint un certain quota de vente. Nous nous assurâmes au prix de 44 000 $ par jour la location de l'*Independence*, un paquebot qui appareilla de New York pour les Caraïbes où nous avions prévu de présenter nos nouveaux modèles. Le deuxième jour, au crépuscule, tous les concessionnaires se rassemblèrent à la proue du navire et à un moment convenu, il y eut un lâcher de plusieurs centaines de ballons gonflés à l'hélium qui en s'élevant dans les airs dévoilèrent la Mercury Marquis, modèle 1967. Je partageai avec Matt McLaughlin, devenu directeur de la division, l'honneur de présenter la nouvelle voiture et d'en détailler les particularités.

Le surlendemain, sur l'île de St. Thomas, eut lieu la présentation de la nouvelle Cougar. Sur une plage éclairée par d'innombrables flambeaux, une péniche de débarquement de la Seconde Guerre mondiale s'avança jusqu'à la grève et baissa son pont. L'assistance retint son souffle tandis qu'une Cougar rutilante à la robe immaculée roulait sur le sable. La portière s'ouvrit, Vic Damone en sortit et il commença à chanter. J'ai vu quelques présentations aux concessionnaires assez recherchées, mais celle-là remporte indiscutablement la palme.

Les concessionnaires qui n'avaient rien eu de très excitant à se mettre sous la dent depuis des années furent emballés par la Cougar. Elle avait comme la Mustang une silhouette sportive avec son long capot et son arrière court. Les espoirs des concessionnaires ne furent pas déçus par la Cougar qui eut un succès immédiat et devint rapidement le plus beau fleuron de la gamme Lincoln-Mercury. Et à ce jour, une Cougar 1967 en bon état est une pièce de collection.

Une bonne partie du mérite de ces réussites revient à Frank Zimmerman, notre génie maison de la promotion. Zimmie, qui s'est maintenant retiré en Caroline du Sud, est un personnage inoubliable — sec comme un coup de trique, doté d'une énergie inépuisable et très drôle.

Travailler avec Zimmie était un plaisir, mais c'était comme une gageure, car il avait une nouvelle idée toutes les cinq minutes. Une sur dix était géniale, mais une grande partie des autres frisait l'absurdité totale.

Pour la promotion de la Cougar, par exemple, Zimmie voulait qu'un ours savant conduise la voiture de New York à la Californie. D'après un des scénarios, un dresseur aurait été assis à l'avant, à côté de l'animal. Un autre proposait qu'un nain accroupi sous le tableau de bord conduise la voiture en utilisant un équipement spécial. De la manière dont Zimmie en parlait, la voiture ferait des dizaines d'arrêts tous les jours, pendant lesquels la foule se presserait et les journalistes prendraient des photos. « Imaginez les gros titres ! s'exclamait Zimmie. Un ours conduit une Cougar de New York à Los Angeles ! »

J'aime les idées hardies, mais celle-ci me paraissait quand même un peu trop osée. Quelques années plus tard, Henry Ford reçut une lettre d'un homme qui prétendait avoir dressé son cheval à conduire une Lincoln Continental. L'animal était même capable d'actionner le klaxon en appuyant dessus avec son nez ! Henry me fit passer la lettre et je la donnai à Zimmie. Je n'en entendis plus jamais parler et c'est peut-être aussi bien ainsi.

Mais nous nous servîmes quand même d'un animal vivant pour la promotion de la Cougar. L'agence de publicité Kenyon & Eckhardt nous suggéra d'essayer ce qui paraissait évident, un vrai couguar. Le bureau de New York de l'agence se vit confier la lourde responsabilité de dénicher un couguar dressé et de le filmer au-dessus de l'emblème de Lincoln-Mercury. La tâche était loin d'être aisée, mais au bout de quelques semaines, nous avions quelques précieux mètres de pellicule montrant un couguar feulant au-dessus du logo. La division Ford avait connu le succès grâce à un cheval sauvage et Lincoln-Mercury allait voir si un félin ferait aussi bien l'affaire.

Le couguar fut un symbole si efficace que l'agence de publicité nous recommanda d'utiliser « l'emblème du félin » pour représenter l'ensemble de la division. C'est ce que nous fîmes et cette mesure contribua à créer une nouvelle image de marque de Lincoln-Mercury. Le couguar perché sur le logo ne mit pas longtemps à devenir aussi connu que l'ovale de Ford et l'étoile à cinq branches de Chrysler.

Il incombe avant tout à celui qui s'occupe de la promotion d'une marque de faire savoir au public où il peut la trouver. C'est pourquoi l'arche de McDonald est si efficace. Même un enfant sait que c'est un endroit où l'on mange des hamburgers. Avant l'apparition du couguar sur l'emblème, la plupart des gens n'avaient jamais entendu parler de Lincoln-Mercury. Aujourd'hui, tout le monde ou presque sait de quoi il s'agit.

Pendant ce temps, Zimmie continuait à avoir des idées de promotion. C'est ainsi qu'il se mit à rechercher dans tout le pays des homonymes d'explorateurs célèbres, tels que Christophe Colomb ou l'amiral Byrd. Quand il en trouvait, il les engageait pour apparaître dans un spot publicitaire qui proclamait par exemple : « Christophe Colomb vient de découvrir la nouvelle Mercury. »

Kenyon & Eckhardt accomplirent des miracles pour la publicité de la Cougar. En ce qui concernait la Marquis, nous décidâmes d'un commun accord que le meilleur argument de vente était le confort. Un tel degré de sophistication technique avait été atteint que le confort et la souplesse étaient inégalables.

Mais comment le faire savoir au public ? Nos ingénieurs avaient informé les publicitaires que le confort routier de la Marquis était supérieur à celui de modèles plus coûteux de la concurrence. « Prouvez-le ! » fut la réponse de l'agence. Les ingénieurs invitèrent donc sur notre piste d'essais un groupe de publicitaires de l'agence et, après leur avoir bandé les yeux, les firent monter avec eux dans une Oldsmobile, une Buick, une Cadillac et une Marquis. A l'exception d'un seul, tous estimèrent que la Marquis était la plus confortable.

Ce test fut finalement intégré dans notre campagne publicitaire. Kenyon & Eckhardt produisirent plusieurs spots dans lesquels des clients, et dans l'un d'eux des chauffeurs de maître, à qui l'on avait bandé les yeux, devaient classer les voitures pour le confort et le silence.

L'agence ne tarda pas à trouver d'autres publicités transmettant le même message. Dans l'une d'elles, un récipient contenant un acide dangereux était suspendu au-dessus d'un luxueux manteau de fourrure. Dans une autre, un disque tournait sur un électrophone posé sur la banquette avant. Dans une troisième, Bart Starr, le joueur de football, se faisait raser par un coiffeur. Il y en avait encore une qui montrait un bidon de nitroglycérine sur le siège arrière. Pour prouver que ce n'était pas un truquage, la voiture explosait à la fin du message publicitaire !

Dans le plus connu de tous ces spots, l'agence filma un tailleur de diamants hollandais au travail dans la voiture qui suivait une route sinueuse et assez cahoteuse. Ceux qui sont trop jeunes pour se souvenir de cette publicité en ont peut-être vu la parodie classique tournée quelques années plus tard pour l'émission télévisée *Saturday Night Live.* Dans cette version, le diamantaire était remplacé par un rabbin qui s'apprêtait à pratiquer la circoncision rituelle sur un très jeune enfant tout en roulant sous la pluie sur de mauvaises routes de campagne. Et croyez-moi, le suspense de la publicité avec le diamantaire n'était rien en comparaison de la tension que provoquait cette parodie.

Avec la Marquis et la Cougar, la gamme Mercury commençait à avoir de l'allure, mais il n'y avait pas véritablement de modèle de haut de gamme. Il nous fallait une nouvelle Lincoln qui puisse donner du fil à retordre à la Cadillac.

Un soir au Canada, où je participais à un congrès, j'étais allongé sur le lit de ma chambre d'hôtel, incapable de trouver le sommeil. Soudain, une idée me vint. Je téléphonai à Gene Bordinat, notre chef styliste, et lui dis : « Je veux mettre une calandre de Rolls-Royce sur une Thunderbird. »

Nous avions en ce temps-là une Thunderbird quatre portes quasiment inexistante sur le marché. Mon plan consistait à créer une nouvelle voiture en conservant le châssis, le moteur et même le toit mais en apportant assez de modifications à la carrosserie pour qu'elle ait vraiment l'air nouvelle et ne ressemble pas à un sous-produit de la Thunderbird.

Tout en essayant d'imaginer ce nouveau produit de luxe, je songeai à deux précédents. A la fin des années trente, Edsel Ford avait lancé la Mark, un modèle de luxe sobre et discret s'adressant à une clientèle réduite et exigeante. Au milieu des années cinquante, son fils William Clay avait produit la Mark II, dérivée du modèle d'origine. Ces deux voitures étaient des classiques du genre, les Rolls-Royce de l'automobile américaine. C'était le type de voiture dont tout le monde rêvait mais qui étaient réservées à quelques privilégiés.

Je décidai que le moment était venu pour nous de faire renaître la série des Mark avec une Mark III reprenant en partie la Thunderbird mais avec suffisamment de changements pour que ce soit une nouveauté. La Mark III avait un capot très allongé, un puissant moteur à 8 cylindres en V et la roue de secours à l'extérieur comme sur les premières versions. Cela en faisait une voiture imposante à la silhouette très originale. Mais quand un journaliste la compara à une voiture de l'armée allemande de la Seconde Guerre mondiale, je ne peux pas dire que cela me fit bondir de joie.

La Mark III fut lancée en avril 1968 et, dès la première année, son taux de pénétration fut supérieur à celui de la Cadillac Eldorado, ce qui était notre objectif à long terme. Les résultats furent excellents pendant les cinq années suivantes, en partie parce que le développement de la voiture avait été économique. Nous n'avions investi que 30 millions de $, une somme vraiment modique, grâce aux pièces détachées et à la carrosserie déjà existantes.

Nous avions prévu à l'origine de présenter la Mark III chez Cartier, le prestigieux bijoutier de la Cinquième avenue à Manhattan. Comme la direction de Cartier s'était montrée très intéressée, Walter Murphy se rendit à New York pour mettre les détails au point avec eux. Nous voulions mettre l'accent sur l'élégance et le bon goût de la voiture en invitant la presse à un souper dans les salons de la joaillerie. Jusqu'alors, tout allait bien. Mais quand Walter expliqua qu'il nous faudrait abattre deux ou trois murs et élargir une ou deux vitrines pour faire entrer la voiture, la direction de Cartier se ravisa. (Ils acceptèrent quand même de nous laisser utiliser leur nom sur la pendule de la Mark III.)

Nous fîmes donc une présentation simultanée de la Mark III dans plusieurs villes. A Hollywood elle fut exposée sur une estrade sur la scène du *Camelot*, de sorte que le public devait monter les marches comme pour rendre hommage à un monarque. A Detroit la voiture fut présentée au cours d'un dîner auquel étaient conviés des éditeurs de journaux. Nous utilisâmes une plate-forme tournante, mais au lieu d'y placer la Mark III, ce qui était la manière habituelle de présenter un nouveau modèle, nous y plaçâmes les éditeurs. A mesure que leur point de vue changeait, ils découvraient une série de Lincoln et de Mark historiques et quand finalement les rideaux s'écartèrent, ils virent la nouvelle Mark III. Ils furent si impressionnés que bon nombre d'entre eux en commandèrent une sur-le-champ.

Avant les débuts fracassants de la Mark III, la division Lincoln-Mercury perdait de l'argent sur tous ses modèles de luxe. Nous ne vendions qu'environ dix-huit mille Lincoln par an, ce qui était insuffisant pour amortir les frais fixes. Dans notre branche, ces frais étaient énormes. Que l'on produise un million de véhicules ou un seul, il faut disposer d'une usine et préparer les matrices pour fondre le métal. Si les prévisions de vente sont erronées et que l'objectif fixé n'est pas atteint, il faut répartir ces frais sur un nombre de voitures plus faible. En d'autres termes, on peut y laisser sa chemise.

Il existe un cliché qui pour être rabâché n'en est pas moins vrai : plus la voiture est grosse, plus les profits sont importants. La vente d'une seule Mark nous rapportait autant que la vente de dix Falcon. Nos bénéfices s'élevaient au chiffre étonnant de 2 000 $ par unité. Et l'argent rentrait si vite que nous avions de la peine à suivre. La meilleure année, le chiffre d'affaires de la division

Lincoln atteignit à lui seul près d'un milliard de dollars, ce qui est peut-être la plus belle réussite de ma carrière.

En 1971, la Mark IV prit le relais et Ford poursuit la série — ils en sont actuellement à la Mark VII. C'est la série la plus lucrative pour Ford, et il en est de même de Cadillac pour General Motors. C'est la théorie d'Alfred Sloan : il faut disposer de quelque chose pour tout le monde. Il est absolument nécessaire pour se couvrir d'avoir une voiture destinée à monsieur Tout-le-Monde — tel était le principe directeur du fondateur de la Ford Motor Company — mais il ne faut pas négliger les modèles de haut de gamme, car on ne sait jamais quand l'ouvrier se retrouvera sur la paille. Il semble que la seule chose sur laquelle on puisse compter aux Etats-Unis est que même au plus fort d'une récession les riches s'enrichissent davantage. Il convient donc d'avoir en réserve quelques douceurs à leur intention.

8

LA VOIE ROYALE

En 1968, j'étais donné grand favori pour devenir le prochain président de la Ford Motor Company. Le succès de la Mustang avait démontré que j'étais un homme à suivre de près. Avec la Mark III, il apparut clairement que ce n'était pas une réussite passagère. J'avais quarante-quatre ans, Henry Ford m'avait pris sous son aile et mon avenir n'avait jamais paru plus prometteur.

Mais au moment où rien ne semblait pouvoir m'arrêter, le destin s'en mêla. La General Motors offrit à Henry une occasion à laquelle il ne sut pas résister.

A cette époque, la GM avait un vice-président très estimé, Semon Knudsen, plus connu sous le nom de "Bunkie". Ingénieur diplômé du MIT, Knudsen avait été promu directeur de la division Pontiac à l'âge de quarante-quatre ans, devenant ainsi le plus jeune chef de division dans l'histoire de la GM-le genre de distinction qui ne passe pas inaperçu à Detroit.

La notoriété de Knudsen tenait en partie à ce que son père était un ancien président de la GM et on s'attendait généralement que Bunkie marche sur ses traces. Mais malgré son excellente réputation d'homme de produit, la GM choisit Ed Cole comme président et Bunkie comprit très vite que sa carrière à la GM touchait à sa fin.

De même qu'Avis suit tout ce qui se passe chez Hertz et que Macy's surveille Gimbels, chez Ford nous avions toujours l'œil sur la General Motors. Henry en particulier était un grand admirateur de la GM qu'il suivait de très près. Il considéra la soudaine disponibilité de Bunkie Knudsen comme une véritable aubaine. Il croyait peut-être que Knudsen détenait la fameuse sagesse de la GM. En tout cas, il ne perdit pas de temps pour lui faire des avances.

Henry téléphona à Bunkie dès qu'il eut vent de son intention de démissionner.

Henry ne pouvait pas demander à Bunkie de venir à son bureau car tout se sait dans la Maison de Verre. En moins d'une demi-heure, la presse aurait été au courant. Il écarta l'idée d'inviter Bunkie chez lui en réalisant que ses voisins de Grosse Pointe pourraient s'en apercevoir. Mais Henry aimait l'intrigue ; il loua donc une Oldsmobile chez Hertz, enfila un imperméable et dans le plus pur style James Bond 007 se rendit à la villa de Bunkie à Bloomfield Hills.

Une semaine plus tard l'affaire était conclue. Knudsen prenait sans délai ses fonctions de président pour le même salaire annuel qu'Henry, soit 600 000 dollars.

Henry fut obligé d'écarter Arjay Miller, notre président depuis cinq ans. Miller se retrouva brusquement parachuté au poste de vice-président du conseil d'administration spécialement créé pour la circonstance. Un an après, il démissionna et devint doyen de l'école de commerce à l'université de Stanford.

Bunkie fut engagé pendant la semaine de Thanksgiving 1968, tandis que j'étais aux sports d'hiver avec ma famille. Au milieu de mes vacances, je reçus un appel du bureau d'Henry me demandant de rentrer le lendemain. La compagnie envoya même un DC-3 pour me ramener.

Le lendemain de Thanksgiving, j'allai voir le patron. Henry savait que je serais vexé par la nomination de Bunkie au poste de président et il voulait m'expliquer les raisons qui l'avaient conduit à ce choix. Henry était persuadé que l'arrivée dans notre équipe d'un homme hautement compétent de la GM serait payante dans les années à venir. Et il se donna beaucoup de mal pour m'assurer que ma carrière n'était pas finie pour autant. Bien au contraire.

— Ecoutez, me dit-il. J'ai toujours confiance en vous. Mais vous êtes jeune et vous avez encore beaucoup à apprendre.

Selon Henry, Bunkie apporterait une masse d'informations sur le fonctionnement de la GM. Il me rappela que j'avais douze ans de moins que Knudsen et me demanda d'être patient. Il me fit comprendre qu'il ne voulait pas me perdre et laissa clairement entendre que ma patience serait largement récompensée dans l'avenir.

Quelques jours plus tard, je reçus un coup de téléphone de Sidney Weinberg, un des membres éminents de notre conseil d'administration, un "sorcier" légendaire de Wall Street. Il était depuis des années le mentor d'Henry mais avait également beaucoup d'admiration pour moi. Il m'appelait toujours "Lehigh".

Au cours du déjeuner auquel il me convia dans son appartement new-yorkais, Weinberg me dit qu'il supposait que j'étais contrarié par la nomination de Knudsen. Mais il me recommanda de ne pas bouger. Sidney avait entendu les mêmes rumeurs que moi : la GM se félicitait d'être débarrassée de Knudsen. Weinberg tenait cette information de la bouche d'un des responsables de la GM qui lui avait confié : « Vous nous avez rendu un sacré service. Nous ne savions pas quoi faire de Knudsen mais ce bon vieux Henry est venu le repêcher. Nous vous devons une fière chandelle. »

— Si Bunkie est aussi inapte qu'on le prétend, ton tour ne tardera pas à arriver, m'assura Sidney.

Je n'en étais pas aussi sûr. A cette époque, mon ascension était irrésistible et, malgré les paroles rassurantes d'Henry, l'arrivée de Bunkie était un sévère coup d'arrêt. Je voulais absolument la présidence et je ne trouvais pas qu'il me restait encore beaucoup à apprendre. J'estimais avoir subi toutes les épreuves auxquelles la compagnie pouvait me soumettre et m'en être sorti avec les honneurs.

Durant quelques semaines, je songeai sérieusement à donner ma démission. J'avais reçu une proposition alléchante d'Herb Siegel, un diplômé de Lehigh qui était à la tête de Chriscraft. Herb voulait développer Chriscraft t en faire un petit conglomérat des activités de loisir. Il m'aimait bien et respectait mes réalisations chez Ford.

— Ecoutez, me dit-il, en restant là-bas vous serez toujours à la merci d'Henry Ford. S'il a été assez stupide pour vous préférer quelqu'un d'autre comme président, il recommencera probablement.

Je fus tenté d'accepter. J'allai même jusqu'à chercher une maison à New York et dans le Connecticut. L'idée de retourner vivre sur la côte Est séduisait également Mary.

— A défaut d'autre chose, nous aurons des fruits de mer bien frais, dit-elle, l'œil pétillant de malice.

Finalement je décidai de rester chez Ford. J'adorais l'industrie automobile et la Ford Motor Company. Je ne m'imaginais vraiment pas travaillant ailleurs. L'avenir aux côtés d'Henry me semblait encore plein de promesses. J'espérais aussi que Bunkie ne serait pas à la hauteur de ses nouvelles responsabilités et que mon tour viendrait le plus rapidement possible.

A Detroit on ne parlait que du passage de Knudsen chez Ford. Quitter le navire pour aller travailler chez un concurrent est chose très rare dans notre profession. Il n'y avait pratiquement aucun précédent à la GM où, même selon les critères de Detroit, l'esprit maison était particulièrement fort.

Bunkie n'était pas le premier Knudsen employé par la Ford Motor Company, ce qui rendait l'histoire encore plus intéressante. Plus d'un demi-siècle auparavant, son père, William Knudsen, avait travaillé pour le grand-père d'Henry. En deux ans, William Knudsen avait supervisé l'implantation de quatorze usines de montage du modèle T, dont celle de River Rouge. Envoyé en Europe après la Première Guerre mondiale, il avait contribué à y développer les ventes de Ford.

Après s'être élevé au sommet de la hiérarchie, le père de Bunkie était entré en conflit avec le vieux Ford qui l'avait licencié en 1921. Au moment de son limogeage, Knudsen gagnait 50 000 dollars par an, salaire exorbitant pour l'époque. Un an après, il entrait à la General Motors.

La boucle des relations Knudsen-Ford était bouclée. Detroit se délectait de la spectaculaire nomination de Bunkie qui était une véritable aubaine pour la presse. Imaginez les articles : Henry Ford, le petit-fils de celui qui avait renvoyé William Knudsen, faisait maintenant du fils Knudsen son propre président !

Dès l'annonce de la nomination de Bunkie, la perspective d'être placé sous les ordres d'un transfuge de la GM mécontenta une bonne partie de l'état-major de Ford. Cela me concernait tout particulièrement, d'autant plus que le bruit courait que Knudsen allait amener John Z. DeLorean pour me remettre à ma place. (DeLorean était alors un jeune créateur agissant en franc-tireur à la GM et qui avait travaillé avec Bunkie à la division Pontiac.)

Mes collègues et moi-même étions à peu près certains que les techniques de gestion de la GM ne marcheraient pas très bien chez Ford. Mais Henry pensait que la simple présence de Bunkie Knudsen dans la Maison de Verre nous ferait bénéficier d'une partie de l'immense réussite de la GM.

Cela n'arriva jamais, car la Ford Motor Company avait ses propres méthodes. Nous aimions travailler vite et Bunkie semblait avoir du mal à suivre. De plus, les tâches d'administration n'étaient pas son fort. Je compris vite que la GM avait probablement eu de bonnes raisons de ne pas faire de lui son président.

Jamais la méfiance de Knudsen à mon égard ne se relâcha. Il présumait que j'aspirais à la présidence et que son arrivée ne m'en avait pas dissuadé. Ce en quoi il avait tout à fait raison. Nous étions heureusement trop occupés tous les deux pour consacrer beaucoup de temps à ces luttes d'influence. Mais nous étions en désaccord sur certains points, la ligne des nouveaux modèles en particulier.

Dès son arrivée chez Ford, il entreprit d'alourdir et d'agrandir la Mustang. Il était passionné de course automobile mais ne comprenait pas que l'âge d'or de la course était déjà passé. Knudsen prit aussi l'initiative de redessiner la Thunderbird pour la faire ressembler à la Pontiac, ce qui eut des effets désastreux.

Bunkie Knudsen n'eut guère d'impact sur la compagnie. Il fut notamment incapable de faire venir un seul de ses lieutenants de la GM pour l'aider à mettre ses projets à exécution. Comme personne n'éprouvait une grande fidélité envers Knudsen, son pouvoir n'avait pas de base solide. Il se trouvait par conséquent isolé dans un milieu étranger où il ne fut jamais vraiment accepté. Dix ans plus tard, je me gardai de répéter cette erreur quand j'entrai chez Chrysler.

La presse a souvent écrit que j'ai incité à la révolte contre Knudsen. Mais je ne fus pas responsable de son échec. Bunkie Knudsen voulait diriger Ford en ignorant son organisation interne. Il ne tenait aucun compte de la hiérarchie et se mit à dos beaucoup de cadres d'état-major, y compris moi-même, en imposant ses vues dans des domaines où le pouvoir de décision était nôtre.

Dès leur création, Ford et General Motors ont été des firmes complètement différentes. La GM a toujours constitué un univers select et distingué, avec quantité de comités et de multiples niveaux de décision. Chez Ford, l'esprit de compétition était plus développé. Les décisions étaient prises plus rapidement par un plus petit nombre de responsables et avec un esprit d'entreprise plus marqué. Bunkie Knudsen s'était épanoui dans la lenteur et l'ordre de la GM mais chez Ford, il était totalement dépaysé.

Knudsen ne tint que dix-neuf mois. Henry Ford avait réussi un formidable coup publicitaire en engageant un des pontes de la GM, mais il comprit vite que la réussite dans une firme automobile n'est pas un gage de réussite dans une autre.

J'aimerais pouvoir dire que Bunkie fut limogé pour avoir causé du tort à la Mustang ou parce que ses idées étaient mauvaises, mais la vraie raison n'est pas là. Bunkie Knudsen fut renvoyé parce qu'il avait l'habitude d'entrer dans le bureau d'Henry sans frapper. Oui, parce qu'il entrait sans frapper !

— Cela rend fou Henry ! disait Ed O'Leary, un de ses assistants. La porte s'ouvre et Bunkie est là, devant lui.

Bien entendu, cette faute bénigne n'était que la goutte d'eau qui avait fait déborder le vase. Leurs relations n'avaient jamais été bonnes. Bunkie ne parut jamais comprendre qu'Henry était un monarque qui ne supportait pas qu'on le traite de pair à compagnon. Il commit une grosse erreur en s'efforçant de devenir intime avec

Henry. La seule chose qu'il était impossible de réussir chez Ford, c'était de trop s'approcher du trône. « Restez à distance respectueuse d'Henry, m'avait conseillé Beacham des années auparavant. N'oubliez pas qu'il a du sang bleu et que le vôtre est rouge. »

La façon dont Henry Ford se débarrassa de Bunkie Knudsen est intéressante à raconter, car elle est tout à fait révélatrice de son caractère. Le lundi soir du week-end de la fête du travail, il envoya Ted Mecke, le vice-président chargé des relations publiques, chez Bunkie, avec la mission de lui annoncer qu'il allait être mis à la porte.

Mais Mecke ne put se résoudre à dévoiler le but de sa visite.

— Henry m'a envoyé vous prévenir que la journée de demain sera très dure.

C'est tout ce qu'il parvint à dire.

— Attendez un peu, dit Florence Knudsen, une femme très volontaire. Quel est le vrai motif de votre venue ? Qui vous envoie et quel message apportez-vous ? Mon mari est-il licencié ?

Elle devina très vite la vérité et Mecke ne put que la confirmer.

Le lendemain matin, Henry vint me voir tout excité. Il cherchait un allié et savait que le départ de Knudsen me ferait plaisir. Mais il n'avait toujours pas annoncé la nouvelle à Bunkie.

— Je crois que vous devriez aller voir M. Ford, dit finalement Mecke à Knudsen.

Quand Bunkie entra dans le bureau d'Henry, celui-ci lui demanda :

— Mecke vous a-t-il parlé ?

— Que se passe-t-il donc ici ? demanda Bunkie. Vous me renvoyez, c'est ça ?

— Ça ne tournait pas rond, répondit Henry en hochant la tête.

Ce genre de vague déclaration était typique d'Henry qui revint dans mon bureau quelques minutes plus tard.

— Bunkie va tenir une conférence de presse, dit-il.

— Que s'est-il passé ? demandai-je.

Je commençais à en avoir une idée assez précise mais je tenais à l'apprendre de sa bouche.

Henry essaya de m'annoncer qu'il venait de licencier Bunkie, mais les mots refusaient de sortir.

— Bunkie ne comprend pas que nous avons des problèmes, dit-il enfin.

Quelques instants plus tard, c'était au tour de Bunkie de pénétrer dans mon bureau.

— Je crois avoir été viré, mais je n'en suis pas sûr, dit-il.

Dès qu'il fut sorti, Henry rappliqua.

— Que vous a-t-il dit ? demanda-t-il.

Il revint peu de temps après.

— Qu'allons-nous faire ? dit-il. Bunkie va tenir sa conférence de presse ici !

— S'il a été viré, il est normal qu'il fasse une déclaration.

— Bien sûr qu'il est viré, mais je trouve qu'il pourrait convoquer la presse dans un hôtel plutôt que chez nous !

Cette histoire m'inspirait des sentiments mêlés. D'une part, j'étais ravi du départ de Bunkie, mais en même temps j'éprouvais une réelle compassion pour lui. Il me déplaisait qu'un président de la compagnie quitte son poste dans ces conditions.

Mais Henry Ford n'a jamais pu se décider à congédier lui-même quelqu'un. Il avait toujours recours à un intermédiaire pour faire tomber les têtes.

Je ne pus m'empêcher de me demander si je subirais un jour le même sort et je passai la soirée à en discuter avec Mary.

— Pourquoi ne laisses-tu pas tomber ? dit-elle.

Une fois de plus, je fus tenté de le faire. Et une fois de plus, je décidai de rester.

Malgré le départ de Bunkie, Henry n'était pas encore disposé à m'offrir le poste de président qu'il remplaça par un triumvirat. Je fus nommé chef des opérations automobiles nord-américaines. Robert Stevenson prit la direction de Ford International et Robert Hampson celle des opérations produits diversifiés.

Heureusement, notre troïka ne dura pas longtemps. Et dès l'année suivante, le 10 décembre 1970, j'obtins enfin ce que j'attendais : la présidence de Ford.

Quelques jours avant de l'annoncer publiquement, Henry vint dans mon bureau pour me faire part de sa décision. Je me souviens d'avoir songé que c'était mon plus beau cadeau de Noël. Nous restâmes assis face à face pendant quelques minutes, lui fumant une cigarette et moi un cigare, chacun soufflant sa fumée vers l'autre.

Dès qu'Henry eut franchi la porte, j'appelai ma femme. Puis je téléphonai à mon père qui habitait toujours à Allentown pour lui annoncer la bonne nouvelle. Il avait eu des moments heureux au cours de sa longue vie bien remplie, mais je suis sûr que mon coup de téléphone de ce jour-là compta au nombre de ses meilleurs souvenirs.

Quand je pris mes fonctions de président, la Ford Motor Company comptait approximativement 432 000 employés. Notre masse salariale s'élevait à plus de 3,5 milliards de $. Nous construisions en Amérique du Nord seulement près de 2,5 millions de voitures particulières et 750 000 camions par an. Le total de notre production à l'étranger atteignait 1,5 million de véhicules. Nos ventes globales pour l'année 1970 s'étaient montées à 14,9 milliards de $ pour des bénéfices de 515 millions de $.

Cette somme qui était loin d'être négligeable ne représentait pourtant que 3,5 % de nos ventes globales. Ce pourcentage n'était jamais tombé au-dessous de 5 % au début des années soixante et j'étais résolu à le faire remonter.

Tout le monde sait qu'il n'y a que deux manières de gagner plus d'argent : en vendant davantage de produits ou en réduisant les frais généraux. Pour le moment, j'étais satisfait de nos ventes, mais plus je me penchais sur notre gestion, plus j'étais persuadé qu'il était possible de diminuer sensiblement nos dépenses.

Une des premières mesures que je pris en ma nouvelle qualité de président fut la convocation d'une réunion au plus haut niveau pour mettre au point un programme de réduction des coûts. Je le baptisai « Quatre fois cinquante », car son objectif était d'abaisser de 50 millions de $ les coûts de production sur chacun des quatre points suivants : non-respect du minutage, complexité des produits, coûts de conception et méthodes de travail périmées. Si nous pouvions atteindre cet objectif dans les trois ans, nos bénéfices augmenteraient de 200 millions de $, soit une progression de près de 40 %, sans vendre une seule voiture en plus.

Beaucoup de choses pouvaient être améliorées. Deux semaines chaque année nous étaient par exemple nécessaires pour préparer nos usines en vue de la production des modèles de l'année suivante. Pendant ce laps de temps, les usines ne tournaient pas, les machines étaient au repos et les ouvriers en chômage technique.

Grâce à un programme informatique poussé et à une organisation très élaborée, il fut possible de ramener cette période de deux semaines à deux jours. Ce genre de changement ne s'opère évidemment pas du jour au lendemain, mais en 1974, nous étions arrivés à effectuer la conversion de nos usines en un seul week-end, c'est-à-dire quand les chaînes de montage étaient de toute façon arrêtées.

Les frais de transport furent également réduits. Ils ne représentaient qu'un petit pourcentage de nos dépenses globales, mais un coût annuel supérieur à 500 millions de $ méritait qu'on y réfléchisse, ce que je n'avais jamais fait jusqu'alors. En examinant la situation, je découvris que les transports ferroviaires nous coûtaient les yeux de la tête. Les tarifs étaient calculés en fonction du volume et non du poids du chargement et nous ne nous étions pas organisés en conséquence.

Nous commençâmes à charger les plates-formes en serrant beaucoup plus les voitures. Je me souviens qu'à un moment donné, nous avons raccourci de cinq centimètres un modèle de pare-chocs afin de pouvoir loger quelques véhicules supplémentaires sur chaque train. Les sommes en jeu étant énormes, le transport aérien était hors de question. Quand les frais de transport atteignent 500 millions de $, même une économie minime de un demi pour cent représente 2,5 millions de $.

Je mis également sur pied un programme intitulé : « A bas les pertes ». Dans une compagnie aussi importante que la nôtre, il y avait plusieurs dizaines d'exploitations qui nous faisaient perdre de l'argent ou ne rapportaient que des bénéfices ridicules. J'ai toujours soutenu que chaque secteur de l'industrie automobile pouvait être mesuré en termes de rentabilité. Chaque directeur d'usine savait — ou aurait dû savoir — s'il rapportait de l'argent à la compagnie ou si ce qu'il produisait revenait plus cher que si on s'approvisionnait ailleurs.

J'annonçai donc à ces responsables qu'ils avaient trois ans pour rendre leur affaire rentable ou pour la liquider. C'était une simple question de bon sens, comme si le directeur d'un grand magasin avait dit : « Cette boutique nous fait perdre un argent fou. Fermons-la. »

Nos plus grosses pertes provenaient de Philco-Ford, la société d'appareillage électronique dont nous avions pris le contrôle en 1961. Ce fut une grossière erreur qui nous avait fait perdre annuellement plusieurs millions de dollars avant de commencer à rapporter des bénéfices au bout de dix ans. Une grande partie de la direction générale s'était opposée à cette acquisition, mais Henry avait insisté. Et chez Ford, Henry obtenait toujours ce qu'il voulait.

Au début des années soixante-dix, nous nous étions débarrassés de près de vingt affaires dont le budget était très déficitaire. L'une d'elles était une filiale qui fabriquait du matériel de blanchissage et je n'ai toujours pas compris ce que nous faisions dans le blanchissage. Mais il nous avait fallu dix ans pour bazarder cette affaire qui ne nous avait jamais rapporté un sou.

Ces programmes de réduction des dépenses et des pertes étaient pour moi un domaine encore inexploré. Je m'étais jusqu'alors concentré sur la vente, le marketing et le design. Mais jusqu'alors concentré sur la vente, le marketing et le design. Mais mon premier souci de président consista, tâche relativement ingrate, à mettre en œuvre le maximum de méthodes permettant de réduire les coûts et d'augmenter les bénéfices. Cela me valut enfin de gagner l'estime de la seule catégorie qui s'était toujours méfiée de moi : les « grosses têtes ».

Mes responsabilités étaient devenues tellement variées qu'il me fallut acquérir une nouvelle méthode de travail. Je devais reconnaître à contrecœur que je n'avais plus la résistance de l'époque de la Mustang où il m'était égal de dîner d'un hamburger et de rester au bureau jusqu'à minuit.

La Ford Motor Company comptait près d'un demi-million d'employés à travers le monde et je ne devais pas perdre de vue que je n'étais que l'un d'eux. Cela signifiait que je devais parfois attendre quinze jours avant de pouvoir rappeler un correspondant. Mais j'avais choisi ; il était plus important de préserver ma santé mentale que de me mettre en quatre pour tout le monde.

Au lieu de rentrer chaque soir à la maison au volant d'une voiture différente pour me familiariser avec nos divers modèles, j'avais maintenant un chauffeur. Je profitais du trajet pour lire et faire mon courrier. Mais je continuais à planifier ma semaine comme je l'avais toujours fait. Je consacrais mes week-ends à ma famille, sauf quand j'étais en déplacement, et je n'ouvrais pas mon porte-documents avant le dimanche soir. Je m'installais dans ma bibliothèque, prenais connaissance du courrier important et organisais la semaine à venir. Le lundi matin j'étais prêt à repartir sur les chapeaux de roues et n'en attendais pas moins de ceux qui travaillaient avec moi. J'ai toujours considéré que le dynamisme d'une équipe dépendait de celui de son chef.

Pendant mes années de présidence chez Ford, je rencontrais constamment des gens qui me disaient : « Je ne voudrais pas occuper votre poste pour tout l'or du monde. » Je n'ai jamais su comment répondre à ce genre de réflexion. J'adorais mon travail même si de nombreuses personnes considéraient que c'était le type de situation qui écrase l'homme et le pousse prématurément dans la tombe. Mais ce n'était pas mon avis. Il me procura toujours une intense exaltation.

A dire vrai, j'éprouvai un certain désenchantement après ma nomination. J'avais mis des années à gravir les échelons. En arrivant au sommet, je commençai à me demander ce qui justifiait ma hâte à y parvenir. J'avais seulement quarante-six ans et aucune idée de ce que je pourrais désirer de plus.

Certes, j'appréciais le prestige et le pouvoir liés à ma situation, mais le fait d'être un personnage public avait indiscutablement de mauvais côtés. J'en eus la révélation dramatique un vendredi matin tandis que je me rendais au travail. La radio était allumée et je l'écoutais distraitement quand le speaker interrompit brusquement l'émission en cours pour présenter un bulletin spécial. Certains des hommes d'affaires les plus en vue du pays, dont je faisais partie, étaient apparemment menacés d'assassinat par la « famille » Manson.

Cette nouvelle réjouissante provenait de Sandra Good, qui partageait la cellule de « Squeaky » Fromme, la jeune femme qui avait été arrêtée pour avoir tenté d'assassiner le président Ford à Sacramento. Pour se réveiller en sursaut, rien de tel que d'entendre qu'un individu vous a couché sur sa liste noire !

Mais je ne veux pas trop me plaindre d'un des meilleurs métiers du monde. Henry était le roi, mais j'étais le prince héritier. Et il était indéniable que le roi m'appréciait. Un soir sa femme Cristina et lui vinrent dîner à la maison. Mes parents étaient présents eux aussi et Henry passa la moitié de la nuit à leur dire tout le bien qu'il pensait de moi et que sans moi la Ford Motor Company n'existerait pas. Une autre fois il me fit rencontrer son bon ami Lyndon B. Johnson. Henry me considérait vraiment comme son protégé et il me le faisait sentir.

C'était l'époque bénie où tous ceux qui composaient la direction générale de la Maison de Verre menaient une existence dorée. Ce n'était même plus la première classe, c'était le grand luxe ! Nous avions tout ce qui se faisait de mieux ; des serveurs en veste blanche étaient à notre disposition toute la journée et nous déjeunions tous ensemble dans la salle à manger de la direction.

Ce n'était pas une cantine ordinaire, mais pratiquement l'un des meilleurs restaurants du pays. Des soles en provenance de Douvres étaient livrées quotidiennement par avion. Nous dégustions les plus beaux fruits, quelle que fût la saison. Chocolats fins, fleurs exotiques, rien ne manquait. Et les serveurs en livrée s'occupaient de tout.

Au début, le déjeuner nous coûtait 2 dollars. Le prix avait d'abord été de 1,50 $, mais l'inflation l'avait fait augmenter. Arjay Miller, qui était encore vice-président et chef des opérations financières, se plaignit un jour du prix. « Nous ne devrions pas avoir à payer ces repas, dit-il. Les frais d'alimentation du personnel sont déductibles. Dans de nombreuses sociétés les employés sont nourris sans débourser un sou. Et si nous payons notre repas, la somme doit être calculée après impôts. » Comme nous étions tous dans la tranche des 90 %, il nous fallait gagner 20 $ chaque fois que nous en dépensions deux.

Certains d'entre nous se lancèrent dans une discussion sur ce que coûtaient réellement ces déjeuners à la firme. Dans le plus pur style Ford, nous fîmes une étude visant à déterminer le coût exact d'un repas servi dans la salle à manger de la direction. Celui-ci s'élevait à 104 $ par tête ; et il y a vingt ans de cela !

On pouvait commander tout ce que l'on voulait, des huîtres Rockefeller au faisan rôti. Mais le repas habituel d'Henry consistait en un hamburger. Il prenait rarement autre chose. Un jour, tandis que nous déjeunions, il se tourna vers moi et se plaignit de ce que son cuisinier personnel qui gagnait quelque chose comme 30 ou 40 000 dollars par an n'était même pas capable de lui préparer un bon hamburger. Qui plus est, aucun restaurant de sa connaissance ne servait de hamburgers comme il les aimait — c'est-à-dire tels qu'ils étaient préparés dans la salle à manger de la direction.

Comme j'aimais cuisiner, cette histoire me passionna. Je me rendis donc à la cuisine pour discuter avec Joe Bernardi, notre chef d'origine suisse.

— Joe, lui dis-je, Henry adore votre manière de préparer les hamburgers. Pourriez-vous me montrer comment vous faites ?

— Bien sûr, répondit-il, mais il faut être un cordon-bleu pour réussir un bon hamburger. Alors suivez-moi attentivement.

Il se dirigea vers le réfrigérateur et prit un steak de deux à trois centimètres d'épaisseur qu'il passa dans le hachoir. Il en sortit de la viande hachée que Joe modela avant de la jeter sur le gril.

— Vous avez des questions ? me demanda-t-il.

Puis, me lançant un regard amusé, il ajouta :

— C'est étonnant ce qu'on peut faire avec un morceau de viande de cinq dollars !

9

DES NUAGES DANS UN CIEL SEREIN

Jusqu'à ce que je sois nommé à la présidence de la firme, Henry Ford avait toujours été pour moi un personnage assez lointain. Comme mon bureau était maintenant contigu au sien dans la Maison de Verre, nous nous voyions très fréquemment, mais uniquement aux réunions. Et plus je connaissais Henry Ford, plus je me faisais du mauvais sang pour l'avenir de la compagnie et pour le mien.

La Maison de Verre était un palais dans lequel Henry régnait en maître absolu. *Le roi est arrivé,* murmurait-on quand Henry entrait dans le bâtiment. Les cadres s'attardaient dans les couloirs dans l'espoir de le croiser. Si la chance leur souriait, peut-être M. Ford les remarquerait-il et leur dirait-il bonjour. Peut-être même daignerait-il leur adresser la parole.

Chaque fois qu'Henry faisait son entrée dans une réunion, l'atmosphère changeait brusquement. Il avait le droit de vie et de mort sur nous tous. Il pouvait décréter subitement qu'il voulait la tête de quelqu'un et ne s'en privait pas. Sans même avoir l'occasion de présenter sa défense, un individu promis à un brillant avenir chez Ford pouvait se retrouver à la rue.

Seules les choses superficielles comptaient pour Henry. Il était le jouet des apparences. Quand ses employés portaient les vêtements qu'il fallait et employaient le jargon adéquat, il était impressionné. Mais sans ce vernis, on était condamné.

Un jour, Henry m'ordonna de mettre à la porte un cadre qui était selon lui un « pédé ».

— Ne dites pas de bêtises, fis-je. C'est un bon copain à moi. Il est marié et il a un gosse. Nous dînons souvent ensemble.

— Fichez-le dehors, répéta Henry. C'est un pédé.

— Qu'est-ce qui vous fait croire cela ?

— Regardez-le. Son pantalon est trop serré.

— Henry, demandai-je posément, qu'est-ce que son pantalon a à voir là-dedans ?

— C'est une tante, insista Henry. Il a une allure efféminée. Virez-le.

C'est ainsi que je fus obligé de rétrograder un bon ami. Je l'exilai très loin de la Maison de Verre et cela me fit mal au coeur, mais je n'avais pas le choix.

Cette utilisation arbitraire du pouvoir n'était pas seulement un gros défaut chez Henry. Il y croyait dur comme fer.

Dans les premiers temps de ma présidence, Henry m'exposa sa philosophie du management. « Ne laissez jamais un type qui travaille pour vous prendre trop d'assurance. Ne le laissez pas ronronner ni s'endormir sur ses lauriers. Faites toujours le contraire de ce qu'il attend. Maintenez le personnel dans un climat d'inquiétude et d'incertitude. »

On peut se demander pourquoi le président du conseil d'administration de la Ford Motor Company, un des hommes les plus puissants du monde, se conduisait comme un enfant gâté et quelle était la raison du sentiment d'insécurité qu'il éprouvait.

La réponse peut résider dans le fait que jamais de sa vie Henry Ford n'a eu besoin de travailler. Voilà peut-être le fléau de l'existence des gosses de riches qui héritent la fortune paternelle. Leur vie est un conte de fées et ils se demandent ce qu'ils seraient devenus sans papa. Le pauvre se plaint qu'on ne lui donne pas sa chance, mais le riche ne sait jamais s'il a accompli quelque chose par lui-même. On ne lui dit jamais la vérité, seulement ce qu'il veut entendre.

Henry Ford II, petit-fils du fondateur de la Ford Motor Company, me donnait l'impression d'avoir passé sa vie à redouter de tout gâcher.

C'est peut-être pour cela qu'il avait l'air de se sentir perpétuellement menacé et qu'il était toujours à l'affût des révoltes de palais. Il lui suffisait de voir deux personnes en train de discuter dans un couloir pour s'imaginer aussitôt qu'elles préparaient un complot. Je ne veux pas jouer les psychiatres mais j'avais une théorie sur l'origine de ses craintes. Pendant l'enfance d'Henry, son grand-père vivait dans la hantise d'un enlèvement. L'enfant avait grandi derrière des portes verrouillées et entouré de gardes du corps, se méfiant de tout le monde à l'exclusion de ses proches.

C'est ainsi qu'Henry devint quelque peu paranoïaque pour certaines choses. Il détestait par exemple mettre quoi que ce fût par écrit. Bien que nous ayons dirigé ensemble la compagnie pendant près de huit ans, mes archives ne contiennent presque aucun document portant sa signature. Henry allait jusqu'à se vanter de ne conserver aucun dossier et de temps à autre, il brûlait tous ses papiers.

« Cela ne peut que vous nuire, me dit-il un jour. Celui qui garde tous ses dossiers va au-devant des ennuis. Une personne mal intentionnée peut en prendre connaissance et cela retombera sur la compagnie ou sur vous. »

Ce fut encore pire après l'affaire du Watergate qui l'affecta profondément.

« Vous voyez, me dit-il, j'avais raison. Cela peut aussi vous arriver ! »

Lors d'une de ses rares visites dans mon bureau, il parcourut du regard mes différents carnets et dossiers. « Vous êtes cinglé, dit-il. Cela risque de vous coûter très cher de conserver tout ça. »

Il avait fait sienne la devise de son grand-père : « L'histoire, c'est de la foutaise. » Et cela tournait à l'obsession. Il semblait s'attacher à détruire tout ce qu'il pouvait.

Un jour, Henry posa pour un portrait par Karsh, le grand photographe canadien d'Ottawa. Comme toujours, le travail de Karsh était magnifique. Le portrait était tellement flatteur qu'Henry en envoya des exemplaires dédicacés à ses amis et à ses parents.

Ted Mecke, l'assistant d'Henry, me trouva un jour en admiration devant le portrait.

— Que pensez-vous de la nouvelle photo du patron ? me demanda-t-il.

— Elle est superbe, répondis-je. Au fait, je n'en ai aucune de lui. Pensez-vous que je pourrais avoir celle-ci ?

— Bien sûr, dit Ted. Je la lui ferai dédicacer.

« M. Ford n'a pas voulu signer tout de suite la photo, me dit Mecke quelques jours plus tard. Alors je la lui ai laissée. »

Quand j'allai revoir Henry, je remarquai une des épreuves sur son bureau.

— C'est une très belle photo, dis-je.

— Merci, répondit-il. Celle-ci est pour vous, mais je n'ai pas encore eu le temps de la signer.

Il n'en reparla plus et je n'eus jamais la photo. Elle semblait s'être volatilisée. Henry considérait qu'une dédicace était un geste trop intime — même envers le président de sa propre compagnie.

Il semblait ne vouloir garder aucun souvenir durable ni concret de notre amitié... et nous étions encore très liés à cette époque. Comme s'il savait qu'un jour ou l'autre il devrait se retourner contre moi et qu'il ne voulait pas de preuve de nos bons rapports passés.

Même au cours des premières années, il nous arriva d'être en désaccord. Mais je pris toujours grand soin d'agir avec circonspection. En cas de problème important, je faisais le mort. Je faisais également en sorte que nos discussions sérieuses n'aient lieu qu'en privé, quand je pensais qu'il m'écouterait honnêtement.

Mes fonctions de président ne me permettaient pas de gaspiller mon énergie en discussions futiles. Je devais réfléchir au tableau d'ensemble. Où en serait la compagnie dans cinq ans ? Quelles étaient les principales tendances auxquelles nous devions rester attentifs ?

Les réponses à ces questions se précisèrent considérablement après la guerre israélo-arabe de 1973 et la crise du pétrole qui en résulta. Le monde était sens dessus dessous et nous devions réagir immédiatement. L'avenir était aux petites voitures, à traction avant et consommant peu.

Il n'était pas besoin d'être grand clerc pour le comprendre. Il suffisait de lire les chiffres de ventes de 1974 qui fut une année catastrophique pour Detroit. La GM vendit près d'un million et demi de véhicules en moins. Les ventes de Ford chutèrent d'un demi-million. Les Japonais s'étaient spécialisés dans les petites cylindrées et tout le monde se les arrachait.

Se préparer à la production de petites voitures était une opération extrêmement coûteuse chez nous. Mais il y a des moments où on n'a pas le choix et où il faut faire de gros investissements. La General Motors dépensait des milliards de dollars pour modifier sa gamme. Même Chrysler investissait une petite fortune dans des modèles à faible consommation.

Mais Henry pensait que le choix des petites cylindrées était une impasse. « Mini-voitures, mini-bénéfices » était son expression favorite.

Il est exact qu'on ne gagne pas beaucoup d'argent sur les petites voitures, du moins pas dans ce pays, et c'est de plus en plus vrai. Les marges sont tout simplement insuffisantes.

Mais cela ne signifiait nullement qu'il ne fallait pas en construire. Même sans la menace d'une nouvelle crise pétrolière, nous devions satisfaire nos concessionnaires. Si nous ne leur fournissions pas les petites voitures que le public demandait, ils nous lâcheraient pour se tourner vers Honda et Toyota qui avaient le vent en poupe.

Il ne faut pas perdre de vue que le bas de gamme ne doit jamais être négligé. Et quand il s'agit de survivre à une crise de l'énergie, il n'y a pas à tergiverser. Ne pas proposer de petits modèles économiques revenait à tenir un magasin de chaussures où l'on dirait au client : « Désolé, nous n'avons pas de pointure inférieure au 42. »

Henry demeurait hostile aux petites voitures. Mais j'insistai pour que nous fabriquions un petit modèle à traction avant — au moins en Europe où le carburant coûtait beaucoup plus cher et où les routes étaient plus étroites. Henry reconnaissait d'ailleurs que cette idée se défendait outre-Atlantique.

J'envoyai en Europe Hal Sperlich, le directeur de la planification. Il ne nous fallut qu'un millier de jours pour mettre au point une nouvelle voiture. La Fiesta était une très petite traction avant équipée d'un moteur transversal. Elle était sensationnelle. J'étais sûr que nous tenions un succès.

Pendant vingt ans, le service financier de Ford nous avait fourni des raisons de ne pas construire cette voiture. Maintenant, même les plus hauts responsables de Ford-Europe étaient contre la Fiesta. Notre vice-président, chef des opérations internationales, me dit un jour que Phil Caldwell, alors président de Ford-Europe, y était farouchement opposé et me soupçonnait d'avoir l'esprit brouillé par la marijuana car elle ne se vendrait jamais et, dans le cas contraire, ne rapporterait pas un sou.

Mais je savais qu'il fallait foncer. J'allai affronter Henry dans son bureau.

« Ecoutez, lui dis-je, les gars de Ford-Europe ne veulent pas faire cette voiture. Il me faut votre soutien. Je ne veux pas que vous ayez des doutes comme pour l'Edsel. Si vous n'êtes pas corps et âme avec moi, laissons tomber. »

Henry comprit et accepta d'engager 1 milliard de $ dans la fabrication de la Fiesta. Et il fit bien car la Fiesta fut une formidable réussite. Qu'Henry l'ait su ou non, elle sauva l'image de marque de la firme en Europe et fut aussi importante pour notre chiffre d'affaires à l'étranger que l'avait été la Mustang pour la division Ford dans les années soixante.

Aussitôt, Sperlich et moi commençâmes à envisager d'importer la Fiesta en Amérique pour l'année 1979. Les importations de voitures japonaises étaient en hausse et nous savions que les prototypes à traction avant de la GM étaient en bonne voie. Chrysler sortait l'Omni et l'Horizon, et Ford n'avait rien à proposer.

Telle quelle, la Fiesta était un peu trop petite pour le marché américain. Hal et moi décidâmes de la modifier en l'élargissant latéralement pour que l'intérieur soit un peu plus spacieux. Nous la baptisâmes la « Fiesta gonflée » et son nom de code était la Wolf.

Mais à l'époque, les avantages commerciaux accordés aux

Japonais et le coût incroyablement élevé de la main-d'oeuvre rendaient la construction de petites voitures à un prix compétitif quasi impossible pour une firme américaine. Nous aurions dû débourser 500 millions de $ rien que pour construire de nouvelles usines pour les moteurs à quatre cylindres et les transmissions. Et Henry n'était pas prêt à prendre ce risque.

Mais Sperlich et moi tenions trop à ce projet pour renoncer sans nous battre. Il existait sûrement un moyen de construire la Wolf et de réaliser quand même des bénéfices.

Lors de mon voyage suivant au Japon, je pris rendez-vous avec les dirigeants d'Honda. A cette époque, la construction automobile ne leur tenait pas vraiment à cœur. Ils préféraient s'en tenir aux motos. Mais ils étaient déjà équipés pour produire de petits moteurs et avaient très envie de travailler avec nous.

Je m'entendis merveilleusement avec M. Honda. Il m'invita chez lui et donna une grande fête dont le clou fut un feu d'artifice de toute beauté. Nous conclûmes un marché avant mon départ de Tokyo. Honda nous fournirait trois cent mille blocs-moteurs par an au prix unitaire de 711 $. C'était une occasion extraordinaire ; 711 dollars pour une transmission et un moteur livrés emballés et prêts à être montés sur le châssis de notre choix.

J'étais sur des charbons ardents à mon retour du Japon. La Wolf ne pouvait pas être un échec. Elle serait la nouvelle Mustang ! Je mis au point avec Hal un prototype noir et jaune qui nous enthousiasmait. Cette voiture aurait remporté un succès phénoménal.

Mais quand Henry fut mis au courant du marché conclu avec Honda, il y opposa immédiatement son veto : « Pas une seule voiture portant mon nom sur le capot n'aura un moteur japonais », dit-il. C'est ainsi qu'une occasion magnifique fut ratée.

Henry n'aimait peut-être pas les Japonais, mais il adorait l'Europe. Aux Etats-Unis, surtout après le Vietnam, on respectait de moins en moins l'autorité. Plus exactement, on respectait de moins en moins le nom de Ford. Mais il en allait tout à fait différemment en Europe où les fortunes familiales avaient encore de l'importance. L'Europe avait conservé son ancien système de classes. C'était la patrie de l'aristocratie terrienne, des palais et des familles royales. En Europe, il importait encore aux gens de savoir qui étaient vos grands-parents.

Je me souviens d'une soirée inoubliable avec Henry en Allemagne, dans un château au bord du Rhin. Quand il s'agissait de s'amuser, l'argent ne comptait pas pour Henry Ford. A notre arrivée, je crus avoir la berlue. Une fanfare était alignée pour l'accueillir et tous les musiciens étaient en culottes de cuir. Henry traversa lentement les douves et gravit le perron du château, tandis que l'orchestre, sur ses talons, lui donnait une sérénade.

Chaque fois qu'il se rendait en Europe, Henry rencontrait des têtes couronnées. Il les fréquentait, buvait avec elles et appréciait leur compagnie. L'Europe lui plaisait tant qu'il parlait souvent de s'y retirer. A l'occasion d'une soirée en Sardaigne avec le jet set, il arriva avec un drapeau américain cousu sur le derrière de son pantalon. Les Européens eux-mêmes en furent choqués mais pour Henry ce n'était qu'une bonne grosse plaisanterie.

Voilà pourquoi la réussite de la Fiesta a peut-être précipité ma perte. En Amérique, mes succès ne constituaient pas une menace. Mais l'Europe était son fief. Henry s'inquiéta quand je commençai à recevoir les applaudissements de la bonne société de l'Ancien Continent.

Il ne l'exprima jamais en termes explicites, mais il y avait des domaines réservés. C'était le cas de l'Europe. Et aussi de Wall Street.

En 1973 et au début de 1974, nous commençâmes à gagner beaucoup d'argent ; même après la crise de l'OPEP. La direction générale se rendit à New York pour conférer avec un groupe de cent gros banquiers et experts en opérations boursières. Henry avait toujours été opposé à ces réunions. « Je ne veux pas boursicoter », disait-il souvent. Mais toutes les sociétés par actions tenaient des réunions avec les membres du monde de la finance. Cela faisait partie intégrante des affaires.

Henry était très éméché quand il se leva pour prendre la parole à cette réunion. Il se mit à bafouiller que la firme allait mettre fin à ces discussions. Ed Lundy, notre directeur financier, se pencha vers moi et me dit : « Lee, c'est à vous de jouer maintenant. Essayez de sauver la journée, sinon nous allons tous passer pour des imbéciles. »

Je pris la parole à mon tour et cela marqua peut-être pour moi le début de la fin.

Le lendemain matin, Henry me convoqua dans son bureau. « Vous parlez à trop de gens de l'extérieur », dit-il. Cela signifiait que je pouvais parler aux concessionnaires et aux fournisseurs, mais que je devais me tenir à l'écart de Wall Street. Sinon on pourrait croire que c'était moi qui dirigeais la compagnie et cela ne faisait pas son affaire.

Le même jour, d'autres réunions prévues à Chicago et à San

Francisco furent annulées. « Voilà, dit Henry, c'est terminé. Nous n'irons plus raconter à tout le monde ce que nous faisons. »

Cela ne dérangeait aucunement Henry que j'aie de la publicité, à condition qu'elle soit liée au produit. Quand je fis la couverture du *New York Times Magazine*, il envoya un télégramme de félicitations à mon hôtel à Rome. Mais il ne pouvait supporter que je sois encensé dans ses sphères d'influence.

Ici-bas, tout le monde ou presque doit rendre compte de ses actes à quelqu'un. Certains à leurs parents — ou à leurs enfants. D'autres à leur épouse, à leur patron ou même à leur chien. D'autres encore estiment n'avoir de comptes à rendre qu'à Dieu.

Mais Henry Ford n'a jamais eu de comptes à rendre à personne. Dans une société par actions, le président du conseil d'administration a une responsabilité morale devant les employés et les actionnaires, et légale devant son conseil d'administration. Mais Henry donnait toujours l'impression de n'en faire qu'à sa tête.

La Ford Motor Company était devenue publique en 1956, mais Henry n'avait jamais vraiment accepté ce bouleversement. De son point de vue, rien n'avait changé depuis l'époque de son grand-père, Henry Ford, le fondateur et propriétaire légal, et il pouvait faire ce qu'il voulait dans la compagnie. Pour ce qui était du conseil d'administration, il croyait fermement qu'il fallait lui appliquer le traitement réservé aux champignons qu'il convient de recouvrir d'engrais et de laisser dans l'obscurité. Cette attitude était évidemment favorisée par le fait qu'Henry et sa famille qui ne possédaient plus que 12 % des actions détenaient encore 40 % des voix.

Son attitude à l'égard du gouvernement était à peu près la même qu'à l'égard de la compagnie.

— Payez-vous des impôts sur le revenu ? me demanda-t-il un jour.

— Vous plaisantez ! répondis-je. Bien entendu.

J'avais beau employer tous les moyens, je versais 50 % de mes revenus à l'Etat.

— Eh bien, je commence à m'inquiéter, dit-il. Cette année, je paie 11 000 $ et c'est la première fois depuis six ans qu'on me demande quelque chose.

Je n'en revenais pas.

— Henry, comment faites-vous ?

— Mes avocats s'occupent de tout, fit-il.

— Ecoutez, je ne vois aucun inconvénient à ce que l'on profite des échappatoires légales. Mais les types qui travaillent dans nos usines sont presque autant imposés que vous ! Ne croyez-vous pas que vous devriez payer votre écot ? Pensez à la Défense nationale, à l'armée et à l'aviation militaire !

Mais cela le dépassait. Bien que je n'aie aucune raison de croire qu'il violait la loi, le jeu consistait pour lui à profiter au maximum de l'Etat.

Pendant toute la durée de notre collaboration, je ne l'ai jamais vu sortir un sou de sa poche. Un groupe d'actionnaires de Ford finit par engager Roy Cohn, le célèbre avocat new-yorkais, pour les représenter dans un procès où Henry était accusé d'avoir utilisé des fonds appartenant à la société pour toutes sortes de dépenses personnelles. Par exemple lors de voyages à Londres où il séjournait dans sa propre maison, il imputait encore ses frais à la compagnie. Et il alla jusqu'à me demander combien ma suite au Claridge coûtait à l'entreprise de façon à aligner ses notes de frais sur ce tarif.

Henry était également accusé d'avoir utilisé les avions de la compagnie pour transporter son mobilier d'Europe à Detroit, les chiens et les chats de sa soeur chaque fois qu'elle estimait qu'ils avaient besoin d'un toilettage ou d'un shampooing, et enfin du Dom Pérignon et du Château-Lafite d'une de ses résidences à l'autre.

Je ne sais pas si toutes ces accusations étaient fondées, mais un jour j'envoyai une cheminée destinée à Henry par l'avion de la compagnie sur le trajet de Londres à Grosse Pointe.

Il avait une véritable passion pour les avions. Un jour, la compagnie acheta à la Nippon Airways un Boeing 727 qu'Henry fit transformer en luxueux avion privé. Ses avocats lui dirent qu'il était anormal qu'il utilise l'appareil pour ses vacances et ses voyages en Europe, sauf s'il payait de sa poche. Mais il aurait préféré traverser l'Atlantique à la nage plutôt que de rembourser la compagnie de ses deniers.

Pendant ce temps, je prenais régulièrement le 727 pour mes voyages d'affaires à l'étranger. Cela créait une situation insupportable pour Henry qui détestait me voir l'utiliser alors que lui ne le pouvait pas.

Et un jour, il donna subitement l'ordre de vendre le Boeing 727 au Shah d'Iran pour 5 millions de $.

Le responsable de notre flotte aérienne fut scandalisé.

— Ne devrions-nous pas au moins attendre d'autres propositions ? demanda-t-il.

— Non, répondit Henry. Je veux absolument que cet avion disparaisse dès aujourd'hui !

La compagnie perdit beaucoup d'argent dans cette histoire.

Après vérification comptable, Henry dut rembourser 34 000 $ à la compagnie. Il avait été pris la main dans le sac et ses propres auditeurs ne lui firent pas de cadeau. La seule défense d'Henry fut de rejeter la responsabilité sur son épouse, mais il était déjà exceptionnel qu'il reconnût avoir mal agi.

Le procès intenté par Roy Cohn fut finalement réglé à l'amiable. Les actionnaires ne touchèrent absolument rien, mais Cohn reçut ses honoraires qui se montaient à 260 000 $. Une fois de plus, Henry s'en était bien sorti.

Mais tout cela n'était que de la petite bière comparé au Renaissance Center.

Le RenCen, comme on l'appelle communément, est un ensemble architectural éblouissant qui comprend des immeubles de bureaux, des boutiques et l'hôtel le plus haut du monde. Il fut conçu d'après un plan minutieux pour sauver le centre de Detroit qui devenait de plus en plus désert et dangereux à mesure qu'un nombre croissant de sociétés allaient s'installer à la périphérie. Henry décida d'élever ce monument à sa gloire et de réunir l'argent nécessaire à sa construction. L'engagement financier de Ford fut officiellement de 6 millions de $, provenant bien entendu du budget de la firme. Ce chiffre doubla rapidement et en fin de compte, la contribution de la compagnie s'éleva à une centaine de millions de dollars. C'est du moins la version officielle. Mais selon mes estimations, nous avons probablement investi 200 millions de $ supplémentaires dans le RenCen, compte tenu des frais engagés pour déplacer plusieurs centaines de nos employés dans le centre ville afin d'essayer de remplir ces gigantesques tours de bureaux. Seule une partie de cet investissement colossal fut évidemment rendue publique.

J'étais complètement écœuré. Nous aurions dû dépenser cet argent pour nous maintenir au niveau de General Motors. Au lieu de placer des capitaux dans l'immobilier de luxe, la GM investissait ses bénéfices dans les petites voitures. Je dévoilai à plusieurs reprises et en privé le fond de ma pensée à Henry. Mais il ne m'écouta pas.

La participation d'Henry au RenCen aurait été très différente s'il avait suivi la ligne des Carnegie, des Mellon ou des Rockefeller, ces familles qui dépensaient de grosses sommes pour le bien public.

Mais contrairement aux grands philanthropes, Henry était trop souvent prodigue de l'argent *des autres* — c'est-à-dire celui de la compagnie et de ses actionnaires. Ces derniers n'étaient d'ailleurs jamais consultés. Qui s'en étonnera ?

Dès le début, le RenCen fut un échec. En 1974, sa construction n'étant qu'à moitié terminée, il manquait déjà 100 millions de $.

Pour boucher ce trou, Henry fit appel à Paul Bergmoser, vice-président, responsable des achats, qui parcourut le pays pour faire pression sur d'autres compagnies. Cinquante et une « investirent » dans le RenCen. Trente-huit d'entre elles dépendaient de l'industrie automobile, et de Ford en particulier, pour une grande partie de leur activité.

Bergmoser allait voir les dirigeants d'entreprises telles que U.S. Steel et Goodyear. Il leur disait, le visage impassible : « Je ne suis pas ici en ma qualité de chef des achats » — alors même que nous faisions chaque année pour plusieurs millions de dollars d'affaires avec ces compagnies. « Je suis venu vous voir en tant que représentant personnel d'Henry Ford et ma visite n'a rien à voir avec la Ford Motor Company. »

Les dirigeants de Bud, Rockwell et U.S. Steel éclataient de rire en entendant ces déclarations. Ed Speer, le directeur général de U.S. Steel, déclara à Bergie que le seul vrai symbole du Renaissance Center était une sébile.

Le nom de Ford incita quelques-unes des meilleures marques des Etats-Unis et d'Europe à installer des boutiques dans le RenCen. Mais toutes insistèrent pour avoir des garanties financières. Cela aboutit à une situation totalement absurde : la Ford Motor Company était obligée de couvrir les pertes de tous les commerces, boutiques, bijouteries ou confiseries de luxe. Et des pertes, il y en eut.

Au moment où j'écris ces lignes, le Renaissance Center est au bord du désastre économique. Aujourd'hui il n'a plus guère à offrir qu'une architecture déroutante et un centre commercial très banal — avec de surcroît des prix de stationnement très élevés. Ah, j'oubliais, il y a également un bureau de 2,7 millions de $ comprenant un escalier en colimaçon et une cheminée, qui fut construit pour servir de bureau à Henry dans le centre ville.

Je me demande souvent ce que faisait la presse. On parlait beaucoup d'enquêtes journalistiques à l'époque, mais personne à Detroit ne chercha à découvrir la vérité sur le Renaissance Center.

D'une part, Henry faisait l'objet de nombreux articles et tout le monde lui pardonnait ses excès. D'autre part, Ford était un gros annonceur. Personne à Detroit — ni ailleurs— ne voulait courir le risque de se mettre à dos un si gros client.

J'ai toujours considéré Henry comme un play-boy. Il n'a jamais beaucoup travaillé, mais il s'est beaucoup amusé. Il aimait l'alcool, les femmes et la musique.

En réalité, j'ai toujours pensé qu'il détestait les femmes, à l'exception de sa mère. A la mort du père d'Henry, Eleanor Clay Ford avait pris la famille en main et placé son fils Henry à la tête de la firme. Elle l'empêchait aussi de faire trop de bêtises.

Mais quand elle mourut en 1976, tout l'univers d'Henry s'écroula. La seule femme pour laquelle il avait éprouvé du respect n'était plus de ce monde. Henry était un phallocrate fini qui croyait que la femme n'était sur Terre que pour le plaisir de l'homme.

Un jour il se plaignit que les femmes prendraient la direction de la Ford Motor Company et provoqueraient sa ruine. D'après lui, c'est ce qui s'était passé à la Gulf Oil et il ajouta que les treize petits-enfants Ford détenaient maintenant plus de voix que son frère, sa soeur et lui. Mais ce qui le chagrinait le plus, c'était que sur ces treize petits-enfants, sept étaient des filles et seulement six des garçons. Tout le problème était là, car il estimait les femmes incapables de diriger quoi que ce fût.

Mary, comme d'habitude, sut très vite le percer à jour. « L'alcool détruit toutes les inhibitions et révèle l'homme tel qu'il est, disait-elle. Méfie-toi, ce type est *méchant.* »

Mary était une des rares femmes qu'il ne méprisait pas. Lors d'une fête donnée pour les cinquante ans de Katie Curran, une de nos amies intimes, Henry et Mary entamèrent une longue discussion tandis que les autres invités s'enivraient lentement. A l'époque, Henry était au régime sec et Mary ne buvait pas à cause de son diabète.

Ils parlaient des réunions de la direction générale qui avaient généralement lieu dans des endroits très chics. Mary suggéra que les épouses soient elles aussi invitées, mais Henry refusa.

— Les femmes ne pensent qu'à s'épater mutuellement, dit-il. Tout ce qui les intéresse, ce sont leurs vêtements et leurs bijoux.

— Vous vous trompez complètement, lui dit-elle. Quand les épouses sont auprès de leur mari, ils se couchent de bonne heure au lieu de traîner dehors. La note des consommations est réduite de moitié et le lendemain matin, ils arrivent à la réunion à l'heure prévue. Les résultats seraient bien meilleurs si vous invitiez les épouses.

Henry l'écouta attentivement. « Votre femme a un solide bon sens », me dit-il par la suite. Il fallait coincer Henry dans ses moments de sobriété, le prendre à la gorge et ne plus le lâcher. Mary réussit toujours à le faire sans s'attirer d'ennuis.

Henry s'efforçait d'être raffiné et européen. Il savait être charmant et s'y connaissait même en vins et en art.

Mais ce n'était qu'une façade. Après la troisième bouteille de vin, il n'y avait plus rien à faire. De Dr Jekyll il se transformait devant vous en M. Hyde.

Du fait de son goût pour l'alcool, je l'évitais en société. Beacham et McNamara, mes deux mentors, m'avaient tous deux averti : « Gardez vos distances. Quand il sera saoul, vous risquez de vous attirer des ennuis pour rien. »

Ed O'Leary me donna le même conseil : « Vous ne serez pas viré pour avoir perdu un milliard de dollars, me dit-il. Vous serez viré un soir où il aura bu. Il vous traitera de métèque et vous aurez une prise de bec. Rappelez-vous ce que je dis... ce sera pour une bêtise. Alors restez éloigné de sa ligne de mire. »

Je m'y efforçais. Mais Henry commença à montrer qu'il était bien plus qu'un simple goujat.

C'est en 1974 que je pris conscience de sa véritable personnalité, lors d'une réunion sur le programme de non-discrimination. Chaque division devait rendre compte de ses progrès dans l'embauche et la promotion des Noirs. Après avoir écouté les rapports qui n'étaient pas brillants, Henry se mit en colère. « Vous vous en souciez comme d'une guigne », lança-t-il.

Puis il entama un plaidoyer passionné pour que nous fassions davantage en faveur des Noirs. Il alla même jusqu'à déclarer que les primes des cadres dépendraient peut-être bientôt de nos efforts dans ce sens. « Comme ça, je serai sûr que vous vous remuerez et que vous ferez le nécessaire pour la communauté noire. »

Son intervention à cette séance fut si émouvante que j'en eus littéralement les larmes aux yeux. « Il a peut-être raison, songeai-je. Nous ne faisons peut-être pas assez pour eux et je n'y mets pas beaucoup de bonne volonté. Si le patron le pense vraiment, il faudrait que nous fassions plus d'efforts. »

A la fin de la réunion, tout le monde se rendit dans la salle à manger de la direction située sur le toit du bâtiment. Comme d'habitude, je pris place à la table d'Henry. Dès que nous fûmes assis, il commença à dire pis que pendre des Noirs. « Ces sales nègres, dit-il. Ils passent et repassent en voiture devant chez moi sur Lake Shore Drive. Je les déteste, ils me font peur et je pense aller m'installer en Suisse où il n'y en a pas. »

Je n'oublierai jamais ce moment. Mes antennes se mirent à vibrer. Il avait presque réussi à me faire pleurer et une heure plus tard, il s'emportait contre les Noirs. Ce n'avait été qu'une mise en scène. Au fond de lui, il ne devait pas pouvoir les sentir.

C'est alors que je compris que je travaillais pour un véritable salaud.

J'avais appris à Allentown que le sectarisme est détestable, mais au moins les gosses de mon école ne faisaient pas semblant. Henry n'était pas seulement sectaire, il était aussi hypocrite.

Il s'efforçait en public d'être l'homme d'affaires le plus progressiste du monde, mais en privé, il laissait éclater son mépris pour tout le monde ou presque. Jusqu'en 1975, seuls les Italiens avaient trouvé grâce à ses yeux en ma présence. Mais il allait bientôt rattraper le temps perdu.

10

L'ANNÉE FATALE

En 1975, Henry Ford commença à mettre en exécution mois après mois son plan prémédité pour se débarrasser de moi.

Jusqu'alors il m'avait laissé tranquille. Mais cette année-là, il commença à souffrir du coeur et il n'avait vraiment pas l'air en bonne santé. C'est alors que le « roi Henry » prit conscience qu'il était mortel.

Il perdit toute raison. J'imagine que sa première réaction fut : « Je ne veux pas qu'un rital me succède. Qu'adviendra-t-il de notre affaire de famille si je meurs d'une crise cardiaque ? Avant qu'on s'en rende compte, il enlèvera subrepticement mon nom de la façade et fera de cette firme la Iacocca Motor Company. Et que deviendra mon fils, Edsel ? »

A partir du moment où il me soupçonnait de vouloir faire main basse sur les joyaux de la couronne, il devait se débarrasser de moi. Mais il n'avait pas le cran de faire le sale boulot lui-même. Qui plus est, il savait qu'on ne le lui pardonnerait pas. Il préféra user de procédés machiavéliques et me pousser à démissionner à force d'humiliations.

Henry lâcha sa première bombe au cours d'un de mes voyages à l'étranger. Début 1975, je partis pour une tournée de deux semaines au Moyen-Orient avec une délégation d'industriels invités par *Time* pour mieux comprendre Israël et le monde arabe.

A mon retour aux Etats-Unis, le 3 février, j'eus la surprise de trouver Chalmers Goyert, mon assistant, qui m'attendait à New York à l'aéroport John Fitzgerald Kennedy.

— Que se passe-t-il ? demandai-je.

— Nous avons de gros ennuis, répondit-il.

Goyert n'exagérait aucunement. Je l'écoutai me raconter l'incroyable événement qui s'était produit pendant mon absence. Quelques jours auparavant, tandis qu'un groupe d'industriels dont je faisais partie rencontraient le roi Faysal d'Arabie Saoudite, le roi Henry avait tout à coup convoqué une réunion extraordinaire de l'état-major de l'entreprise.

Les effets de cette réunion se font encore sentir de nos jours. Henry s'inquiétait de la situation créée par l'OPEP. L'homme qui s'était attribué le mérite de la relance de la Ford Motor Company après la Seconde Guerre mondiale tremblait de peur. Les Arabes avaient lancé une vaste offensive et il ne le supportait pas.

Convaincu de l'imminence d'une récession majeure, il ordonna que les programmes de production soient amputés de 2 milliards de $. En prenant cette décision, il éliminait sommairement un grand nombre de produits indispensables tels que les petites voitures et la technologie de la traction avant qui nous auraient rendus compétitifs sur le marché.

Pendant la réunion, Henry avait proclamé : « Je suis le Sewell Avery de la Ford Motor Company. » C'était une référence qui ne présageait rien de bon.

Sewell Avery était le patron ultra-conservateur de la Montgomery Ward qui avait décidé après la Seconde Guerre mondiale de ne pas investir d'argent dans le développement de ses produits. Il était persuadé que la fin du monde était proche et que l'Amérique était condamnée. Sa décision fut un désastre pour la Montgomery Ward sur qui Sears commença à prendre nettement l'avantage.

La déclaration d'Henry eut les mêmes répercussions pour nous.

En ce qui me concernait la situation était claire. Henry avait attendu que je sois à des milliers de kilomètres pour convoquer une réunion où il usurpait mon pouvoir et mes responsabilités et où il allait à l'encontre de tout ce à quoi je croyais.

Ce jour-là Henry fit énormément de tort à la firme. La Topaz et la Tempo, les petites traction avant qui furent enfin mises en vente en mai 1983, auraient dû être prêtes quatre ou cinq ans plus tôt quand le public réclamait des petites cylindrées. Mais la riposte de Ford à la crise du pétrole de 1973 ne fut même pas *organisée* avant 1979.

J'étais furieux. L'OPEP avait clairement fait comprendre que sans petites voitures nous étions fichus. La GM et Chrysler travaillaient vite et avec acharnement pour sortir leurs propres « subcompacts », des voitures d'un très faible encombrement. Et pendant ce temps, le patron de la Ford Motor Company se cachait la tête dans le sable.

Tous les mois après la réunion du conseil d'administration, je recevais la visite de Franklin Murphy, notre doyen. C'était un ancien président d'U.C.L.A, le président du conseil d'administration de la société *Los Angeles Times-Mirror* et le plus vieux confident d'Henry Ford.

Murphy me prodiguait toujours de précieux conseils, non pour diriger la compagnie, mais pour m'indiquer comment m'y prendre avec Henry.

— Il est sous pression, me dit-il un jour. Il faut que vous soyez indulgent. Il traverse une période très difficile avec sa femme.

Tout le monde savait que le mariage d'Henry et Cristina battait de l'aile. Il venait d'être arrêté à Santa Barbara pour conduite en état d'ébriété en compagnie de sa maîtresse Kathy DuRoss, tandis que Cristina était à Katmandou avec son amie Imelda Marcos, la première dame des Philippines.

Quelques jours plus tard, j'étais cloué dans mon lit par la grippe et je manquai une réunion proprement stupéfiante.

Le 14 février, pendant mon absence, Henry convoqua une réunion au sommet pour parler de la « situation en Indonésie ». Henry avait apparemment autorisé Paul Lorenz, vice-président et l'un des principaux responsables de la compagnie, à verser une « commission » d'un million de dollars à un général indonésien. En contrepartie, Ford obtiendrait un contrat de 29 millions de $ pour la construction de quinze stations de satellites.

Mais quand la nouvelle de la « commission » se répandit, Henry envoya à Djakarta deux représentants de Dearborn pour faire savoir au général que ce n'était pas ainsi que nous faisions des affaires.

Lorenz travaillait pour moi. Quand j'appris l'incident, je le convoquai dans mon bureau.

— Paul, pourquoi diable avez-vous offert un million de dollars à ce général ? lui demandai-je.

Paul était un homme très correct et compétent. Il était aussi profondément loyal et ne voulait causer d'ennuis à personne.

— C'est une erreur, répondit-il.

— Une erreur ? Personne ne fait cadeau d'un million de dollars par erreur !

Paul garda le silence, puis devant mon insistance, il dit :

— Vous ne me croyez pas capable de faire cela de mon propre chef, n'est-ce pas ?

— Que voulez-vous dire ? demandai-je. Est-ce que quelqu'un vous a demandé de le faire ?

— Pas exactement, répondit-il, mais le président a en quelque sorte fermé les yeux là-dessus en affirmant que cela se passait ainsi dans ces pays-là.

Il est vrai que les sociétés américaines travaillant avec les pays du tiers monde offraient parfois des pots-de-vin. Mais à ma connaissance, ce genre de chose ne pouvait jamais arriver chez Ford.

Dès que la presse eut vent de cette tentative de corruption, une vaste opération de camouflage se déclencha à l'intérieur de la compagnie. Ce fut au moins aussi impressionnant que ce qui se passa pendant l'affaire du Watergate. On procéda à une épuration des dossiers et il y eut même des réunions spéciales pour définir les justifications que nous allions fournir.

Nous n'avions pas d'autre choix que de limoger Paul Lorenz et, comme à l'accoutumée, c'est moi qui fus désigné pour cette tâche.

— Je partirai calmement s'il n'en reste pas de trace dans mon dossier, me dit-il. Mais c'est moi qui paie les pots cassés dans cette histoire. Vous savez que je ne l'aurais pas fait sans avoir reçu le feu vert au plus haut niveau.

Je connaissais bien Paul et je suis persuadé qu'il disait la vérité.

Quelques jours plus tard, Henry fit une sorte de confession.

— J'ai peut-être amené Lorenz à croire qu'il n'y avait aucun risque à verser ce pot-de-vin, me dit-il. C'est peut-être moi qui ai causé sa perte.

Un an et demi après, en jetant un coup d'oeil sur la liste des primes, je découvris avec stupéfaction qu'Henry avait décidé de verser 100 000 $ à Paul Lorenz.

— C'est moi qui l'ai mis à la porte, dis-je à Henry. Comment pouvez-vous lui offrir 100 000 dollars ?

— C'était tout de même un brave type, répondit Henry.

On eût dit un nouveau Watergate. Lorenz avait servi de bouc émissaire et le patron prenait soin de lui.

La presse fut encore une fois très indulgente envers Henry et la justice aussi. Deux ans plus tard, je fus convoqué au ministère de la Justice pour faire une déposition sur cette affaire. On ne demanda jamais rien à Henry et j'ignore comment il parvint à si bien s'en sortir.

Pendant ce même hiver, notre déficit pour le quatrième trimestre s'éleva à 12 millions de $, ce qui ne représentait pas une somme très importante. Comparé à ce que subit l'industrie automobile entre 1979 et 1982, on aurait pu se réjouir d'un déficit de 12 millions de $.

C'était pourtant la première fois depuis 1946 que la Ford Motor Company annonçait un trimestre déficitaire. Outre sa santé chancelante et son mariage qui s'en allait à vau-l'eau, Henry avait un autre sujet d'inquiétude. Il devint en conséquence plus paranoïaque que jamais.

A cette époque, j'avais pour secrétaire une femme formidable qui s'appelait Betty Martin. Si nous n'avions pas vécu dans un système misogyne, Betty aurait été vice-présidente, car elle était plus compétente que la plupart des hommes qui travaillaient pour moi.

Betty savait toujours flairer une affaire louche. Un jour elle vint me dire :

— Je viens d'apprendre que chaque fois que vous téléphonez avec la carte de crédit de la compagnie, M. Ford en est informé.

Une quinzaine de jours plus tard, elle me confia :

— Comme votre bureau est toujours en désordre, il m'arrive parfois de le ranger avant de partir. Je me rappelle toujours précisément l'endroit où j'ai posé vos papiers, mais le lendemain, tout est chamboulé. Cela se produit fréquemment et j'ai cru bon de vous le dire. Je ne pense pas que ce soient les femmes de ménage.

« Je commence à être inquiet », avouai-je à Mary en rentrant à la maison.

Betty Martin était une femme sensée qui détestait les ragots. Elle ne m'aurait pas raconté tout cela si elle avait estimé que ce n'était pas important. Cela sentait le roussi et, comme d'habitude, les secrétaires étaient les premières à s'en rendre compte.

Puis il se passa des choses de plus en plus étranges. Le 10 avril, le conseil d'administration décida lors de sa réunion mensuelle de compenser notre récent déficit en réduisant le dividende de vingt cents, ce qui nous permettait déjà d'économiser 75 millions de $ par an.

Mais le même jour, Henry augmenta les honoraires des administrateurs qu'il porta de 40 000 à 47 000 de $. C'est ce que j'appelle neutraliser un conseil d'administration.

Dans le courant du même mois, nous annonçâmes un déficit de 11 millions de $ après impôts pour le premier trimestre. Nous avions donc enregistré des pertes pendant deux trimestres successifs.

Henry commençait à perdre les pédales et le 11 juillet, sa folie éclata au grand jour. Il convoqua une réunion des cinq cents principaux dirigeants de la firme sans donner à quiconque, moi y compris, la moindre indication sur l'objet de cette assemblée extraordinaire.

Quand tout le monde fut réuni dans la salle, Henry commença son discours par ces mots : « Je suis le capitaine de ce navire. » Puis il annonça que la direction ne faisait pas du bon travail. Comme j'étais le premier responsable de la compagnie, il ne faisait aucun doute que c'est moi qui étais visé. Jamais dans les annales de la firme une réunion de ce genre n'avait été tenue. Henry continua de discourir en tenant des propos souvent incohérents, de sorte qu'en quittant la salle les gens s'interrogeaient pour savoir ce qu'il avait bien pu vouloir dire.

Après cette réunion, tout le monde commença à se demander si Henry était en train de perdre la boule et l'inquiétude nous gagna. Toute la compagnie était paralysée. Au lieu de travailler, les gens essayaient de deviner quelle conduite Henry allait suivre... et quel parti il fallait prendre.

La presse ignorait tout ou presque de ces problèmes internes, mais nos concessionnaires avaient la très nette impression qu'il y avait quelque chose de pourri au royaume du Danemark. Le 10 février 1976, les concessionnaires de la division Ford se réunirent à Las Vegas. Le procès-verbal de séance disait : « Il semble que les rivalités soient très vives au sein de l'état-major de la Ford Motor Company et qu'elles nuisent à l'efficacité des dirigeants... Henry Ford II n'offre pas à l'heure actuelle les qualités de chef que ses concessionnaires sont en droit d'attendre de lui. »

Les concessionnaires exprimaient également leur inquiétude sur l'absence de nouveaux produits Ford et sur le fait qu'ils avaient maintenant l'impression d'être en position d'infériorité par rapport à la GM.

Tout au long de mes démêlés avec Henry, les concessionnaires ne firent jamais mystère du soutien qu'ils m'apportaient, mais cela ne fit qu'envenimer les choses. Chacune de leurs déclarations de soutien apportait de l'eau au moulin d'Henry. La Ford Motor Company n'était pas une démocratie et ma simple popularité était suffisante pour le convaincre que je représentais un danger pour lui.

Mais tous ces événements n'étaient que des broutilles en comparaison de ce qui fut vraiment l'affaire de l'année.

A l'automne 1975, Henry convoqua Paul Bergmoser pour l'interroger sur ses relations d'affaires avec Bill Fugazy qui dirigeait une agence de location de voitures avec chauffeur et organisait les colloques de motivation de nos concessionnaires.

« Fugazy ne vous fait pas peur ? demanda-t-il. Vous ne craignez pas de vous retrouver au fond de l'Hudson avec des bottes en ciment ? »

Peu après, Henry me fit venir dans son bureau.

— Je sais que Fugazy est un de vos amis, dit-il. Mais j'ai ouvert une enquête sur lui.

— Qu'a-t-il donc fait ? demandai-je.

— Je le soupçonne d'être de mèche avec la mafia, dit Henry.

— Ne soyez pas ridicule. Son grand-père a lancé l'affaire familiale en 1970. Et puis j'ai déjà dîné en compagnie de Bill à la table du cardinal Spellman. Il fréquente la bonne société.

— C'est possible, dit Henry. Mais il tient une agence de location de voitures avec chauffeur et c'est, avec les entreprises de camionnage, une des couvertures préférées de la mafia.

— Vous plaisantez ? Si ce que vous dites est vrai, pourquoi perd-il tant d'argent ?

Cette tactique n'ayant pas l'air de marcher, je changeai de batteries. Je rappelai à Henry que c'était Bill Fugazy qui s'était arrangé pour que le pape Paul VI utilise une Lincoln plutôt qu'une Cadillac pendant son séjour à New York.

Mais Henry demeura intraitable. J'appris bientôt par Fugazy que des dossiers avaient été subtilisés dans son bureau. Il était également persuadé que son téléphone était sur écoute, mais on ne put jamais rien trouver de compromettant.

Il devint bientôt évident que l'affaire Fugazy n'était qu'un alibi. La véritable cible d'Henry ne s'appelait pas Bill Fugazy mais Lee Iacocca.

L'enquête qui coûta finalement à la firme près de 2 millions de $ débuta en août 1975. Inspiré par l'affaire du Watergate, Henry alla jusqu'à faire appel à un procureur, Theodore Souris, un ancien juge de la cour suprême du Michigan.

L'enquête porta d'abord sur la réunion des concessionnaires Ford à Las Vegas. Wendell Coleman, chef de notre département des ventes de San Diego, s'était occupé des frais de représentation de la réunion de Las Vegas. On le convoqua pour un interrogatoire au cours duquel on essaya de lui soutirer des renseignements. Il fut tellement outré par ces procédés qu'il rédigea à mon intention un rapport détaillé de cette séance.

Le 3 décembre 1975, Coleman fut convoqué au siège de

Ford-Monde où deux membres de la direction financière l'« interrogèrent. » Ils commencèrent par l'informer de ses droits avant de préciser qu'il ne s'agissait pas d'un audit pour la division Ford mais d'une vérification faite à la demande de Ford-Monde. Puis ils lui firent comprendre qu'il valait mieux ne mettre personne de la compagnie au courant de leur entretien.

On lui posa d'abord des questions précises sur plusieurs dîners auxquels avaient pris part des concessionnaires Ford. On demanda à Coleman si des femmes accompagnaient le groupe des concessionnaires dans un restaurant gastronomique et plus particulièrement si j'étais moi-même venu avec une femme. Puis ils le cuisinèrent pour savoir pourquoi il avait laissé un pourboire généreux au maître d'hôtel, si Fugazy faisait partie de notre groupe, si certains avaient pratiqué des jeux de hasard et si Coleman leur avait remis de l'argent dans ce but.

« C'était une véritable chasse aux sorcières, me dit Coleman. Ils cherchaient quelque chose, n'importe quoi... le jeu, les femmes, tout ce qu'on veut. »

Et quand Coleman s'insurgea contre ce traitement, ils lui demandèrent tout de go :

— Avez-vous à un moment ou à un autre donné de l'argent à Iacocca pour jouer ?

— Non.

— Quelqu'un d'autre vous a-t-il demandé de l'argent pour jouer ?

— Non.

Coleman avait eu l'impression que les enquêteurs s'imaginaient qu'il passait son temps à distribuer des liasses de billets aux principaux responsables de la compagnie.

Sous le couvert d'une vérification des frais de déplacement et de représentation de certains dirigeants, Henry menait tout simplement une enquête de grande envergure sur ma vie aussi bien professionnelle que privée. L'« audit » consista en cinquante-cinq entretiens avec des cadres de chez Ford mais aussi avec un certain nombre de nos fournisseurs, tels que U.S. Steel et Budd, et les représentants de nos agences de publicité.

Malgré ce déploiement d'efforts, l'enquête ne put découvrir le moindre élément compromettant ni pour moi ni pour aucun de mes collaborateurs.

Un rapport détaillé fut adressé à Frank Murphy qui vint me voir.

— Vous n'avez pas à vous inquiéter, dit-il. Toute cette histoire est terminée.

Je fus scandalisé.

— Mais pourquoi le conseil d'administration ne s'en est-il pas occupé pendant que l'enquête était en cours ? demandai-je.

— N'en parlons plus, dit Frank. Vous connaissez Henry. On ne le changera pas. Il avait engagé la grosse artillerie et il s'est retrouvé avec une sarbacane.

Après avoir dépensé 2 millions de $ en pure perte, un homme normal aurait pu s'excuser, manifester des remords ou même simplement dire : « Voilà, j'ai enquêté sur mon président et certains de mes vice-présidents et ils en sont tous sortis avec les mains blanches. Et je suis fier d'eux, car cette enquête a été impitoyable. »

Impitoyable, elle le fut, sans conteste. Pendant plusieurs mois, nous fûmes obligés d'aller téléphoner à l'extérieur. Henry était allé au Japon et il en était revenu enthousiasmé par les nouveaux gadgets électroniques très puissants qu'il y avait vus. Tout le monde craignait que son bureau soit sur écoute. Bill Bourke, un des vice-présidents, nous confia qu'il était avec Henry le jour où le patron avait acheté un appareil de 10 000 $ qui pouvait capter une conversation dans un immeuble voisin. Connaissant Henry comme nous le connaissions, personne ne douta que c'était la vérité.

L'effet que tout cela provoqua à la direction générale est difficile à croire. Nous nous mîmes à tirer les rideaux et à chuchoter. Ben Bidwell, qui fut par la suite nommé à la présidence de Hertz avant de me rejoindre chez Chrysler, me disait qu'il avait peur de marcher dans les couloirs. Des hommes mûrs tremblaient comme des fillettes et vivaient dans la crainte d'être condamnés à mort par leur monarque.

C'était inconcevable. Un seul homme, détenant un pouvoir qu'il avait hérité, mettait tout sens dessus dessous et faisait souffler pendant trois ans un vent de panique dans une grande firme uniquement parce que l'envie lui en était venue. Il jouait avec la vie des gens ; certains s'adonnaient à la boisson, des familles se déchiraient. Et nul n'y pouvait rien. Le monstre était atteint de folie furieuse.

Telle était en 1975 l'atmosphère de la Maison de Verre. C'est à ce moment-là que j'aurais dû tirer ma révérence.

Henry s'attendait probablement à ce que je démissionne. Au début, il s'était certainement dit : « Je découvrirai quelque chose sur lui. Il n'arrête pas de voyager, il mène grand train. En cherchant bien, je trouverai son talon d'Achille. »

Mais il ne trouva jamais rien. Quand l'enquête fut enfin close, mes amis me dirent : « Dieu merci, c'est fini. »

« Non, répondis-je. Henry a fait chou blanc. Il s'est rendu ridicule. C'est maintenant que les vrais ennuis vont commencer. »

11

L'ÉPREUVE DE FORCE

Il m'arrive souvent de me demander pourquoi je n'ai pas démissionné à la fin de 1975. Pourquoi ai-je accepté le sort qu'Henry me réservait ? Comment ai-je pu laisser quelqu'un disposer ainsi de ma destinée et encaisser les coups ?

Quand je regarde en arrière, je ne comprends pas comment j'ai traversé ces années sans dommage. Je menais une existence tellement troublée que je notais absolument tout. « Mets-le sur le papier, me disait Mary, un jour, tu auras peut-être envie d'écrire un livre. Et personne ne voudra croire ce que tu as vécu. »

Mais pourquoi n'ai-je pas simplement décidé d'aller voir ailleurs ?

D'abord, parce qu'on espère toujours, quand on est dans une mauvaise passe, que les choses s'arrangeront. Henry pouvait revenir à la raison ou le conseil d'administration redresser la tête.

J'imaginais aussi un autre scénario dans lequel Bill, qui détenait deux fois plus d'actions que son frère Henry, dirait un jour : « Je crois que mon frère travaille du chapeau et que le moment est venu de le remplacer. » Cette idée a probablement traversé l'esprit de Bill, mais il ne l'a jamais mise à exécution.

Pourquoi suis-je resté ? En partie parce que je n'imaginais pas de travailler ailleurs. J'avais passé toute ma vie d'adulte chez Ford et je m'y sentais bien ; j'étais le père de la Mustang, de la Mark III et de la Fiesta ; j'avais de nombreux alliés dans la place. Les carnets de commandes des fournisseurs étaient bien remplis, les concessionnaires n'avaient jamais fait de si bonnes affaires et les cadres supérieurs touchaient des primes mirobolantes. Faute d'avoir exercé sur tous ces gens une sorte d'envoûtement je suis bien obligé d'en conclure que ma popularité était due à mes résultats. Malgré mes démêlés avec Henry, cette réussite me procurait une satisfaction profonde.

Je ne pensais pas qu'une épreuve de force aurait lieu, mais si nous devions en arriver là, je serais prêt. Je savais à quel point j'étais précieux pour la bonne marche de l'entreprise et dans tous les domaines essentiels mon rôle était beaucoup plus important que celui d'Henry. Je m'accrochais naïvement à l'espoir que dans une société par actions la valeur personnelle serait déterminante.

J'étais aussi quelque peu grisé par le pouvoir que je détenais. Je tenais à mon poste de président et aux avantages qui s'y attachaient, la place de parking réservée, la salle de bains privée, les serveurs en veste blanche. Je m'amollissais dans les délices de cette vie dorée.

Et il me paraissait presque impossible de renoncer à un revenu annuel de 970 000 $. Je n'étais que le numéro deux de la deuxième firme automobile mais je gagnais plus que le président du conseil d'administration de General Motors. J'étais tellement obnubilé par ce million de dollars annuel que je refusais de voir la réalité en face.

Je suis intimement convaincu que des sept péchés capitaux le pire est l'avarice.

Quelque part au fond de moi-même il doit y avoir une faille. On dit que j'ai beaucoup de décision et que je demeure inflexible dans les moments cruciaux. Mais je me demande où étaient passées ces qualités quand j'en ai eu vraiment besoin.

J'aurais peut-être dû rendre coup pour coup. Mary a toujours eu envie de régler son compte à Henry. « Si on me laissait faire, disait-elle, je le démolirais avec plaisir. Je sais que cela te coûterait ton poste, mais au moins tout le monde se sentirait mieux. »

De son côté, Henry était toujours décidé à se débarrasser de moi. Après l'échec de son enquête, il a dû se dire : « Comme il ne veut pas partir, je vais essayer autre chose. Je ne peux pas le virer parce qu'il est trop populaire. Je vais donc lui faire le coup du stylet, lui enlever la peau par lambeaux sans qu'il se rende compte de quoi que ce soit. »

Par lambeaux, il entendait des gens en chair et en os. Le bruit courut qu'Henry avait une liste des fidèles de Iacocca. Je compris très vite que ce n'était pas seulement un bruit.

Un beau jour, sans raison apparente, Henry décrocha son téléphone et appela Leo-Arthur Kelmenson, le président de Kenyon & Eckhardt, l'agence de publicité qui s'occupait de la division Lincoln-Mercury.

« Kelmenson, rugit-il au bout du fil, virez Bill Winn ! »

Bill Winn était un de mes meilleurs amis. Nous avions autrefois partagé une chambre à Ann Arbor. Quarante-huit heures avant le coup de téléphone d'Henry, Bill avait été engagé par Kenyon & Eckhardt pour travailler sur des campagnes de promotion exceptionnelles et avant cela, il dirigeait sa propre société de production. Il avait souvent collaboré à l'organisation de nos spectacles annuels pour les concessionnaires et avait toujours fait un travail remarquable.

Quand Kelmenson m'annonça la nouvelle du renvoi de Bill, je me préparais à faire une conférence patronnée par l'université du Michigan devant un groupe d'hommes d'affaires. Je ne cessai de penser à Bill pendant toute la durée de la causerie.

Je ne comprenais pas pourquoi Henry avait agi ainsi. Bill Winn était d'un commerce très agréable et ne pouvait être aucunement discuté. Henry ne s'était pas disputé avec lui puisqu'ils ne s'étaient jamais rencontrés. Et Bill avait toujours donné pleinement satisfaction chaque fois qu'il avait travaillé avec nous.

C'est alors que l'idée me vint que la décision arbitraire de se débarrasser de Bill Winn n'était en réalité qu'une attaque indirecte et maladroite contre Lee Iacocca.

L'affaire Bill Winn n'était que le prélude à une guerre d'usure qui ne s'intensifia véritablement qu'au cours de l'année 1976. Si j'avais eu des doutes à ce propos, l'attaque qu'Henry lança ensuite contre Hal Sperlich m'aurait fourni toutes les preuves nécessaires.

Hal Sperlich est une de ces figures légendaires de Detroit dont on dit : « C'est de l'essence qui coule dans ses veines. » En sa qualité d'ingénieur et de chef de produit, il travailla avec moi tout au long des années 60 et 70. Il joua un rôle essentiel dans la création de plusieurs modèles, la Mustang et la Fiesta en particulier.

Hal est si talentueux qu'il est difficile de lui décerner des éloges trop flatteurs. C'est peut-être lui le meilleur dans son domaine à Detroit. Il a une extraordinaire vivacité d'esprit et une stupéfiante capacité à aller au fond d'un problème.

L'une de mes tâches consistait à diriger le comité de planification des produits. Au cours de ces réunions Hal était à ma gauche et Henry à ma droite. De temps à autre, Henry hochait la tête ou émettait un grognement. Il ne parlait jamais beaucoup dans ces occasions mais tout son comportement en disait long. En fait, les gens prêtaient souvent plus d'attention aux expressions de son visage qu'à ce qui se disait dans la salle.

Il était évident qu'Henry n'aimait ni Sperlich ni ses idées. Hal était impétueux et il ne manifestait guère de déférence envers le roi. Il essayait de faire preuve de diplomatie, mais tout le monde voyait bien ce qui se passait : Sperlich qui était un expert en automobiles et était doté d'un instinct hors du commun ne cessait de nous pousser à réduire la taille de nos modèles. Et s'il y avait une chose dont Henry ne voulait pas entendre parler, c'était bien cela.

Un jour, à l'issue d'une de ces réunions, Henry m'appela dans son bureau. « Je ne peux pas sentir ce Sperlich, dit-il, et je ne veux plus qu'il soit assis à côté de vous. Il n'arrête pas de vous parler à l'oreille et je ne veux pas que vous fassiez bloc contre moi. »

Je n'avais pas d'autre solution que de convoquer Sperlich pour le mettre au courant. « Je sais que c'est ridicule, dis-je, mais il ne faut plus que nous soyons assis l'un à côté de l'autre. » J'étais bien décidé à ne pas aller plus loin. Hal était sans conteste l'un de nos tout meilleurs éléments et il était absolument hors de question de le mettre sur la touche.

Mais pour le sauver, je finis par être obligé de le faire entièrement disparaître de la vue d'Henry. Je lui confiai un certain nombre de projets en Europe et il devint un passager régulier des vols transatlantiques. Quel que fût le problème, Hal se rendait sur place et trouvait une solution. La Fiesta fut son plus beau coup, mais presque tout ce qu'il touchait se transformait en or.

Peu après, Henry me donna l'ordre de renvoyer Hal Sperlich.

— Vous plaisantez, dis-je, c'est notre meilleur homme.

— Foutez-le à la porte, et tout de suite.

La scène se passait en milieu d'après-midi et je m'apprêtais à quitter mon bureau pour prendre un avion pour New York. Je demandai à Henry si cela ne pouvait pas attendre mon retour.

— Si vous ne le virez pas sur-le-champ, répliqua-t-il, vous pouvez prendre la porte avec lui.

Je savais que c'était sans espoir, mais j'essayai quand même de le raisonner.

— C'est Sperlich qui a créé la Mustang. Il nous a fait gagner des millions de dollars.

— Foutez-moi la paix, dit Henry. Je ne l'aime pas, c'est tout. Et vous n'avez pas à me demander pourquoi.

Hal le prit très mal. Nous l'avions l'un et l'autre senti venir, mais quand on fait bien son boulot, on espère toujours que la justice prévaudra. Hal était sincèrement persuadé que son talent lui permettrait de rester chez Ford, même si le patron ne l'aimait pas. Il avait oublié que nous vivions sous une dictature.

— C'est une bande de cons, dis-je à Sperlich, et je ferais certainement mieux de me tirer avec vous. Je suis plus haut que vous dans la hiérarchie mais je dois supporter les mêmes conneries.

C'est peut-être un service que vous rend Henry. Dans un environnement plus démocratique, votre talent sera reconnu et récompensé. Cela peut sembler difficile à croire pour l'instant, mais plus tard, vous lui serez peut-être reconnaissant de vous avoir foutu à la porte.

Ma prophétie s'est réalisée. Peu de temps après son départ, Hal fut invité à déjeuner par le président de Chrysler qui l'engagea au début de l'année 1977. Il prit d'emblée une place prépondérante dans la mise au point des petites cylindrées de Chrysler et eut les moyens d'accomplir ce qui lui avait été refusé chez Ford.

Moins de deux ans s'écoulèrent avant que je travaille de nouveau avec lui. Il est aujourd'hui président de Chrysler. Un destin malicieux a voulu que ses tractions avant, les nouveaux « minivans » T115 en particulier — les voitures qu'Henry ne lui a jamais laissé faire — réduisent inexorablement la part de marché de Ford.

Henry engagea les hostilités au début de l'année 1977. Il fit appel à McKinsey & Company, une société de conseil en gestion d'entreprise, pour réorganiser la direction générale. Quand ils eurent fini, un des responsables de la société laissa sur mon bureau un petit mot qui disait en substance : « Accrochez-vous à votre place, mais ce ne sera pas facile. Votre patron est un dictateur fini et je ne comprends pas comment vous faites tous pour le supporter. »

Après plusieurs mois de travail et des honoraires de deux millions de dollars, McKinsey présenta son plan de restructuration qui préconisait la mise en place d'une troïka, un groupe de trois dirigeants à la tête de l'exécutif, remplaçant la structure traditionnelle, président du CA - président.

Le nouvel organigramme fut entériné en avril. Henry demeurait bien entendu président du conseil d'administration et chef de l'exécutif. Phil Caldwell devenait vice-président du conseil d'administration et je conservais mon poste de président.

Les responsabilités étaient réparties entre nous trois, mais le changement fondamental — et la véritable raison du nouvel organigramme — apparaissait dans une circulaire signée d'Henry qui précisait : « Le vice-président du conseil d'administration assume les fonctions de chef de l'exécutif en l'absence du président du conseil d'administration. » En d'autres termes, si Henry restait le numéro un, Phil Caldwell devenait le numéro deux.

La promotion de Caldwell étala au grand jour ma rivalité avec Henry. L'affrontement s'était jusqu'alors limité à des opérations de guérilla. Mais Henry venait de passer à l'offensive. Les changements intervenus au sommet de la hiérarchie de l'entreprise n'étaient qu'un moyen tortueux et coûteux de réduire mon pouvoir d'une manière acceptable par tous. Henry était parvenu à placer Caldwell au-dessus de moi en évitant l'affrontement direct.

Lors des réceptions, Henry présidait la table d'honneur, Caldwell la première table et moi j'étais relégué à la deuxième. Un véritable camouflet, une humiliation publique.

J'étais déchiré au plus profond de moi-même. Ma femme et mes enfants aussi. Elles savaient que j'étais soumis à une forte tension mais ignoraient les détails sur lesquels je me taisais. Je ne voulais pas qu'elles perdent la tête. J'étais décidé à aller jusqu'au bout sans céder. Etait-ce de l'orgueil ou de l'aveuglement, je ne saurais le dire, mais il n'était pas question de m'en aller la queue entre les jambes.

La nouvelle direction de l'exécutif était un monstre tricéphale. Il était ridicule que Caldwell, qui était auparavant sous mes ordres, ait soudain la préséance sans raison apparente, hormis le désir de me nuire. Je déclarai en privé à Henry que ces nouvelles dispositions étaient une grave erreur. Mais il essaya, selon son habitude, de me rassurer avec des platitudes. « Ne vous inquiétez pas, dit-il. Tout finira par s'arranger. »

Je bouillais intérieurement mais en public je soutenais le nouvel organigramme et je réconfortais tous ceux qui travaillaient pour moi en leur assurant que la restructuration était une très bonne chose.

L'existence d'une troïka chapeautant l'exécutif fut d'assez courte durée, ce qui n'étonna personne. En juin 1978, quatorze mois après sa constitution, Henry annonça un nouveau changement dans la direction générale. Au lieu de trois membres, l'équipe dirigeante en comprendrait désormais quatre. Le nouveau venu était William Clay Ford, le frère cadet d'Henry. Bill fut nommé à ce poste afin de maintenir la présence d'un représentant de la famille dans l'éventualité de la mort ou d'une grave maladie d'Henry.

J'étais donc descendu à la quatrième place dans l'ordre protocolaire. De plus, j'étais coiffé non plus par Henry mais par Phil Caldwell qui était nommé chef de l'exécutif adjoint. Pour que l'humiliation soit complète, Henry ne se donna pas la peine de m'informer de cette nouvelle restructuration avant la veille de son annonce officielle.

— Je pense que vous faites une erreur, lui dis-je quand il m'annonça enfin la nouvelle.

— C'est une décision que j'ai prise avec l'accord du conseil d'administration, répliqua-t-il.

J'étais découpé comme un salami... tranche par tranche. Jour après jour, je m'apercevais qu'on m'avait amputé d'une autre partie de mon corps. Je fis courir le bruit que je n'avais pas l'intention de me laisser faire plus longtemps.

Le 12 juin, quatre jours plus tard, Henry rencontra les neuf membres du conseil d'administration qui ne travaillaient pas dans l'entreprise et leur avoua qu'il s'apprêtait à me limoger. Mais cette fois, ils s'y opposèrent. « Non, Henry, vous êtes sur la mauvaise voie, attendez que les choses se calment. Nous parlerons à Lee et nous réglerons cela. Allez le voir et présentez-lui vos excuses. »

« Le conseil d'administration m'a lâché », confia-t-il le même jour à Franklin Murphy.

Le lendemain, Henry Ford vint me voir dans mon bureau. C'était la troisième fois en huit ans. « Faisons la paix », dit-il.

Le conseil d'administration avait décidé que je rencontrerais certains de ses membres pour tenter d'aplanir les difficultés. C'est ainsi que dans la quinzaine qui suivit j'eus des entretiens en tête à tête avec Joseph Cullman, président du conseil d'administration de Philip Morris, et George Bennett, président de la société d'investissement de State Street à Boston. Ces entrevues n'avaient rien de secret. L'idée venait d'eux. Je pris dans les deux cas l'avion de la société et présentai une note de frais.

Cette paix factice dura un mois. Le soir du 12 juillet 1978, Henry dîna avec les membres du conseil d'administration de l'extérieur, comme il le faisait tous les mois la veille de la réunion du conseil. Il annonça de nouveau qu'il allait me relever de mes fonctions. Il prétendit que je montais une cabale contre lui en allant voir derrière son dos certains membres du conseil d'administration, alors que c'étaient eux qui avaient demandé à me rencontrer. Il affirma aussi que nous n'avions jamais eu d'atomes crochus. Il semble donc qu'il lui avait fallu trente-deux ans pour se rendre compte que nous n'étions pas faits pour nous entendre.

Cette fois encore, plusieurs membres du conseil le défièrent. Ils firent état de ma fidélité à la compagnie et de ma valeur et demandèrent à Henry de me réintégrer dans mon poste de numéro deux.

Henry était livide. Il n'avait pas l'habitude qu'on lui résiste de la sorte. « Ce sera lui ou moi, lança-t-il. Vous avez vingt minutes pour vous décider. » Et il sortit en trombe de la pièce.

Il n'avait pas encore osé mettre à exécution son projet de virer celui qui faisait rentrer l'argent, le père de la Mustang, de la Mark et de la Fiesta, qui était si populaire dans la compagnie. Je pense qu'il n'était pas tout à fait sûr de pouvoir le faire impunément.

Mais la frustration le fit enfin sortir de ses gonds. Il a dû se dire : « Cela fait trois ans que ça dure et ce salaud est encore là ! » N'ayant pas réussi à obtenir ma démission, il avait décidé de passer à l'offensive et d'occuper le terrain. Il pourrait toujours se justifier par la suite.

Je reçus le soir même un coup de téléphone de Keith Crain, l'éditeur d'*Automotive News*, la revue hebdomadaire de l'industrie automobile. « Dites-moi que ce n'est pas vrai », me dit-il.

Je compris tout de suite où il voulait en venir. Crain était un ami intime d'Edsel, le fils d'Henry, et je suppose qu'Henry avait donné l'ordre à son fils de laisser filtrer la nouvelle. C'est donc indirectement, par le biais de la presse, que j'apprendrais ma disgrâce.

C'était une manœuvre typique d'Henry. Il voulait que je sois mis au courant de mon limogeage par un tiers. Cette attitude permettait aussi au roitelet de ne pas se salir les mains dans des affaires d'Etat peu ragoûtantes.

Le lendemain matin, je me rendis au travail comme si de rien n'était. Rien n'indiquait au bureau que quelque chose clochait. Quand vint l'heure du déjeuner, je commençai à me demander si Keith Crain n'avait pas eu un tuyau crevé. Mais peu avant quinze heures, la secrétaire d'Henry me convoqua dans le bureau directorial. « Les dés sont jetés », me dis-je.

Quand je pénétrai dans le Saint des Saints, Henry et son frère Bill étaient assis à une table de conférence en marbre, l'air pincé. Ils étaient tendus et nerveux. Mais je me sentais curieusement décontracté. On m'avait déjà mis au courant et je savais ce qui allait se passer. Cette entrevue servirait seulement à donner un tour officiel à la décision.

Je ne m'attendais pas que Bill fût présent le jour où on m'annonçait que j'étais viré, mais cela paraissait logique. C'était une manière de me faire savoir qu'il ne s'agissait pas seulement d'une décision personnelle d'Henry mais de la famille tout entière. Bill était le plus gros actionnaire privé et sa présence était également un message politique. S'il soutenait la décision de son frère, je n'avais aucun recours.

Henry avait aussi besoin d'un témoin. En temps normal, il

déléguait ses pouvoirs à autrui — à moi, en général — pour faire le sale boulot à sa place et annoncer les renvois. Mais cette fois, il était livré à lui-même et le fait d'avoir Bill à ses côtés lui facilitait certainement la tâche.

Je tirai moi aussi une satisfaction de la présence de Bill. C'était un de mes admirateurs et un bon ami. Il m'avait déjà promis que lorsque les choses se gâteraient vraiment, comme nous savions tous deux que cela se produirait, il se rangerait de mon côté. Mais je n'ignorais pas que je ne pouvais compter sur un soutien inconditionnel de sa part, car il n'avait jamais tenu tête à Henry de sa vie. Mais j'entretenais l'espoir qu'il interviendrait en ma faveur.

Quand je pris place à la table, Henry commença à tourner autour du pot. Il n'avait jamais mis quelqu'un à la porte et ne savait pas très bien comment s'y prendre. « Il arrive un moment où je suis obligé de prendre des décisions, dit-il enfin. J'ai donc l'intention de réorganiser la compagnie. C'est une de ces choses que l'on déteste faire mais qu'on ne peut éviter. Notre association fut très plaisante... » Je lui lançai un regard incrédule. « Mais je pense qu'il est préférable que vous partiez, reprit-il. Ce sera mieux pour notre société. »

Pas une seule fois au cours de nos quarante-cinq minutes d'entretien il n'employa le mot « renvoi » ou un synonyme.

— Mais quel est le fond du problème ? demandai-je.

— C'est personnel et je ne peux pas vous en dire plus. C'est une de ces choses difficiles à expliquer.

Mais j'insistai. Je voulais l'obliger à me fournir une raison, car je savais qu'il n'en avait aucune de valable.

— Parfois, on n'aime pas quelqu'un, c'est tout, finit-il par dire en haussant les épaules.

— Et Bill ? demandai-je en sachant que je jouais ma dernière carte. J'aimerais savoir ce qu'il en pense.

— Ma décision est déjà prise, dit Henry.

J'étais déçu mais pas vraiment étonné. La voix du sang est la plus forte et Bill faisait partie de la dynastie.

— J'ai certains droits, poursuivis-je, et j'espère que cela ne prêtera pas à discussion.

Je songeais à ma retraite et à mon indemnité de licenciement. « Nous arrangerons cela », dit Henry. Il fut convenu que la date de ma démission serait officiellement fixée au 15 octobre 1978, le jour de mon cinquante-quatrième anniversaire. En partant plus tôt, j'aurais dû renoncer à un tas d'avantages financiers.

Jusqu'alors, la conversation était restée remarquablement

calme. Mais je décidai de prendre les choses en main. J'entrepris de dresser à l'intention d'Henry la liste de mes réalisations au sein de la Ford Motor Company. Je lui rappelai que les deux dernières années avaient été les meilleures de l'histoire de l'entreprise. Je voulais qu'il sache exactement ce dont il allait se priver.

« Regardez-moi en face », lui dis-je à la fin de mon petit discours, car il ne m'avait pas une seule fois regardé dans les yeux. Je me mis à hausser le ton en me rendant compte que c'était notre dernière conversation.

« Vous n'auriez pu choisir plus mal votre moment, dis-je. Nous venons de gagner 1,8 milliard de dollars pour la deuxième année consécutive. Ce qui fait trois milliards et demi de bénéfices en deux ans. Mais faites bien attention à ce que je vous dis, Henry. Vous ne gagnerez peut-être plus jamais 1,8 milliard. Et savez-vous pourquoi ? Tout simplement parce que vous ne savez même pas comment nous avons fait pour réaliser ces bénéfices ! »

Et c'était vrai. Henry était passé maître dans l'art de jeter l'argent par les fenêtres mais il ne comprenait pas comment il rentrait. Il demeurait dans sa tour d'ivoire en s'extasiant sur nos bénéfices. Il était là tous les jours, à faire l'important, mais il ne savait même pas ce qui faisait tourner la boîte.

Vers la fin de l'entretien, Bill fit un effort sincère pour tenter d'infléchir la décision de son frère. Mais cela manquait de conviction et il était trop tard. Bill sortit en pleurant du bureau d'Henry. « Jamais on n'aurait dû en arriver là, gémissait-il. Il n'a pas de cœur. »

Puis il retrouva ses esprits et me dit : « J'admire votre calme. Vous avez passé trente-deux ans chez nous et il n'a même pas pu vous fournir une seule raison. Vous lui en avez fait voir de toutes les couleurs. Jamais personne ne lui avait tenu tête ainsi et je suis étonné qu'il n'ait pas craqué. »

« Merci, Bill, lui dis-je. Mais je suis fini et vous deux, vous êtes encore là ! »

Bill est un être foncièrement bon, mais il a toujours soutenu les Ford contre le monde entier. Nous sommes toutefois demeurés bons amis. Je sais qu'il désirait sincèrement que je sois maintenu à mon poste de président et que tout aussi sincèrement il était persuadé de ne rien pouvoir faire pour cela.

Dès mon retour dans mon bureau, je commençai à recevoir des appels téléphoniques de mes collègues et de mes amis. Apparemment, la nouvelle de ma révocation s'était déjà répandue. Avant la fin de la journée, Henry fit circuler dans la direction générale une note laconique disant simplement : « Vous dépendez dorénavant de Philip Caldwell. Effet immédiat. »

Certains reçurent cette note dans leur bureau, mais la plupart la trouvèrent sur le siège de leur voiture dans le garage de la direction. On me raconta plus tard que c'était Henry en personne qui était descendu les déposer. C'était probablement pour lui le seul moyen d'être enfin sûr qu'il était trop tard pour revenir en arrière.

En quittant mon bureau ce soir-là, je ressentis un profond soulagement. « Dieu merci, c'en est enfin fini de ce bordel », me dis-je dans la voiture. Je n'avais pas pu sauver ma tête mais j'étais tombé en pleine apothéose. Les deux trimestres qui venaient de s'écouler avaient été les meilleurs de toute l'histoire de l'entreprise.

En arrivant à la maison, je reçus un coup de téléphone de Lia, la plus jeune de mes deux filles, qui était dans un camp de tennis — son premier séjour loin de sa famille. Elle avait appris la nouvelle à la radio et était en larmes.

Quand je songe à cette semaine de cauchemar, mon souvenir le plus vif est celui de Lia sanglotant au téléphone. Je déteste Henry pour ce qu'il m'a fait mais je lui voue une haine encore plus farouche pour la manière dont il l'a fait. Il ne m'avait pas laissé le temps d'en parler tranquillement à mes filles avant que le monde entier soit au courant. Et cela, je ne le lui pardonnerai jamais.

Lia n'était pas seulement triste, elle était aussi furieuse que je ne l'aie pas prévenue que j'allais être relevé de mes fonctions. Elle refusait de croire que j'ignorais ce qui allait se passer.

— Comment est-ce possible ? me demanda-t-elle. Tu es le président de la boîte. Tu es au courant de ce qui se prépare !

— Pas cette fois, ma chérie.

Elle passa une semaine très pénible. Je suppose que certains de ses camarades prirent un plaisir sadique à voir que la fille du président qui avait toujours eu ce qui se faisait de mieux recevait enfin son châtiment.

Il fut bientôt évident qu'Henry avait cédé à une impulsion en décidant de se séparer de moi, même si à long terme cette conclusion était inévitable. La semaine où l'on me notifia mon renvoi, la firme avait envoyé à la presse un kit de la Mustang 1979. A l'intérieur se trouvait une photographie qui me représentait debout devant le nouveau modèle. Mais lors de la présentation de la voiture qui eut lieu quelques semaines plus tard au Hyatt Regency de Dearborn, c'est Bill Bourke qui représentait la société.

Plus on est monté haut, plus dure est la chute, dit-on. C'est ce que je ressentis avec acuité durant toute la semaine, et je m'identifiai à tous ceux que j'avais renvoyés au cours de ma carrière.

Quand je pris mes fonctions chez Chrysler quelques mois plus tard, il me fallut mettre à la porte plusieurs centaines de cadres afin de maintenir l'entreprise en vie. Je m'efforçai de le faire avec le maximum de délicatesse, car j'avais appris à quel point il est pénible de se retrouver sans emploi.

Après ma révocation, j'eus l'impression d'avoir cessé d'exister. Les formules telles que « le père de la Mustang » n'avaient plus cours. Ceux qui avaient travaillé avec moi, mes collègues et mes amis n'osaient plus me voir. La veille, j'étais un héros et maintenant, j'étais devenu un homme qu'il fallait éviter à tout prix.

Tout le monde savait qu'Henry était prêt à effectuer une purge de grande envergure des partisans de Iacocca. Tous ceux qui ne rompraient pas leurs relations avec moi risquaient leur tête.

D'anciens amis cessèrent de m'appeler parce que ma ligne téléphonique pouvait être sur écoute et quand ils me voyaient à une présentation d'automobiles, ils tournaient la tête. Les plus courageux s'approchaient et me serraient rapidement la main. Puis ils disparaissaient furtivement avant que le photographe du *Detroit Free Press* ait eu le temps de fixer cette rencontre sur la pellicule. Henry aurait pu voir la photo dans le journal et il aurait pu décider d'exécuter l'offenseur coupable de s'être montré en public avec le paria.

Moins d'une semaine après mon départ de chez Ford, Walter Murphy, qui avait été un collaborateur très proche et occupait depuis vingt ans le poste de directeur exécutif des relations publiques pour le monde entier, reçut un coup de téléphone d'Henry en plein milieu de la nuit.

— Etes-vous dévoué à Iacocca ? demanda Henry.

— Bien sûr, répondit Walter.

— Alors vous êtes viré.

Henry revint sur sa décision le lendemain, mais cette anecdote montre à quel point il avait le cerveau dérangé.

Quelques mois plus tard, Fred et Burns Cody, deux de mes vieux amis, donnèrent une soirée en mon honneur. Seuls deux ou trois types de chez Ford s'y rendirent et un seul membre de la direction, Ben Bidwell. Il avait pris un grand risque et dès le lendemain à son arrivée au bureau, on le mit sur la sellette. « Nous voulons savoir qui était à cette soirée », lui demanda-t-on.

Cela semblait ne jamais devoir se terminer. Le masseur de la compagnie qui était un de mes bons amis continua à venir à la maison pendant un ou deux ans. Puis un beau jour, il cessa de venir sous prétexte qu'il était surchargé de travail et je ne le revis plus jamais. Quelqu'un avait dû faire circuler le bruit qu'il venait chez moi tous les dimanches me faire une séance de massage et il avait eu peur de perdre son boulot. Près de quatre ans après mon éviction, l'hôtesse en chef de la flotte aérienne de la compagnie fut mutée et rétrogradée parce qu'elle continuait à voir ma femme et mes filles.

Pour moi, les conséquences se firent douloureusement sentir pendant bien longtemps. L'un de mes meilleurs amis chez Ford avait eu des relations suivies avec ma famille pendant vingt-cinq ans. Nous jouions au poker tous les vendredis soir et nos deux familles partaient en vacances ensemble. Mais après ma disgrâce, il ne donna pas un seul coup de téléphone. Et à la mort de Mary en 1983, il ne vint même pas à son enterrement.

Mon père disait que si l'on a cinq véritables amis à sa mort, on a réussi sa vie. Je compris très vite ce qu'il voulait dire.

C'était une amère leçon. On peut être ami avec quelqu'un pendant des décennies, on peut partager avec lui tous les bons moments et les mauvais, on peut essayer de le protéger quand des difficultés surgissent. Et puis on a soi-même une tuile et on n'entend plus jamais parler de lui.

C'est là qu'on se pose vraiment les questions essentielles. Si c'était à refaire, aurais-je mieux protégé ma famille ? Aurais-je pu lui éviter cette horrible pression ? On voit son épouse tomber malade — Mary eut sa première crise cardiaque moins de trois mois après mon renvoi — et on s'interroge. Un homme et un sort aussi cruels l'un que l'autre interviennent et changent votre vie.

Je souffris énormément après mon éviction et j'aurais bien aimé que quelqu'un m'appelle pour me dire : « Si nous prenions un café ensemble ? Je suis bouleversé par ce qui s'est passé. » Mais la plupart de mes amis de chez Ford m'ont déserté et ce fut pour moi un choc sans pareil.

J'arrive dans une certaine mesure à comprendre leur attitude. Ce n'était pas de leur faute si l'entreprise était une dictature. S'ils continuaient à me fréquenter, c'était vraiment leur gagne-pain qui était en jeu et ils devaient penser à leurs traites et à leurs gosses.

Mais que dire du conseil d'administration ? Ces illustres protecteurs de la Ford Motor Company étaient censés exercer un contrôle pour éviter les abus de pouvoir flagrants de la direction générale. Mais j'ai l'impression que leur politique était de fermer les yeux aussi longtemps qu'on prenait soin d'eux.

Quand Henry mit les administrateurs en demeure de choisir entre lui et moi, pourquoi l'ont-ils laissé se débarrasser de celui en qui ils avaient toute confiance ? Peut-être étaient-ils impuissants, mais certains d'entre eux auraient au moins pu démissionner en signe de protestation. Pas un seul ne le fit. Pas un seul n'éleva la voix pour dire : « C'est scandaleux. Ce type nous fait gagner près de deux milliards par an et vous voulez le virer ? Alors moi aussi je prends la porte ! »

C'est un mystère que je tiens à éclaircir avant ma mort. Comment ces hommes peuvent-ils avoir la conscience en paix ? Pourquoi Joe Cullman, George Bennett, Frank Murphy et Carter Burgess n'ont-ils pas tenu tête à Henry Ford ? Je ne comprends pas comment les membres du conseil d'administration peuvent justifier leur décision, que ce soit devant eux-mêmes ou quelqu'un d'autre.

Après mon éviction, les seuls dont j'eus des nouvelles furent Joe Cullman, Marian Heiskell et George Bennett. Le jour où je pris mes fonctions chez Chrysler, Marian me téléphona pour me souhaiter bonne chance. C'est le comportement d'une grande dame.

Je demeurai en bons termes avec George Bennett. « Vous savez, me dit-il, si j'avais eu du cran, je serais parti en même temps que vous. Mais je gère une caisse de retraites pour Ford et on me l'enlèverait immédiatement si je vous suivais chez Chrysler. »

A la mort de Mary, je reçus une lettre de Bill Ford et un petit mot de Franklin Murphy. Mais c'est tout. Après toutes ces années passées à travailler ensemble, je n'eus aucune autre nouvelle du conseil d'administration pendant cette période de chagrin.

Au cours de la réunion annuelle qui suivit mon départ, Roy Cohn affronta Henry.

— Qu'avez-vous apporté aux actionnaires en virant Iacocca ? demanda-t-il.

— J'ai agi avec le soutien du conseil d'administration, répondit Henry avec un petit sourire. C'est un renseignement confidentiel.

La nouvelle de mon limogeage fit beaucoup de bruit à l'extérieur. Walter Cronkite en fit le récit détaillé dans le journal télévisé du soir de la CBS et la commenta en ces termes : « Cela évoque l'un de ces romans-fleuves sur l'industrie automobile. » Dans un article à la une, le *New York Times* disait de mon éviction qu'il s'agissait de « l'un des bouleversements les plus dramatiques de l'histoire de la Ford Motor Company. » Compte tenu de l'histoire mouvementée de l'entreprise, ce n'était pas peu dire.

Un éditorial d'*Automotive News* me fit particulièrement plaisir. L'article mentionnait mes gains annuels d'un million de dollars et ajoutait : « Quel que soit le critère retenu, il méritait jusqu'au dernier sou. » Sans critiquer directement Henry, l'éditorial précisait : « Le meilleur de cette branche de l'industrie a maintenant toute liberté d'action. »

Un certain nombre de journalistes trouvèrent mon éviction fâcheuse... et difficile à croire. Jack Egan écrivit dans les pages financières du *Washington Post* que la manière dont les choses s'étaient déroulées « amène à se poser la question suivante : dans quelle mesure une entreprise de la taille de Ford peut-elle être gouvernée comme une principauté au gré des caprices d'un seul homme ? »

A Warren, dans l'Etat de Rhode Island, le journal local publia un article allant dans le même sens. Citant un journaliste du *Wall Street Journal* qui avait écrit que je volais « trop près du chef d'escadrille », l'article disait : « Cela fait un peu peur quand on songe que Ford a une telle puissance que ce qui s'y passe affecte tout le monde. Et ce qui se passe chez Ford dépend apparemment d'un vieil homme arrogant qui n'a de comptes à rendre à personne et n'en fait qu'à sa tête. »

Nicholas Von Hoffman alla encore plus loin. Après avoir qualifié Henry d'« adolescent sexagénaire », il concluait son article en demandant : « Si un type comme Iacocca risque de perdre son emploi, qu'en est-il du commun des mortels ? »

12

APRÈS LA BATAILLE

Dès que la nouvelle se répandit, il y eut une levée de boucliers chez les concessionnaires Ford. Ed Mullane, de Bergenfield, dans le New Jersey, qui était président de l'Union des Concessionnaires Ford, forte de douze cents membres, accusa particulièrement le coup.

Mullane, qui soupçonnait déjà que j'étais dans une situation délicate, avait décidé de son propre chef d'envoyer à Henry et à tous les administrateurs une lettre de soutien à Iacocca. Henry lui avait répondu de s'occuper de ses affaires. En passant un jour devant le bureau d'Henry, je l'avais entendu hurler au téléphone : « Ce fumier de Iacocca est allé voir Mullane pour le mettre au courant ! » Il n'en était rien, bien sûr.

Après ma chute, Mullane lança une campagne pour me faire réintégrer et pour faire nommer un concessionnaire au conseil d'administration. Il avait calculé que les concessionnaires avaient près de 10 milliards de $ d'investissements en franchisage et je représentais pour lui le moyen le plus sûr de protéger ces investissements. Il essaya même d'organiser dans le courant de l'été une action de protestation de la part des concessionnaires qui étaient également actionnaires de la compagnie, mais son plan échoua.

Les efforts de Mullane pour obtenir ma réintégration furent vains, mais certains indices montraient que la direction était préoccupée par l'attitude du réseau de concessionnaires à la suite de mon départ. Dès le lendemain de mon limogeage, Henry envoya une lettre à tous les concessionnaires du pays pour essayer de les rassurer en leur affirmant qu'ils ne seraient pas négligés.

« L'équipe dirigeante de la compagnie est forte et expérimentée. A la tête de nos opérations automobiles nord-américaines se trouvent des responsables de valeur que vous connaissez bien et qui sont parfaitement au courant de vos besoins et des besoins du marché de détail. » S'il en avait vraiment été ainsi, cette lettre n'aurait pas eu de raison d'être.

Je reçus de nombreux coups de téléphone et un abondant courrier de nos concessionnaires qui m'apportaient leur soutien. Leur inquiétude et leurs encouragements avaient pour moi une grande importance. On dit souvent de moi dans la presse que je suis « exigeant » ou « dur en affaires » ou encore que je manque de compassion. Mais si c'était vrai, je ne crois pas que les concessionnaires se seraient rassemblés derrière moi. Nous avons eu des désaccords, mais je les ai toujours traités avec équité. Tandis qu'Henry fréquentait le jet set et faisait des scandales, je me penchais sur leurs problèmes. J'ai aussi aidé un bon nombre d'entre eux à devenir millionnaires en dollars.

Pendant ce temps, Henry avait chargé Bill Ford et Carter Burgess de déterminer le montant de mon indemnité de licenciement. Je leur expliquai ce qui devait me revenir, mais ils se conduisirent comme de parfaits salauds. Pour obtenir ce qui me revenait de droit, je fis appel à Edward Bennett Williams, le meilleur avocat que je connaissais mais je dus me résigner à perdre le quart de ce que j'aurais dû toucher.

Quand je repense à cet épisode, ce que je ne digère pas, c'est d'avoir vu Carter Burgess, un administrateur, et Henry Nolte, l'avocat de Ford, débiter des platitudes sur leur désir d'être honnête et l'impossibilité qu'il y avait à créer un précédent à ce genre de règlement financier à cause des « intérêts des actionnaires ». De son côté, Bill Ford gardait le silence en se mordant les lèvres.

Je reçus aussi des tas de lettres de soutien de mes collègues, toutes écrites à la main, bien entendu, pour qu'on ne puisse en retrouver la trace. Et également des coups de téléphone et des lettres de « chasseurs de têtes », des recruteurs avides de me trouver un nouveau poste.

Je pense que la matinée que je passai dans le dépôt de pièces détachées eut une importance déterminante dans la décision que je pris deux semaines plus tard d'accepter la présidence de Chrysler. Si je n'avais pas connu cette humiliation, j'aurais peut-être pris quelque repos, joué au golf ou emmené ma famille en vacances quelque part.

Mais j'étais tellement furieux de ce qui s'était passé qu'il valait mieux que je trouve tout de suite un nouveau poste. Sinon j'aurais pu me consumer de rage.

Mon limogeage eut une curieuse conséquence : je pus enfin inviter Pete et Connie Estes à dîner à la maison. Pete, qui habitait à quelques pas de chez moi, était le président de General Motors. Nous nous connaissions depuis de longues années mais nous ne nous étions jamais reçus l'un chez l'autre, car tout le temps que j'avais travaillé chez Ford, il nous avait fallu nous plier à la règle tacite qui voulait qu'on ne voie pas un représentant de Ford et un autre de la GM jouer au golf ou au tennis ensemble. C'eût été le signe indiscutable d'une entente illégale sur les prix ou d'un complot visant à détruire notre système de libre entreprise. Les dirigeants de la GM devaient être particulièrement prudents, car leur entreprise était toujours sous la menace d'un démantèlement pour pratiques monopolistiques. En conséquence, ceux d'entre nous qui étaient aux leviers de commande des trois grands constructeurs d'automobiles saluaient à peine leurs homologues des firmes concurrentes.

C'est surtout Mary qui en profita, car elle aimait beaucoup Connie Estes et elles ne seraient plus obligées de se fréquenter en cachette. Cela peut paraître drôle, mais tel était le code de conduite à Grosse Pointe et Bloomfield Hills dans les années soixante-dix.

Quant à mon amitié au grand jour avec Pete Estes, elle fut de très courte durée. Dès la signature de mon contrat chez Chrysler, il nous fallut redevenir des étrangers.

Peu après mon éviction de chez Ford, un journal de Detroit cita dans un article un « porte-parole de la famille Ford » qui aurait dit que j'avais été limogé parce que je « manquais de grâce », que « je me mettais trop en avant » et que « le fils d'un immigré italien, originaire d'Allentown, en Pennsylvanie, n'aura jamais le genre de Grosse Pointe. »

C'était un affront sanglant mais cela n'avait rien de vraiment étonnant. Pour les Ford, je serais toujours un étranger. Christina elle-même, l'épouse d'Henry, l'avait toujours été. Dans la famille tout le monde la surnommait « la reine de la pizza ».

D'après ce qu'Henry pensait des Italiens, cette déclaration n'avait rien d'outré. Il était persuadé depuis plusieurs années que je faisais partie de la mafia. Je suppose que la lecture du *Parrain* avait suffi à le convaincre que tous les Italiens étaient de mèche avec le crime organisé.

Il aurait *vraiment* tremblé s'il avait eu vent d'un appel

téléphonique que je reçus après la publication de ces déclarations anonymes dans le journal. Un type à l'accent italien m'appela chez moi et me tint le discours suivant :

— Si ce qu'on dit dans les journaux est vrai, nous voulons faire payer cet enfoiré qui a compromis l'honneur de votre famille. Je vais vous donner un numéro de téléphone et quand vous nous appellerez, nous lui briserons les bras et les jambes. Cela nous fera du bien. Et à vous aussi, certainement.

— Non, je vous remercie, répondis-je, mais ce n'est vraiment pas mon genre. Si vous faisiez cela, je n'en retirerais aucune satisfaction. Si je dois devenir violent, je lui briserai les jambes *moi-même.*

Tout au long de l'enquête qu'il avait menée en 1975, Henry avait laissé entendre que j'avais des liens avec la mafia. Mais je n'ai, à ma connaissance, jamais rencontré un mafioso de ma vie. Cette prophétie créée de toutes pièces allait-elle se réaliser ? J'avais soudain la possibilité d'entrer en contact avec les seules personnes au monde qui pouvaient vraiment lui flanquer la trouille.

Ce n'est pas que je professe qu'il faille tendre l'autre joue. Henry Ford a bousillé des tas de vies. Mais j'ai eu ma vengeance sans recourir à la violence. Il me verse pour ma retraite des sommes énormes tandis que je me rends tous les matins au travail pour lui tailler des croupières. Cela doit le rendre fou.

Une fois passé le choc initial, j'ai commencé à penser à ce qui s'était produit entre Henry et moi. D'une certaine façon, peu importe qu'on soit le président ou le portier d'une société. Être viré est un coup terrible et on se demande immédiatement : qu'est-ce que j'ai fait de travers ?

Je ne me suis jamais fait d'illusions et je savais que jamais je ne deviendrais le numéro un chez Ford. J'y ai renoncé très tôt. Si j'avais voulu devenir chef de l'exécutif, j'avais le choix ailleurs. Je savais qu'aussi longtemps que je resterais chez Ford, un membre de la famille demeurerait à la tête de la compagnie et j'acceptais cette situation. Si ma véritable ambition avait été de devenir chef de l'exécutif, je serais parti depuis longtemps. Mais jusqu'en 1975, j'étais très satisfait de mon sort.

On s'est débarrassé de moi parce que je représentais une menace pour le grand patron. Henry avait la sale réputation de larguer le numéro deux de la boîte d'une manière très désagréable. C'était pour lui comme un soulèvement de gueux contre leur seigneur et maître. Mais je m'étais toujours accroché à l'idée que j'étais différent, que j'étais plus rusé ou plus chanceux que les autres. Je ne croyais vraiment pas que cela m'arriverait aussi un jour.

J'aurais dû réfléchir un peu plus à l'histoire de la compagnie. Je *savais* qu'Ernie Breech avait été exilé au bout du monde, que Tex Thornton et McNamara, les anciens « petits prodiges », étaient impatients de voguer vers d'autres cieux, que Beacham disait tous les jours : ce type est complètement cinglé et vous avez intérêt à garder une poire pour la soif. Arjay Miller, Bunkie Knudsen et même John Bugas, le pote d'Henry, avaient tous fini de la même manière. Il m'aurait suffi de me pencher sur l'histoire de la boîte et j'y aurais vu mon avenir tout tracé.

Mais il fallait aussi tenir compte de la maladie d'Henry. Il était persuadé que s'il lui arrivait malheur, je parviendrais à manipuler la famille et à prendre le contrôle de la société. « Quand j'ai eu mon angine de poitrine en 1976, déclara-t-il à un journaliste de *Fortune*, je me suis rendu compte que je ne serai pas éternel. Et que deviendra la Ford Motor Company sans moi ? J'en suis arrivé à la conclusion que Iacocca ne devait pas me succéder au poste de président du conseil d'administration. » Cet être malfaisant ne m'avait jamais expliqué cela, pas plus qu'à son conseil d'administration et probablement même pas à lui-même.

La famille Ford est une des dernières grandes dynasties américaines. Comme dans toute dynastie, le premier mouvement répond à un instinct de protection. Tout ce qui — d'une manière quelconque, favorable, défavorable ou neutre — risquerait d'affecter la famille devient un problème potentiel dans l'esprit de celui qui est à sa tête.

Henry n'a jamais fait mystère de son intention de voir son fils Edsel lui succéder et il croyait que je serais un obstacle à ce projet. Comme le disait un de mes amis : « Tu n'as pas souffert du premier fiasco Edsel mais le second t'a fait beaucoup de tort ! »

Je n'ai revu Henry qu'une seule fois après mon licenciement. Quatre ans et demi après mon départ de chez Ford, Mary et moi fûmes invités par Katharine Graham à une des réceptions données par *Newsweek* dans plusieurs villes des Etats-Unis pour célébrer son cinquantenaire. A Detroit la réception eut lieu, ironie du sort, dans les salons du Renaissance Center.

C'était quelques mois avant la mort de Mary. Comme elle ne se sentait pas très bien, je demeurai à ses côtés toute la soirée. Nous étions assis à une table en compagnie de Bill Bonds, un journaliste de télévision que j'apprécie beaucoup. A un moment donné, tandis que Mary et Bill devisaient, je levai les yeux et aperçus Henry et son épouse qui entraient.

« Ah ! Ah ! » fis-je, et Mary se retourna. « Ah ! Ah ! » dit-elle à son tour. C'était un moment auquel j'avais beaucoup pensé. Je suis plutôt serein de nature mais je m'étais toujours demandé comment je réagirais si je revoyais Henry un jour où j'aurais un verre dans le nez. Je m'étais demandé si je perdrais mon sang-froid. J'avais si longtemps rêvé de lui balancer un coup de pied bien placé que je n'étais pas sûr de pouvoir me contrôler.

Nos regards se croisèrent et j'inclinai la tête. Je savais qu'il avait le choix entre trois possibilités. La première était de me saluer de loin et de se perdre dans la foule. Cela lui aurait au moins permis de sauver la face.

La deuxième solution qui s'offrait à lui était de s'approcher et de me dire quelques mots. Il aurait pu me serrer la main, voire passer le bras autour de mes épaules. Cela aurait signifié : oublions le passé. C'eût été l'attitude la plus convenable, c'est-à-dire que c'était trop lui demander.

La troisième solution était de se débiner. Et c'est celle qu'il choisit. Il agrippa sa femme Kathy par le bras et s'enfuit comme un voleur.

Depuis, je ne l'ai plus jamais revu.

Il s'est passé bien des choses depuis le 13 juillet 1978. Les cicatrices laissées par Henry Ford, à ma famille surtout, sont vivaces, car les blessures étaient profondes. Mais les événements de ces dernières années ont eu un effet apaisant. Suivons-les de plus près.

CHRYSLER STORY

13

CHRYSLER ME FAIT DES AVANCES

Si j'avais eu la moindre idée de ce qui m'attendait chez Chrysler, je n'aurais pas accepté d'y entrer pour tout l'or du monde. Dans sa grande charité, le Seigneur ne nous laisse heureusement pas entrevoir l'avenir, sinon nous pourrions être tentés de mettre fin à nos jours. Quand les temps deviennent difficiles, nous n'avons plus qu'à serrer les dents et faire de notre mieux.

Dès l'annonce de mon licenciement, je fus contacté par plusieurs sociétés d'autres branches de l'industrie, dont International Paper et Lockheed. Charles Tandy, le propriétaire de Radio Shack, me demanda de venir travailler avec lui. Trois ou quatre écoles supérieures de commerce — au nombre desquelles l'université de New York — me proposèrent le poste de doyen. Certaines de ces offres me tentaient beaucoup mais j'avais du mal à les prendre au sérieux. J'avais toujours travaillé dans l'automobile et je ne voulais pas changer. Recommencer une carrière à cette époque de ma vie ne me paraissait guère raisonnable.

A cinquante-quatre ans, j'étais trop jeune pour prendre ma retraite mais trop âgé pour commencer à travailler dans une branche que je ne connaissais pas. Et puis j'avais les voitures dans le sang.

Je n'ai jamais fait mienne l'idée que les aptitudes sont interchangeables et que le président de Ford pourrait diriger de manière aussi satisfaisante n'importe quelle autre grosse société. Comme si un chef d'orchestre disait un jour à son saxophoniste :

— Tu es un bon musicien. Pourquoi n'essaierais-tu pas le piano ?

— Minute, répondrait-il. Je joue du saxo depuis vingt ans et je ne connais rien au piano.

Je reçus quand même une proposition d'une firme automobile. Renault souhaitait m'engager en tant que consultant au niveau mondial. Mais ce genre de poste n'est pas pour moi. Je ne m'épanouis que dans l'action et j'aime les responsabilités. Si ça marche, le mérite m'en revient ; sinon, je suis prêt à payer les pots cassés.

En outre, j'étais tenaillé par l'envie d'entreprendre quelque chose. Au cours de cette période de transition de l'été 1978, une idée m'obsédait que j'ai baptisée Global Motors. Il s'agissait d'un projet très ambitieux, pas de ceux qui peuvent se réaliser du jour au lendemain. Mon rêve était de constituer un consortium de sociétés automobiles européennes, japonaises et américaines. Ensemble, nous pouvions créer une force susceptible de concurrencer General Motors. Je me voyais comme le nouveau Alfred Sloan, l'homme qui a réorganisé la GM entre les deux guerres et qui est à mon sens le plus grand génie de l'histoire de l'industrie automobile.

Les associés auxquels je pensais pour Global Motors étaient Volkswagen, Mitsubishi et Chrysler, mais mon projet pouvait aussi bien marcher avec d'autres firmes telles que Fiat, Renault, Nissan ou Honda. Chrysler était le choix logique pour les Etats-Unis. La GM était trop grosse pour s'unir à quiconque, du moins le croyais-je à l'époque, et il ne pouvait être question de Ford pour des raisons évidentes.

Par contre, Chrysler pouvait apporter une solide base d'ingénierie à Global Motors. C'était peut-être l'unique point fort de Chrysler mais il était vital.

Je demandai à l'un de mes amis, Billy Salomon — de Salomon Brothers, une banque d'investissements new-yorkaise — d'effectuer des recherches sur cette fusion éventuelle. J'appris ainsi beaucoup de choses sur plusieurs firmes automobiles, Chrysler y compris, et plus précisément sur leurs bilans. Mais comme j'allais vite m'en apercevoir, il existe une grande différence entre la la manière dont une société apparaît sur le papier et celle dont elle fonctionne réellement.

Selon l'étude de Salomon Brothers, les lois antitrust américaines constituaient l'obstacle principal à la création de Global Motors. Comme tout a changé en cinq ans ! La Maison-Blanche envisage actuellement une coopération entre General Motors et Toyota, les deux plus grosses firmes automobiles du monde ! Alors qu'en 1978, une fusion entre Chrysler et American Motors aurait été impossible.

Depuis mon licenciement, le bruit courait que je pouvais être nommé à la tête de Chrysler. Comme j'étais disponible et que Chrysler avait des difficultés, il était tentant de faire le rapprochement. Le premier pas fut fait par l'intermédiaire de Claude Kirk, l'ancien gouverneur de Floride et un de mes amis, qui m'invita un jour à déjeuner à New York en compagnie de Dick Dilworth et Louis Warren, tous deux administrateurs de Chrysler. Dilworth gérait l'empire financier de la famille Rockefeller et Warren était un avocat de Wall Street qui travaillait pour Chrysler depuis trente-cinq ans. J'acceptai l'invitation et je me souviens encore que nous avons mangé des clams crus si bons que j'en consommai deux douzaines.

Il s'agissait simplement de lier connaissance et dans le cours de la conversation nous n'abordâmes que des sujets très généraux. Dilworth et Warren montrèrent clairement qu'ils ne se trouvaient là qu'à titre privé et non en représentants officiels de leur société. Ils manifestèrent une profonde inquiétude devant la situation du marché automobile et celle de Chrysler en particulier. Ce ne fut donc pas un repas d'affaires mais plutôt une prise de contact.

J'étais resté en rapport avec George Bennett et je ne tardai pas à apprendre qu'il avait été mon seul véritable défenseur au conseil d'administration de Ford. George était également administrateur de Hewlett-Packard. Or, Bill Hewlett, cofondateur de cette société et homme de génie, siégeait au conseil d'administration de Chrysler. Hewlett n'ignorait pas que Benett et moi étions amis et George avait eu l'honnêteté de lui parler des services que j'avais rendus chez Ford.

Peu de temps après, je reçus un coup de fil de John Riccardo, président du conseil d'administration de Chrysler. Dick Dilworth et lui voulaient me rencontrer à l'hôtel Pontchartrain, à quelques pâtés de maisons du Renaissance Center si cher à Henry. Cette entrevue avait pour but d'envisager de manière générale l'éventualité de mon entrée chez Chrysler.

Nous nous efforçâmes de garder le secret sur cette rencontre. Je pris ma voiture personnelle et entrai dans l'hôtel par une porte de service. Même Gene Cafiero, le président de Chrysler, n'avait pas été informé de l'entrevue. Riccardo et Cafiero se détestaient si ouvertement que toute la ville le savait.

Lors de notre entretien, Dilworth et Riccardo restèrent encore dans le vague. « Nous envisageons des changements, dit Riccardo. Ça ne marche pas bien. »

Ils ne souhaitaient manifestement pas être plus explicites. Ils essayaient tous deux de me proposer un boulot sans le dire carrément. Trouvant cela idiot, je leur posai franchement la question.

— De quoi sommes-nous ici pour parler, au juste ?

— De vous embaucher, répondit Riccardo. Aimeriez-vous travailler de nouveau dans l'automobile ?

Je leur expliquai qu'avant d'entrer dans les détails, j'avais un certain nombre de questions à poser sur la situation présente de Chrysler. Je voulais savoir avec précision où j'allais mettre les pieds.

« Je ne tiens pas à m'engager à l'aveuglette, dis-je. J'ai besoin de savoir où en est exactement la société. A combien s'élèvent vos liquidités, quels sont vos projets pour l'année prochaine, comment se présente votre production future et surtout si vous estimez sincèrement pouvoir vous en sortir. »

Nos deux entrevues suivantes se tinrent au Northfield Hilton, dans la banlieue de Detroit. Riccardo dressa un tableau très sombre de la situation mais qui, à mon avis, pouvait être sensiblement amélioré en un an. Je ne pense pas que Riccardo ni quiconque chez Chrysler ait essayé de me jeter de la poudre aux yeux. Comme je l'appris très vite, un des plus gros problèmes de Chrysler était que même la direction générale n'avait pas une idée très précise de ce qui se passait. On savait que Chrysler se vidait de son sang mais on ne se rendait pas encore compte que la firme, comme j'allais le découvrir, était déjà exsangue.

Le défi me paraissait beau et difficile à la fois. En rentrant de ces réunions, je discutais avec Mary. « Tu ne seras heureux qu'en continuant à travailler dans l'automobile, me disait-elle. Et tu es encore trop jeune pour rester à la maison à tourner en rond. Cela servira de leçon à ce salaud d'Henry. » J'en parlais aussi avec mes filles qui me dirent en substance : « Si ça te fait plaisir, accepte. »

Il ne restait plus qu'une question à régler : est-ce que Chrysler pouvait se permettre de m'engager ? Il ne s'agissait pas uniquement du plan financier. Je voulais maintenant être mon propre maître, car j'avais trop longtemps travaillé pour un autre et été le numéro deux. Si j'entrais chez Chrysler, ce serait pour devenir le numéro un en moins d'un an, sinon, rien à faire !

C'était la condition sine qua non de mon acceptation. J'avais été échaudé par mon expérience avec Henry mais je tenais aussi à avoir les mains libres pour remettre la firme sur les rails. Je savais déjà que ma façon d'agir différait totalement de la leur. Si l'on ne m'accordait pas les pleins pouvoirs pour travailler à ma guise, entrer chez Chrysler ne pourrait qu'accroître mes frustrations.

J'avais l'impression que Riccardo souhaitait que je devienne président et chef des opérations tandis que lui occuperait le poste de président du conseil d'administration, chef de l'exécutif. Mais lorsque je lui fis part de ce que je désirais, je me rendis compte que je m'étais trompé. « Ecoutez, me dit-il, je ne vais pas rester très longtemps ici. Et il n'y a pas de place pour deux patrons. Si vous venez chez nous, c'est vous qui dirigerez la boîte. Sinon, nous ne nous serions pas donné tout ce mal pour organiser ces entrevues. »

D'une certaine manière, c'était triste, car ce n'était pas le conseil d'administration de Chrysler qui l'avait poussé à me contacter. Il l'avait fait de lui-même. Il se rendait parfaitement compte que la firme connaissait de très sérieuses difficultés et qu'il était incapable d'y remédier. Il voulait se débarrasser de Cafiero et me mettre à sa place tout en sachant fort bien que si j'acceptais, ses jours en tant que président du conseil d'administration étaient comptés. Il fut convenu que j'occuperais dès mon entrée le poste de président et que je deviendrais président du C.A et chef de l'exécutif le 1er janvier 1980. En fait, Riccardo démissionna quelques mois plus tôt que prévu et je devins le patron en septembre 1979.

John Riccardo et sa femme, Thelma, comptent parmi les personnes les plus charmantes qu'il m'ait été donné de rencontrer. Malheureusement, la crise de Chrysler était si grave que je n'ai pas eu le temps de bien les connaître. Mais une chose est claire : John, se sentant impuissant, s'est sacrifié pour sauver la firme aux dépens de sa propre carrière et après s'être assuré que la transition se ferait aussi harmonieusement que possible. Il a accepté de tomber dans l'oubli pour ressusciter Chrysler. C'est une attitude tout à fait héroïque.

L'étape suivante dans le processus de mon engagement fut une entrevue avec le comité d'indemnisation de Chrysler qui eut lieu à New York dans la suite de la compagnie, aux Waldorf Towers. Cette fois, par souci de discrétion, je pris l'ascenseur jusqu'au 34e étage où Ford disposait d'une suite et montai à pied les deux étages suivants. Riccardo, de son côté, prit un autre ascenseur.

Cette prudence était indispensable. Si l'on voyait Iacocca — dont le limogeage récent était encore un sujet d'intérêt pour les médias — en train de discuter avec Riccardo et la direction de Chrysler, la presse se saisirait aussitôt de l'affaire et je me trouverais engagé avant même qu'une décision ait été prise. Mais le secret fut bien gardé. Seule la revue *New York* se livra à quelques vagues spéculations une semaine avant l'annonce officielle de la signature, mais dans l'ensemble, rien ne transpira.

Henry Ford a dû recevoir un choc en apprenant que j'allais prendre mes nouvelles fonctions en novembre chez Chrysler.

Normalement, dans ce genre de situation, celui qui s'est fait licencier empoche ce qu'on lui doit et s'en va couler des jours heureux en Floride où l'on n'entend plus jamais parler de lui. Alors que moi je restais sur les lieux de l'affrontement ! Quand la nouvelle se répandit que j'entrais chez Chrysler, j'appris de bonne source qu'Henry se soûlait tous les soirs. Il avait toujours été un gros buveur, mais cela empira nettement pendant cette période. Le bruit courait qu'il descendait quotidiennement deux bouteilles de Château Lafite-Rothschild. A 120 $ la bouteille, cela revenait cher. Mais d'après mon expérience, j'imagine que les actionnaires de Ford continuaient de régler la note.

Quand je fus limogé, nous nous étions mis d'accord pour que je perçoive une indemnité de licenciement de 1,5 million de $. Mais ce contrat comportait une clause restrictive : si je travaillais pour une autre firme automobile, cette indemnité était supprimée.

« Ne vous tracassez pas pour cela, me dit Riccardo. Nous vous dédommagerons. » Et quand ma nomination à la tête de Chrysler fut rendue publique, la prime de 1,5 million de $ que j'avais touchée à la signature du contrat fit grand bruit dans la presse. En réalité, cela ne m'a pas rapporté un sou. Cette somme gagnée au cours de mes nombreuses années passées chez Ford se répartissait en indemnités et en pension de retraite. Chrysler me versait l'équivalent et rachetait ainsi mon contrat.

Je touchais chez Ford un salaire officiel de $ 360 000, mais les années fastes les primes faisaient monter cette somme à 1 million de $. Comme je savais que Chrysler n'avait pas les moyens de me payer plus, je leur fis savoir que j'accepterais le même traitement qu'à l'époque de mon licenciement.

Mais le salaire de Riccardo n'était que de 340 000 de $, ce qui compliqua les choses, parce que je débutais comme président alors qu'il était encore président du conseil d'administration. Je ne pouvais décemment gagner plus que lui. Le conseil d'administration régla le problème en accordant à Riccardo une augmentation immédiate de 20 000 $, ce qui nous plaça sur un pied d'égalité.

Je n'ai jamais eu aucun scrupule à toucher un traitement élevé. Je ne suis pas très dépensier mais j'apprécie la réussite que représente un gros salaire. Pourquoi un individu veut-il devenir président d'une société ? Est-ce parce qu'il aime cela ? C'est possible, mais cela peut l'user et le vieillir prématurément. Alors pourquoi travailler si dur ? Pour pouvoir dire : « Voilà, je suis arrivé au sommet. J'ai accompli quelque chose. »

« Méfie-toi de l'argent, me disait mon père. Quand tu auras cinq mille dollars, tu en voudras dix mille. Et quand tu les auras, tu en voudras vingt mille. » Il avait bien raison. On n'en a jamais assez.

Je suis un entrepreneur dans l'âme. Chez Ford j'observais avec une pointe d'envie les concessionnaires qui gagnaient des sommes considérables. Mais je n'avais pas à me plaindre de mon salaire. Dans les années soixante-dix, Henry Ford et moi-même fûmes classés deux ans d'affilée comme les industriels les mieux payés de tout le pays. Mes parents trouvaient cela merveilleux et c'était vraiment pour eux le symbole de la réussite.

Pourtant je connais des agents immobiliers à New York qui peuvent gagner autant d'argent en une seule journée. Mais à la différence des gros brasseurs d'affaires, mes revenus sont rendus publics. Je reçois trop de courrier et de requêtes pour pouvoir les satisfaire. Ce qui m'amène à énoncer une autre maxime de mon père : « Tu crois qu'il est difficile de gagner de l'argent ? Attends d'avoir à en distribuer ! » Et c'est vrai. Tout le monde m'écrit pour me demander une petite part de ma fortune. Universités, hôpitaux, bonnes causes. Répondre à tous demanderait d'être totalement disponible.

Quand je travaillais chez Ford, je connaissais à peine l'existence de Chrysler. Nous ne nous occupions que de General Motors. Les produits Chrysler n'apparaissaient même pas sur les relevés de ventes mensuels indiquant la part de marché de nos modèles par rapport à la concurrence.

Je ne me souviens que de deux occasions où nous fûmes obligés de prêter attention à Chrysler. La première fois, ce fut à propos du logo. Lynn Townsend, le président du conseil d'administration de Chrysler, fit la tournée des concessionnaires de sa marque d'un bout à l'autre du pays. A son retour, il confia à l'un de ses collègues que le nombre de motels Howard Johnson l'avait stupéfié. Il fut encore plus stupéfait quand son collègue lui répliqua qu'il y avait aux Etats-Unis plus de concessionnaires Chrysler que de motels de la chaîne Howard Johnson.

Townsend se mit à réfléchir au toit orange permettant d'identifier les motels et décida que les concessionnaires Chrysler devraient eux aussi avoir un emblème visible de loin. La compagnie chargea une firme de New York de créer un logo pour Chrysler et peu après, l'étoile blanche à cinq branches sur fond bleu commença à fleurir un peu partout.

Cette idée obtint un tel succès qu'au bout de quelques mois, Ford fut obligé de contre-attaquer. Nous avions déjà le célèbre ovale bleu et nous l'apposâmes sur les enseignes de nos concessionnaires. Mais ce fut un échec. Chrysler inscrivait le nom du concessionnaire sous son étoile cependant que la GM le plaçait au milieu de son emblème. Les concessionnaires de la division Ford avaient pour leur part l'ovale bleu avec le nom Ford inscrit en cursive à l'intérieur, puis répété en majuscules à côté. Mais il n'y avait pas de place pour le nom du concessionnaire et un bon nombre d'entre eux se plaignirent. Puisque Henry Ford utilisait deux fois son nom, le concessionnaire devrait pouvoir afficher au moins une fois le sien.

La seconde occasion où nous nous intéressâmes à Chrysler fut lorsqu'ils décidèrent en 1962 de prolonger leur garantie. C'était Ford qui jusqu'alors offrait la meilleure garantie : douze mois ou vingt mille kilomètres. Sur le moment, nous ne prêtâmes pas vraiment attention à cette extension de la garantie à cinq ans ou quatre-vingt mille kilomètres. Mais au bout de trois ans, la part de marché de Chrysler avait tellement augmenté que nous fûmes contraints de les imiter.

La « guerre des garanties » entre les trois Grands de l'automobile s'est poursuivie pendant près de cinq ans. Nous dûmes finalement y mettre un terme, car cela nous revenait trop cher. A cette époque, les voitures n'étaient pas d'une qualité suffisante pour que nous engagions à les entretenir gratuitement pendant cinq ans.

Chrysler jouissait d'une grande réputation en matière d'engineering. Les ingénieurs de chez Chrysler ont toujours surpassé leurs collègues de Ford et de la GM. Je suppose que cela tenait au Chrysler Engineering Institute et je n'ai cessé — en vain — de harceler Henry pour qu'il crée chez nous un centre de formation équivalent. Au fil des ans, nous avons réussi à débaucher quelques-uns de leurs plus brillants ingénieurs, dont une douzaine par mes soins en 1962. Plusieurs ont atteint les postes les plus élevés chez Ford.

Mais depuis que Ford avait dépassé Chrysler au début des années cinquante, notre attention était essentiellement tournée vers General Motors. J'étais, et je suis encore, un observateur passionné de la GM. Cette firme constitue un véritable Etat dans l'Etat et j'envie leur énorme puissance.

L'histoire de l'industrie automobile m'était familière et je connaissais un peu les origines de la Chrysler Corporation et la vie de l'homme qui en avait été le fondateur. Aux débuts de l'automobile, il n'y avait qu'une seule grande figure : Henry Ford. Malgré son excentricité et ses manies — sans parler de son sectarisme — c'était un inventeur de génie. Il commença par bricoler des voitures avant d'apprendre à les produire en série.

On attribue souvent le mérite de l'invention de la chaîne de montage à Henry Ford, mais c'est faux. Par contre, le bonhomme s'est montré réellement novateur en payant ses ouvriers 5 $ par jour en 1914, soit plus du double du salaire normal. Lorsqu'elle fut rendue publique, cette hausse eut un effet retentissant.

Ce que le public n'a pas toujours compris, c'est que Ford ne faisait pas cette offre à ses ouvriers par générosité ni par compassion. Il ne se souciait guère de leur niveau de vie et n'a jamais caché ce qui l'incitait à faire passer le salaire journalier à 5 $. Il voulait que ses ouvriers gagnent suffisamment d'argent pour pouvoir acheter leur propre voiture. En d'autres termes, Henry Ford créait une classe moyenne. Il avait compris que cette industrie — et donc la Ford Motor Company — ne pourrait véritablement se développer que si ses produits attiraient aussi bien les ouvriers que les gens aisés.

Le deuxième grand homme de l'industrie automobile fut Walter P. Chrysler. Il fit preuve d'innovation en matière de moteurs, de transmissions et de pièces mécaniques qui sont depuis demeurés les points forts de sa société. Walter P. Chrysler quitta la GM en 1920, quand William Durant, le président du conseil d'administration, refusa de lui donner carte blanche pour gérer la division Buick. Un franc-tireur comme je les aime !

Je m'intéresse tout particulièrement à la suite de l'histoire. Trois ans plus tard, Walter Chrysler sort de sa retraite pour réorganiser la Maxwell and Chalmers Motor Car Companies qui était moribonde. Et que fait-il ? Il lance de nouveaux modèles auxquels il assure une promotion agressive, *apparaissant même dans certaines publicités !* En 1925, cette compagnie devient la Chrysler Corporation.

Mais il ne s'arrête pas en si bon chemin et en 1928, il rachète Dodge et Plymouth. Sa firme rejoint le peloton de tête qu'elle n'a plus quitté depuis lors. A la mort de Walter Chrysler, en 1940, la Chrysler Corporation a dépassé Ford et arrive en deuxième position derrière General Motors avec 25% du marché intérieur. Comme j'aimerais que l'histoire se répète ! Atteindre 25% du marché et tailler des croupières à Ford ! Je serais prêt à donner beaucoup pour cela.

A la fin des années soixante-dix, Chrysler connaissait de grosses difficultés mais conservait sa longue tradition de créativité en matière de design et d'ingénierie sur laquelle on pouvait s'appuyer. Frederick Zeder, ingénieur en chef pendant les années trente, fut le premier à supprimer les vibrations d'une automobile. Sa solution consistait à monter le moteur sur un support en caoutchouc. C'est également lui qui a inventé le moteur à haute compression et les filtres à huile et à air.

Les ingénieurs de Chrysler dans le Michigan ont dessiné le réservoir le plus sophistiqué et ceux de l'Alabama inventé le premier allumage électronique. Les motoristes de Chrysler ont également mis au point le convertisseur de couple permettant des économies d'énergie, les premiers freins hydrauliques, le premier régulateur électronique de tension ainsi que le premier ordinateur sous le capot. Et Chrysler disposait déjà des meilleurs moteurs et transmissions de toute l'industrie automobile.

C'était donc une firme au passé tout à fait respectable et j'étais convaincu qu'elle avait aussi un avenir. Elle disposait déjà d'un solide réseau de concessionnaires, aussi bons que ses ingénieurs. Le seul ennui était qu'on ne leur donnait pas les moyens de mettre en oeuvre de bons produits.

J'avais également confiance en mes propres aptitudes. Je connaissais bien l'automobile et je savais ce que je valais. J'espérais en toute honnêteté redresser la situation en deux ans.

Mais c'est le contraire qui se produisit. Tout alla de mal en pis. A la crise iranienne succéda celle de l'énergie. Nul ne pouvait imaginer en 1978 qu'au printemps suivant la confusion régnerait en Iran et que le prix du pétrole doublerait brusquement. Enfin, pour couronner le tout, nous eûmes à affronter la plus importante récession de ces cinquante dernières années.

Tout ces événements se produisirent quelques mois seulement après mon entrée chez Chrysler. J'en viens à me demander si le destin ne m'a pas rattrapé au tournant. Quand Dieu — le vrai, pas Henry — a décidé que je serais viré de chez Ford, peut-être essayait-il de me dire quelque chose. J'ai peut-être été renvoyé au moment idéal, juste avant que tout s'écroule, mais j'étais trop bête pour accepter ma bonne fortune.

Pour des raisons diverses, Chrysler fut bien pire que ce que j'attendais. Mais puisque j'y étais, que j'avais décidé de m'atteler à la tâche, il n'était pas question d'envisager d'en sortir.

Ce n'est pas toujours la meilleure politique et cette attitude a causé la perte de bien des gens, emportés et dépassés par les événements et qui essaient de s'accrocher alors qu'ils vont être submergés. Quand j'ai accepté de prendre la direction de Chrysler, je n'imaginais pas que la situation d'une firme automobile pût être aussi catastrophique. J'avais tort et rétrospectivement, je dois reconnaître qu'il m'est arrivé à plusieurs reprises d'être sur le point de sombrer.

14

SUR UN NAVIRE EN PERDITION

Le 2 novembre 1978, le *Detroit Free Press* annonça simultanément à la Une : PERTES RECORD CHEZ CHRYSLER et LEE IACOCCA ENTRE CHEZ CHRYSLER. J'avais bien choisi mon moment ! Le jour où je pris mes fonctions, Chrysler communiquait le chiffre des pertes du troisième trimestre : 160 millions de dollars, le déficit le plus lourd de toute son histoire. « Bien, me dis-je, à partir de là, les choses ne peuvent que s'améliorer. » Malgré ces résultats catastrophiques, les actions Chrysler enregistrèrent ce jour-là une augmentation de 3/8 de point, ce que j'interprétai comme un vote de confiance à mon égard. Ha, ha !

Le jour de mon entrée en fonctions, j'eus quelques difficultés à trouver mon bureau. Pour être franc, je ne savais pas exactement où se trouvait mon lieu de travail. Je connaissais l'emplacement de la direction générale de Chrysler, dans Highland Park, à proximité de la voie express Davison. Mais il me fallut ensuite demander mon chemin. Je ne savais même pas quelle sortie emprunter.

Je n'étais allé qu'une fois chez Chrysler, à l'époque où j'étais président de Ford. Mais j'avais un chauffeur et je n'avais pas fait très attention à la route. Tous les trois ans, les dirigeants des trois Grands se réunissaient à l'occasion de rencontres au sommet destinées à mettre au point une stratégie commune pour les négociations salariales. J'avais participé avec Henry Ford à l'une de ces réunions à Highland Park en compagnie de Lynn Townsend et John Riccardo de chez Chrysler, des représentants de la GM et de tous les avocats.

Les syndicats n'appréciaient guère ces réunions et ils étaient persuadés que nous nous liguions contre eux. Ils ne pouvaient soupçonner que ces discussions étaient totalement vaines. En temps que producteur marginal, Chrysler ne pouvait se permettre d'avoir une grève sur les bras, aussi tout ce que nous pouvions dire sur la nécessité de nous montrer fermes vis-à-vis des syndicats ne menait-il à rien.

Le matin de mon arrivée, Riccardo me fit faire le tour des locaux et me présenta à quelques cadres d'état-major. Une réunion à laquelle assistaient certains membres de la direction générale se déroulait et, comme à l'accoutumée, j'allumai un cigare. Riccardo se tourna alors vers ses hommes. « Vous savez que j'ai toujours été contre le cigare au cours de ces réunions, dit-il. A partir d'aujourd'hui, cette règle est abrogée. » Cela m'apparut comme un excellent présage. D'après tout ce que j'avais entendu dire sur Chrysler, abroger une règle de la maison ne pouvait être qu'une idée géniale.

Avant la fin de la journée, j'avais remarqué quelques détails apparemment insignifiants qui me donnèrent à réfléchir. Tout d'abord, le bureau du président, celui où Cafiero officiait, était utilisé comme voie de passage pour se rendre d'un bureau à l'autre. Je regardais avec stupéfaction les cadres, une tasse de café à la main, ouvrir la porte et traverser le bureau du président. Je compris aussitôt que l'anarchie la plus totale régnait en ces lieux. Chrysler avait besoin d'une bonne dose d'ordre et de discipline, et vite.

Il y avait aussi le fait que la secrétaire de Riccardo semblait passer une bonne partie de son temps à donner des coups de téléphone personnels. Quand les secrétaires tirent au flanc, c'est que la boîte bat de l'aile. Lorsqu'on commence un nouveau travail, on recherche les indices révélateurs pendant les quinze premiers jours. On souhaite en savoir plus long sur l'ambiance de la maison. Ces faits ajoutés à ce que l'on m'avait raconté sur Chrysler me remplirent d'appréhension.

Et il apparut très vite que mes craintes étaient justifiées et j'eus une première révélation d'importance. Chrysler ne fonctionnait pas vraiment comme une société. En 1978, la firme ressemblait à l'Italie de 1860 : un ensemble de petits duchés dirigés par des hobereaux. C'était une juxtaposition de mini-empires où chacun se fichait pas mal de ce que faisait le voisin.

Il y avait chez Chrysler trente-cinq vice-présidents qui ne s'occupaient que de leurs propres affaires. Il n'existait aucun comité de coordination, aucun rapport entre les différents services de l'organigramme, aucun système de réunion permettant aux gens de se rencontrer et de se parler. Aussi incroyable que cela paraisse, le responsable de l'ingénierie n'était pas en contact permanent avec son collègue de la fabrication. Chacun travaillait de son côté. C'était un système à vous donner la nausée et je compris que j'allais au-devant de sérieux ennuis.

Apparemment, ces gens-là ne croyaient pas à la troisième loi du mouvement de Newton d'après laquelle chaque action entraîne une réaction égale et opposée. Ils travaillaient dans le vide et si mal que cette description ne rend qu'imparfaitement compte de la situation.

Je convoquais un des ingénieurs et il en restait comme deux ronds de flan quand je lui faisais part d'un problème de design ou d'une anicroche dans les rapports ingénierie-fabrication. Il était peut-être capable d'inventer une pièce nouvelle qui nous ferait gagner beaucoup d'argent ou de réaliser des plans extrêmement prometteurs mais il y avait un problème : il ignorait qu'à la fabrication on ne pouvait suivre. Pourquoi ? Tout simplement parce qu'il ne leur en avait jamais parlé.

Chez Chrysler, personne ne semblait comprendre l'importance capitale de l'interdépendance. Les agents de l'ingénierie et de la fabrication devraient presque coucher ensemble et chez Chrysler ils ne flirtaient même pas !

Un autre exemple : le même vice-président était responsable des ventes et de la fabrication. Cela me paraissait inconcevable, car il s'agit de fonctions extrêmement importantes et tout à fait distinctes. Pire encore, il n'y avait pratiquement aucun contact entre les deux services. Les types de la fabrication construisaient des voitures sans même se concerter avec ceux des ventes. Ils les construisaient, les stockaient dans une cour et espéraient que quelqu'un viendrait les prendre. Il y avait donc des stocks monstrueux qui provoquaient un cauchemar financier.

Le contraste entre les structures de Chrysler et de Ford était absolument saisissant. Personne chez Chrysler ne paraissait se rendre compte qu'on ne peut gérer une entreprise de cette taille sans mettre au point une stratégie collective. Chaque membre de l'équipe doit comprendre en quoi consiste son boulot et comment il s'accorde avec celui des autres.

Mais au lieu de tenir les rênes de l'entreprise et d'avoir une vue globale de la situation, Riccardo et Bill McGagh, le trésorier, passaient tout leur temps à faire la tournée des banques qui avaient prêté de l'argent à Chrysler. Ils couraient d'un établissement à l'autre pour maintenir les emprunts en cours. Ils en étaient donc réduits à gérer la crise au jour le jour, sans jamais voir plus loin que l'échéance du mois suivant alors qu'ils auraient dû compter en années.

Deux mois après mon arrivée, une véritable catastrophe me tomba dessus. Nous étions à court de liquidités ! Avant d'entrer chez Chrysler, j'avais eu vaguement conscience qu'il y avait de ce côté-là un certain nombre de problèmes allant des mauvaises techniques de gestion à des économies sur la recherche et le développement. Mais le seul domaine dans lequel j'avais une certaine confiance était celui du contrôle financier. Après tout, nul n'ignorait à Detroit que Chrysler était géré par des financiers. Tout le monde tenait donc pour acquis que le contrôle financier était la priorité des priorités.

Mais je découvris bientôt avec horreur que Lynn Townsend (qui avait pris sa retraite depuis deux ans) et John Riccardo n'étaient en fait que des expert-comptables appartenant au cabinet d'audit Touche Ross de Detroit. Qui plus est, ils n'avaient pas pris soin de s'entourer d'analystes financiers sérieux. Ils voulaient donner à croire qu'ils étaient capables de s'occuper eux-mêmes de ces problèmes. Mais cela leur était absolument impossible avec une firme de la taille de Chrysler.

Je m'aperçus peu à peu que Chrysler n'avait pas de système global de contrôle financier. Pire encore, personne dans la boîte ne semblait avoir entendu parler de planification et de prévisions financières. Il leur était impossible de répondre aux questions les plus élémentaires. Et si encore ils avaient connu les questions !

Dès mon accession à la présidence de Ford, j'avais demandé la liste des immobilisations avec indication du taux de rendement des investissements pour chacune d'elles. Tenir ce langage chez Chrysler équivalait à parler une langue étrangère. Il était impossible d'avoir le moindre élément.

C'est sans doute à cette occasion que je reçus le plus grand choc de toute ma carrière. J'étais atterré, totalement effondré. J'étais déjà au courant pour les véhicules médiocres, les usines en mauvais état et le vent de défaitisme qui soufflait. Mais jamais je n'aurais soupçonné qu'il ne me serait pas possible de me procurer des chiffres précis me permettant d'essayer de résoudre une partie des problèmes de fond de l'entreprise.

Lynn Townsend avait toujours joui d'une bonne réputation de financier, mais je pense que ses décisions, comme celles de nombreux hommes d'affaires, étaient davantage liées aux bénéfices du trimestre suivant qu'au bien de l'entreprise à long terme. Pendant des années, Chrysler avait été dirigé par des hommes qui n'aimaient pas vraiment l'automobile. A présent, cela se retournait contre eux.

Etant le plus petit des trois Grands, Chrysler aurait pu et dû être en pointe dans la mise au point de nouveaux modèles. Mais l'engineering qui avait toujours été l'atout maître de l'entreprise fut négligé sous la gestion de Lynn Townsend. Et quand les bénéfices commencèrent à chuter, ce furent l'ingénierie et le développement des produits qui trinquèrent.

Au lieu de porter leurs efforts sur la qualité des voitures, Lynn Townsend et son équipe se lancèrent dans le développement à l'étranger. Dans leur zèle à devenir une société multinationale, ils rachetèrent des firmes européennes moribondes, des canards boiteux comme Simca en France et Rootes en Grande-Bretagne. C'étaient des « bleus » en matière d'opérations internationales. J'en arrivai même à me demander s'il n'y avait pas des gens chez Chrysler qui ignoraient que les Anglais conduisent à gauche !

Lynn Townsend a toujours été populaire auprès des actionnaires et, actionnaire lui-même, il s'est enrichi. Mais je ne crois pas qu'il ait jamais compris grand-chose à la gestion d'une firme automobile. Si bien qu'à un moment, Chrysler perdait de l'argent sur tous les continents à l'exception de l'Antarctique.

Townsend a quand même réalisé certaines opérations positives, telle la création de Chrysler Financial, une filiale destinée à ouvrir des crédits à la fois aux concessionnaires et à la clientèle privée. Aujourd'hui, Chrysler Financial est un modèle du genre. Townsend ne porte donc pas toute la responsabilité de l'effondrement de Chrysler. Je me suis souvent posé la question de savoir ce que faisait le conseil d'administration pendant que tout cela se passait.

Dès la première réunion, j'ai commencé à comprendre. Le conseil d'administration de Chrysler disposait d'encore moins d'informations que son homologue de chez Ford... ce qui n'est pas peu dire. Il n'y avait ni diagrammes ni études financières. Riccardo avait griffonné quelques notes au dos d'une enveloppe. Ce n'était certainement pas la meilleure façon de gérer la dixième entreprise du pays.

Quand je fus nommé président du conseil d'administration, j'agis avec circonspection. Je n'étais pas assez fou pour accuser du doigt ceux qui venaient de m'engager. Mais une ou deux fois, j'interrogeai les membres du conseil avec toute la politesse voulue : « Comment la direction s'est-elle arrangée pour faire accepter ses projets par un aréopage d'hommes d'affaires aussi distingués ? Ne disposiez-vous d'aucune information ?

Les problèmes de Chrysler ne se limitaient pas à la direction générale. A tous les niveaux de la hiérarchie, le personnel était inquiet et découragé. Plus personne ne faisait correctement son travail ; je n'ai jamais rien vu de comparable. Les vice-présidents étaient totalement incompétents. Townsend et son état-major avaient pris des gens qui avaient bien réussi dans un domaine et les avaient déplacés à volonté. Ils partaient du principe que celui qui a du talent peut l'exprimer partout. Au bout de quelques années de mutations incessantes, plus personne chez Chrysler ne faisait ce à quoi il avait été formé. Et croyez-moi, cela se voyait.

Le responsable des pièces détachées en Amérique latine avait été nommé contrôleur à Detroit et c'était loin de lui plaire. Il fut soulagé quand je fus obligé de le renvoyer. Le chef des opérations en Europe avait été bombardé vice-président et directeur des achats alors qu'il n'avait jamais travaillé dans cette branche. C'était absolument navrant.

Cela me faisait mal au coeur, car dans leur domaine respectif, ces gens-là auraient pu être très performants. Il tentaient d'expliquer leur situation fâcheuse en disant : « Je n'ai jamais demandé ce poste. Vous me posez des questions propres au métier de contrôleur, mais j'ignore les réponses. Ma spécialité, c'est les pièces détachées. En fait, je suis talonneur, mais on m'a collé le poste de demi de mêlée. Je ne sais pas jouer à cette place. Je pourrais apprendre mais il me faudrait un peu de temps. »

Tout le monde savait que j'étais venu mettre de l'ordre dans la maison et chacun redoutait d'en faire les frais. Ils n'avaient aucune certitude et vivaient dans la crainte — avec juste raison. En trois ans, je fus contraint de renvoyer trente-trois vice-présidents sur trente-cinq. Ce qui fait un par mois !

J'ai essayé de donner une nouvelle chance à certains membres de la direction générale, mais en vain. Ils étaient incapables de se remettre en question. Charlie Beacham disait qu'à partir de vingt et un ans, on ne peut plus changer son style ni ses habitudes. On a sa propre image dont on ne peut s'éloigner et nul n'a l'humilité nécessaire pour tout reprendre à zéro une fois adulte.

Beacham avait malheureusement raison... comme d'habitude. Quand Paul Bergmoser entra dans la boîte, je me souviens de lui avoir demandé d'essayer d'en sauver quelques-uns. Mais au bout de six mois, il m'a dit : « C'est impossible. Ils ont pris l'habitude de la maison de travailler tout seul. Jamais ils ne pourront s'adapter, il est trop tard. »

Les problèmes entraînent toujours d'autres problèmes. Quand quelqu'un n'est pas très sûr de lui, la dernière chose qu'il souhaite est d'être secondé par quelqu'un qui a confiance en lui-même. Il se dit : « S'il est trop bon, il va finir par me prendre ma place. »

Résultat : tout dirigeant incompétent s'entoure d'adjoints tout aussi incompétents. Et tout le monde se retranche derrière la faiblesse globale du système.

Que l'on ne se méprenne pas sur le sens de mes paroles. Je ne veux pas dire que si quelqu'un a une formation d'expert-comptable, il sera tenu de faire de la comptabilité toute sa vie, quelles que soient ses autres qualités. J'estime simplement que l'on doit proposer très tôt à chacun un plan de carrière. Il faut disposer de suffisamment de temps pour faire la preuve que l'on est capable d'avoir de bons résultats dans un domaine particulier.

Il faut aussi éviter la spécialisation à outrance, car personne n'aurait les qualités requises pour arriver à un poste de directeur général. Mais il ne faut pas non plus que tout le monde soit formé pour la direction générale.

Tous les problèmes de Chrysler se ramenaient en fait à une seule question : personne ne savait qui était le patron. Il n'y avait pas d'équipe, rien qu'une juxtaposition de joueurs indépendants qui pour la plupart ne savaient pas exactement à quel poste ils jouaient.

Autre chose de dire cela et de comprendre ce que ça signifie en termes théoriques, autre chose, croyez-moi, d'en voir les effets pratiques. Il est assez effrayant de découvrir que l'une des plus grosses entreprises de la planète, jonglant avec des milliards de dollars, est en train de dégringoler la pente sans que personne puisse l'en empêcher. D'autant que chaque jour apportait son lot de mauvaises nouvelles.

Le seul parallèle qui me venait à l'esprit était la situation à laquelle Henry Ford II avait dû faire face trente-deux ans plus tôt. Quand le jeune Henry quitta la Navy pour entrer dans l'entreprise de son grand-père, celle-ci était en piteux état. On raconte que dans un service on estimait les dépenses au poids des factures.

La situation était devenue désastreuse à la Ford Motor Company parce que son vieux fondateur la dirigeait en dépit du bon sens. Il ignorait tout des saines méthodes de gestion et en ce temps-là, les sociétés étaient fréquemment dirigées par des fiers-à-bras ayant l'esprit d'entreprise plutôt que par des des managers rompus aux techniques de management.

Mais c'était encore pire chez Chrysler où l'on ne pouvait jeter la pierre à un fondateur d'une autre époque. Le fiasco de Chrysler s'était produit après trente ans de gestion scientifique. Il était incompréhensible qu'en 1978 une entreprise de cette taille pût être gérée comme une petite épicerie de quartier.

Ces problèmes n'apparurent pas du jour au lendemain. La réputation de la firme était au plus bas depuis des années dans les milieux automobiles de Detroit. La boîte était considérée comme un dernier recours ; tous ceux qui ne pouvaient trouver du travail ailleurs pouvaient toujours s'adresser à Chrysler. Et les cadres de la firme étaient plus appréciés pour leurs capacités à manier un club de golf que pour leurs connaissances en automobile.

Il n'était pas étonnant dans ces conditions que le moral fût très bas à Highland Park. Et quand le moral est à zéro, la boîte devient une véritable passoire. Tous les secrets sont divulgués. Quand on a affaire à des gens démoralisés, redoutant la faillite et de se retrouver sur la paille, les chances de fuites se multiplient.

La presse adore parler — et en fait même parfois des gorges chaudes — de l'espionnage industriel dans l'automobile. C'est un problème qu'il nous est arrivé de rencontrer chez Ford. Au début des années soixante-dix, un de mes amis travaillant chez Chrysler m'a montré un jour une liasse de documents confidentiels provenant de chez Ford que l'un de ses hommes avait acheté à quelqu'un de chez nous. J'ai montré ces papiers à Henry qui accusa le coup. Il mit en place un système permettant de juger de l'importance de cet espionnage industriel et de savoir ce que nous pouvions faire pour l'éviter.

Mais il est presque impossible de s'y opposer efficacement. Nous installâmes des machines à découper le papier en lanières et distribuâmes des exemplaires chiffrés de certains rapports. Le 1 pour Henry, le 2 pour Iacocca, etc. Mais même ainsi, il y avait des fuites. On pouvait convoquer la douzaine de personnes ayant accès au rapport et leur dire : « Il y a un menteur dans cette pièce, » cela ne menait nulle part. J'ai essayé deux ou trois fois, mais sans succès.

Il arrive parfois qu'une firme aille jusqu'à prendre des photographies des prototypes de ses concurrents, mais la plupart du temps, ces clichés de mauvaise qualité ne servent pas à grand-chose. J'ai toujours supposé, par exemple, que General Motors possédait des photos de la Mustang deux avant qu'elle soit mise en vente. Mais que savaient-ils exactement ? Ils n'allaient pas en copier les plans avant qu'elle ne fasse son apparition sur le marché et avant de pouvoir se rendre compte par eux-mêmes qu'elle avait du succès.

Mais il arrive aussi que l'on travaille en secret à la mise au point d'un nouveau projet ou que l'on découvre un truc sensationnel pour économiser le carburant. Et l'on se rend compte qu'un concurrent a très vite été en possession des résultats de ces travaux. Là, cela fait vraiment mal.

Le moral défaillant et les fuites avaient des répercussions sur les bilans de Chrysler. Cela expliquait les très mauvais résultats de l'entreprise alors que le reste de l'industrie automobile achevait la meilleure année de toute son histoire. En 1978, la GM et Ford établirent de nouveaux records de ventes et de bénéfices. General Motors avait vendu près de 5,4 millions d'unités et Ford 2,6 millions. Comme d'habitude, Chrysler arrivait en troisième position, mais loin derrière, avec à peine 1,2 million d'unités. Mais le plus inquiétant était que notre part du marché américain était tombée en un an de 12,2 % à 11,1 %, une chute impressionnante. Notre part du marché des véhicules utilitaires avait baissé dans les mêmes proportions, de 12,9 % à 11,8 %.

Mais le pire était qu'en deux ans le taux de fidélité de la clientèle de Chrysler avait baissé de 7 %. Au moment où je pris mes nouvelles fonctions, il était tombé à 36 %, contre 53 % à Ford, ce qui était déjà une baisse significative. La GM, de son côté, se maintenait aux environs de 70 %.

Nous avions déjà du mal à attirer l'attention du public sur nos produits et maintenant nous apprenions que près des 2/3 de nos clients n'étaient pas satisfaits et n'avaient pas l'intention de racheter un de nos modèles.

Nos chiffres de vente soulignaient aussi un point qui me tracassait : Chrysler avait la réputation d'une marque destinée à une clientèle d'un certain âge. Lorsque je pris les rênes de l'entreprise, l'âge moyen des acheteurs de Dodge et de Plymouth était plus élevé que celui des acheteurs de Buick, Oldsmobile, Pontiac et même Mercury. Notre étude montrait également que les possesseurs de Chrysler étaient plutôt d'un milieu ouvrier, n'avaient pas fait des études très poussées et étaient plus concentrés dans les Etats industriels du Nord-Est et du Middle West que la clientèle des marques concurrentes.

Ces chiffres mettaient en lumière ce que je savais déjà : les produits Chrysler étaient perçus comme « rassis » et ternes. Il nous fallait de toute urgence imaginer de nouveaux modèles, car dans l'automobile l'immobilisme ne pardonne pas et on est vite dépassé.

Mais je ne démarrais pas à zéro. Chrysler avait une longue tradition en matière d'innovation et je comptais bien la perpétuer. Quelques années plus tôt seulement, les jeunes achetaient des Chrysler parce que c'était branché. Les Charger et les Duster dévalaient les rues plus vite que n'importe quelle autre auto. Les voitures de course, les Dodge Daytona, la série des Chrysler 300, les Satellite et les Barracuda pullulaient autour des comptoirs de hamburgers du Maine à la Californie.

Chrysler avait également produit la Road Runner, l'arme absolue pour les courses de rues, dotée d'un moteur « Hemi » de 7000 cm^3, un classique de la fin des années soixante, bruyante, rapide et presque aussi puissante qu'une locomotive. Tous les soirs à Detroit, ces monstres faisaient la course sur Woodward Avenue où les rejoignaient parfois des ingénieurs professionnels ou quelques cadres de l'automobile rentrant dans leur banlieue.

Mais à présent Chrysler se vendait mal sur la côte Ouest où la clientèle était plus jeune et plus aisée. Nous étions particulièrement faibles en Californie, alors que c'est la région qui compte le plus. L'industrie automobile a vu le jour dans le Michigan mais c'est en Californie qu'elle est devenue majeure. C'est en Californie que fut créé le premier système autoroutier vraiment important. Et c'est l'endroit où l'on a accès au marché des jeunes — voitures musclées, quatre vitesses au plancher, enjoliveurs fantaisie, camping-cars, toutes les transformations possibles du modèle de base sorti des chaînes de montage du Michigan.

Mais la Californie porte aussi la responsabilité d'un certain nombre de choses dont nous nous serions bien passés. Tout d'abord, l'explosion des importations. Les Californiens achètent plus de voitures étrangères que les habitants de n'importe quel autre Etat. Ensuite, la législation draconienne sur le taux de pollution toléré a presque transformé la Californie en un pays étranger.

On l'a souvent dit, mais il n'est pas inutile de le répéter : la Californie est vraiment le miroir de l'avenir. Il se peut que ce que nous voyons dans ce miroir ne nous plaise pas toujours, mais il serait stupide de se voiler la face.

Il nous fallait à tout prix conquérir la Californie, mais pour cela nous devions avoir des produits nouveaux.

Ce n'était pas seulement la silhouette des modèles Chrysler qui était en cause. La qualité des produits, elle aussi, était très critiquée ; en particulier l'Aspen et la Volaré qui avaient succédé aux fameuses Dart et Valiant. C'étaient deux modèles inusables et dont la production n'aurait jamais dû s'arrêter. On les avait remplacées par des voitures qui commençaient à se déglinguer au bout d'un ou deux ans.

L'Aspen et la Volaré avaient été lancées sur le marché en 1975, mais il aurait fallu retarder leur sortie d'au moins six mois. La compagnie avait un besoin urgent de liquidités et pour une fois, Chrysler ne suivit pas le cycle normal : études, essais et construction. Les clients qui achetèrent des Aspen et des Volaré en 1975 servirent de cobayes et firent office d'ingénieurs pour Chrysler. Les premières unités qui sortirent des chaînes étaient encore dans la phase expérimentale.

Si l'on considère les vingt dernières années, je ne pense pas qu'on puisse trouver des modèles ayant causé une telle déception à leurs acquéreurs. Le cas de l'Edsel est différent : les gens n'en voulaient pas, c'est tout. Mais l'Aspen et la Volaré se vendirent fort bien et les clients furent floués. Ils les avaient choisies pour leur silhouette, surtout le break dont ni Ford ni General Motors ne disposaient en 1976.

Mais ces voitures n'étaient pas bien construites. Le moteur calait quand on appuyait sur le champignon, les freins lâchaient, le capot s'ouvrait tout seul. Les clients se plaignaient et plus de 3,5 millions d'exemplaires de ces deux modèles retournèrent chez les concessionnaires pour être réparées gratuitement. Gratuitement pour le client, bien sûr, car c'est Chrysler qui payait la note.

Mais même les exemplaires qui ne connaissaient pas d'ennuis mécaniques commencèrent à rouiller. Les pare-chocs rouillés des Volarés nous ont coûté 109 millions de $, en 1980, à une époque où nous pouvions difficilement nous permettre des dépenses de cet ordre. Les pare-chocs avaient rouillé parce que l'application de la peinture antirouille n'avait pas été faite avec suffisamment de soin. On ne nous demandait pas de les changer, mais nous étions tenus vis-à-vis de nos clients de les remettre en état. Malgré cela la valeur de ces modèles à la revente chuta d'une manière vertigineuse et l'image de marque de Chrysler en souffrit énormément.

Ford a connu un problème analogue. En 1957, nous avions sorti une belle voiture, la Fairlane 500, une merveille d'esthétique qui se vendait comme des petits pains. Mais, comme la Volaré, elle n'était pas au point. Francis Emerson, le directeur du parc auto de Philadelphie, avait reçu l'une des premières quatre portes afin de faire des démonstrations. La voiture était si mal assemblée que les portières arrière s'ouvraient à chaque dos d'âne. Il régla le problème en attachant les deux portières de l'intérieur avec une ficelle. « Une démonstration avec cette bagnole est un véritable cauchemar, disait-il. Ils aiment bien la ligne, mais je n'arrive pas à les faire asseoir à l'arrière ! »

En ce temps-là, le client de Ford changeait en moyenne de voiture tous les trois ans. Et malheureusement, en 1960, nous avons eu des problèmes avec un autre modèle. « Cela se présente mal, me suis-je dit. Le client ne voudra pas se faire avoir deux fois. Que va penser le type qui, en 57, a acheté une voiture parce que la ligne lui plaisait et qui s'est aperçu qu'elle ne valait rien ? S'il est resté client chez nous et qu'il achète une Ford 60, il sera floué une deuxième fois. Il ne reviendra plus et se tournera sans doute vers General Motors ou des marques étrangères. »

La Volaré 75 appartenait à cette même catégorie. La GM a bien entendu eu des fiascos elle aussi. La Corvair, par exemple. Pour une fois, je suis d'accord avec Ralph Nader : la Corvair était vraiment dangereuse. La Vega, avec son moteur en aluminium à plat, était tout aussi ratée. La Vega et la Corvair ne valaient rien, mais la GM est tellement puissante qu'elle peut supporter sans encombre une ou deux catastrophes. Ce qui n'est pas le cas de Chrysler, aux moyens beaucoup plus modestes.

Impossible de parler d'échecs sans mentionner la Ford Pinto. Nous avons sorti la Pinto en 1971. Il nous fallait une « subcompact » et c'était la meilleure sur le marché à moins de 2 000 $. Rien que la première année, nous en avons vendu 400 000 exemplaires ; un grand succès qui la fit entrer dans la catégorie de la Falcon et de la Mustang.

La Pinto se trouva malheureusement impliquée dans une série d'accidents où la voiture prenait feu après une collision à l'arrière. Il y eut des procès par centaines. En 1978, un tribunal de l'Indiana inculpa la Ford Motor Company d'homicide par imprudence. La compagnie fut acquittée, mais cette affaire lui causa un tort considérable.

Nous connaissions deux problèmes avec la Pinto. D'abord, le réservoir d'essence était situé derrière l'essieu, si bien que lorsque la voiture recevait un choc violent à l'arrière, le feu pouvait se déclarer. La Pinto n'était pas la seule dans ce cas. A l'époque, *toutes* les petites voitures avaient le réservoir derrière l'essieu. Et toutes se trouvaient impliquées dans des incendies.

Mais la Pinto avait un autre défaut : le goulot du réservoir pouvait être arraché lors d'une collision et quand cela se produisait, l'essence coulait et pouvait s'enflammer.

Nous refusâmes d'effectuer des modifications, mais cela nous a beaucoup nui. Joan Claybrook, le directeur de la Sécurité routière, un protégé de Nader, me dit un jour : « Il est dommage que vous ne puissiez rien faire pour la Pinto. Sincèrement, elle n'est pas plus mauvaise qu'une autre voiture de sa catégorie. Ce n'est pas tant un problème mécanique qu'un problème juridique et de relations publiques. »

A qui la faute ? La réponse qui s'impose est qu'elle incombe à la direction de Ford... et à moi-même au premier chef. Des tas de gens vous diront que les pressions rencontrées dans ce genre de situation excusent les faux-fuyants de la direction qui espère que le temps apportera l'oubli. Mais il me semble quand même utile de préciser que les dirigeants ont une haute conception de l'éthique professionnelle et qu'ils font ce que le devoir et le bon sens exigent sans se soucier des pressions.

Il est absolument faux de prétendre que nous avons construit sciemment une voiture dangereuse pour économiser quelques dollars. L'industrie automobile a souvent fait preuve d'arrogance mais jamais d'un tel cynisme. Les constructeurs de la Pinto avaient des enfants faisant leurs études et qui tenaient le volant de cette voiture. Croyez-moi, il ne viendrait à l'esprit de personne de se dire : « Je décide de construire une voiture dangereuse. »

Nous avons fini par retirer de la circulation environ 1,5 million de Pinto. C'était en juin 1978, un mois avant mon limogeage.

Lors de mes débuts chez Chrysler, j'eus un autre problème très important à résoudre. Dès la première semaine, j'assistai à une réunion informelle au cours de laquelle il fut décidé de réduire la production de dix mille unités. Une semaine plus tard, se tint une autre réunion plus officielle. Cette fois, *cinquante mille* exemplaires furent supprimés du programme de production pour le premier trimestre 1979.

Cela me laissa à la fois perplexe et abattu. Comment pouvait-on décider bon gré mal gré de réduire ainsi la production ? C'est alors que je découvris avec horreur que nous n'avions reçu aucune commande de nos concessionnaires pour ces voitures et que nous n'avions plus de place pour les stocker. Ces stocks avaient reçu chez Chrysler le nom de « banque des ventes », simple prétexte pour continuer à faire tourner les usines alors que nous n'avions plus de commandes.

A intervalles réguliers, la fabrication indiquait au service des ventes la quantité et le modèle des véhicules qui allaient être produits. C'était alors au service des ventes d'essayer de les écouler ! La firme avait recruté de jeunes et brillants diplômés qui passaient leurs journées dans une chambre d'hôtel, pendus au téléphone pour essayer de refiler leur camelote. Et dire que le système fonctionnait ainsi depuis des années.

La plus grande partie de ces surplus restaient dans d'immenses parkings de la région de Detroit. Je n'oublierai jamais ma visite au champ de foire du Michigan bourré de milliers de Chrysler, Dodge et Plymouth invendues, preuve tangible de la faiblesse structurelle de la compagnie. Le volume de ces stocks était variable, mais en général le nombre de voitures dépassait de loin ce que nous pouvions espérer vendre.

Au cours de l'été 1979, quand Chrysler fit pour la première fois appel au gouvernement, la « banque des ventes » comportait quatre-vingt mille véhicules. Ce chiffre s'éleva à un moment à cent mille unités, représentant 600 millions de $. Au moment où nos liquidités fondaient et où les taux d'intérêt étaient élevés, le coût de ces stocks était astronomique. Mais le pire était que les voitures restaient en plein air et se détérioraient lentement.

La fabrication des modèles était devenue un gigantesque jeu de hasard n'ayant plus aucun rapport avec les désirs de la clientèle ni les commandes des concessionnaires essayant de satisfaire la demande. C'était un responsable de la direction régionale qui décidait tout. « Je vais mettre une direction assistée à celle-ci et une transmission automatique à celle-là. Je vais faire mille bleues et mille vertes. » Et si le client en voulait une rouge, tant pis pour lui !

Comme il fallait bien faire quelque chose pour tous ces invendus, les directions régionales décidaient à la fin de chaque mois d'organiser une opération promotionnelle. Ils passaient au moins une semaine par mois au téléphone à essayer d'écouler une partie de leurs stocks. Et les garagistes comprirent vite que s'ils attendaient la fin du mois, la direction régionale les appellerait pour leur proposer un rabais pour l'achat de dix véhicules. D'une manière ou d'une autre, les concessionnaires s'arrangeaient toujours pour avoir des réductions sur le prix de gros normal. Chez Ford nous n'avions recours à ces liquidations que lorsque les stocks étaient trop gonflés, mais là c'était entré dans les moeurs.

Tels les chiens de Pavlov, les concessionnaires en vinrent à dépendre de ces ventes. Ils savaient qu'elles auraient lieu et se bornaient à attendre. La sonnerie retentissait et leur coeur se mettait à battre plus vite, car ils allaient pouvoir faire des économies.

Je savais que Chrysler ne pourrait jamais faire de bénéfices tant que nous nous ne mettrions pas — définitivement — fin à ces pratiques. Mais je n'ignorais pas que la tâche ne serait pas aisée. Trop de gens en avaient pris l'habitude, comptaient dessus et dans certains cas ne pouvaient s'en passer. Quand je fis vœu de les supprimer, on me prit pour un doux rêveur. Chez Chrysler la « banque des ventes » était si importante et faisait tellement partie intégrante du fonctionnement de l'entreprise qu'on ne pouvait imaginer qu'on pourrait s'en passer.

Les jeunes mariés :
mes parents,
Nicola et Antoinette Iacocca,
en 1923.

Ma première paye
chez Ford...
après déduction des impôts !

Mary, mon épouse, en 1948.

« Concours de lancer d'œufs »
pour tester un dispositif de sécurité, en 1956.

Robert McNamara, le nouveau président de Ford *(à gauche)*
en compagnie d'Henry Ford II en 1960.
(Photo AP/Wide World.)

Le père de la Mustang. *(Photo AP/ Wide World.)*

Pendant que New York dormait, une Mustang 66 caracolait au sommet de l'Empire State Building.

Président de Ford, 1974.

Présentation de la première Mustang à M. Honda, à son domicile de Tokyo, 1974.

Le lendemain de ma nomination à la présidence de Chrysler.

Le premier modèle K de Chrysler en 1980 : le sauveur.

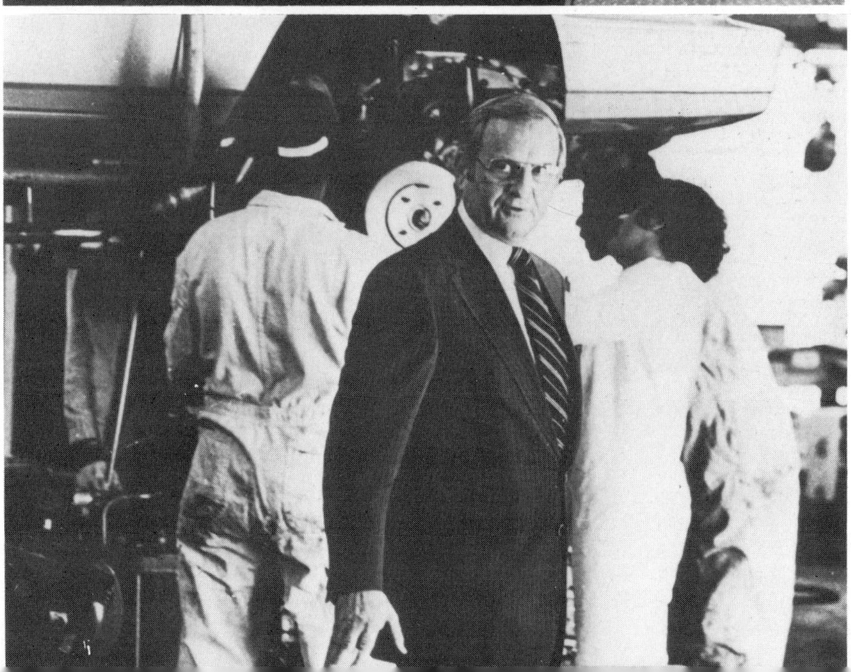

Achèteriez-vous une voiture d'occasion à cet homme? Mon premier spot télé, en 1981. *(Photo AP/ Wide World.)*

Ma famille en 1973.

10 décembre 1970 : mes parents et ma femme célèbrent ma nomination à la présidence de Ford.

Si je suis appelé,
je répondrai présent!

Le *success car* des années 80.

Buvons au chèque de remboursement de l'emprunt Chrysler garanti par l'État : 15 août 1983.

Avec le président Reagan, à Saint Louis, en 1983.

J'adoptai un langage dur vis-à-vis des concessionnaires en leur expliquant que ces pratiques allaient provoquer la mort de la compagnie. Je leur fis comprendre que cette « banque des ventes » n'avait pas lieu d'exister et qu'il fallait même rayer le terme du jargon du métier. Je les informai que dorénavant ce serait eux, et non plus nous, qui géreraient les stocks et leur affirmai que nous ne construirions plus une seule voiture à moins d'avoir reçu une commande ferme, car tout le monde avait intérêt à ce que cela tourne rond.

Mais il ne suffisait pas d'améliorer nos méthodes dans l'avenir. Nous étions encore coincés par tous ces véhicules en surplus. C'est ce que j'entrepris d'expliquer aux concessionnaires. « Nous ne pouvons pas vendre tous ces véhicules à Sears ou à J.C. Penney. Vous êtes nos seuls clients et il faudra vous débrouiller pour nous prendre nos produits... et cela doit être fait immédiatement. Je ne peux pas démonter ces voitures et réutiliser les pièces détachées. Et il n'est pas question que vous me laissiez avec un demi-milliard de dollars immobilisés dans ce stock pendant que vous choisissez les modèles que vous aimeriez commercialiser en vous fichant du reste. »

Cela ne se fit pas du jour au lendemain, mais ils finirent par accepter de jouer la relance et nous réussîmes à liquider les stocks. Ce fut incroyablement difficile. Les stocks des concessionnaires étaient déjà importants et les taux d'intérêt étaient élevés. Mais ils firent le nécessaire et au bout de deux ans, nous fûmes en mesure d'adapter la production aux commandes fermes de notre réseau de concessionnaires.

Ils travaillent maintenant en étroite collaboration avec nos vendeurs, déterminent ensemble la commande du garagiste pour le mois à venir et établissent des prévisions sur trois mois. Les concessionnaires nous font donc des commandes fermes qui nous permettent de préparer un planning de fabrication.

Le concessionnaire se débrouille de son côté et nous respectons nos engagements. Nous assurons la fabrication des commandes et livrons en temps voulu un produit de qualité.

Ce système fonctionne parfaitement. Nous pouvons nous adresser à un concessionnaire pour lui proposer un rabais à condition qu'il s'engage à acheter cent voitures. Il ne dépend que de lui d'accepter ou de refuser, mais il n'est pas question de discuter le chiffre et il n'y a plus de liquidation à la fin du mois. En conséquence, la panique a cessé d'être notre lot quotidien. Aujourd'hui, à moins de choisir sa voiture dans le stock du concessionnaire, un client passe sa commande et peut venir chercher son véhicule au bout de quelques semaines.

La « banque des ventes » était déjà catastrophique, mais j'appris également que Chrysler était la première société de leasing du monde. Au lieu de vendre les voitures à Hertz ou Avis, nous les mettions en location-vente. Et tous les six mois, nous devions les racheter. Sans pouvoir nous y opposer, nous devenions donc revendeurs de voitures d'occasion. Et comme nos concessionnaires n'en voulaient pas, nous étions forcés de les liquider à des ventes aux enchères. Au cours de ma première année chez Chrysler, j'ai enregistré 88 millions de $ de pertes pour les seuls véhicules d'occasion !

Nous prîmes donc la décision de changer notre fusil d'épaule et de vendre nos voitures aux agences de location, même si la marge bénéficiaire était minime. A *elles* de se préoccuper de la manière dont elles se débarrasseraient des voitures. Nous n'avions vraiment pas besoin de nous retrouver avec soixante mille véhicules d'occasion sur les bras.

Les agences de location de voitures sont très dures en affaires, mais Chrysler devait à tout prix être représenté chez elles. Chez Hertz chaque voiture est utilisée en moyenne par deux à trois personnes par semaine, ce qui implique que chaque semaine, Chrysler faisait deux ou trois démonstrations de ses produits à des gens qui n'avaient peut-être jamais conduit un modèle de la gamme. Et les clients se renseignent sur la marque. Nous recevons énormément de courrier de la clientèle des agences de location qui nous dit : « Pourquoi ne faites-vous pas la promotion de ce modèle ? Pourquoi n'en avais-je jamais entendu parler ? J'ai fait le trajet de Seattle à San Francisco au volant d'une Reliant de location et je suis emballé. »

Les agences de location de voitures nous servent de vitrine. Elles attirent les jeunes, les gens aisés, les membres des professions libérales, toute une clientèle huppée qui, en règle générale, n'aurait jamais envisagé de s'intéresser à nos modèles. Notre taux de pénétration doit être sensiblement amélioré dans le Sud-Ouest et en Californie où la location de voitures est particulièrement florissante.

Entre la « banque des ventes », les agences de location et divers autres problèmes, il y avait 500 millions de $ d'erreurs de gestion à éponger avant de pouvoir nous battre à armes égales sur le marché maussade de l'époque.

Il y avait tant à faire et si peu de temps ! Je devais éliminer les trente-cinq petits duchés, restaurer la cohésion et l'unité à l'intérieur de la firme, me débarrasser d'un tas de gens qui ne savaient pas ce qu'ils faisaient et les remplacer par d'autres, plus expérimentés et capables d'agir vite. Et il me fallait mettre en oeuvre dans les meilleurs délais un système de contrôle financier.

Tous ces problèmes étaient urgents et leur solution passait par une mesure unique que je ne pouvais éviter : j'avais besoin d'une bonne équipe expérimentée qui pourrait m'aider à redresser la boîte avant qu'elle ne s'effondre complètement. La priorité des priorités était de réunir cette équipe avant qu'il soit trop tard.

15

LA FORMATION DE L'ÉQUIPE

Toutes les opérations commerciales peuvent, en fin de compte, se résumer à trois mots : personnel, produits, profits. Le personnel vient en premier. Sans une bonne équipe, impossible d'espérer grand-chose pour les deux autres.

Quand j'entrai chez Chrysler, j'apportai avec moi mes carnets dans lesquels j'avais noté le profil de carrière de plusieurs centaines de cadres de chez Ford. Après mon licenciement, j'avais préparé une liste détaillée de ce que je voulais emporter de mon bureau. Ces carnets noirs m'appartenaient, mais on pouvait me rétorquer qu'ils étaient la propriété de la compagnie. Je ne voulus pas courir de risques et comme Henry et moi ne nous adressions plus la parole, je montrai la liste à Bill Ford qui m'autorisa à emporter les carnets.

Dès que j'appris que ce qui manquait le plus cruellement chez Chrysler, c'étaient des financiers de premier plan, je consultai mes carnets. Quelques mois auparavant, alors que j'étais encore chez Ford, j'avais demandé à J. Edward Lundy, notre chef du service financier, un rapport sur les personnes les plus qualifiées de l'entreprise dans son domaine. Lundy avait été l'un des « petits prodiges » et, mieux que quiconque, il avait contribué à la bonne marche de l'excellent système financier en vigueur chez Ford.

Ma requête était en apparence de pure routine. Pourtant, rétrospectivement, je me demande si je n'avais pas subodoré que très bientôt ces renseignements me seraient précieux. Et la liste de Lundy était une véritable aubaine.

J'ouvris les carnets et commençai à passer les noms en revue. Lundy avait réparti les gens en trois catégories : A, B et C. La liste A comportait une vingtaine de noms, mais ce n'était pas ce que je recherchais. Je respectais Lundy, mais mes priorités différaient des siennes. La liste A ne comprenait que des « grosses têtes ». Je voulais davantage.

En parcourant la liste B, je remarquai le nom de Gerald Greenwald. Âgé seulement de quarante-quatre ans, il avait déjà accompli pas mal de choses. J'avais rencontré Greenwald à plusieurs reprises et je l'aimais bien. Je me rappelle qu'il n'avait qu'une hâte, quitter le service financier. Je l'avais aidé une fois à élargir son champ d'action en l'envoyant à Paris s'occuper de Richier, une société de matériel de construction et d'équipement agricole que nous avions rachetée. La société eut d'énormes difficultés et nous finîmes par nous en séparer, mais la gestion de Greenwald n'était pas en cause. Nous avions simplement fait une mauvaise affaire.

Greenwald avait ensuite été nommé à la tête de la filiale Ford au Venezuela. Il s'y montra tellement efficace que la part de marché de Ford-Venezuela (tous véhicules confondus) était la plus élevée de toutes les filiales Ford. A l'époque, l'essence coûtait à peu près trois cents le litre au Venezuela et je taquinais souvent Jerry en lui disant que dans ces conditions, il ne pouvait pas rater son coup. En France il n'avait pas eu de chance, mais au Venezuela il avait tiré le gros lot. En réalité, il avait fait du bon boulot dans les deux cas et était, de toute évidence, beaucoup plus qu'une simple « grosse tête ».

L'itinéraire de Jerry est assez inhabituel dans le monde de l'industrie automobile. Il est d'origine juive et son père s'occupait d'un élevage de poulets à St Louis. Après de solides études économiques à Princeton, il était entré chez Ford avec l'idée de travailler au service du personnel. Mais on lui dit que l'on avait une meilleure idée. Et on lui confia un poste dans une division de création récente, la division Edsel. Au bout de quelques mois de ce fiasco, il se dit : « Je viens de sortir de l'université. Comment ai-je pu avoir tant de chance ? »

Jerry a le talent et le savoir-faire de l'entrepreneur capable d'analyser un problème et de le résoudre. Il ne s'éternise pas en paroles, il agit. Il a toujours voulu faire autre chose que de la finance et, une fois au Venezuela, ses aptitudes se sont révélées et développées dans d'autres branches. Je voulais avoir Jerry Greenwald avec moi parce que c'est un bon businessman. Un point, c'est tout.

En décembre 1978, je lui téléphonai au Venezuela. Il était invité à une soirée avec sa femme et je laissai un message. A leur retour, Glenda Greenwald devina immédiatement le but de mon appel.

« Ne le rappelle pas », dit-elle à son mari.

Les Greenwald menaient la grande vie à Caracas où Jerry était considéré comme une huile dans ce petit monde. La perspective de venir travailler à Detroit pour une boîte bien malade ne devait guère leur sourire.

Mais Jerry me rappela et nous décidâmes de nous retrouver à Miami. Quand il arriva au rendez-vous, il s'était laissé pousser la barbe. Il n'était pas sûr du tout de vouloir entrer chez Chrysler et tenait absolument à ce que nos rencontres demeurent secrètes.

Notre seconde entrevue eut lieu à Las Vegas où j'assistais à un congrès de concessionnaires Chrysler. Lorsque Jerry arriva à l'hôtel, il apprit avec consternation qu'une réunion Ford se tenait au même moment dans la ville. Il passa tout son temps dans sa chambre d'hôtel afin d'éviter de rencontrer une connaissance. Nous discutâmes toute la soirée. Jerry devait prendre un avion le lendemain matin de très bonne heure. A cinq heures et demie, il me téléphona dans ma chambre.

— Êtes-vous levé ? demanda-t-il.

— Êtes-vous cinglé ? répliquai-je.

Il m'expliqua qu'il n'avait pas dormi de la nuit et qu'il avait encore quelques questions à me poser avant de prendre une décision. Je lui demandai de venir me voir dans ma chambre et passai un peignoir. Il me fit part de ses hésitations.

« Toute ma vie, j'ai lutté contre le syndrome de la « grosse tête » chez Ford et chez Chrysler j'y repiquerai. »

Je lui expliquai que j'avais besoin de lui pour remettre de l'ordre dans les finances de la boîte mais qu'ensuite, il pourrait changer de branche. Au moment où il quittait ma chambre pour se diriger vers le hall, je le rappelai.

« Un instant, Jerry. Vous pouvez devenir président plus tôt que vous ne croyez. »

Il me lança un regard sceptique, comme si j'essayais de lui refiler de la camelote. Mais j'étais sérieux. En moins de deux ans, Jerry devint le numéro deux chez Chrysler.

Après m'avoir donné son accord, Jerry se rendit à Dearborn pour annoncer la nouvelle. A son grand étonnement, Henry demanda à le voir. Henry et Bill Ford connaissaient la valeur de Jerry et ils s'efforcèrent de le dissuader de partir. Jerry expliqua à Henry qu'il ne pouvait pas laisser passer l'occasion de faire quelque chose de très excitant en participant au redressement d'une grosse boîte comme Chrysler. Et il ajouta qu'Henry, qui était entré dans la société de son grand-père en 1946 dans des conditions similaires, devait comprendre ses motivations mieux que quiconque. L'argument porta et Henry fut réduit au silence.

L'une des premières tâches de Greenwald consista à centraliser les comptes créditeurs. Venant de chez Ford, il reçut certainement un choc en découvrant que les factures étaient payées par une trentaine de banques différentes.

Pendant les premiers jours, il s'entretint longuement avec les responsables du service financier. Comme il fallait s'y attendre, il apprit qu'ils n'avaient aucune idée sur l'évaluation financière des mesures prises par la direction et ne pouvaient donc prévoir les conséquences de nos décisions. Il eut un mal fou à se faire préciser la répartition des responsabilités spécifiques. On lui disait par exemple : « Eh bien, tout le monde est responsable du contrôle des coûts. » Jerry savait parfaitement ce que cela signifiait : en dernière analyse, personne n'était responsable de rien.

L'un des domaines les plus désastreux était celui des frais occasionnés par les garanties et qui se montaient à la bagatelle de 350 millions de $ par an. Greenwald demanda immédiatement la liste des dix problèmes les plus importants concernant ces garanties avec le nom du responsable ainsi qu'un plan destiné à remédier aux défauts de fabrication pour pouvoir réduire ces coûts. A son grand désappointement, il apprit ce que je savais déjà : chez Chrysler, avant d'être en possession des chiffres permettant de s'attaquer à un problème, il fallait commencer par instaurer un système permettant d'obtenir ces chiffres !

Jerry ne manquait pas de me rappeler qu'il voulait être plus qu'un directeur des opérations financières. Au bout de quelques mois, quand il eut fait la preuve de son efficacité, je lui fis une proposition : « Si vous trouvez quelqu'un d'aussi bon que vous qui soit capable de vous remplacer, je vous confierai d'autres responsabilités. »

Greenwald avança aussitôt le nom de Steve Miller, son responsable financier au Venezuela. Et Steve Miller devint un membre brillant de notre équipe. Au cours des interminables négociations menées avec des centaines de banques tout au long des années 1980 et 1981, le travail de Miller fut absolument décisif. Aussi incroyable que cela paraisse, Miller et Greenwald surent garder leur calme et leur sang-froid pendant cette période chaotique. Et sans eux, Chrysler n'aurait pu survivre.

Quand je pris mes fonctions chez Chrysler, Hal Sperlich y travaillait déjà depuis 1977, date de son licenciement de chez Ford. Avoir Hal chez Chrysler, c'était comme trouver un grand verre de bière fraîche en plein désert. Qu'Henry en soit remercié à jamais !

Chaque fois que s'ajoutait un nouveau membre à notre équipe, je me sentais un peu coupable. Je ne pouvais les recruter qu'en me mentant à moi-même. Si j'avais été honnête, j'aurais dû leur dire la vérité : « Fichez le camp d'ici. Vous ne pouvez pas soupçonner à quel point cette boîte est pourrie ! » Mais je ne pouvais pas me le permettre. Je devais leur dire ce que j'espérais de tout coeur être vrai, que si nous parvenions à bâtir une bonne équipe, l'entreprise pouvait être sauvée.

Mais je n'eus pas ce problème avec Sperlich. Il était entré chez Chrysler deux ans avant et savait parfaitement à quoi s'en tenir.

« Espèce de salopard, lui dis-je plus d'une fois. Pourquoi m'avoir laissé entrer ici ? Pourquoi ne pas m'avoir prévenu ? »

Lui aussi avait dû se mentir à lui-même afin de me voir arriver à la tête de Chrysler.

Mais je lui pardonnai, car son expérience lui donnait un avantage sur les nouvelles recrues : il connaissait déjà la maison. Riccardo pouvait me présenter des bilans, Sperlich connaissait tous les dessous de chaque opération.

Il réussit donc à trouver des tas de gens valables que la direction précédente n'avait pas remarqués. Certains d'entre eux furent très difficiles à dénicher, mais il parvint à découvrir des jeunes gens brillants qui végétaient jusqu'alors dans l'anonymat malgré leur talent et leur enthousiasme. Il suffisait de mettre la main sur eux.

Heureusement que le cancer dont souffrait Chrysler ne s'étendait pas à toute la hiérarchie. Je dus remplacer la quasi-totalité de la direction générale, mais les jeunes talents se bousculaient derrière. Une fois débarrassés des incompétents, il fut bien plus aisé de dégoter les bons. Aujourd'hui encore, je n'arrive pas à croire que leurs dons soient passés inaperçus de mes prédécesseurs. Je parle de ceux qui ont une flamme dans l'œil. On voit au premier regard qu'ils sont pétris de qualités.

J'élevai très vite Sperlich au rang de vice-président, responsable de la planification de la production, et peu après, il prit la direction de toutes les opérations pour l'Amérique du Nord. Je n'ignorais pas que dans les années soixante et soixante-dix, Hal avait joué un rôle prépondérant dans toutes les réussites de Ford. Il en fut de même chez Chrysler.

Hal est un visionnaire mais il n'est pas dénué de pragmatisme. Il sait comment faire marcher le tiroir-caisse sans perdre de temps en futilités. Il accepte les chiffres et les études, mais jusqu'à un certain point seulement. Ensuite, il dit : « Très bien, que voulons-nous faire ? » Et il le fait. C'est un homme de décision.

Il possède le don étrange de prévoir l'avenir, de deviner deux ou trois ans à l'avance ce que le public va demander. Nous avons travaillé ensemble depuis l'époque de la Mustang et testé nos pressentiments respectifs. On nous reconnaît en général une bonne dose de clairvoyance et j'oserais dire qu'à nous deux, nous valons n'importe quel patron de l'automobile.

Il nous est arrivé d'être en désaccord, mais cela fait partie de nos relations de travail. Hal adore me faire marcher. Il prétend que je suis trop vieux pour connaître le marché des jeunes et il a peut-être raison. C'est sans doute pour cela que je continue de l'écouter. Mais pas toujours ! Il est de cinq ans mon cadet et commence à faire plus vieux que moi, mais depuis vingt-quatre ans que je lui mène la vie dure, quoi de plus normal !

Dès le début, Greenwald et Sperlich ont été du tonnerre, mais deux hommes ne suffisent pas à former une équipe. Il me fallait très vite en trouver d'autres. Et je savais où. Il existait des hommes d'expérience, au talent éprouvé et dont le potentiel restait inutilisé : les cadres de Ford à la retraite. J'avais besoin de leur cerveau et de leur astuce pour organiser la défense.

Gar Laux avait travaillé à la fois au service du marketing et dans les relations avec les concessionnaires. Il était directeur des ventes de la division Ford lorsque la Mustang était sortie avant de devenir plus tard mon directeur général de la division Lincoln.

Pendant l'intermède Knudsen chez Ford, Gar avait quitté l'entreprise pour prendre la direction de la Chambre de commerce de Dallas. Quelques années plus tard, il s'était associé avec Arnold Palmer qui était concessionnaire Cadillac en Caroline du Nord. Mais ce n'était pas seulement l'expérience de Gar qui m'attirait. Sa personnalité était tout aussi importante ; c'est le genre de type avec qui on aime sortir, prendre un verre et bavarder. Je savais qu'il ferait merveille avec nos concessionnaires et Dieu sait si nous avions besoin d'améliorer nos relations avec eux.

L'animosité dans les rapports entre Highland Park et les concessionnaires était stupéfiante. J'étais effaré par la manière dont ils se parlaient et par le ton venimeux de la correspondance échangée entre l'état-major de Chrysler et le réseau des concessionnaires. Chez Ford j'avais toujours été en bons termes avec eux mais j'avais mis vingt ans à gagner leur confiance. Apprendre à connaître tout un réseau nouveau de concessionnaires était une autre affaire et je n'avais pas vingt ans devant moi. Je ne pouvais colmater les brèches tout seul ; Gar Laux était l'homme de la situation.

Il exhorta les deux camps à baisser le ton et à prendre l'habitude de s'écouter. Après tout, ce qui est bon pour Chrysler l'est également pour les concessionnaires et réciproquement. Au lieu de les laisser nourrir des rancoeurs mutuelles, mieux valait créer une ambiance permettant à un responsable de la direction d'établir le dialogue avec les concessionnaires et de passer les problèmes en revue.

Et les concessionnaires avaient beaucoup à dire. Ils étaient en droit d'être furieux contre la direction qui les avait réellement mal traités. Pendant des années, l'entreprise leur avait livré des voitures qui ne valaient pas un clou et qu'ils devaient se débrouiller pour vendre. Les voitures fabriquées par Chrysler étaient si médiocres que les concessionnaires redoutaient presque toujours d'avoir à les réparer en les recevant. Comment, dans ces conditions, leur demander de se montrer courtois et enthousiastes. Comment les obliger à nous faire confiance ?

Nous étions inondés de lettres émanant de clients mécontents qui avaient visité les garages de nos concessionnaires et qui écrivaient : « Personne n'a été capable de me renseigner », ou bien : « J'ai vu une publicité qui disait : Entrez et comparez. Je suis entré pour comparer, mais il n'y avait personne. Les vendeurs devaient tous être en train de boire un café ou de lire le journal. Que suis-je censé faire maintenant ? »

Chaque fois que je prenais connaissance d'une de ces lettres, je devenais fou furieux. Nous perdions des ventes alors que les gens voulaient acheter chez nous, peut-être seulement pour nous venir en aide.

J'envoyai donc Gar participer à des séminaires avec les concessionnaires, où il leur rappelait quelques vérités élémentaires : quand un client franchit le seuil de votre porte, soyez gentil avec lui ; prenez le temps de discuter ; donnez-lui les renseignements dont il a besoin pour faire un achat de 10 000 $. Il n'est pas toujours sûr de ce qu'il veut. Il peut ignorer par exemple ce qu'est un différentiel ou les avantages d'une traction avant. Et aujourd'hui, les femmes ont détrôné les hommes. Plus de 50 % des voitures sont achetées par des femmes, mais elles ignorent souvent tout du côté technique des choses. Il faut les accueillir avec courtoisie. Les relations avec les clients exigent des connaissances, du temps et de la patience. Et si un vendeur n'en a pas, qu'il se cherche un autre boulot. (Cela me fait penser aux remontrances que mon père faisait aux serveuses revêches.)

Gar informa les concessionnaires que la nouvelle direction allait ramener la discipline dans tous les domaines. Il leur avoua que nous étions conscients de la médiocrité de nos produits et que nous étions résolus à y remédier. Il leur expliqua que nous étions décidés à honorer nos engagements, à respecter les budgets établis et à tenir les cadences de production. Il leur annonça que l'entreprise allait complètement changer de cap et qu'ils pourraient compter sur nous.

A l'origine, Gar avait accepté de venir en tant que consultant pour une durée de quelques mois tout en conservant son affaire en Caroline du Nord. Mais très vite, nous l'avons persuadé de rester deux ou trois ans chez nous afin de prendre en charge les ventes et le marketing.

L'image de marque de Chrysler était très mauvaise. C'était un problème trop important pour qu'on pût le négliger. Même quand les produits s'améliorent d'emblée, il faut du temps au public pour s'en apercevoir. Comme une fille légère qui décide de se ranger ; les deux premières années, personne n'en croit rien.

Ce sont la silhouette et le prix qui font vendre les voitures, mais c'est la qualité qui retient la clientèle. Et la publicité ne peut pas faire tout le travail, pas plus que des conférences de presse ou autres apparitions en public. La seule solution consiste à fabriquer de bons produits, à fixer des prix compétitifs et à assurer le service après-vente. Une fois tout cela en place, le public revient en masse.

Pour nous aider à améliorer la qualité, je tirai Hans Matthias de sa retraite et l'engageai comme consultant. C'était mon ancien ingénieur en chef de la division Ford qui avait ensuite été promu à la direction de la fabrication pour l'ensemble de la Ford Motor Company. Sa spécialité était le contrôle de la qualité, tâche à laquelle il se consacra avec brio pendant les deux années qu'il passa chez Chrysler.

Matthias œuvra de concert avec Hal Sperlich pour introduire un peu de rigueur dans les méthodes de fabrication. Sperlich travaillait toujours sur des modèles qui ne sortiraient que trois ans plus tard. « Quelle que soit la situation actuelle, ne bâclez pas le travail, recommandai-je. Le seul moyen de nous en sortir, c'est de rester dans le coup pendant que les changements s'effectuent. » Et aujourd'hui, la qualité de nos produits est égale ou supérieure à celle des autres constructeurs américains et nous talonnons les Japonais.

Le public a une attitude cynique envers l'industrie automobile et il n'a pas entièrement tort. La qualité de nos voiture était parfois si mauvaise qu'on pouvait croire que nous les construisions ainsi à dessein. La plupart des gens ne se rendent pas compte que la compagnie a intérêt à fabriquer de bonnes voitures du premier coup. Si nous avons un problème à l'usine, cela nous coûtera au maximum 20 $ de l'heure. Mais si nous négligeons de le régler, c'est le concessionnaire qui devra s'en charger et cela nous en coûtera 30, car le véhicule sera sous garantie. On peut déplorer de devoir dépenser 20 $ pour une heure de travail, mais c'est assurément mieux que 30 $.

Une voiture bien conçue est le résultat d'un équilibre délicat qui consiste à savoir ce que veut le client et comment nous pouvons le lui offrir sans compromettre le reste.

Les voitures sont des engins très compliqués dont la complexité s'accroît d'année en année. Prenons l'exemple de la climatisation. Quand on débourse 700 $ pour qu'il fasse frais dans sa voiture en été, on en veut pour son argent. On ne doit pas oublier au stade de la conception que le système de climatisation ne servira à rien s'il faut une demi-heure pour que la température intérieure soit agréable, car la plupart des trajets sont plus courts. Il faut donc installer des ventilateurs puissants mais dont le bruit ne doit pas couvrir celui de la stéréo à 300 $ dont le véhicule est équipé. L'ingénieur responsable ne peut pas dire : « Ce n'est pas mon problème. Moi, je ne m'occupe que de la climatisation. » Il est tenu d'intégrer son travail dans cet ensemble que constitue une voiture.

Le designer doit penser à plusieurs choses à la fois. D'abord, les pièces ne doivent pas être trop lourdes, sinon la consommation s'en ressentira. Ensuite, elles ne doivent pas coûter cher, pour des raisons évidentes. Enfin, la fabrication doit être simplifiée au maximum. Il est toujours plus facile et plus fiable d'assembler deux pièces que trois.

La clé de la qualité est dans la simplicité de fabrication. « J'ai une idée géniale. » Combien de fois ai-je entendu ce refrain ? Et je me dis toujours : « Oui, tellement géniale qu'elle sera impossible à mettre en application. »

La qualité ne s'arrête évidemment pas au stade du bureau d'études. L'ouvrier à sa chaîne de montage doit lui aussi s'y attacher. Depuis que nous avons créé des « réunions de qualité », les ouvriers se sentent beaucoup plus concernés. Nous nous réunissons dans une pièce et nous leur disons : « Que pensez-vous de cette opération ? Pouvez-vous la réaliser ? L'ingénieur affirme que oui, le chef de la fabrication aussi. Mais c'est vous qui faites le travail. Qu'en pensez-vous ? »

Ils essaient pendant deux ou trois jours et si cela ne marche pas, ils reviennent nous dire : « Ce n'est pas la bonne méthode. Il faut s'y prendre comme ceci. » Le bruit se répand rapidement que la direction est capable d'écouter, qu'elle se soucie vraiment de la qualité, qu'elle est ouverte aux idées nouvelles et n'est pas uniquement composée d'une bande de momies. Quand la qualité est en jeu, le plus important est peut-être que l'ouvrier sache qu'on l'écoutera.

Nous mîmes également sur pied une commission paritaire de la qualité où le ton est le suivant : « Nous nous chamaillerons sur tout le reste mais jamais au détriment de la qualité. Elle ne doit pas intervenir dans les marchandages ni être compromise par l'antagonisme habituel entre ouvriers et direction. »

Chez Ford, Hans Matthias avait redonné tout son sens au mot qualité. Quand je lui demandai de nous prêter main-forte, il s'empressa d'accourir. En l'espace d'un an et demi, il apporta la discipline dans le système de fabrication de Chrysler. Et il réussit en tant que simple consultant ; or, comme chacun sait, les consultants n'en fichent pas une ramée !

Nous nous comprenions très bien, Matthias et moi. Dix minutes après son arrivée, il me dit : « Nous sommes dans de beaux draps et nous n'en sortirons peut-être jamais. » Mais il réussit son pari. Tous les matins, il se rendait à l'usine et sortait cinq unités au hasard de la chaîne de montage. Puis il présentait une Toyota neuve et demandait aux gars de regarder la différence. Très vite, le contremaître reconnut que nos voitures étaient minables.

Je citerai également George Butts qui était déjà chez Chrysler à mon arrivée. Il a, lui aussi, grandement contribué à l'amélioration de notre production. J'avais claironné que la qualité devait être notre priorité absolue et je crois que le message était bien passé. Je créai un service spécial du contrôle de la qualité supervisé par George. Il est devenu le responsable de tout ce qui concerne la qualité de notre production.

En 1979, au plus fort des discussions sur l'emprunt garanti, à l'époque où nous ne pensions qu'à réduire les coûts, Matthias et Butts me proposèrent d'embaucher 250 personnes pour améliorer le contrôle de la qualité dans les usines. Nous n'avions pas les moyens de le faire, mais j'acceptai quand même, car si Chrysler devait avoir un avenir, il nous fallait des produits de qualité.

Impossible de parler de la qualité sans mentionner Steve Sharf, aujourd'hui à la tête du service fabrication. Lui aussi était déjà chez Chrysler quand je pris mes fonctions. C'est un diamant à l'état brut, un de ces gars qui ont été tenus sous le boisseau pendant des années. Dès qu'on lui confia de nouvelles responsabilités, il réalisa de grandes choses.

Il y a aussi Dick Dauch, entré chez Chrysler après avoir travaillé à la GM et chez Volkswagen. Dauch nous amena quinze types de valeur de ces deux entreprises. C'est un point qui a souvent été négligé par ceux qui s'efforcent de comprendre les raisons de notre redressement. J'ai engagé tous les gars de chez Ford que je connaissais au service du marketing, au service financier et aux achats, mais pour la qualité de la production, j'ai pris les meilleurs de la GM et de Volkswagen. Je fus ainsi entouré de jeunes et de vieux, d'hommes de terrain et d'état-major, de retraités. Et tout le monde s'est bien entendu. C'est ce creuset unique en son genre qui nous a permis d'améliorer si vite la qualité de nos produits.

Matthias, Butts, Sharf et Dauch ont restauré l'intégrité de nos méthodes de fabrication. C'est cette recherche constante de la qualité, à laquelle il convient d'ajouter un groupe de brillants designers et ingénieurs sous la conduite de Don DeLaRossa et Jack Withrow, qui nous permet d'être à ce jour le seul constructeur au monde à proposer une garantie de cinq ans et quatre-vingt mille kilomètres.

Cette garantie n'est pas destinée à appâter la clientèle. Ce serait impossible. Les quatrième et cinquième années, quand les voitures commencent à prendre de l'âge, il serait ruineux de réparer les moteurs et les transmissions qui ne tiennent pas le coup.

Qualité et productivité sont heureusement liées. Tout ce qui tend à améliorer la qualité se répercute sur la productivité. Le coût des garanties diminue et il en est de même pour les coûts d'entretien et de réparation. Quand le travail est bien fait, le coût de l'engineering et du matériel baisse et la fidélité de la clientèle s'en trouve accrue.

En plus de Gar Laux et Hans Matthias, je tirai de sa retraite un autre ancien de Ford pour le faire entrer chez Chrysler. Paul Bergmoser avait passé trente ans chez Ford où il était devenu vice-président et directeur des achats. Je savais que je pouvais compter sur cet homme dur en affaires et à l'esprit novateur pour imaginer une dizaine de manières de faire ce que tout le monde considérait comme impossible.

« Je me sens seul ici, Bergie », lui dis-je au téléphone. Et je lui expliquai que Chrysler ne disposait aucunement de l'organisation dont nous avions bénéficié chez Ford. Il accepta de se joindre à nous, d'abord comme consultant, puis pendant un an, comme président de la compagnie.

A son arrivée à Highland Park, Paul fut effaré par ce qu'il y trouva. Il me disait : « Vous savez que je suis en train de tout creuser pour vous, mais ce que je découvre sous les rochers que je retourne vous paraîtra incroyable. » Nous ne pouvions parfois pas nous empêcher d'en rire, tellement c'était insensé. Au bout de la première année, il vint se plaindre.

— J'ai reçu un rapport comptable catastrophique indiquant que nous avons perdu un milliard de dollars cette année. Mais je n'ai aucune analyse pour m'expliquer comment nous avons perdu tout cela !

Et je ne pus que lui répondre :

— Bienvenue chez Chrysler, Paul !

Comme tous ceux qui avaient travaillé chez Ford, Bergie avait l'habitude de méthodes de travail extrêmement rationnelles. Il s'aperçut au service des achats, qui, même selon les critères de Chrysler, était réputé pour son inefficacité, qu'il n'existait rien de semblable. Et la compagnie dépendait beaucoup plus de ses fournisseurs extérieurs que Ford ou la GM qui fabriquaient une grande partie de leurs pièces détachées.

Etant le plus petit des trois Grands, Chrysler ne se trouvait pas toujours en position d'obtenir les prix les plus avantageux. Pour aggraver encore la situation, la société n'avait pas bien traité ses fournisseurs qui avaient fini par lui rendre la pareille. Nous ne pouvions en conséquence jamais être assurés d'un apport régulier de pièces. Bergie avait du pain sur la planche.

Sans Laux, Matthias et Bergmoser qui avaient accepté de quitter leur retraite pour venir m'aider, j'aurais été perdu. Ils avaient une longue expérience et le désir encore vif de la mettre en pratique.

Pourquoi ont-ils accepté ? Etait-ce, comme certains l'ont supposé, à cause de ma réputation de vendeur ? C'étaient des amis et je savais qu'ils étaient hommes à relever un défi. Ils se sont dit que cela pouvait être amusant et quand ils se sont rendus compte que ça ne l'était pas, ils se sont quand même accrochés. Ils possédaient cette qualité essentielle qu'est la force intérieure.

Cela est vrai, d'ailleurs, de tous ceux qui sont venus se joindre à notre équipe. Seuls des hommes dotés d'un certain tempérament pouvaient s'atteler à cette tâche, car plus qu'un défi, c'était une aventure. Et malgré les difficultés, personne n'a jamais lâché prise. Il n'y avait pas de place pour le doute ni l'abandon. Pas de questions du genre : Pourquoi avoir renoncé à une carrière prometteuse dans une bonne boîte pour accepter ça ? C'étaient des hommes courageux, au caractère bien trempé. Je tiens à leur exprimer ma gratitude et je ne les oublierai jamais.

Mais j'ai une dette particulière envers ceux qui ont accepté de sortir de leur retraite. Regardons les choses en face : la retraite est une affreuse obligation. J'ai toujours trouvé ridicule qu'on soit contraint de prendre sa retraite à l'âge de soixante-cinq ans, même quand on est en pleine possession de ses moyens. Nous devrions continuer de faire confiance aux managers les plus âgés, car ils détiennent l'expérience et la sagesse.

Au Japon, ce sont les anciens qui sont aux leviers de commande. Lors de mon dernier voyage au pays du soleil levant, mon interlocuteur le plus jeune avait soixante-quinze ans. On ne peut pas dire que l'industrie japonaise s'en porte mal !

Quand on se sent encore capable de travailler — et de faire du bon boulot — à soixante-cinq ans, pourquoi prendre sa retraite ? On a vécu longtemps dans la maison et on est au courant de tout. L'âge doit-il être un handicap si l'on est en pleine forme ? On oublie trop souvent que le niveau de santé s'est considérablement amélioré. Et si quelqu'un est en bonne santé et dispose encore de l'énergie nécessaire pour accomplir sa tâche, pourquoi n'utiliserait-on pas sa compétence ?

J'ai connu trop de cadres supérieurs qui annonçaient qu'ils prendraient leur retraite à cinquante-cinq ans. En arrivant à l'âge fatidique, ils se croient obligés de tenir parole, même si cela ne les enchante pas, car ils l'ont trop souvent répété. Je trouve cela absolument tragique.

La plupart d'entre eux déclinent dès le début de leur retraite. Ils étaient tellement habitués à la tension et à l'excitation du travail, à connaître de grands succès ou des échecs retentissants. Et, du jour au lendemain, ils se retrouvent sur un parcours de golf et rentrent déjeuner chez eux tous les midis. Beaucoup meurent quelques mois à peine après avoir pris leur retraite. Bien sûr que le travail peut tuer, mais le fait de ne plus travailler aussi.

On pourrait croire que j'avais fini de constituer mon équipe et que la partie pouvait s'engager. Mais il restait un poste à pourvoir. Pour compléter le groupe, il me fallait un as du marketing. C'est ma spécialité et les gens de Chrysler ne m'avaient pas fait une grosse impression. Je résolus le problème d'une manière quelque peu inhabituelle. Le 1er mars 1979, je tins une conférence de presse à New York pour annoncer une nouvelle d'importance. Nous allions remplacer les deux agences de publicité de Chrysler, Young & Rubicam et BBDO, par Kenyon & Eckhardt, l'agence new-yorkaise qui s'était montrée si efficace pour la division Lincoln-Mercury.

Même pour Madison Avenue, qui n'est pas réputée pour son sentimentalisme, nous séparer de nos agences apparaissait comme un acte brutal. C'était aussi la plus importante affaire de l'histoire de la publicité : un budget de 150 millions de $ allait changer de mains. Nous indiquions ainsi au monde des affaires que nous ne craignions pas d'agir avec toute la hardiesse indispensable pour assurer le redressement de l'entreprise.

K & E avaient encore à l'époque un contrat de 75 millions de $ avec Lincoln-Mercury. Afin de s'occuper de nous, ils furent obligés de le dénoncer immédiatement. Je suis persuadé qu'Henry n'a pas dû apprécier. Nous avions soigneusement préparé notre coup et la direction de Ford n'a été informée que deux heures avant l'annonce officielle. Nous avions pris d'infinies précautions pour garder le secret et pratiquement personne n'était au courant à Detroit. Le choc passé, Young & Rubicam prirent en charge la publicité Mercury. Deux ans plus tard, alors que nous étions déjà trop importants pour une seule agence, BBDO se vit confier la publicité de Dodge. Tout le monde y avait trouvé son compte.

Je n'avais rien à reprocher à ces deux agences, mais j'avais tant de choses à faire que je voulais simplifier un peu ma tâche. Je ne disposais pas du temps nécessaire — il fallait compter un an — pour expliquer à deux nouvelles agences ma philosophie et ma façon d'opérer. En prenant des publicitaires que je connaissais bien et qui avaient l'habitude de travailler avec moi, tout irait beaucoup plus vite.

A mon avis, K & E est la meilleure agence de publicité. Ce sont eux qui ont trouvé le slogan : « Ford a une meilleure idée. » Pourtant, certains auraient préféré : « Ford a *la* meilleure idée. »

Ce slogan avait été imaginé par John Morrissey qui vient juste de quitter son poste de président du conseil d'administration de K & E. John débuta chez J. Walter Thompson, puis alla chez Ford avant d'entrer chez K & E. C'est un homme à l'esprit très inventif et nous avons parcouru un bon bout de chemin ensemble.

C'est à K & Eque l'on doit « l'emblème du félin » qui a constitué un élément prépondérant du redémarrage de la division Lincoln-Mercury. Le fait que K & E ait contribué à doubler la part de marché de Lincoln-Mercury dans les années soixante-dix est suffisamment éloquent. La tâche était ardue et c'est à cette époque que j'ai compris que l'agence était capable de faire face à une situation de crise.

Comme K & E travaillait avec Ford depuis trente-quatre ans, nous signâmes un contrat de cinq ans, fait sans précédent dans les annales de la publicité où les actions sont ponctuelles. Nous leur donnâmes aussi la possibilité de se sentir plus concernés qu'aucune autre agence ne l'avait jamais été.

Lorsqu'un nouveau modèle est lancé sur le marché, la perception du public fait la moitié du succès. Plus une agence se sent concernée, mieux c'est pour les deux partenaires. K & E étaient des associés actifs. Ils devinrent membres de nos comités les plus importants, y compris ceux de la planification de la production et du marketing. Ils furent parfaitement intégrés à l'entreprise et devinrent une sorte d'agence-maison. En fait, ils faisaient office de service du marketing et de la communication.

Jamais dans l'histoire de l'industrie automobile une association si étroite n'avait été réalisée. Mais j'ai toujours pensé que lorsqu'on est disposé à dépenser 100 millions de $ pour un nouveau modèle, on ne peut pas s'attendre à ce que les publicitaires organisent une campagne complète du jour au lendemain. Ils doivent participer à tout le processus de mise au point de la voiture. Ils doivent être en mesure de donner leur avis le plus tôt possible : « Cela ne se vendra pas, parce que... » ou bien « Ne lui donnez pas ce nom, parce que... »

Cette façon de procéder a l'avantage de nous faire avancer plus vite. Un jeudi à seize heures, nous décidâmes de faire bénéficier nos clients d'un nouveau taux de financement de 10,9 %. K & E commencèrent aussitôt à tourner un film publicitaire. Le lendemain matin à cinq heures, le film était prêt et le samedi, il passait à l'antenne. Quand quelque chose doit être fait, j'aime que cela aille vite et il me faut une agence de publicité capable de suivre mon allure.

L'une des premières décisions de K & E fut de reprendre l'emblème du bélier qui avait été utilisée des années auparavant pour les camions Dodge avant d'être abandonnée. Une enquête montra que la clientèle demandait à un camion d'être robuste, durable et fiable. L'agence décida alors de ressusciter le bélier avec le slogan : « Les camions Dodge ont la solidité du bélier. » Ce slogan et l'emblème apparurent sur les véhicules et dans toutes les publicités. Très vite, nos camions furent considérés comme aussi fiables que ceux de Chevrolet ou de Ford. Des clients qui jusqu'alors n'avaient jamais envisagé d'acheter un Dodge commencèrent à s'y intéresser.

Au moment où nos ventes étaient au creux de la vague, l'agence présenta une publicité disant : « Nous souhaitons vous inciter à acheter Chrysler. Venez essayer un de nos modèles. Si vous acceptez et si vous vous décidez pour un modèle d'une autre marque, nous vous remettrons 50 $ pour avoir fait l'essai. »

Je dois reconnaître que cette idée était un peu osée. De nombreux concessionnaires s'y opposèrent en affirmant qu'il y aurait des abus. Ils avaient tort. Les visiteurs se pressèrent chez eux et nos chiffres de ventes remontèrent.

Mais les concessionnaires continuaient à considérer cette idée comme un gadget publicitaire, même si les 50 $ étaient payés par la compagnie. Au bout de quelques mois, nous y renonçâmes, car les concessionnaires refusaient de nous soutenir. Mais je demeure persuadé que c'était une idée de génie.

Nous fûmes également les premiers à proposer une garantie de remboursement. « Achetez un de nos modèles, partez avec, et si, dans trente jours, il ne vous plaît pas pour une raison *quelconque*, rapportez-le et nous vous rembourserons. » Il y avait seulement une retenue de 100 $, car la voiture ne pouvait plus être vendue comme véhicule neuf.

Nous lançâmes cette formule en 1981 et tout le petit monde de l'automobile nous considéra comme des cinglés. « Et si tout simplement la voiture ne plaît pas au client ? S'il change d'avis ? Si sa femme déteste la couleur ? »

Si effectivement l'un de ces cas s'était fréquemment présenté, tous nos points de vente auraient été envahis par des clients venus se faire rembourser et les frais de paperasserie auraient suffi à nous faire couler.

Mais au grand étonnement des sceptiques, la formule eut un grand succès. La plupart des gens furent honnêtes. Nous avions estimé qu'un pour cent des clients risquaient de rapporter leur véhicule. Or, le nombre total des retours n'atteignit pas 0,2 %.

C'était une idée révolutionnaire et je suis heureux de l'avoir essayée. Il ne faut pas oublier que nous étions tenus de faire flèche de tout bois pour assurer nos acheteurs potentiels que nous tenions parole.

Avec l'entrée de K & E dans notre équipe, nous étions prêts à entrer sur le terrain. La saison était malheureusement déjà bien entamée et nous étions solidement installés à la dernière place. Je croyais que ce ne serait qu'une question de temps avant d'être de nouveau dans la course, mais notre traversée du désert était loin d'être terminée.

16

LE JOUR OÙ LE SHAH QUITTA TÉHÉRAN

Une fois mon équipe en place, j'étais persuadé que le redressement n'allait pas tarder. Mais je n'avais pas imaginé que l'économie allait s'effondrer. Et encore moins prévu les événements d'Iran. Jimmy Carter non plus, d'ailleurs.

Dès mon entrée en fonctions, notre part du marché dégringola d'une manière spectaculaire pour descendre jusqu'à 8 %, chiffre catastrophique, même pour Chrysler. Je commençai à redouter qu'il nous faille plusieurs années avant de pouvoir remettre l'entreprise à flot.

Pendant toute la durée de ma carrière chez Ford, j'avais mis un point d'honneur à préserver ma vie familiale. Quels que fussent mes soucis professionnels, je les laissais toujours au bureau. Mais cela changea chez Chrysler. Il m'arrivait de me réveiller au milieu de la nuit. Mon esprit ne trouvait jamais le repos et je travaillais sans relâche. Je me demandais parfois si je parviendrais à conserver mon équilibre et à préserver ma santé. On ne peut maintenir une allure rapide à la course que tant que l'on a du souffle.

Grâce à Dieu, j'avais une femme qui me comprenait. Mais malgré nos vingt-cinq ans de vie commune, elle se laissait gagner par l'inquiétude.

Je commençais à désespérer et c'était une expérience nouvelle. Ralph Nader aimait répéter que Iacocca était un tel as du marketing qu'il pouvait faire acheter des voitures à des gens qui n'en avaient pas vraiment envie. Nader se plaignait que les trois Grands, forts de leur toute-puissance, bourraient le crâne des consommateurs pour leur faire acheter leurs produits.

Mais si c'était vrai, où se nichait donc cette puissance qui m'aurait été si utile ? Qu'était devenu mon génie du marketing maintenant que personne n'achetait plus nos voitures ? J'aurais aimé user de ce pouvoir magique à l'époque où j'avais tant de mal à vendre le moindre véhicule.

Les difficultés de Chrysler étaient si graves que nul n'ignorait plus la précarité de notre situation. Il nous fallait donc, en plus du reste, faire taire les rumeurs malveillantes de notre faillite imminente. Quand un client dépense 8 000 ou 10 000 $ pour acquérir une voiture neuve, c'est un investissement important. Il est donc parfaitement en droit de s'assurer que la marque de sa voiture existera toujours dans les années à venir et qu'il pourra trouver des pièces détachées. Si le bruit court que Chrysler est au bord du dépôt de bilan, il ne va pas se précipiter pour acheter un véhicule de cette marque.

Chrysler devint un sujet de plaisanterie général et les dessinateurs humoristiques s'en donnaient à coeur joie. Johnny Carson, lui aussi, se régalait.

> CARSON : Quel salaud, ce mec !
> LE PUBLIC : C'est vraiment un salaud ?
> CARSON : Oui. Tellement que ce matin, il a téléphoné chez Chrysler pour leur demander : « Comment vont les affaires ? »

Ou bien encore : « Je ne sais pas exactement ce qui se passe chez Chrysler, mais c'est la première fois que j'entends dire qu'on a appelé SOS Prière au beau milieu d'une conférence de direction ! »

J'étais chez Chrysler depuis moins de trois mois quand tout s'écroula. Le 16 janvier 1979, le Shah quitta Téhéran. En quelques semaines, le prix de l'essence doubla. La crise de l'énergie atteignit d'abord la Californie et en mai, *Newsweek* en fit sa couverture. Un mois plus tard, la côte Est fut touchée à son tour. Au cours du dernier week-end de juin, on avait de la chance si on trouvait une station d'essence ouverte.

Tout cela eut des répercussions désastreuses sur les ventes de nos modèles haut de gamme et sur nos véhicules de loisirs. Chrysler était très bien placé sur ce marché ainsi que sur celui des camping-cars et ces véhicules très gourmands furent les premières victimes de la crise. En juin 1979, la production des chassis et des moteurs équipant cette catégorie de véhicules tomba presque à zéro. Et les ventes de nos fourgonnettes, autre secteur important, diminuèrent brusquement de moitié.

Une des critiques les plus répandues dans le public envers l'industrie automobile est que nous aurions dû prévoir la pénurie d'énergie consécutive à la crise iranienne. Mais si notre propre gouvernement n'avait pas su ce qui se passait là-bas, comment aurions-nous pu le prévoir ?

Non, nous n'étions pas préparés pour les événements d'Iran. Mais nous avons aussitôt réagi. En 1979, nos bureaux d'études travaillèrent sur les modèles 83 en tablant sur un prix de l'essence de l'ordre de 5 francs le litre. Mais on objecta que le prix de l'essence avait de nouveau baissé et qu'il fallait revenir aux grosses voitures.

Si quelqu'un m'avait dit que le prix de l'essence allait doubler en 1979 et que quatre ans plus tard il n'aurait pas bougé malgré l'inflation, je l'aurais traité d'illuminé. Il nous était absolument impossible de prévoir la crise iranienne et ses corollaires.

On a largement répandu la fable que les firmes automobiles américaines ne disposaient que de modèles inadéquats alors que les constructeurs étrangers avaient exactement de quoi satisfaire les besoins du public au moment de la crise. Mais c'est faux. Jusqu'au renversement du Shah, nous avions de longues listes d'attente de clients demandant des grosses cylindrées et nous ne pouvions satisfaire toutes les commandes.

Et les Japonais ont-ils vraiment anticipé la demande américaine de petites voitures ? Depuis trente ans, ils n'ont jamais rien construit d'autre. Comment auraient-ils pu ne pas être prêts au moment du revirement ?

Nous produisions tous des petites cylindrées mais en 1978 nous n'arrivions pas à les écouler. Jusqu'en janvier 1979, quelques semaines avant l'explosion iranienne, Datsun proposait des rabais, Toyota et Honda ne vendaient rien. Quant à nous, nous restions avec des milliers d'Omni et d'Horizon sur les bras. Et notre petite Colt, assemblée par Mitsubishi, ne se vendait pas, malgré un rabais de 1 000 $.

Mais tout fut bouleversé du jour au lendemain. Deux mois plus tôt à peine, l'essence se vendait 1,30 FF le litre et nos usines de grosses voitures tournaient à plein régime. Les Japonais avaient 700 000 petites cylindrées stockées sur les quais de San Diego et de Baltimore. Dès le mois d'avril, toutes les petites japonaises avaient disparu, arrachées par les Américains qui voulaient faire des économies de carburant immédiates. Nombre d'entre elles s'étaient vendues au marché noir, environ 1 000 dollars au-dessus du prix affiché. Il ne s'agit pas seulement de la GM, de Ford ou de Chrysler, *personne* ne pouvait prévoir les réactions du marché américain.

General Motors eut de la chance. Ils avaient programmé leurs nouveaux modèles pour avril. La Chevrolet Citation était une petite traction avant peu gloutonne. Au cours des deux premiers jours, la GM vendit tous les modèles existants et prit vingt-deux mille autres commandes.

Chrysler eut moins de chance. Une fois surmonté le premier choc pétrolier de 1974, les Américains avaient redemandé des grosses voitures avec une sorte de frénésie vengeresse. Comme d'habitude, Chrysler avait suivi le marché. Nous n'avions donc pas suffisamment de modèles économiques en stock quand le public changea de nouveau d'avis.

J'ai gardé un souvenir très vif des images qu'on nous montrait chaque soir aux informations télévisées : queues devant les stations d'essence en Californie ou à Washington, véritables émeutes devant certaines stations à New York. Les automobilistes paniquaient. Ils faisaient le plein chaque fois qu'ils le pouvaient. Certains transportaient un bidon de vingt litres dans leur coffre et allaient jusqu'à entreposer un fût de 200 litres dans leur garage — au diable la sécurité !

Le Congrès commença à envisager un rationnement d'essence. La presse fit ses choux gras de la situation de Detroit où l'industrie automobile était totalement prise de court. Et il est vrai, quelle qu'en soit la cause — peur de manquer de carburant ou hausse brutale des prix — que le marché des grosses cylindrées, des fourgonnettes, des camions et des véhicules de loisirs s'effondra instantanément.

En 1979, en l'espace de cinq mois, le marché des petites voitures passa de 43 % à 58 %. Dans notre branche, un glissement de 2 % dans l'année représente un changement notable. Un bond de 15 % est dramatique. Dans le courant du seul mois de mai, les ventes de fourgonnettes dégringolèrent de 42 %. Jamais auparavant, dans toute l'histoire de l'industrie automobile, le marché n'avait connu des bouleversements aussi violents que ce printemps-là.

Cette situation nous était extrêmement préjudiciable, mais nous savions chez Chrysler que nous pouvions nous adapter à cette réalité nouvelle. Et que nous pouvions le faire avant les autres. Cela ne nous demanderait pas trop d'efforts. Il suffirait de doubler les investissements en usines et en produits nouveaux au cours des cinq années à venir, en espérant que nous réussirions à tenir le coup jusque-là !

Mais à peine avions-nous commencé la mise en application de ces coûteuses mesures, le pays plongea dans la récession. Nous étions encore sous le coup du premier choc et le second faillit nous étendre pour le compte. Les ventes de voitures diminuèrent de près de la moitié. Aucune industrie au monde ne peut survivre dans une situation économique exigeant que ses investissements doublent pendant que ses revenus diminuent de moitié. Il n'y avait plus de règles, car nous nous trouvions dans une situation sans précédent. Nous voguions sur des eaux inexplorées.

Jusque-là, on pouvait toujours dire : « Allez consulter votre manuel. » La GM l'avait commencé, Ford avait copié et Chrysler en avait écrit quelques pages. Je ne parle pas littéralement. Je veux simplement dire qu'entre 1946, date de mes débuts dans l'automobile, et mars 1979, nous n'avions jamais connu le doute quant à la manière de réussir dans cette branche.

Mais d'un seul coup, il nous fallut nous adapter chaque semaine à quelque chose de nouveau. Il s'agissait, c'est le moins qu'on puisse dire, d'une manière complètement nouvelle de travailler. Tout le monde parle de « stratégie », mais nous étions uniquement préoccupés de notre survie. Elle était simple à assurer : il n'y avait qu'à fermer les usines qui nous coûtaient le plus cher et licencier le personnel qui n'était pas absolument indispensable ou qui ne se rendait pas compte de ce qui se passait.

Je me sentais dans la peau d'un chirurgien militaire. La tâche la plus rude qui soit est celle d'un toubib sur le front lors d'une bataille. Pendant la Seconde Guerre mondiale, un de mes cousins était chirurgien aux Philippines dans un hôpital militaire du style de celui de M*A*S*H. Il en revint avec quelques récits affreux sur les choix à faire. Une question de priorités, comme il disait. Il y a quarante soldats qui sont salement amochés et le personnel médical n'a pas le temps de réfléchir. « Nous avons trois heures. Combien de types pouvons-nous sauver ? » Ils choisissaient ceux qui avaient les meilleures chances de s'en sortir et abandonnaient les autres à leur sort.

C'était la même chose chez Chrysler. Il nous fallait pratiquer une chirurgie radicale et sauver ce qui pouvait l'être. Quand tout va bien et que l'on a une usine à la traîne, on peut étudier le problème pendant deux ans, peser le pour et le contre. Chez Ford on est très fort pour cela, on peut l'étudier indéfiniment.

Mais en période de crise, on n'a pas le temps d'étudier les problèmes. On doit établir la liste des dix choses qui paraissent primordiales et se concentrer sur elles. On ne s'occupe pas du reste. Le spectre de la mort sait retenir l'attention quand le temps presse.

En même temps, on doit s'assurer que l'on a sauvegardé quelque chose pour le moment où la crise touchera à sa fin. Cela peut paraître simple, mais c'est plus facile à dire qu'à faire. Il faut serrer les dents, il faut de la discipline. On prie et on espère que cela marchera, parce qu'on ne peut pas mieux faire. On se concentre sur l'avenir en espérant qu'on sera encore en vie le lendemain.

Nous commençâmes donc à fermer quelques usines, y compris celle de Lyons, dans le Michigan, encore toute pimpante, et la plus ancienne, celle de Hamtramck, dans le quartier polonais de Detroit. La profession s'éleva vivement contre cette mesure, mais nous étions obligés de fermer cette usine dans le berceau de l'automobile.

Nous devions aussi nous arranger pour que nos fournisseurs continuent de nous approvisionner, même quand nous n'avions pas de quoi les payer. Il fallait donc les convaincre que nous n'étions pas au bord de la faillite. On ne peut pas tromper les fournisseurs. Ils connaissent parfaitement vos affaires. Nous les invitâmes à venir voir nos futurs produits et leur fîmes comprendre que nous avions l'intention de continuer à nous battre. Et nous leur demandâmes de rester à nos côtés.

Comme il fallait faire des économies, nous mîmes au point une méthode permettant de nous faire livrer les pièces au dernier moment et de diminuer ainsi les coûts. Les Japonais la pratiquent depuis des années et nous l'ont sans doute empruntée. En 1920, dès que les bateaux chargés de minerai arrivaient à l'usine Ford de River Rouge, la précieuse cargaison était transformée en acier, puis en blocs-moteurs, dans les vingt-quatre heures. Mais pendant la période dorée qui s'étendit de 1945 à 1978, l'industrie automobile américaine prit de mauvaises habitudes.

L'un des nombreux changements imposés par l'austérité consistait à accélérer la livraison de nos fournitures aux usines de montage. Par exemple, nous expédiions par train les transmissions de Kokomo, dans l'Indiana, à Belvidere, dans l'Illinois. En les faisant transporter par la route, ils arrivaient dans la journée, ce qui nous permettait de rationaliser toute l'opération.

Ce système s'avéra tellement efficace que lorsque notre usine de moteurs de Detroit entama une grève sauvage, notre usine de montage de Windsor se trouva à court de moteurs quatre heures plus tard !

Nous faisions des économies dans tous les domaines. C'est ainsi que nous décidâmes de propos délibéré que notre nouveau modèle K ne dépasserait pas 4,40 m en longueur afin de pouvoir loger davantage de voitures sur un wagon. En temps normal, personne ne se préoccupe de ce genre de détails, mais en période de crise, il n'y a pas de petites économies.

Lors de la préparation de notre rapport annuel, nous décidâmes de renoncer à la traditionnelle et luxueuse brochure en couleurs que la plupart des entreprises envoyaient à leurs actionnaires. A la place, nos deux cent mille actionnaires reçurent un bref document à la présentation austère, imprimé à l'encre noire sur papier blanc recyclé. Cela nous permit d'économiser pas mal d'argent et de transmettre un message aux actionnaires : un rapport présenté de la sorte indiquait clairement que nos finances étaient au plus bas. Et c'était la triste vérité !

Mais il ne suffisait pas de faire des économies. Nous avions également besoin de trouver du liquide pour régler nos factures. A un moment, nous perdions tant d'argent que nous fûmes obligés de vendre tous les terrains de nos concessionnaires à ABKO, une société du Kansas. Il y avait, entre autres, deux cents emplacements situés au centre de différentes villes dans tout le pays, ce qui nous permettait d'avoir des concessionnaires aux points stratégiques. Cette opération nous rapporta 90 millions de $ dont nous avions le besoin le plus urgent. Mais par la suite, il nous fallut racheter la moitié de ces terrains... au double du prix.

Cette opération peut donner l'impression d'avoir été une erreur monstrueuse, mais il nous fallait du liquide à tout prix. Et ces 90 millions de $ représentaient 1 milliard pour moi !

Avant de prendre sa retraite, John Riccardo s'évertua à réparer quelques-unes des erreurs les plus graves que l'entreprise avait commises. Il signa un accord avec Mitsubishi pour nos opérations en Australie. Il vendit notre filiale du Venezuela à la GM et celles du Brésil et de l'Argentine à Volkswagen. Il négocia un accord avec Peugeot pour nos usines européennes, contre 230 millions de $ et une participation de 15 % dans le capital du constructeur français, ce qui fit de Peugeot la plus grosse firme automobile d'Europe. Quand tout fut réglé, Chrysler n'était plus présent qu'aux Etats-Unis, au Canada et au Mexique.

Puis il fallut nous résigner à vendre notre usine de chars à General Dynamics pour 348 millions de $. Ce fut une décision douloureuse, car la division chars était la seule ayant un bénéfice annuel de 50 millions de $ virtuellement garanti par le gouvernement. Mais il nous fallait des liquidités pour apaiser nos fournisseurs et les inciter à nous accorder des délais de paiement.

Je pris cette décision à contre-coeur, en partie parce que je me défaisais de la seule affaire que la loi protégeait de la concurrence japonaise. En fait, j'étais plutôt tenté de vendre la branche automobile et de conserver les chars ! Sur le plan financier, c'eût été beaucoup plus sain. Mais la fabrication de chars n'était tout de même pas notre activité principale. Si Chrysler devait avoir un avenir, ce serait en tant que constructeur d'automobiles.

Mais ce fut un crève-coeur. Notre division chars était une filiale solide qui employait beaucoup de gens de valeur. Quarante ans de notre histoire étaient liés à cette division. Pendant la Seconde Guerre mondiale, nous avions apporté notre contribution à l'« arsenal de la démocratie. » Nous avions conçu et fabriqué le meilleur char du monde et quelques mois auparavant, j'avais personnellement conduit le premier tank M-1 à sa sortie de la chaîne. Notre bureau d'études travaillait sur plusieurs modèles du plus haut intérêt et les postes de direction étaient occupés par des hommes de grand talent.

Nul ne souhaitait renoncer à tout cela, mais il nous fallut sacrifier notre attachement à cette filiale afin de nous procurer d'urgence des sommes substantielles nous permettant de faire face à la récession. Nous n'avions pas d'autre solution que de concentrer tous nos efforts sur les voitures et les camions.

A l'époque, les taux d'intérêt étaient si élevés que si nous n'avions pas eu besoin de ces liquidités pour assurer notre survie, nous aurions pu gagner 50 millions de $ par an en plaçant en bourse la somme que General Dynamics nous avait versée. Et 50 millions de $, c'était presque les bénéfices de la division chars. C'est à ce moment-là que l'idée me vint pour la première fois d'acheter une banque. On pouvait gagner davantage en prêtant de l'argent qu'en construisant des voitures, des camions ou des chars.

Cette histoire a un à-côté intéressant. Notre contrat avec l'UAW couvrait aussi bien les chars que les voitures. Nous avions négocié avec le syndicat un accord aux termes duquel les ouvriers étaient payés un peu plus de 17 $ de l'heure au lieu des 20 $ qu'ils touchaient précédemment. Les ouvriers de la filiale chars avaient refusé de le ratifier mais ils étaient quand même liés. C'est donc le ministère de la Défense qui fit une bonne affaire. J'allai leur annoncer : « Je vous remets 62 millions de $. C'est mon cadeau d'Américain et de patriote. » A 1 million de dollars le char, c'était comme si je leur avais offert soixante-deux chars !

Toutes les mesures qu'il fallut prendre pour maintenir Chrysler à flot furent pénibles. Mais la plus douloureuse fut les licenciements collectifs. En 1979 et 1980, nous dûmes renvoyer des milliers d'employés, ouvriers et cols blancs. En avril 80, nous licenciâmes sept mille employés de l'administration, ce qui nous permettait d'économiser 200 millions de $ par an. Quelques mois auparavant, nous avions congédié huit mille cinq cents ouvriers. Ces deux opérations diminuaient nos charges de 500 millions de $ par an. Et les licenciements touchaient aussi bien les cadres que les ouvriers.

C'est toujours un drame de se retrouver sans travail et je m'occupai moi-même de presque tous les cadres. C'était une tâche que je me devais d'accomplir personnellement et comme j'étais passé par là, je savais très exactement ce qu'il ne fallait pas faire. Je me gardai bien de leur dire par exemple que je ne les aimais pas ! Je m'efforçai de leur expliquer les raisons de notre décision et de leur offrir les indemnités les plus élevées auxquelles ils pouvaient prétendre. Dans certains cas, j'essayai même d'assouplir un peu les règles.

Il n'est jamais agréable de licencier quelqu'un et il faut toujours le faire avec compassion, se mettre à la place de l'autre et reconnaître que quelle que soit la manière dont on le présente, c'est pour lui un sale moment à passer. Surtout quand il ne se sent aucunement responsable de la situation, qu'il a l'impression d'être victime d'une mauvaise gestion ou de n'être qu'un pion sur l'échiquier.

Je suis sûr que nous avons commis pas mal d'erreurs, surtout la première année, et que nous avons mis des gens à la porte pour des motifs erronés. Leur patron ne les aimait peut-être pas ou bien ils étaient trop naïfs ou trop francs. Il nous fallait agir vite et inévitablement nous avons dû condamner des gens qui ne le méritaient pas. Je suis convaincu que nous avons du sang sur les mains. Mais la situation était critique et nous avons fait de notre mieux.

La plupart de ceux que nous avons renvoyés ont réussi peu à peu à se reclasser. Certains sont restés dans l'automobile, d'autres ont trouvé du travail chez nos fournisseurs ou comme professeur et consultant. Cela me fit de la peine de me séparer d'eux, car ils étaient dans l'ensemble plus sympathiques que ceux que j'avais connus chez Ford. Mais cela ne suffisait pas.

Je réagis vivement à ces licenciements et cela me donna à réfléchir sur la responsabilité sociale, ce que je n'avais jamais appris chez Ford. Là-bas, comme tout le reste de la direction générale, j'étais au-dessus de tout cela. Il faut dire que nous n'avions jamais subi une crise de cette ampleur et je n'avais pas eu à mettre beaucoup de monde à la porte. Je ne prétends pas avoir été subitement touché par la grâce, mais j'étais simplement arrivé au point où je me disais : « Je me demande si j'agis bien envers tous ces gens qui comptent sur moi. »

Il nous fallait aussi réduire notre état-major pléthorique devenu un luxe superflu. Depuis qu'Alfred Sloan devint président de General Motors, toutes les fonctions de direction de notre branche se divisent en deux catégories : l'état-major et l'infanterie, comme dans l'armée. Les hommes de terrain de l'infanterie ont des responsabilités spécifiques dans les bureaux d'études, la fabrication ou les achats.

Les membres de l'état-major sont des planificateurs. Ce sont eux qui intègrent le travail des autres dans l'ensemble du système. Et pour être véritablement efficace, un membre de l'état-major doit avoir fait ses classes sur le terrain. Mais à l'heure actuelle, la tendance, chez Ford en particulier, est plutôt à engager un diplômé de la Harvard Business School qui sera peut-être incapable de distinguer une pièce d'une autre. Il n'a aucune expérience de la gestion et le voilà en train de dire à un homme de terrain dans le métier depuis trente ans que tout ce qu'il fait est mauvais. J'ai passé tout au long de ma carrière beaucoup trop de temps à arbitrer entre ces deux groupes des querelles qui n'auraient jamais dû éclater.

Un état-major est indispensable, mais il ne doit pas avoir une influence exagérée. A l'époque où Henry essayait de se débarrasser de moi, il avait fait appel à McKinsey & Company. McKinsey restructura la direction, mais mit également sur pied un super-état-major de quatre-vingts personnes environ, chargé de vérifier que tout le monde faisait bien son boulot. Ce groupe est devenu à la longue une sorte d'État dans l'État chez Ford.

Quand Chrysler fut touché par la crise, je fus contraint de me séparer de la plupart des membres de l'état-major. Ayant été moi-même un homme de terrain pendant toute ma carrière, ma tâche s'en trouva facilitée. Mon raisonnement était simple : il me fallait des gens pour fabriquer les voitures et pour les vendre. Je n'allais pas m'encombrer de quelqu'un disant que si nous avions fait telle ou telle chose, la voiture aurait pu être meilleure. Même s'il avait raison, c'était un luxe trop coûteux. Quand les balles se mettent à siffler, l'état-major est toujours le premier à battre en retraite.

Ces multiples licenciements entraînèrent la suppression de plusieurs niveaux de direction. Nous réduisîmes le nombre de ceux qui avaient part aux décisions importantes. Au début, nous étions mus par le seul instinct de survie, mais nous nous rendîmes compte à la longue qu'il était plus facile de diriger une grosse entreprise ainsi allégée. Il est clair, avec le recul, que la direction pléthorique de Chrysler nuisait au bon fonctionnement de la société. A nos concurrents de s'inspirer de cette leçon — mais j'espère qu'ils ne le feront pas !

17

MESURES D'URGENCE : L'APPEL AU GOUVERNEMENT

Dès l'été 1979, il était évident qu'il fallait prendre des mesures rigoureuses si nous voulions sauver la Chrysler Corporation. Nous faisions tout pour réduire nos dépenses, mais la situation s'aggravait et le montant de nos pertes ne faisait que croître. Nous étions entraînés dans des eaux trop dangereuses et sans une aide de l'extérieur, nous ne pourrions éviter le naufrage.

Je ne voyais qu'une solution pour nous sortir de ce mauvais pas. Croyez-moi, il était contre mes idées de faire appel au gouvernement. Mais une fois ma décision prise, je m'y consacrai de toutes mes forces.

Sur le plan idéologique, j'ai toujours été partisan de la libre entreprise et je crois à la loi du plus fort. Quand j'étais président de Ford, je passais presque autant de temps à Washington qu'à Dearborn et cela pour une seule raison : empêcher le gouvernement d'intervenir dans nos affaires. Si bien que lorsque je retournai à Washington en qualité de président du conseil d'administration de Chrysler pour plaider la cause de ma nouvelle entreprise, tout le monde me dit : « Comment pouvez-vous faire cela ? Comment osez-vous ? »

« Je n'ai pas le choix, répondis-je. C'est notre dernier espoir. »

Nous avions déjà absolument tout essayé. Entre 1979 et 1980, plus d'une centaine de réunions avaient été organisées avec des investisseurs potentiels qui, pour la plupart, étaient des charlatans, des escrocs ou de bons Samaritains bien intentionnés mais trop naïfs. J'acceptai de rencontrer tous ceux qui étaient susceptibles de nous aider, même si les chances de réussite étaient infimes.

Il fallait aussi rencontrer les intermédiaires représentant les riches Arabes, mais c'était ridicule. Il y eut ainsi 156 propositions émanant d'Arabes et je posai la question au ministère des Finances : « Reste-t-il encore beaucoup d'Arabes fortunés ? » J'eus au moins une douzaine d'offres prometteuses de prétendus représentants des princes arabes, mais qui n'étaient en fait que des brasseurs d'affaires plus ou moins louches. Ils disaient tous être en rapport avec quelque prince arabe disposé à avancer des capitaux, mais cela n'aboutit jamais à rien.

Adnan Khashoggi fut une exception notable. C'est un multimilliardaire d'Arabie Saoudite qui a fait fortune grâce à l'afflux des pétrodollars. Cet homme plein de jugeote a fait des études aux États-Unis avant de devenir agent de change. Il traite toutes sortes d'affaires allant de contrats d'armement aux biens d'investissements contre de coquettes commissions.

Je m'appliquai à lui faire comprendre que l'OPEP avait nui à la réputation du monde arabe et qu'en termes de relations publiques, un investissement chez Chrysler ne pourrait qu'améliorer cette image, qu'il représente Yasser Arafat ou le roi Faysal. Mais rien de concret ne sortit jamais de mes entretiens avec Khashoggi ni aucun autre émissaire du monde arabe.

Mes discussions avec Toni Schmuecker, le patron de Volkswagen, furent beaucoup plus sérieuses. Nous nous connaissions bien depuis vingt ans, depuis l'époque où il travaillait pour moi comme acheteur de Ford-Allemagne. Nous eûmes quelques entretiens confidentiels pour envisager une association entre Volkswagen et Chrysler, association que nous avions baptisée le Grand Projet. L'objectif était de fabriquer tous deux la même voiture. Chrysler la commercialiserait en Amérique et Volkswagen se réserverait le marché européen. Nous étions déjà convenus d'acheter trois cent mille moteurs Volkswagen quatre cylindres par an afin d'en équiper nos Omnis et Horizon qui avaient bien des points communs avec la Rabbit. Nous avions donc déjà dans une certaine mesure franchi une première étape.

Ce projet avait un certain nombre d'avantages évidents. Notre réseau de concessionnaires s'élargirait dans des proportions très sensibles et notre pouvoir d'achat augmenterait fortement. Nous pourrions également répartir les frais fixes sur un nombre beaucoup plus important d'unités. C'était une perspective idyllique et si simple à réaliser qu'un enfant en bas âge aurait pu comprendre.

Au moment où je pris mes fonctions chez Chrysler, l'idée de Global Motors ne m'était pas sortie de la tête et je continuai à en parler de temps à autre avec Hal Sperlich. Une fusion entre Chrysler et Volkswagen aurait constitué un premier pas concret et cette possibilité nous emballait. Si cette fusion réussissait, obtenir l'accord d'un partenaire japonais n'aurait sans doute pas posé trop de problèmes.

Nos pourparlers avec Volkswagen étaient bien avancés et cette perspective était plus qu'encourageante à un moment où notre firme était moribonde. Mais ce fut justement la pierre d'achoppement : notre firme était moribonde. Dès que Volkswagan prit connaissance de nos bilans, les Allemands se retirèrent. Nous étions couverts de dettes et l'argent ne rentrait pas. Le projet présentait trop de risques et au lieu de bénéficier de cet apport de sang nouveau, nous aurions pu entraîner Volkswagen dans notre chute.

Vers la fin des pourparlers, l'affaire s'ébruita et *Automotive News*, la revue hebdomadaire de l'industrie automobile, se fit l'écho des rumeurs d'une fusion imminente entre Chrysler et Volkswagen. Il n'en fallait pas plus pour qu'à Wall Street nos actions montent en flèche de 11 $ à 14 $. Le bruit se mit à courir que Volkswagen avait décidé de nous racheter à 15 $ l'action.

Quand la « nouvelle » se répandit, Riccardo se trouvait à Washington pour une réunion avec Stuart Eizenstat, du cabinet du président Carter, et Michael Blumenthal, le ministre des Finances. Les deux hommes le poussèrent à accepter cette offre, mais l'offre n'existait malheureusement pas.

Schmuecker était indiscutablement intéressé, mais Werner Schmidt, le vice-président de Volkswagen responsable du marketing, s'y était formellement opposé. Schmidt, que j'avais autrefois eu en stage chez Ford, était un gros Allemand qui entreprit de m'expliquer sans mâcher ses mots pourquoi la fusion entre Volkswagen et Chrysler était impossible : notre image de marque était mauvaise, nos voitures ne valaient rien et notre réseau de concessionnaires n'était pas assez solide. Le stage que je lui avais fait effectuer avait dû porter ses fruits, car le tableau que Schmidt brossa de la situation était sans concessions.

Quatre ans plus tard, en 1983, nous reprîmes les pourparlers avec Volkswagen. Mais là les rôles étaient inversés ; c'était *leur* réseau de concessionnaires qui n'était plus à la hauteur et la Rabbit ne se vendait plus. Comme le gouvernement américain n'a toujours pas mis en place une véritable politique de l'énergie, les constructeurs qui se spécialisent dans les petites cylindrées sont à la merci des fluctuations des cours du pétrole.

Or, Volkswagen ne construit que des petites cylindrées et les Japonais étaient en train de les balayer. Tout d'abord, le mark, comme le dollar, ne peut rivaliser avec le yen réglementé. D'autre part, le coût de la main-d'oeuvre pour construire la Rabbit, que ce soit en Allemagne ou en Pennsylvanie, est très élevé. Et Volkswagen doit de surcroît amortir le coût du transport entre l'Allemagne et les États-Unis, ce qui est une autre charge importante. C'est pourquoi ils ont finalement décidé d'assembler une partie de leur production aux États-Unis.

C'était Volkswagen qui correspondait le mieux à ce que nous cherchions, mais il y avait d'autres prétendants sur les rangs, John Z. DeLorean pour commencer. DeLorean, qui avait fondé sa propre firme automobile après avoir quitté General Motors, vint me proposer d'envisager une fusion entre Chrysler et son entreprise.

A l'époque, nos deux sociétés allaient à vau-l'eau et je ne pus que lui répondre : « Mon père disait qu'il ne faut jamais unir deux perdants. L'un de nous deux doit réussir pour que nous puissions en reparler. »

DeLorean est un des plus brillants représentants de notre profession. Je l'ai connu quand il était un des meilleurs ingénieurs de Pontiac et plus tard, quand il se trouva à la tête de la division Chevrolet. Il y avait entre nous une saine émulation. Quand je fis la couverture de *Time* en 1964 pour la Mustang, il me demanda en manière de plaisanterie : « Pourquoi vous ont-ils choisi pour la Mustang plutôt que moi pour la GTO ? » Et en 1982, quand il eut à son tour les honneurs de la couverture de *Time* pour le rôle qu'il était censé avoir joué dans une affaire de drogue, je me dis qu'il avait enfin réussi. Mais j'avais de la peine pour lui, car il avait assez de dons pour y parvenir en suivant le droit chemin.

Après l'échec de ce projet de fusion, John vint me revoir. Il voulait me parler d'une échappatoire fiscale offerte par la recherche et le développement et qui fut connue sous le nom de « dégrèvement DeLorean ». Ce projet, dont il était à l'origine avec deux de ses associés, fut repris dans *Fortune*. Il consistait à réduire le capital en augmentant le nombre de commanditaires au détriment du gouvernement.

Il estimait que Chrysler devait suivre cette voie et avait préparé à mon intention un énorme dossier qui lui était revenu à cinquante ou soixante mille dollars. « J'apprécie ce que vous avez fait pour moi, John, lui dis-je. Mais même si cela marchait — et cela aurait pu marcher à un niveau modeste — le fisc ne se laisserait certainement pas dépouiller de deux milliards de dollars sans réagir. » Cette solution était vouée à l'échec à cause de l'ampleur des sommes en jeu.

Malgré maintes rencontres avec d'autres sauveurs possibles, nous nous trouvâmes acculés. C'est alors que nous nous adressâmes au gouvernement. Mais nos premières démarches n'allaient pas dans le sens de l'obtention d'un prêt garanti.

John Riccardo, lui aussi, devenait plus fébrile de jour en jour. Il devait abandonner ses fonctions pour me laisser à la tête de l'entreprise, mais il demeurait à son poste de président du conseil d'administration. Il était conscient que notre fin était proche à moins de trouver quelque chose pour freiner notre chute vertigineuse. Et il commença, lui aussi, à faire des aller et retour à Washington.

Il entreprit d'abord de s'assurer un soutien du Congrès pour geler les réglementations gouvernementales pendant deux ans. Cela nous aurait permis de dépenser l'argent qui nous restait à mettre au point de nouveaux modèles plus économiques, mais personne ne voulut l'écouter.

Riccardo agissait à bon escient. Une grande partie des difficultés de Chrysler résultaient directement des erreurs de gestion, mais le gouvernement était au moins partiellement responsable de notre situation. Après avoir établi des règlements stricts et hâtifs sur la sécurité automobile et le contrôle anti-pollution, il avait dit en substance aux constructeurs : « Vous n'aurez pas le droit de vous associer pour des recherches et des mises au point communes sur ces problèmes. Chacun devra travailler de son côté. » Pendant ce temps, les Japonais qui n'avaient pas à se conformer à la loi antitrust suivaient une stratégie opposée et mettaient en commun toutes leurs ressources humaines et techniques.

On est capable à Washington de commettre de grosses bêtises. Les découvertes réglementées ne devraient pas être protégées. Si l'un des constructeurs trouve un moyen plus efficace et plus économique de réduire le taux de pollution, tout le monde devrait pouvoir en profiter. Il ne serait pas question pour la société qui a mené les recherches à bien de le mettre à la libre disposition de tous, mais elle pourrait vendre le brevet.

Mais jusqu'à une date récente, il n'était pas possible de nous réunir pour en parler sans tomber sous le coup de la loi. Il ne nous était même pas permis d'écouter les représentants de General Motors décrire leur système de contrôle anti-pollution. Il nous fallait littéralement quitter la salle pour ne pas enfreindre la réglementation à laquelle nous étions tous soumis.

Au moment où j'écris ces lignes, le gouvernement commence enfin à changer son fusil d'épaule. Il se rend compte que la loi antitrust est trop rigoureuse et que nous ne pourrons demeurer compétitifs avec les Japonais tant que la législation n'aura pas été revue. Mais cette attitude nouvelle du gouvernement semble se traduire malheureusement par une association entre General

Motors et Toyota, les deux géants de l'industrie automobile. Nous avions bien besoin de cela.

Quoi qu'il en soit, la loi antitrust obligeait General Motors, Ford, American Motors et Chrysler à travailler séparément sur les mêmes problèmes, des problèmes dont la solution ne profiterait à aucun de nous.

Depuis la loi de 1966 sur la sécurité automobile, tous les différents dispositifs et gadgets destinés à protéger les automobilistes sont revenus à environ 19 *milliards* de dollars. General Motors peut répartir ces coûts sur cinq millions de véhicules par an, Ford sur deux millions et demi et Chrysler sur un million.

Pas besoin d'une règle à calculer pour s'apercevoir que si les frais de la GM pour un dispositif particulier étaient de 1 million de dollars et qu'ils ont vendu cent mille unités, chaque acheteur d'un de leurs modèles paierait un supplément de 10 $. Si les frais de Chrysler étaient les mêmes et que nous ne pouvions les répercuter que sur vingt mille véhicules, le supplément serait de 50 $ pour chaque client.

Mais cela ne concerne que les bureaux d'études. Il y a aussi le stade de la *fabrication*. Et nous retrouvons la même disproportion, mais les chiffres sont encore plus importants. La GM, avec son énorme volume de production, peut fabriquer ses modèles à moindres frais et les vendre moins cher que nous. Et le fossé continue de s'élargir.

Un autre facteur négatif est constitué par les frais de personnel et le temps passé à enregistrer les homologations réclamées par l'EPA, l'agence de protection de l'environnement. C'est ainsi que, pour la seule année 1978, il nous fallut remplir 228 000 pages !

Un certain nombre d'études effectuées par des organismes économiques au-dessus de tout soupçon démontrent à l'évidence que l'application de la réglementation gouvernementale sur la sécurité, l'environnement et les contrôles anti-pollution pour les véhicules particuliers et les véhicules utilitaires est discriminatoire et rétrograde. C'est ainsi que Riccardo et moi-même en arrivâmes à la conclusion suivante : le gouvernement avait contribué à nous mettre dans le pétrin, il devrait accepter de nous en sortir.

Mais Washington fit la sourde oreille à la proposition de Riccardo de surseoir à l'application de la réglementation. Il entreprit alors de constituer un groupe de pression afin d'obtenir un crédit d'impôts remboursable. D'après son projet, les sommes que nous investissions dans les recherches sur la sécurité et la pollution afin de satisfaire aux exigences gouvernementales nous seraient intégralement remboursées. Le total se montait à 1 milliard de dollars — 500 millions pour 1979 et la même chose pour 1980. Le remboursement de notre dette s'effectuerait par le biais d'une majoration d'impôts prélevés sur nos futurs bénéfices.

Nous n'aurions pas été les premiers à bénéficier de ces facilités. En 1967, American Motors avait obtenu un crédit spécial de 22 millions de $ et Volkswagen s'était vu accorder par l'État de Pennsylvanie un allégement fiscal de 40 millions de dollars pour l'implantation d'une usine. L'Oklahoma venait d'accorder un dégrèvement à General Motors et Renault, dont l'Etat français est le seul actionnaire, venait d'obtenir un prêt de 135 millions de $ pour une usine d'assemblage de sa filiale American Motors dans le Wisconsin. Le Michigan et l'Illinois s'étaient affrontés pour s'assurer l'implantation de nouvelles affaires sur leur territoire. La municipalité de Detroit avait même consenti des avantages fiscaux à Chrysler. Et dans de nombreux pays d'Europe les firmes automobiles américaines reçoivent régulièrement des subventions diverses.

Riccardo proposa d'accorder des avantages fiscaux aux entreprises en difficulté. Quand on perd de l'argent, tout revient plus cher, des sacs gonflables antichoc aux robots d'une usine. Les réglementations gouvernementales et la crise de l'énergie mettaient dans une situation vraiment intenable l'entreprise qui ne parvenait pas à équilibrer son bilan.

Riccardo alla donc quêter à Washington un soutien parlementaire, mais il se fit éconduire. C'est un homme rempli de qualités humaines mais qui n'a pas le sens de la communication. Il est impatient et soupe au lait et ce ne sont pas des traits de caractère très appréciés dans les couloirs du Congrès.

John Riccardo savait qu'il n'y avait pas d'autre solution qu'une aide gouvernementale. Nous perdions de l'argent et nous ne parvenions pas à réduire suffisamment nos frais généraux. Notre volume de ventes dégringolait à cause de la crise pétrolière internationale et le prix de l'essence venait de doubler. Il nous fallait donc sans plus attendre nous tourner vers des modèles très économiques à traction avant. Chrysler devait engager 100 millions de $ par mois, soit 1,2 milliard par an, uniquement pour préparer l'avenir.

De plus, il nous fallait trouver tous les vendredis 250 millions de $ pour les salaires et les factures des fournisseurs pour les livraisons de la semaine. Il était facile de deviner ce qui nous attendait.

Le 6 août 1979, G. William Miller quitta son poste de président du conseil d'administration de la Réserve fédérale pour devenir ministre des Finances. C'était un changement d'importance. En sa qualité de président de la Réserve fédérale, Miller avait confié à Riccardo que Chrysler ferait mieux de déposer son bilan plutôt que de demander une aide de l'État. Mais en prenant ses nouvelles fonctions, il changea apparemment d'avis. Sa première mesure officielle fut d'annoncer que dans l'intérêt public, il se prononçait en faveur d'un soutien du gouvernement à Chrysler. Miller repoussa l'idée de crédit fiscal, mais il déclara que le gouvernement Carter accepterait d'envisager un prêt garanti si nous lui soumettions un plan global destiné à assurer notre survie.

Ce n'est qu'à ce moment-là que nous décidâmes de demander un emprunt garanti. Mais l'unanimité était loin d'être faite à Highland Park. Sperlich, en particulier, était résolument opposé à cette solution. Il était persuadé que l'intervention du gouvernement causerait la ruine de l'entreprise et je ne lui donnais pas entièrement tort. Mais je ne voyais pas d'autre possibilité. « Très bien, lui dis-je. Vous ne voulez pas faire appel au gouvernement ? Moi non plus. Mais trouvez une meilleure solution. »

Il n'y en avait pas. Quelqu'un souleva le cas de British Leyland, le constructeur britannique, qui du jour où il demanda le soutien du gouvernement perdit la confiance de sa clientèle. Sa part du marché intérieur fut réduite de moitié et il ne s'en releva jamais. Le précédent n'était guère encourageant, mais c'était cela ou la faillite.

C'est ainsi qu'à notre corps défendant, nous décidâmes de recourir à l'emprunt garanti.

Comme je n'ignorais pas que notre demande soulèverait une vive controverse, je pris soin d'apprendre ma leçon. Je découvris qu'il y avait un certain nombre de précédents. En 1971, Lockheed Aircraft avait reçu 250 millions de dollars de prêt garanti par le gouvernement fédéral après que le Congrès eut décidé de sauver les ouvriers et les fournisseurs. Une commission de contrôle de l'emprunt fut créée par le Congrès pour veiller au bon fonctionnement de l'opération. Lockheed remboursa ses dettes auxquelles s'ajoutèrent 31 millions de $ de droits administratifs. La municipalité de New York avait aussi bénéficié d'un prêt et elle n'avait pas mis la clé sous la porte, elle non plus. Mais il ne s'agissait que des exemples les plus connus.

J'appris bientôt que l'emprunt garanti est une spécialité

américaine au même titre que le hamburger. Des compagnies électriques, des exploitations agricoles, des entreprises ferroviaires, des industries chimiques, des chantiers navals, des petites entreprises, des étudiants et des compagnies aériennes en ont déjà bénéficié.

Il y avait un total de 409 milliards de $ d'emprunts garantis en souffrance au moment où nous fîmes une demande pour 1 milliard de dollars. Mais personne n'était au courant. Et tout le monde disait que Chrysler créerait un dangereux précédent.

Je parlai inlassablement aux journalistes et aux reporters de ces 409 millions de $ — qui se montent maintenant à plus de 500 millions. Créer un précédent ? Bien au contraire, nous ne faisions que suivre le courant.

Qui avait bénéficié de ces emprunts ? Cinq compagnies sidérurgiques au titre de la législation sur les importations de 1974, dont 111 millions pour la seule société Jones & Laughlin. Et plus récemment, la Wheeling-Pittsburgh Steel Corporation s'était vu accorder 150 millions de $ pour la modernisation de ses usines et l'installation d'un équipement anti-pollution.

Mais il y a aussi le bâtiment ; et des subventions pour la culture du tabac ; et des prêts accordés à la marine marchande — notre industrie navale est littéralement maintenue à flot par les subventions de l'État. Sans oublier des compagnies aériennes comme People Express. Des prêts accordés par l'Administration des exploitations agricoles et la Société de crédit commercial. Des emprunts garantis par l'Administration des exploitations agricoles, l'Administration des petites et moyennes entreprises et le ministère de la Santé et des Affaires sociales.

Il y a même eu un emprunt garanti pour le métro de Washington. 1 milliard de $ pour permettre aux députés, aux sénateurs et à leurs assistants de circuler plus facilement dans la capitale.

On n'appréciait guère au Capitole que j'insiste trop sur ce dernier exemple. Mais je crains qu'ils ne revoient jamais leur argent.

— Regardons les choses en face, disais-je. Le métro n'est qu'une réalisation de prestige pour la capitale.

— De prestige ? s'offusquait-on. Mais c'est un moyen de transport !

— Parfait, rétorquais-je. Et qu'est donc Chrysler alors ?

Mais tout le monde semblait avoir oublié les autres emprunts garantis. Et les médias auraient dû au moins présenter cet aspect de la situation. Mais aujourd'hui encore, la plupart des gens apprennent avec étonnement qu'il y eut des précédents à notre cas.

Pour être tout à fait honnête, je pense que lorsque j'étais président de Ford, je n'aurais pas non plus été sensible à ces arguments. J'aurais probablement dit : « Il faut laisser le gouvernement en dehors de cela. C'est la loi de la jungle et tant pis pour les faibles. »

Ma vision du monde était bien différente à l'époque. Mais si j'avais été au courant de l'existence de certains emprunts garantis sur lesquels on avait plus ou moins fait le silence et si j'avais prêté attention aux discussions tout au long du grand débat national qui s'ensuivit, peut-être aurais-je modifié ma position. En tout cas, j'aime à le croire.

Je rappelai à qui voulait m'entendre que Chrysler n'était pas un cas isolé, mais que nous étions un microcosme des difficultés des États-Unis et une sorte de laboratoire expérimental pour toute l'industrie du pays. Notre branche avait été la plus durement touchée. Les réglementations gouvernementales, la crise de l'énergie et la récession avaient presque réussi à nous faire disparaître de la scène économique.

Chrysler, le maillon le plus fragile de la chaîne, avait été le premier touché. Mais je ne cessai de rabâcher que ce qui nous arrivait ne représentait que la partie visible de l'iceberg et que toute l'industrie américaine avait des difficultés. J'affirmais sans ambages que la GM et Ford ne tarderaient pas à nous rejoindre dans cette mauvaise passe. (Ce que j'ignorais, c'est que leur passif s'élèverait à 5 milliards de dollars. Mais six mois plus tard, nous étions tous logés à la même enseigne.)

Ce que j'avais à dire ne plaisait pas. Il était beaucoup plus facile de trouver un bouc émissaire. Et Chrysler, classé au dixième rang des entreprises nationales — une société qui avait le front de faire appel au gouvernement —, n'était-il pas tout désigné pour jouer ce rôle ?

18

FAUT-IL SAUVER CHRYSLER ?

Dès le début, l'idée d'octroyer à Chrysler un emprunt garanti par l'État se heurta à une opposition quasi générale. Comme il était prévisible, c'est le monde des affaires qui fut le plus virulent. La plupart des chefs d'entreprises se prononcèrent contre ce projet et certains rendirent leur position publique, Tom Murphy, de General Motors, et Walter Wriston, de Citicorp, en particulier.

Pour eux, l'aide gouvernementale à Chrysler aurait été un sacrilège, une hérésie, le désaveu du catéchisme de la libre entreprise. Les aphorismes commencèrent à pleuvoir et les vieux clichés refleurirent, dépoussiérés pour l'occasion. Nous vivons dans un système de pertes et profits ; liquidations et fermetures sont des cathartiques servant à purger l'économie ; l'emprunt garanti est une violation de l'esprit de libre entreprise ; c'est un encouragement à l'échec qui affaiblit la discipline du marché ; c'est la loi de la jungle qui règne ; on ne change pas les règles du jeu en cours de partie ; une société sans risques est une société sans récompense; la faillite est au capitalisme ce que l'enfer est au christianisme... et autres balivernes du même acabit !

L'Association nationale des constructeurs se prononça fermement contre l'emprunt garanti. Et lors de sa réunion du 13 novembre 1979, le comité directeur de la Table ronde des entreprises approuva la déclaration suivante sur la situation de Chrysler :

> Un des principes fondamentaux de l'économie de marché est qu'elle admet à la fois l'échec et la réussite, les pertes et les profits. Quelle que soit la dureté de l'épreuve imposée par l'échec à des entreprises ou à des particuliers, les intérêts sociaux et économiques de la nation sont mieux servis quand

ce système fonctionne aussi librement et complètement que possible.

Les conséquences d'un dépôt de bilan et d'une réorganisation de l'entreprise (une faillite, en d'autres termes) sont certes graves mais pas inconcevables. La suppression des emplois et l'arrêt de la production seraient loin d'être complets. Une restructuration pourrait permettre aux nombreux éléments viables de l'affaire d'être plus efficaces tandis que certains seraient cédés à d'autres producteurs. C'est à ce stade qu'il sera préférable de demander une aide gouvernementale permettant de résoudre d'éventuels problèmes sociaux.

A une époque où le gouvernement, les entreprises et le public ont une conscience de plus en plus aiguë du coût et de l'inefficacité des interventions de l'État dans l'économie, il serait totalement inopportun de recommander un engagement plus marqué de l'État. C'est l'occasion ou jamais de réaffirmer le principe du « non-renflouement fédéral ».

Cette déclaration me jeta hors de mes gonds. Je m'efforçai de découvrir qui l'avait approuvée, mais tous les membres auprès de qui je me renseignais semblaient avoir été absents ce jour-là. Nul ne voulait assumer la responsabilité de nous avoir démolis.

Je leur adressai en réponse la lettre suivante :

Messieurs,

J'ai été profondément troublé d'apprendre que le jour même où je témoignais à Washington en faveur de la Chrysler Corporation pour obtenir un prêt garanti, la Table ronde des entreprises, dont Chrysler est membre, se prononçait dans un communiqué de presse contre le « renflouement fédéral ».

J'ai plusieurs observations à faire.

Premièrement — La Table ronde fut à l'origine fondée pour juguler l'inflation. Ses objectifs ont depuis été étendus à la discussion d'autres questions économiques d'importance nationale. Traditionnellement, ces discussions ont lieu dans un climat de franchise et de liberté permettant à tous les points de vue de s'exprimer. Le fait que nous n'ayons pas eu la possibilité de présenter le dossier Chrysler aux membres du comité directeur va directement à l'encontre de cette tradition.

Deuxièmement — Il est étrange que la Table ronde n'ait pas eu la même attitude pour les garanties accordées à la sidérurgie, aux constructions navales, aux compagnies aériennes, aux agriculteurs et au bâtiment. Il est tout aussi curieux qu'elle ne se soit pas élevée contre la « décompression des prix » de l'acier en provenance de l'étranger ni contre les dispositions prises par le gouvernement fédéral pour venir en aide à American Motors.

Troisièmement — La Table ronde rappelle dans sa déclaration les principes de l'économie de marché qui « admet à la fois l'échec et la réussite ». Mais elle ne tient aucun compte du fait que l'intervention du gouvernement dans le système a grandement contribué aux difficultés de Chrysler. La décision du gouvernement de contrebalancer certains effets nocifs de la réglementation fédérale est tout à fait compatible avec le bon fonctionnement de ce marché. Les emprunts garantis par l'État dont ont bénéficié certaines entreprises sidérurgiques ont été précisément accordés pour cette raison.

Quatrièmement — La Table ronde fait fausse route lorsqu'elle considère comme positive une restructuration de l'entreprise avec de nouveaux statuts. Notre objectif n'est pas de réduire l'endettement mais d'augmenter sensiblement notre capital, ce qu'une procédure de faillite rendrait impossible. Nous avons consulté l'un des experts dans ce domaine, M. Ronald Trost, de Shutan and Trost, qui, à l'analyse de la nouvelle réglementation, a conclu que cette solution conduirait rapidement Chrysler à la liquidation judiciaire.

Les membres de votre comité ont précisé qu'aucun expert n'avait été consulté pendant la préparation de votre déclaration. S'il en était allé autrement, j'ai la conviction que votre déclaration n'aurait pas célébré avec une telle confiance les vertus de la faillite.

Cinquièmement — Il est tout à fait déplorable que la Table ronde ait choisi de lancer dans un communiqué de presse le slogan : « Non au renflouement fédéral » qui rabaisse la discussion à son niveau le plus bas. Les centaines de milliers d'ouvriers qui d'un bout à l'autre du pays dépendent de Chrysler pour leur emploi méritent certainement beaucoup mieux.

Enfin, je pense qu'accepter votre invitation à m'affilier à la Table ronde serait une source de gêne pour les autres membres. Je me réjouissais de faire partie d'un groupe de chefs d'entreprises qui aborde franchement les questions économiques et sociales dans un esprit de confiance et de respect mutuel. Le communiqué de presse montre que cet esprit n'existe pas au sein du comité directeur. Je vous prie en conséquence d'accepter mes regrets sincères et la démission de la Chrysler Corporation de la Table ronde des entreprises.

Telle fut donc ma réponse au communiqué de presse de la Table ronde. Mais voici ce que j'aurais *aimé* leur dire : « Vous êtes censés constituer l'élite du monde des affaires mais vous n'êtes qu'une bande d'hypocrites. Votre groupe a été fondé par des sidérurgistes qui ont passé leur vie à essayer d'entuber le gouvernement. Souvenez-vous du président Kennedy qui a piqué une crise contre les patrons de la métallurgie et les a traités de salopards ! Ainsi vous êtes opposés à une aide fédérale à Chrysler ? Où étiez-vous donc quand des emprunts garantis ont été accordés aux aciéries, aux constructions navales et aux compagnies aériennes. Et pourquoi avoir fait silence sur les prix débloqués des aciers étrangers ? Vous avez donc deux poids, deux mesures ? »

La Table ronde n'avait fait aucune déclaration lors de ces occasions précédentes, mais ils rédigèrent un manifeste quand je fis appel à l'État ! Ils ne voient pas d'un mauvais œil une discrète intervention du gouvernement tant qu'ils peuvent en retirer des avantages. Mais quand la survie de Chrysler est en jeu, ils retrouvent subitement leurs principes.

Certains de nos plus gros fournisseurs rejoignirent les rangs de nos détracteurs. Nous étions isolés, prisonniers d'une idéologie périmée.

Je veux que ma position soit parfaitement claire. Le capitalisme libéral est le meilleur régime économique que le monde ait jamais connu. Je suis pour à 100%. Toutes choses égales d'ailleurs, il n'y en pas d'autre.

Mais qu'arrive-t-il quand les éléments de la situation se modifient ? Qu'arrive-t-il quand les véritables causes des difficultés d'une entreprise ne sont pas le fait de la libre entreprise mais de son contraire ? Qu'arrive-t-il quand une entreprise — à cause de la branche dont elle fait partie et à cause de sa taille — est mise au tapis par les effets des réglementations gouvernementales ?

C'est ce qui s'est passé pour Chrysler. Il est indéniable que les difficultés sont dues en grande partie à des erreurs de gestion. Chrysler n'aurait jamais dû se contenter de suppositions pour organiser l'ensemble de sa production, n'aurait jamais dû chercher l'expansion à l'étranger, n'aurait jamais dû vendre des véhicules d'occasion et aurait dû se préoccuper beaucoup plus de la qualité de ses produits.

Mais ce qui finit par provoquer l'effondrement de Chrysler, ce furent les coups répétés que lui portaient les réglementations gouvernementales successives.

Je vécus une semaine d'enfer au Congrès pour essayer de l'expliquer aux parlementaires.

— Pourquoi venez-vous ici vous plaindre de la réglementation ? me demandait-on de toutes parts.

— Parce que c'est vous qui l'avez faite, mais maintenant, vous nous montrez du doigt.

Puis ils changeaient d'avis et mettaient cela sur le compte d'une gestion aberrante.

Et puis j'en eus assez. « D'accord, leur dis-je, arrêtons ces conneries. C'est à moitié de votre faute — la réglementation — et à moitié de la nôtre, car je suis au courant de toutes les erreurs de gestion qui ont été commises. Que voulez-vous que je fasse ? Que je cloue au pilori ceux qui ne sont pas là pour se défendre ? Ils ont des responsabilités, c'est vrai. Mais revenons à nos moutons : vous avez contribué à nous mettre dans ce pétrin ! »

Pourquoi notre régime de libre entreprise est-il si efficace ? Parce que au lieu de demeurer figé, il n'a cessé de s'adapter aux réalités changeantes. Je suis un partisan fervent de la libre entreprise, sans pour cela avoir la mentalité du dix-neuvième siècle. Car la libre entreprise n'est plus exactement ce qu'elle était.

Le système de libre entreprise dut d'abord s'adapter à la Révolution industrielle, puis, en 1890, au syndicalisme de Samuel Gompers. Le patronat lutta contre ce mouvement naissant mais en fait c'est lui qui en porte la responsabilité. Il exploitait la main-d'œuvre, obligeait de jeunes enfants à travailler toute la journée devant les métiers à tisser et créait d'innombrables injustices qu'il convenait de réparer.

En se plongeant dans les ouvrages historiques, on découvre que le patronat de l'époque était convaincu que le syndicalisme sonnait le glas de la libre entreprise. Ils croyaient que c'était le crépuscule du capitalisme et le spectre du socialisme rôdait dans leur imagination.

Mais ils se trompaient du tout au tout. Ils ne soupçonnaient pas la souplesse de la libre entreprise qui sut s'adapter au syndicalisme. Et parallèlement le syndicalisme s'adapta à la libre entreprise, à tel point que dans certaines industries les syndicats sont devenus presque aussi puissants que la direction.

La libre entreprise réussit également à surmonter la crise de 1929. Là encore, les dirigeants crurent que c'en était fait du capitalisme. Ils réagirent violemment quand Franklin Roosevelt décida de créer des emplois pour ceux qui avaient perdu leur travail. Mais pendant que le patronat se contentait de théories, Franklin Roosevelt se préoccupait de l'aspect humain. Il fit ce qui devait être fait et quand il eut fini, le système était plus fort et plus florissant que jamais.

Chaque fois que je vante les mérites de Roosevelt, j'entends le patronat grommeler : « Iacocca est un renégat. Il a perdu la tête. Il a une véritable vénération pour Roosevelt. » Mais ils oublient ce qu'ils seraient sans sa stupéfiante clairvoyance. Roosevelt avait cinquante ans d'avance sur son temps. Le SEC (commission des opérations boursières) et le FDIC (commission de garantie des dépôts fédéraux) ne sont que deux des organismes qu'il mit en place pour éviter les catastrophes qui se produisent quand les cycles économiques se dérèglent.

Aujourd'hui, la libre entreprise doit continuer de s'adapter, mais cette fois au monde moderne. Un monde qui compte dans ses rangs un rival impressionnant, le Japon, et où plus personne ne respecte les règles du strict *laisser-faire*.

Pendant que ces discussions idéologiques faisaient rage, la dixième entreprise de la nation sombrait. Et quand le loup est à la porte de la bergerie, c'est le pragmatisme qui doit être de rigueur.

On ne peut pas se payer le luxe de dire : « Attendez un instant. Je me demande ce qu'ils en diraient à l'Union League Club de Philadelphie. Vive le libéralisme, peut-être ? »

Mais qu'est-ce donc exactement que le libéralisme ? C'est la libre concurrence. Et l'emprunt garanti permettrait d'assurer cette concurrence. Pourquoi ? Parce qu'il attesterait que Chrysler continuerait de rivaliser avec General Motors et Ford.

L'industrie automobile comprend l'importance de la concurrence et en a besoin. Au cours du grand débat sur l'avenir de Chrysler, un concessionnaire Ford adressa une lettre au *New York Times*. « Depuis vingt-cinq ans, disait-il, je suis un concurrent de Chrysler. Mais je suis en profond désaccord avec vos articles qui critiquent l'appel de Chrysler au gouvernement fédéral... Le rôle de l'État dans un système démocratique de libre entreprise ne consiste pas à encourager la loi du plus fort mais à entretenir la concurrence. Si Chrysler échoue au moment où la profession réinvente l'automobile beaucoup plus rapidement qu'on ne pouvait l'espérer, combien de temps mettra Ford à suivre le même chemin ? »

Un autre concessionnaire — Chevrolet, cette fois — de l'Oregon fit passer une annonce publicitaire sur une page entière du quotidien local, avec le titre suivant : « Si nous ne pouvons vous vendre une Chevrolet ou une Honda, achetez une Chrysler ! » Et le texte disait : « La concurrence est positive pour nous, pour notre industrie, pour notre pays et pour le consommateur. »

La survie de Chrysler permettrait, outre la concurrence, de préserver un grand nombre d'emplois. Si l'on faisait le total de nos salariés, de nos fournisseurs et de nos concessionnaires, c'étaient six cent mille emplois qui étaient en jeu.

Certains s'imaginaient que nos ouvriers pourraient retrouver du travail chez Ford ou à la GM, mais il n'en était rien. A l'époque, les deux constructeurs écoulaient toutes les petites cylindrées qu'ils fabriquaient. Ce n'était pas comme s'ils avaient des usines vides et n'attendaient que de la main-d'oeuvre pour les remplir. Si Chrysler fermait ses portes, presque tous nos ouvriers se seraient retrouvés en chômage.

Seules les importations auraient pu satisfaire la brusque et insatiable demande américaine de petites voitures. Si Chrysler déposait son bilan, non seulement les États-Unis importeraient plus de petites cylindrées mais ils exporteraient aussi de la main-d'oeuvre.

Nous posions un certain nombre de questions. « Qu'aurait à gagner la nation à la disparition de Chrysler et à l'augmentation instantanée du chômage d'un demi pour cent ? Qu'aurait à gagner le libéralisme à la disparition de Chrysler et à la perte de dizaines de milliers d'emplois face aux Japonais ? Notre système de libre entreprise serait-il véritablement plus compétitif sans le million de véhicules que Chrysler fabrique et vend chaque année ? »

Nous nous adressâmes au gouvernement en disant : « Puisqu'il paraît sensé d'assurer la protection de l'individu, pourquoi ne pas assurer aussi la protection de l'entreprise ? C'est quand même le travail qui fait vivre l'individu. »

Nos arguments portaient donc sur la concurrence et sur l'emploi. Mais ils étaient surtout d'ordre économique. Le ministère des Finances avait calculé que si Chrysler déposait son bilan, cela coûterait au pays 2,7 milliards de dollars en allocations de chômage et prestations sociales pendant la première année seulement.

« Vous avez le choix, déclarai-je au Congrès. Soit vous acceptez de payer ces 2,7 milliards de $, soit vous nous accordez un emprunt garanti pour la moitié de cette somme et vous avez de bonnes chances de rentrer dans vos fonds. Soit vous payez tout de suite, soit vous paierez plus tard. »

C'est le genre d'argument qui retient l'attention. Voilà une bonne leçon pour les jeunes qui liront cet ouvrage : il faut *toujours* penser aux intérêts de ses interlocuteurs. Le stage que j'ai suivi à l'institut Dale Carnegie m'a vraiment été profitable.

C'était donc au représentant siégeant au Congrès que je m'adressai. Il était peut-être opposé à une aide gouvernementale pour des raisons idéologiques, mais il changea rapidement d'avis quand nous lui présentâmes une liste très détaillée de tous les emplois dépendant plus ou moins de Chrysler dans l'État dont il venait. Quand il se rendit compte du nombre d'électeurs de sa circonscription dont Chrysler était le gagne-pain, il mit l'idéologie en sourdine.

Pendant que cette lutte se déroulait devant le Congrès et à l'extérieur, je m'employais à trouver des capitaux, allant jusqu'à remettre des obligations à d'autres sociétés. Je me sentais dans la peau d'un marchand de tapis qui a besoin de trouver d'urgence de l'argent pour manger. Et mon moral était au plus bas, car nulle part je ne trouvais personne pour m'encourager.

Au cours de ce débat, la « solution » du dépôt de bilan recueillit de nombreux suffrages. L'article 11 de la loi fédérale sur la faillite nous mettait à l'abri de nos créanciers jusqu'à ce que l'entreprise soit réorganisée. Nous aurions refait surface quelques années plus tard sous la forme d'une société plus petite mais plus saine.

Mais tous les experts consultés confirmèrent nos craintes : une faillite serait catastrophique. Nous étions un cas à part qui n'avait rien de commun avec Penn Central ni avec Lockheed. Il n'y avait pas de contrats de défense déjà signés avec le gouvernement. Notre situation n'avait rien à voir avec l'industrie des céréales. Si Kellogg's devait cesser ses activités, nul ne dirait : « A partir d'aujourd'hui, je n'achète plus leurs corn-flakes. Si je me retrouve avec une boîte sur les bras, il n'y aura pas de service après vente. »

La branche de l'automobile est différente. La moindre rumeur d'un dépôt de bilan suffirait à tarir le cash-flow et de fil en aiguille les clients en arriveraient à annuler leurs commandes de peur de ne plus pouvoir bénéficier d'une garantie ni se procurer les pièces détachées — sans parler de la cote de la voiture à l'Argus.

Il y avait un précédent tout à fait instructif. Quand la White Truck Company déposa son bilan, elle crut pouvoir s'abriter derrière l'article 11 pour forcer la main à ses créanciers. Mais on avait oublié un détail. Tous les clients de l'entreprise se dirent : « Ils ont fait faillite ! Je vais acheter un camion ailleurs ! »

Quelques banques souhaitaient nous voir suivre cette voie. « Pourquoi perdez-vous votre temps avec le gouvernement ? Déposez donc votre bilan et vous pourrez réorganiser la société. » Et elles nous citaient des exemples d'entreprises qui avaient eu recours à ce moyen. Mais nous restions sur nos positions. « Nous sommes une entreprise de biens de consommation et nous ne tiendrons pas quinze jours si nous essayons cela. »

S'il y avait dépôt de bilan, nos concessionnaires ne bénéficieraient plus du financement de l'usine. En un ou deux jours, les banques et les compagnies financières leur couperaient tout crédit. Nous estimions qu'environ la moitié de nos concessionnaires se verraient eux-mêmes acculés à la faillite. Un bon nombre des autres seraient récupérés par la GM et par Ford, supprimant ainsi la plupart de nos débouchés.

Nos fournisseurs exigeraient des règlements anticipés ou de ne faire que des envois contre remboursement. Il s'agissait pour la plupart de petites ou moyennes entreprises employant moins de cinq cents personnes. Les effets d'un dépôt de bilan seraient insurmontables pour des milliers de petites sociétés dont l'existence même était liée à notre survie. Bon nombre d'entre elles feraient faillite à leur tour, nous privant d'approvisionnements indispensables.

Et qu'apporterait à la nation la faillite la plus importante de l'histoire de l'économie américaine ? D'après une étude effectuée par Data Resources, la disparition de Chrysler coûterait aux contribuables 16 milliards de $ d'allocations de chômage, de prestations sociales et autres dépenses.

La solution du dépôt de bilan devait être écartée.

Pendant que le pays se passionnait pour le destin de Chrysler, nous dûmes subir un feu roulant de critiques en tous genres. Tom Wicker déclara dans un article du *New York Times* que Chrysler devrait consacrer toute son énergie aux transports en commun plutôt qu'à l'automobile et les dessinateurs humoristiques se régalèrent avec notre appel à l'aide gouvernementale.

Mais *The Wall Street Journal* se montrait particulièrement impitoyable à notre égard. Il se déchaîna en particulier à propos de l'emprunt garanti et publia un éditorial mémorable intitulé : « De la poudre de perlimpinpin pour Chrysler. »

Mais son opposition à l'aide gouvernementale ne se limitait pas aux articles de tête. Il ne cessait de cracher son venin en mentionnant scrupuleusement tous les événements négatifs mais en omettant de parler des signes encourageants. Et même quand nous eûmes obtenu le prêt, il prit soin de préciser que bien que nous ayons assez de capitaux, que l'entreprise ait été restructurée, que nous ayons une nouvelle direction et de bons produits d'une qualité sensiblement améliorée, la foudre *pouvait* tomber, l'économie *pouvait* se dégrader et les ventes de voitures *pouvaient* encore baisser.

Quotidiennement ou presque, il publiait un article négatif sur la situation de Chrysler. Et à chaque fois, il nous fallait consacrer une partie de notre énergie limitée à en atténuer l'impact sur l'opinion publique.

Un exemple : Ford perdit 439 millions de $ au premier trimestre 1981. De son côté, Chrysler remontait la pente mais avait quand même un déficit de près de 300 millions de $. Et *The Wall Street Journal* titra : « Pertes de Ford plus limitées que prévu, mais le déficit de Chrysler dépasse les prévisions. » C'était vraiment la seule manière de noircir notre image par rapport à celle de Ford, même si les chiffres le démentaient.

Deux mois plus tard, nos ventes mensuelles grimpèrent de 51 % par rapport à l'année précédente. Mais *The Wall Street Journal* se sentit obligé de faire remarquer que « la comparaison est faussée, car les ventes de Chrysler avaient atteint l'an dernier leur niveau le plus bas ». Soit. Mais croyez-vous que l'année d'avant, le quotidien avait expliqué la faiblesse de nos ventes par les excellents résultats de l'exercice précédent ?

Cela me rappelle une vieille histoire juive. Goldberg reçoit un coup de téléphone de sa banque qui lui signale qu'il a un découvert de 400 $.

— Quel était mon solde le mois dernier ? demande-t-il.
— Créditeur de neuf cents dollars.
— Et le mois précédent ?
— Douze cents dollars.
— Bon, et le mois d'avant ?
— Quinze cents.
— Dites-moi, fait Goldberg, est-ce que je vous ai téléphoné quand j'avais de l'argent sur mon compte ?

Voilà à quoi me faisait penser *The Wall Street Journal.*

Quand je faisais partie de l'équipe de rédaction du journal de mon lycée, j'avais appris de quel pouvoir disposait le metteur en pages. Comme la plupart des gens ne lisent pas l'article à moins d'être particulièrement intéressés par le sujet, le titre *est* l'article pour la majorité des lecteurs.

Au beau milieu de la crise de l'emprunt garanti, alors que nous n'avions pas demandé la totalité de ce que la loi nous autorisait à obtenir, *The Wall Street Journal* publia un éditorial proposant que l'on mette « un terme aux souffrances de Chrysler ». C'est le célèbre éditorial intitulé « Laissez-les mourir avec dignité », un classique du genre. C'est l'exemple parfait de ce que peut provoquer dans notre pays une liberté abusive de la presse. Je sais, je sais, le premier amendement leur garantit ce droit.

Cet article me mit tellement hors de moi que j'expédiai sur-le-champ au rédacteur en chef une lettre dans laquelle je disais : « Vous annoncez que puisque le malade n'a pas encore pleinement recouvré la santé alors qu'il en est à la moitié de son traitement, il convient de pratiquer l'euthanasie. Je me réjouis de ne pas vous avoir comme médecin de famille. »

Je crois que *The Wall Street Journal* vit au siècle précédent. Malheureusement, il n'a pas de concurrent et jouit d'une situation de monopole. Il est devenu arrogant, comme General Motors.

Entre parenthèses, *The Wall Street Journal* ne cessa pas son harcèlement quand Chrysler fut de nouveau sur pied. Le 13 juillet 1983, j'annonçai au Club national de la Presse que nous allions rembourser avant la fin de l'année l'intégralité de notre emprunt garanti par le gouvernement. Deux jours plus tard, *The New York Times*, qui s'était prononcé contre l'emprunt garanti, publia un article intitulé « Le prompt redressement de Chrysler » et qui disait : « Il est difficile de ne pas insister sur l'ampleur de ce redressement... Comment a-t-il été possible de relever si vite une entreprise qui se trouvait dans une situation si désespérée ? »

Le même jour, *The Wall Street Journal* publiait aussi un reportage sur Chrysler. Son titre ? « Malgré le dégraissage, la situation de Chrysler demeure très précaire. » Comment douter encore de la partialité de cette publication ? Elle a le droit d'exprimer ses opinions, mais cela devrait être réservé à l'éditorial. On aurait pu au moins écrire quelque chose de ce genre : « Il est regrettable que Chrysler ait choisi cette voie, mais il faut saluer sa réussite ! »

Comment s'étonner dès lors avec le ton adopté par la presse économique nationale que le grand public ait eu de la peine à suivre ce qui se passait ?

Le langage utilisé pour rendre compte de notre situation constituait une grande partie du problème. Le mot « renflouement » est une métaphore suggestive évoquant des images de navire faisant eau dans une mer agitée. Elle laisse entendre que l'équipage était incompétent mais elle est quand même préférable à « aumône » que j'ai également lu sous la plume de plusieurs journalistes. Nous n'avons jamais demandé la charité et soyez persuadés qu'on ne nous l'a jamais faite.

Une opinion répandue dans le public était que nous étions une énorme entreprise monolithique qui ne méritait pas qu'on vienne à son secours. Pour détruire ce mythe, il nous fallait répéter que nous n'étions qu'un amalgame de petites sociétés. Nous avons onze mille fournisseurs et quatre mille concessionnaires qui gèrent pour la plupart des entreprises modestes. Nous n'avions pas besoin qu'on nous fasse l'aumône mais simplement qu'une main secourable se tende vers nous.

Et la majorité des gens ne le savaient même pas. Ils s'imaginaient que nous sollicitions un secours financier, comme si Jimmy Carter m'avait envoyé une carte de vœux de bon rétablissement accompagnée de 1 milliard de $ en petites coupures. Bon nombre d'Américains bien intentionnés semblaient croire que Chrysler avait reçu 1 milliard de $ en liquide et qu'on ne nous demanderait jamais de le rembourser.

Si seulement cela avait pu être vrai !

19

CHRYSLER DEVANT LE CONGRÈS

Le moins que l'on puisse dire, c'est que la perspective de déposer sous serment devant des commissions du Sénat et de la Chambre des représentants ne m'enchantait guère. Mais l'unique chance d'obtenir l'approbation du Congrès pour l'obtention d'un emprunt garanti était de me présenter en personne pour défendre notre cause. Pas question de déléguer quelqu'un à ma place !

Les salles d'audience du Sénat et de la Chambre des représentants sont faites pour intimider les témoins. Les membres de la commission sont assis autour d'une table semi-circulaire et surélevée d'une soixantaine de centimètres. Cela crée un handicap psychologique pour le témoin qui doit toujours lever la tête pour répondre aux questions. Et pour arranger les choses, il est aveuglé par les projecteurs de la télévision.

On m'appelait le témoin, mais le terme est impropre. En réalité, j'étais le prévenu. Je restais dans le box des heures durant pour répondre devant le Congrès et la presse des erreurs de gestion — réelles ou imaginaires — de Chrysler. Cela prenait parfois la tournure d'une parodie de jugement. « Peu importe ce que vous avez à déclarer, disaient les idéologues, tout ce que nous voulons, c'est vous briser. » J'étais seul lors de ces séances et il me fallait répondre au pied levé. Les questions fusaient avec véhémence et elles étaient toujours empoisonnées. Des assistants passaient sans arrêt des notes aux sénateurs et aux représentants et il me fallait improviser des réponses. C'était un massacre.

On nous reprochait de ne pas avoir eu la perspicacité des Japonais qui construisaient des voitures dont la consommation était réduite, sans tenir compte du fait que la clientèle américaine n'avait cessé d'exiger des modèles plus gros. On nous reprochait de ne pas avoir prévu le renversement du Shah d'Iran. Je dus leur faire remarquer que ni Carter, ni Kissinger, ni David Rockefeller, ni les Affaires étrangères ne l'avaient prévu non plus, et pourtant ils devaient être mieux informés que moi dans ce domaine.

On nous reprochait de ne pas avoir pris des dispositions pour faire face à la politique aberrante de restriction du carburant mise en place par le ministère de l'Énergie et aux émeutes qui s'ensuivirent dans les stations-service. On oubliait qu'un mois plus tôt, l'essence coûtait moins d'1 FF le litre et que son prix avait été maintenu artificiellement bas pour tenir compte du contrôle des prix, ce qui donnait au consommateur une idée fausse de la situation. On oubliait que nous investissions la majeure partie de notre capital pour faire face à la réglementation gouvernementale. Aux yeux du Congrès et des médias, nous avions péché. Nous n'avions pas su répondre à la demande du marché et nous méritions un châtiment.

Et nous reçûmes notre châtiment. Pendant toute la procédure d'enquête parlementaire, nous incarnâmes à la face du monde tous les défauts de l'industrie américaine. Les journaux nous traînaient dans la boue pour ne pas avoir eu la décence d'abandonner la partie et de mourir avec dignité. Nous étions la risée des dessinateurs humoristiques, impatients de nous représenter dans la tombe. Nos femmes et nos enfants étaient en butte aux quolibets chez les commerçants et dans les écoles. Nous payions plus chèrement ces erreurs que si nous nous étions contentés de fermer nos portes. Car cela nous atteignait personnellement et c'était très douloureux.

Le 18 octobre, je comparus pour la première fois à la Chambre devant la sous-commission de la stabilisation économique dépendant de la commission de la banque, des finances et des affaires urbaines. Tous les membres étaient présents, contrairement à l'habitude. En temps normal, les audiences se déroulent en l'absence de la plupart des membres qui ont toujours une dizaine d'autres engagements au même moment et tout le travail est effectué par les assistants.

Je commençai par exposer très simplement notre cas : « Je suis sûr que vous savez que je ne parle pas ici en mon nom propre. Je parle au nom des centaines de milliers de personnes dont le gagne-pain dépend de la survie de Chrysler. C'est aussi simple que cela. Il y a nos cent quarante mille employés et leur famille, nos quatre mille sept cents concessionnaires et agents et leurs cent cinquante mille employés qui vendent et entretiennent nos produits, nos dix-neuf mille fournisseurs et leurs deux cent cinquante mille salariés et bien entendu les familles de tous ces gens. »

Puisque la confusion régnait dans les esprits sur le genre d'aide que nous demandions, je pris soin de préciser que nous ne demandions pas la charité. Je rappelai à la commission que nous sollicitions un emprunt garanti dont le capital et les intérêts seraient remboursés jusqu'au dernier dollar.

Dans ma déclaration d'ouverture, j'exposai sept points principaux à la commission. Premièrement, nos problèmes étaient dus à la conjonction d'une mauvaise gestion, à une réglementation trop stricte, à la crise de l'énergie et à la récession. La direction générale avait été entièrement renouvelée, mais les trois autres facteurs étaient hors de notre contrôle.

Deuxièmement, nous avions déjà pris des mesures promptes et efficaces pour résoudre nos problèmes. Nous avions liquidé notre actif en marge ; nous avions obtenu d'importantes liquidités supplémentaires ; nous avions réduit nos charges fixes de près de 600 millions de $; nous avions diminué le salaire des mille sept cents cadres les plus élevés dans la hiérarchie ; nous avions suspendu toutes les augmentations de primes ; nous avions mis fin à notre programme de participation ouvrière ; nous avions supprimé les dividendes sur les actions ordinaires ; nous avions obtenu de nouveaux engagements de nos fournisseurs, nos banquiers, nos concessionnaires et nos employés, ainsi que des autorités locales.

Troisièmement, si l'entreprise voulait rester rentable, elle devait continuer de produire à la fois des voitures et des utilitaires légers. Il était impossible de ne plus fabriquer que des petites cylindrées, car la marge bénéficiaire sur les « subcompacts » n'était que de l'ordre de 700 $, ce qui ne permettait pas de demeurer compétitifs, en particulier face aux Japonais qui bénéficiaient d'une main-d'œuvre bon marché et d'appréciables avantages fiscaux.

Quatrièmement, nous ne serions pas en état de surmonter un dépôt de bilan.

Cinquièmement, nous n'avions aucune proposition de fusion avec une autre entreprise, qu'elle fût américaine ou étrangère. Et à moins qu'on nous accorde l'emprunt garanti, il était peu probable que la situation évolue.

Sixièmement, malgré la réputation de gourmandise de nos voitures, Chrysler avait la meilleure moyenne de consommation d'essence des trois Grands. Nous avions plus de modèles consommant moins de 9 litres aux cent kilomètres que General Motors, Ford, Toyota, Datsun ou Honda.

Septièmement, je certifiai que notre programme établi sur cinq ans était sain et qu'il reposait sur des hypothèses prudentes. Nous étions persuadés d'améliorer notre taux de pénétration et de redevenir une entreprise rentable.

Je développai ultérieurement tous ces points beaucoup plus en détail.

Je dus subir un feu roulant de questions et d'accusations. Certains des membres de la commission semblaient ne pas pouvoir se mettre dans la tête que la direction de Chrysler avait changé. Et, ce qui n'avait rien d'étonnant, ils refusaient pour la plupart de tenir compte des dépenses entraînées par la réglementation gouvernementale. Ils ne cessaient de revenir sur les erreurs commises par la direction précédente et me demandaient d'en répondre.

M. SHUMWAY, REPRÉSENTANT DE CALIFORNIE : Quelles assurances allez-vous donner à cette sous-commission et au gouvernement que vous ne répéterez pas les erreurs du passé ? Vous affirmez que certaines des fautes de gestion ont été corrigées et que vous retrouverez bientôt la rentabilité. En toute franchise, je ne vois pas quel genre de réponses vous pourriez m'apporter pour me convaincre que tel est bien le cas.

M. IACOCCA : Il m'est impossible de vous convaincre. Il vous faudra vous fier à ma parole. J'ai mis en place une nouvelle équipe composée, à mon avis, des meilleurs spécialistes de l'automobile de notre pays. Nous avons fait nos preuves, nous savons comment fabriquer des petites voitures. C'est notre métier depuis trente ans et nous affirmons être en mesure de le faire. C'est tout ce que nous pouvons vous dire. Prenez nos réalisations passées, comptez sur notre expérience. Je n'ai rien à ajouter.

M. SHUMWAY : Ce n'est pas avec les résultats de Chrysler que vous espérez nous convaincre aujourd'hui.

M. IACOCCA : Ce sont les hommes qui font les entreprises. Je pense que nous faisons tout ce qu'il faut pour nous en sortir. Suivez notre action et vous verrez qu'il se passera beaucoup de choses chez Chrysler. Vous constaterez l'amélioration de nos modèles, de nos services et de la qualité. Et, en fin de compte, c'est cela qui importera.

Tout le monde cherchait un bouc émissaire, mais je refusai de rejeter la responsabilité de tous nos problèmes sur la direction précédente. La Ford Motor Company avait perdu 678 millions de $ au troisième trimestre 1979 et même la GM n'avait pas été épargnée avec des pertes de 300 millions de $. Que fallait-il penser de ces chiffres ? Nous n'avions pas pu devenir *tous* irresponsables en même temps ! Il devait manifestement y avoir d'autres raisons pour expliquer ces déficits sans précédent. C'est pourquoi je revenais souvent à la réglementation draconienne qui nous était imposée.

J'insistai aussi sur l'idée fausse que les gens se faisaient de la consommation de nos modèles. Je fis valoir que Chrysler était le premier constructeur américain de petites cylindrées à traction avant et que nous devancions à la fois la GM et Ford. A l'époque de mon audition, il y avait plus d'un demi-million d'Omni et d'Horizon sur les routes. En outre, la sortie du modèle K était prévue dans le courant de l'année.

J'expliquai que le problème n'était pas que nous avions trop de voitures gloutonnes. En réalité, nous n'en avions pas *assez*. C'est sur les grosses voitures que l'on fait des bénéfices, de la même manière que la marge bénéficiaire du boucher est plus importante sur le filet que sur la viande hachée.

General Motors fabrique 70% de toutes les grosses voitures, y compris la Cadillac Seville qui laisse un bénéfice net de 5 500 $ par unité. Nous n'avions rien de comparable. Il nous fallait vendre huit Omni ou Horizon pour gagner autant d'argent que la GM sur une seule Seville. Et General Motors ne va pas augmenter de 1 000 $ le prix de ses petites cylindrées pour que Chrysler parvienne à équilibrer son bilan.

Je parlai de tout cela et de bien d'autres choses encore. Mais quand je repense à ces auditions, ce sont d'autres voix que la mienne que j'entends. Celle de Richard Kelly, le représentant de Floride, notre adversaire le plus redoutable. Il commença par dire : « Je pense que vous essayez de nous bluffer. Vous avez déjà tenté votre chance auprès de vos pairs à qui vous ne pouviez forcer la main. Et ces magnats de l'industrie, qui sont d'une autre étoffe que les gens que vous voyez assis ici et qui savent faire tourner la machine économique, vous ont envoyé sur les roses. Et ils vous ont envoyé sur les roses parce que vous n'étiez pas capable de vous en sortir dans les conditions économiques auxquelles ils doivent se plier. Vous venez donc maintenant vous adresser à nous en espérant que les lourdauds qui composent cette sous-commission se laisseront prendre à votre comédie sur la souffrance humaine. »

Kelly était très intelligent et il s'y entendait à manipuler les médias en utilisant le mot justequi faisait mouche sur l'opinion publique. Il ne cessait de nous harceler. « Le renflouement de Chrysler marquera le début d'une ère nouvelle d'irresponsabilité gouvernementale. Le renflouement de Chrysler lésera l'ouvrier américain, l'industrie américaine, le contribuable et le consommateur. La charité faite à Chrysler sera l'escroquerie la plus flagrante de notre temps. »

Kelly multiplia les sermons et nous exhorta sans relâche à déposer notre bilan. Il s'opposa de toutes ses forces et par tous les moyens à l'emprunt garanti par l'État.

Deux ans plus tard, le représentant Kelly, grand avocat de l'Amérique devant l'Éternel, fut compromis dans l'affaire Abscam et condamné à une peine d'emprisonnement. Il perdit son siège et sa réputation. Il y a une justice !

Mais Kelly n'était pas notre seul adversaire. Au plus fort du débat, le représentant David Stockman, élu du Michigan, la patrie de l'automobile, écrivit pour le *Washington Post Magazine* un article retentissant intitulé : « Laissons Chrysler courir à la ruine. » Quelques semaines auparavant, il avait écrit un autre article pour *The Wall Street Journal* : « Le renflouement de Chrysler : un encouragement à l'échec ? » Stockman, qui devint par la suite directeur du budget, fut le seul membre de la délégation du Michigan à voter contre nous.

Heureusement, l'hostilité n'était pas unanime. Stewart McKinney, porte-parole de la minorité de la commission, nous aida beaucoup. J'eus de la chance, car McKinney était un ami que j'avais connu chez Ford. Représentant républicain d'une circonscription huppée du Connecticut, il se fit violemment attaquer par ses collègues plus doctrinaires.

McKinney nous soutint d'emblée, surtout parce que en dehors de l'aide fédérale, il n'y avait pas de solution satisfaisante. « Je connais l'automobile, disait-il, et je sais ce que cet homme a accompli chez Ford. Il réussira. » Et il me confia un jour pendant les audiences : « Si vous faites pour Chrysler ce que vous avez fait pour Ford, nous allons devoir vous élever une statue. »

« Et vous savez ce qui arrive aux statues, me dis-je. Les pigeons les recouvrent de fiente ! »

McKinney avait pris sa tâche au sérieux, mais je ne peux en dire autant de tous ses collègues. Henry Reuss, président de la commission des finances de la Chambre, suggéra un jour que Chrysler se lance dans la construction de wagons de chemin de fer ! Nous n'avions pas les moyens de conserver la totalité de notre infrastructure existante et ce type proposait que nous nous reconvertissions dans une production entièrement nouvelle. Cette idée de génie aurait impliqué des investissements de l'ordre de deux ou trois milliards de dollars à une époque où nous n'avions plus un sou !

Notre second partisan au sein de la sous-commission était Jim Blanchard, auteur du projet de loi sur l'emprunt garanti, un représentant du Michigan qui devint par la suite gouverneur de l'État. Blanchard était le numéro deux du parti démocrate à la sous-commission et il formait une bonne équipe avec McKinney.

Tip O'Neill fut notre atout majeur au Congrès. Dès le début, j'eus une entrevue avec lui pour lui exposer notre situation. Il écouta attentivement et comprit parfaitement notre position. Et dès qu'il prit les choses en main, le vent commença à tourner en notre faveur.

Tip constitua un groupe d'une trentaine de représentants chargés de faire pression sur leurs collègues. Il y avait également un petit groupe de soutien ad hoc du côté républicain, mais leur tâche était beaucoup plus difficile.

Des auditions similaires se déroulaient au Sénat où mon principal tourmenteur était William Proxmire, le président de la commission des finances. Proxmire était implacable, mais toujours franc et loyal. Il nous informa d'entrée de jeu qu'il était totalement opposé à des garanties d'emprunt, mais il nous laissa défendre notre cause jusqu'au bout. Il promit de ne pas exercer de pressions sur ses collègues et seulement de voter contre nous.

J'eus une entrevue assez animée avec Proxmire, car, malgré les propos qu'il tenait sur le libre-échange, il avait accepté dans le passé d'accorder son soutien à American Motors.

En 1967, American Motors avait bénéficié d'un dégrèvement fiscal qui s'était traduit par une économie de 22 millions de dollars.

En 1970, American Motors avait reçu une autorisation spéciale pour acheter à la GM la technologie de contrôle anti-pollution, ce qui était une exception à la législation en vigueur.

En 1974, American Motors obtint du gouvernement d'être considéré comme une petite entreprise afin de pouvoir bénéficier d'un traitement préférentiel pour ses demandes de contrats gouvernementaux.

En 1977, on accorda à American Motors le droit de demander un délai de deux ans pour satisfaire aux normes anti-pollution relatives à l'oxyde d'azote.

En 1979, la requête d'American Motors fut acceptée par l'Agence de protection de l'environnement. A ce propos, une requête similaire aurait permis à Chrysler d'économiser plus de 300 millions de $.

Proxmire avait acquis la réputation de tourner en ridicule les dépenses publiques qu'il n'approuvait pas. Mais il fit une exception flagrante pour American Motors. Pourquoi cela ? Parce que Proxmire est sénateur du Wisconsin où se trouve une grosse usine de montage d'American Motors.

Notre affrontement fut sans concessions. « Je me souviens, lui dis-je, que c'est à votre instigation qu'American Motors a bénéficié d'un emprunt garanti. Or, cette entreprise appartient au gouvernement français. Vous vous êtes donc fait complice du gouvernement français. » Nous nous battions pour sauver notre peau et je ne me préoccupais guère de la courtoisie.

Proxmire contre-attaqua en me reprochant d'être en contradiction avec mes idées. « De tous les dirigeants de Detroit, dit-il, c'est vous qui avez mené la campagne contre Washington et vos arguments étaient fondés. J'accepterais de les reprendre à mon compte et certains de mes collègues le feraient certainement avec encore plus de vigueur. » Puis il affirma que si l'emprunt garanti était accordé, le gouvernement se trouverait étroitement lié à Chrysler.

— N'est-ce pas profondément contradictoire avec ce que vous prêchez avec tant d'éloquence depuis si longtemps ?

— Bien sûr, répondis-je. Toute ma vie, j'ai été partisan de la libre entreprise et je viens ici à mon corps défendant. Je suis dans une impasse et je ne puis sauver la compagnie sans une intervention de l'État. Je ne vais pas essayer de vous convaincre, car vous le savez mieux que moi, que nous ne créons pas un précédent. Il y a déjà 409 milliards de dollars d'emprunt garantis en cours, alors n'en restez pas là. Allez jusqu'à 410 milliards, car Chrysler est la dixième entreprise du pays et il y a six cent mille emplois en jeu.

Dès que je parlais des précédents, cela créait un malaise chez mes adversaires les plus acharnés. Tout ce qu'ils trouvaient à répondre était : « Eh bien, ce n'est pas parce que nous avons fait des bêtises dans le passé qu'il faut continuer. »

A l'issue de mon long témoignage et des questions consécutives, le sénateur Proxmire me fit un beau compliment. « Vous n'ignorez pas, dit-il, que je suis opposé à votre demande, mais j'ai rarement entendu un témoignage aussi éloquent, brillant et documenté que le vôtre. Vous avez été remarquable et nous vous en remercions. Nous vous devons beaucoup. »

« Non, songeai-je, vous n'avez rien compris. C'est nous qui espérons vous devoir beaucoup ! »

Après ces appréciations flatteuses, je demeurai souriant pendant quelques instants. Mais il ajouta alors qu'il se battrait contre moi jusqu'au bout — et il tint parole.

John Heinz, le sénateur républicain de Pennsylvanie, était un de nos autres adversaires à la commission sénatoriale et il ne cacha jamais son hostilité. Il en voulait particulièrement à nos actionnaires et tenait à les faire souffrir. Il nous fallut préciser que les actions Chrysler n'étaient pas détenues par des institutions, que 30% de nos actionnaires étaient des employés et que le reste était composé de particuliers. Et ils avaient déjà vu la valeur de leurs titres s'effriter considérablement.

Mais Heinz voulait que nous émettions immédiatement 50 millions d'actions supplémentaires, ce qui aurait fait passer la valeur de l'action de 7,50 $ à 3,50 $ — un cours auquel elle descendit toute seule par la suite. Il était incapable de comprendre que, dans la situation où était l'entreprise, absolument personne n'avait intérêt à acheter des actions Chrysler, quel que fût le cours.

Mais les auditions au Sénat et à la Chambre ne constituaient qu'une partie de mes activités. Je passais la majeure partie de mon temps en petites réunions privées. J'eus ainsi une longue discussion avec Nancy Kassebaum, sénateur du Kansas et la seule femme de cette assemblée. Je plaidai vigoureusement notre cause et crus avoir emporté son adhésion. Mais en fin de compte, elle vota contre nous.

J'eus plus de chance avec le lobby italien de la Chambre des représentants. Pete Rodino, du New Jersey, me présenta en disant : « J'aimerais que vous parliez à mes amis. » Ils étaient trente et un, trente hommes et Geraldine Ferraro, du Queens, et à l'exception d'un seul, ils votèrent pour nous. Certains étaient républicains, d'autres démocrates, mais en l'occurrence ils votèrent pour la liste italienne. Nous étions aux abois et il nous fallait abattre toutes nos cartes. C'était l'illustration de la démocratie.

Je n'eus pas le temps de rencontrer le lobby Noir, mais j'eus un entretien avec son chef, Parren Mitchell, le représentant du Maryland. En 1979, 1 % de l'ensemble de la main-d'œuvre noire travaillait pour Chrysler. Les Noirs représentèrent un élément important de la coalition qui rendit la garantie d'emprunt possible.

Coleman Young, le maire de couleur de Detroit, se déplaça à plusieurs reprises à Washington pour témoigner en notre faveur. Il expliqua sans mâcher ses mots les conséquences qu'aurait à Detroit la disparition de Chrysler. Young avait été un partisan de la première heure de Jimmy Carter et il exposa avec véhémence au président la situation de notre entreprise.

Au cours des trois derniers mois de 1979, je vécus à un rythme infernal. Je devais me rendre à Washington deux fois par semaine tout en assurant la direction de Chrysler. Et Mary souffrait de crises d'hyperglycémie périodiques. Il me fallut en deux ou trois occasions tout laisser tomber pour rentrer d'urgence à Detroit.

Chaque fois que j'allais à Washington, j'avais un emploi du temps dément avec neuf ou dix rendez-vous par jour. Et chaque fois, il me fallait répéter le même discours, insister sur les mêmes points, développer les mêmes arguments. C'était un rabâchage perpétuel.

Un jour où je marchais dans les corridors de marbre de la Chambre, je me sentis tout drôle. J'avais les jambes en coton et des vertiges, je voyais double et j'étais prêt à tourner de l'œil.

On m'emmena dans le bureau du médecin de la Chambre, puis à l'infirmerie où l'on me fit des examens. C'étaient des vertiges, et j'avais déjà eu ces symptômes une vingtaine d'années auparavant. Je marchais dans un couloir de la Maison de Verre en compagnie de McNamara quand je commençai à me cogner contre le mur.

— Que se passe-t-il, Lee ? demanda McNamara. Vous avez bu ou quoi ?

— Pourquoi me demandez-vous cela ? demandai-je, car je ne me rendais pas compte que quelque chose clochait.

— Parce que vous n'arrêtez pas de vous cogner au mur, c'est tout.

Les vertiges sont causés par un problème d'équilibre dans l'oreille interne et les mêmes symptômes réapparaissaient. On me laissa sortir de l'infirmerie, mais cela se reproduisit. C'était le prix de toute la pression et la tension que je subissais, mais je parvins à m'en accommoder tant bien que mal.

Pendant toute cette période, notre préoccupation majeure était de conserver la confiance des consommateurs. Nos ventes chutèrent d'une manière dramatique pendant les auditions, car personne ne voulait acheter une voiture d'une marque qui allait disparaître. Le pourcentage des consommateurs acceptant l'*éventualité* de l'achat d'un de nos modèles dégringola brutalement de 30% à 13%.

Deux courants s'affrontaient pour déterminer de quelle manière nous devions faire face à la crise. Notre service de relations publiques était en gros partisan de garder le silence. « Ne bougez pas, disaient-ils, les choses finiront par s'arranger. Ce qu'il faut surtout éviter, c'est d'attirer l'attention sur notre situation catastrophique. »

Mais Kenyon & Eckhardt, notre agence de publicité, était d'un avis diamétralement opposé. « La situation est critique, mais vous avez le choix. Soit vous disparaissez en silence, soit vous poussez des hurlements d'agonie. Nous vous recommandons cette attitude. Il y aura ainsi une chance que quelqu'un vous entende. »

Nous nous rangeâmes à leur opinion en leur demandant de lancer une campagne visant à rassurer le public sur notre avenir. Il fallait que les consommateurs sachent deux choses : d'abord, que nous n'avions nullement l'intention de mettre la clé sous la porte et ensuite que nous fabriquions le type de voitures dont l'Amérique avait réellement besoin.

Nous remplaçâmes notre publicité habituelle, composée de photos et de textes descriptifs de nos nouveaux modèles, par une série d'éditoriaux exprimant notre point de vue sur les garanties d'emprunt et expliquant les projets à long terme de Chrysler. Au lieu d'assurer la promotion de nos produits, nous assurions celle de la compagnie et de son avenir. Nous ne suivions pas le canal habituel, car ce n'était plus nos voitures qu'il fallait promouvoir, mais notre cause.

Ron DeLuca, du bureau de New York de K & E, rédigea une série de publicités pleine page expliquant notre situation. Avant de les rédiger, il venait passer une ou deux heures dans mon bureau pour discuter. Puis je révisais son texte qui faisait des aller et retour jusqu'à ce que nous soyons tous deux pleinement satisfaits.

Dans ces publicités auxquelles K & E donna le nom de « relations publiques rétribuées », nous détruisions certains des mythes les plus tenaces dont Chrysler était victime. Nos véhicules ne consommaient pas beaucoup de carburant ; nous ne demandions pas la charité à Washington ; l'obtention par Chrysler d'un emprunt garanti ne constituerait pas un dangereux précédent.

Le style de ces textes publicitaires était exceptionnellement franc et direct. Ron adoptait un ton agressif qui me plaisait beaucoup. Comme nous ne savions que trop ce que le grand public pensait de Chrysler, nous essayâmes de nous mettre à sa place et de répondre à ses questions et à ses doutes. Comme nous avions mauvaise presse, il fallait aborder les problèmes de front et remplacer les rumeurs par des faits.

L'un de ces placards de publicité avait un titre provocant exprimant en toutes lettres ce que bien des gens commençaient à se demander tout bas : « Les États-Unis peuvent-ils se passer de Chrysler ? » Dans les autres publicités nous posions des questions embarrassantes en nous efforçant d'y apporter des réponses :

- N'est-il pas de notoriété publique que les modèles Chrysler consomment trop d'essence ?
- La gamme Chrysler n'est-elle pas composée de modèles trop gros ?

- Chrysler n'a-t-il pas attendu trop longtemps pour réduire la taille de ses modèles ?
- Chrysler fait-il fausse route avec ses nouveaux modèles ?
- Les problèmes de Chrysler ne sont-ils pas insolubles ?
- La direction de Chrysler est-elle capable de redresser la situation ?
- Chrysler a-t-il fait tout ce qu'il fallait pour s'en sortir ?
- Chrysler a-t-il un avenir ?

Il y avait autre chose d'inhabituel dans ces publicités. Nous décidâmes qu'elles porteraient toutes ma signature afin de montrer au public qu'une ère nouvelle avait commencé. Le rôle du principal responsable d'une entreprise au bord de la faillite n'est-il pas de rassurer le public ? Il lui appartient de dire : « Je suis là, j'existe et je suis responsable de cette compagnie. Et pour bien montrer que je suis sincère, j'appose ma signature au bas de cette déclaration. »

Nous finirions à la longue par convaincre les gens que la notion de responsabilité n'était pas un vain mot chez Chrysler. En apposant ma signature au bas de ces publicités, j'invitais le public à m'adresser ses doléances et ses questions. Nous faisions savoir qu'une des plus grandes entreprises du pays était maintenant dirigée par un être de chair et de sang qui n'hésitait pas à mettre son nom et sa réputation en jeu.

Cette campagne publicitaire remporta un énorme succès et je suis persuadé qu'elle joua un rôle non négligeable dans l'effort général pour convaincre le Congrès d'approuver les garanties d'emprunt. La publicité a ceci de frustrant que l'on ne sait jamais exactement ce qui emporte l'adhésion du public. Mais on nous rapporta qu'aussi bien au sein du gouvernement Carter que dans les couloirs du Congrès des gens se promenaient avec ces publicités à la main, ravis ou furieux, selon leurs opinions.

Et il est hors de doute qu'elles eurent un vif impact sur le grand public. Les gens lisaient en première page de leur quotidien que nous courions à la faillite, puis ils trouvaient dans les pages intérieures notre version de l'histoire.

Pendant ce temps, sur un autre front, notre bureau de Washington organisait des pressions massives sur les parlementaires par le biais des concessionnaires. Des groupes de concessionnaires Chrysler et Dodge arrivaient quotidiennement à Washington. Wendell Larsen, notre vice-président chargé des affaires gouvernementales, les mettait au courant de la situation et leur indiquait à quel parlementaire ils devaient s'adresser et ce qu'il fallait lui dire.

Les concessionnaires sont dans l'ensemble des gens fortunés (tout au moins ils l'étaient) et actifs au sein de leur communauté, de sorte qu'ils ont une certaine influence sur les élus de leur circonscription. Comme ils sont pour la plupart conservateurs et républicains, leur présence à Washington ébranlait fortement les parlementaires qui s'opposaient à nous pour des motifs idéologiques. Et un grand nombre de concessionnaires finançaient les campagnes électorales, un argument auquel la plupart des parlementaires ne peuvent rester indifférents.

Il est stupéfiant de voir ce que peut accomplir un groupe de concessionnaires débarquant à Washington. Nous avions même l'appui de quelques concessionnaires des autres marques qui estimaient que la concurrence était profitable à l'ensemble de la profession et que Chrysler méritait de se voir accorder une chance.

Pour obtenir gain de cause, il nous fallait obliger les parlementaires à considérer la question des garanties d'emprunt en termes humains plutôt que sur un plan purement idéologique. Nous remîmes à chaque représentant un relevé informatique de tous les fournisseurs et concessionnaires de sa circonscription qui travaillaient avec Chrysler. Nous soulignions ce que seraient exactement dans cette circonscription les conséquences de la disparition de Chrysler. Si ma mémoire est bonne, il n'y avait que 2 circonscriptions électorales sur les 535 où l'on ne trouvait ni concessionnaire ni fournisseur de notre marque. Le coup porta et l'effet de cette liste se fit profondément sentir.

Il y avait aussi Doug Fraser, qui constitua un lobby à lui tout seul. Doug ne voulait pas entendre parler de faillite, car il savait ce qui arriverait si Chrysler fermait ses portes. Il savait aussi que nous ne dramatisions pas la situation.

La déposition de Fraser fut brillante. Il parla en termes frappants des souffrances humaines que causeraient les pertes d'emploi si l'emprunt garanti ne nous était pas octroyé. « Je ne suis pas venu plaider la cause de la Chrysler Corporation, dit-il à la commission. Ce qui me préoccupe, c'est le terrible impact qu'aurait un dépôt de bilan sur les ouvriers et leur famille. »

Fraser était infatigable et efficace, et il rencontra un grand nombre de sénateurs et de représentants. C'était aussi un ami personnel du vice-président Mondale qui le reçut deux fois à la Maison-Blanche.

J'y fus moi-même reçu un jour par le président Carter. Il n'avait pas pris position dans le débat, mais il était favorable à notre cause.

Au cours de notre entretien, il me confia que sa femme Rosalynn et lui appréciaient beaucoup mes apparitions dans les spots télévisés et me dit en plaisantant que j'allais devenir aussi célèbre que lui.

Le président Carter confia le problème Chrysler au ministère des Finances mais ne cacha pas qu'il était de notre côté. Et sans le soutien de l'exécutif, jamais la loi n'aurait été ratifiée.

Depuis qu'il a mis un terme à ses fonctions, Carter est venu me voir à deux reprises. Il constate avec plaisir que Chrysler est redevenue une entreprise florissante. Je pense qu'il a un peu l'impression d'en être le père. « De tout ce que mon gouvernement a accompli, m'a-t-il dit, c'est une des choses dont je suis le plus fier. » Jimmy Carter avait ses faiblesses, mais on a sous-estimé ses réalisations.

Au moment où le vote se déroula, nous avions de nombreux partisans au Congrès. Mais le soutien de Tip O'Neill fut capital. Juste avant le vote, il prit la parole en sa qualité de représentant du Massachusetts et non en tant que président de la Chambre. Dans un plaidoyer passionné en faveur des garanties d'emprunt, il évoqua les effets de la crise de 1929 à Boston où les ouvriers privés d'emploi devaient mendier du travail, y compris pour pelleter de la neige. « Je me suis toujours battu pour sauver une centaine d'emplois, dit-il à la Chambre. Ne trouvez-vous pas un peu absurde de nous perdre ici dans des discussions sans fin quand plus d'un demi-million de familles attendent notre verdict ? »

Tip fit vibrer la corde sensible pour parvenir à ses fins et il nous fut très précieux. Quand on a le président de la Chambre des représentants de son côté, tout est beaucoup plus facile. Quand arriva le moment du scrutin, la Chambre accepta à la majorité des deux tiers (271 voix contre 136) d'aider Chrysler à se redresser.

Le vote du Sénat fut beaucoup plus serré (53 voix contre 44), mais c'est la règle dans ce genre de situation. Le projet de loi fut ratifié juste avant Noël et de nombreuses familles purent passer de joyeuses fêtes. Je me sentais épuisé autant que soulagé mais je ne débordais pas d'optimisme. Depuis mon arrivée chez Chrysler, j'avais trop souvent distingué une lueur au bout du tunnel et trop souvent j'avais constaté que ce n'était qu'un autre train fonçant sur moi. Je savais qu'il faudrait encore assembler un bon nombre des pièces du puzzle avant de toucher le premier sou de ces garanties d'emprunt.

La législation exigeait une restructuration de Chrysler qui, d'après G. William Miller, le ministre des Finances, apparaissait comme l'opération financière la plus compliquée de toute l'histoire de l'économie américaine. Rien que d'y penser, je me sentais exténué.

La loi créait une commission de contrôle de l'emprunt ayant qualité pour nous remettre jusqu'à 1,5 milliard de $ en deux ans, somme qui devrait être remboursée avant la fin de 1990. Mais il y avait un certain nombre de conditions :

- Nos prêteurs ordinaires devaient débloquer 400 millions de $ de crédits supplémentaires et réduire de 100 millions de $ les emprunts existants.
- Les prêteurs étrangers devaient apporter 150 millions de $ supplémentaires.
- Nous devions nous procurer 300 millions de $ supplémentaires par la vente d'une partie de l'actif.
- Les fournisseurs devaient apporter au moins 180 millions de $, dont 100 millions sous la forme d'achats de titres.
- Les pouvoirs régionaux et les collectivités locales sur le territoire desquels étaient implantées des usines Chrysler devaient fournir 250 millions de $.
- Nous devions émettre 50 millions de $ en nouvelles actions.
- Les membres des syndicats devaient accepter des concessions à concurrence de 462,2 millions de $.
- Les employés non syndiqués devaient aussi apporter leur contribution, soit 125 millions de $ obtenus par diminution ou blocage des salaires.

En outre — et très peu de gens sont au courant — l'État se voyait remettre tout l'actif de Chrysler en nantissement. Tout ce que nous possédions — voitures, propriétés immobilières, usine, outillage et tout le reste — fut estimé à 6 milliards de $. Les commissaires aux comptes du gouvernement estimèrent la valeur de liquidation de notre actif à 2,5 milliards de $. Et si le pire devait arriver, l'État avait un droit de préemption. En cas de disparition de l'entreprise, il récupérerait 1,2 milliard de $ de l'emprunt avant qu'un autre créancier puisse faire valoir ses droits.

Même si l'estimation de 2,5 milliards de $ était généreuse et même si la valeur réelle de notre actif ne se montait guère qu'à la moitié de cette somme, le gouvernement était bien protégé. En cas de non-remboursement de nos dettes, la commission de contrôle de l'emprunt aurait eu le droit de liquider notre actif et aurait récupéré la totalité de l'argent. Autrement dit, l'État ne prenait pas le moindre risque financier !

Deux semaines après la ratification du projet de loi, les

républicains arrivèrent au pouvoir. Leur position était la suivante : « C'est Carter qui est à l'origine de cette loi. Nous la respecterons à la lettre mais nous n'irons pas au-delà, car elle va à l'encontre de nos opinions. Si Chrysler gagne son pari, nous serons très embarrassés. Et nous n'aimerions pas que cela donne des idées à d'autres entreprises. »

Nous avions eu de la chance dans notre situation critique de pouvoir nous adresser à un gouvernement démocrate qui plaçait les problèmes humains au-dessus de l'idéologie. C'est l'apanage des démocrates. Ils se préoccupent des conditions de travail, des ouvriers et de l'emploi. Les républicains agitent des théories de l'investissement.

Je me rends compte que je schématise. Je reconnais volontiers que lorsque tout va bien, que les affaires sont florissantes, j'ai toujours donné la préférence aux républicains. Mais depuis mon arrivée chez Chrysler, j'avoue que je penche vers les démocrates. Je suis, dans l'ensemble, pour le parti du bon sens, et, dans les moments cruciaux, c'est souvent le parti démocrate.

Il ne fait pour moi aucun doute que si nous avions eu un gouvernement républicain en 1979, Chrysler n'existerait plus. Les républicains n'auraient même pas accepté de nous écouter. Chrysler aurait fait faillite et ils écriraient aujourd'hui des livres sur la manière dont ils avaient protégé la libre entreprise. Il ne s'agit pas seulement de Reagan. La majorité des républicains nous auraient traités de fous d'avoir songé à un emprunt garanti par l'État. Ce n'est tout simplement pas leur manière de voir les choses.

Si notre crise s'était produite trois ans plus tard, à un moment où Ford et la GM avaient aussi de graves difficultés et où International Harvester allait déposer son bilan, même les démocrates n'auraient rien pu faire pour nous. Ils auraient vu cinquante autres entreprises derrière nous et il n'y avait aucune solution.

Il est donc peut-être heureux que nous ayons été en difficulté un peu plus tôt à cause de la mauvaise gestion de l'entreprise. Si notre crise était survenue en même temps que celle de Braniff et de Pan Am, Washington nous aurait dit : « Nous sommes désolés, mais il y a déjà trop de monde dans la file d'attente. »

Je suis sûr que ces entreprises ont envisagé de demander l'aide du gouvernement. Mais les choses étaient claires depuis longtemps. Si elles demandaient les mêmes avantages que Chrysler, on leur répondrait qu'il n'en était pas question.

Cela fait maintenant quatre ans que la loi sur les garanties d'emprunt a été votée. Pendant tout ce temps, nous avons évité à des centaines de milliers de personnes de se retrouver en chômage. Nous avons versé des centaines de millions de dollars d'impôts. Nous avons préservé la concurrence dans l'industrie automobile. Nous avons remboursé l'emprunt sept ans avant l'échéance. Nous avons versé des droits substantiels à la commission de contrôle de l'emprunt. Et le gouvernement fit une affaire en or en revendant nos titres.

Compte tenu de tous ces éléments, il convient de s'interroger pour savoir si en nous adressant au Congrès, nous avons réellement violé l'esprit de la libre entreprise. Ou bien si notre réussite ultérieure a contribué à aider la libre entreprise dans notre pays ? Je crois que la réponse ne fait aucun doute. Certains de nos adversaires de 1979 reconnaissent même maintenant que la démarche de Chrysler était une bonne idée.

Oh, certes, il y a encore quelques opposants irréductibles comme *The Wall Street Journal* et Gary Hart, mais, que diable, on ne peut convertir tout le monde !

20

ÉGALITÉ DANS LE SACRIFICE

L'adoption de la loi sur les emprunts garantis nous offrait une occasion de nous battre pour assurer notre survie. Et en parlant de nous battre, je pèse mes mots.

Il fallut nous engager dans un véritable conflit économique. Si personne ne courait le risque de perdre la vie dans cette guerre, la survie matérielle de centaines de milliers de gens dépendait de la manière dont nous saurions nous accommoder des exigences fixées par la loi.

Je devins le général en chef de la bataille pour Chrysler, mais je n'étais pas le seul et je suis très fier d'avoir réussi à rassembler autant de monde. Cela montre les vertus de l'union en cas de coup dur.

Je commençai par ramener mon salaire à un dollar par an. Ceux qui commandent doivent montrer l'exemple. Mais si vous vous sentez vraiment le chef, on vous suit pas à pas. On ne vient pas jusque chez vous, mais presque. Et quand le chef parle, tout le monde écoute ; quand le chef agit, tout le monde regarde, et il faut être attentif à ses moindres faits et gestes.

Je ne m'étais pas fixé un salaire aussi bas pour me poser en martyr, mais parce qu'il fallait aller au charbon. Je pus ainsi dire à Doug Fraser, le président du syndicat, en le regardant droit dans les yeux : « Voilà ce que j'attends de vous », sans qu'il puisse me demander quel geste j'avais fait de mon côté. Il s'agissait seulement d'une décision de bon sens. Je voulais que nos ouvriers et nos fournisseurs aient envie de suivre quelqu'un qui pousse aussi loin l'exemple.

Malheureusement, l'austérité était une idée inconnue chez Chrysler. En prenant mes fonctions, j'avais entendu un tas d'horreurs sur les gaspillages de la précédente direction. Mais cela ne m'impressionna guère. Après tout, j'avais vécu pendant des années auprès d'Henry Ford qui se croyait propriétaire de l'entreprise et était assez puissant pour se comporter comme tel. Henry dépensait tellement d'argent qu'à côté de lui, Lynn Townsend, le patron de General Motors, aurait eu l'air d'un nécessiteux.

Mon salaire ne m'obligeait pas à sauter des repas, mais la nouvelle fit grand bruit à Detroit. C'était la preuve que tout le monde était embarqué sur la même galère et ne pourrait échapper au naufrage que si chacun acceptait de se serrer la ceinture. Ce geste spectaculaire devait très vite être connu de tous.

J'ai appris davantage sur la nature humaine en trois ans chez Chrysler qu'en trente-deux ans chez Ford. J'ai découvert que les privations deviennent supportables dès lors qu'elles sont le lot commun. Si les privations sont partagées, on peut déplacer des montagnes ; mais quelqu'un qui renâcle ou refuse sa part du fardeau suffit à compromettre tout l'édifice.

C'est ce que j'appelle l'égalité dans le sacrifice. Une fois la voie frayée, les autres m'ont emboîté le pas et Chrysler a pu sortir du tunnel. Ce ne sont pas seulement les emprunts qui nous ont sauvés, mais aussi et surtout les centaines de millions de dollars obtenus grâce à la bonne volonté de tous. Un peu comme si tous les membres d'une famille s'étaient juré de tout faire pour rembourser le prêt d'un riche oncle.

C'était la mise en œuvre de l'entraide et de la démocratie dans ce qu'elles peuvent avoir de plus positif. Je n'entre pas dans des digressions philosophiques ou religieuses, je parle de faits concrets. Notre réussite prouve que ça marche et il y a là quelque chose de magique qui dépasse la dimension humaine.

Mais la rigueur a aussi ses mauvais côtés. Pour réduire les dépenses, il nous fallut faire des sacrifices humains. Même un pays victorieux laisse toujours un certain nombre de ses fils sur le champ de bataille. Les souffrances furent considérables. Certains furent frappés de plein fouet et durent retirer leurs enfants de la fac, ou se mirent à boire, ou divorcèrent. La firme fut sauvée, mais aux dépens d'un grand nombre d'individus.

La tâche parut moins ardue lorsque l'Amérique commença de s'intéresser à nous. Nous n'étions plus considérés comme des nantis uniquement préoccupés de profiter des deniers publics. Avec les commissions d'enquête du Congrès, une partie de l'épreuve était achevée. Notre campagne d'information commençait à porter ses fruits. Aux yeux du public, nous devenions des opprimés engagés dans une lutte héroïque et il réagissait en conséquence.

Des inconnus nous envoyaient toutes sortes de lettres, dans lesquelles ils disaient qu'ils nous soutenaient et que le malheur de Ford ferait le bonheur de Chrysler. Les petites gens, surtout, nous écrivaient et savaient trouver les mots justes : ils nous comprenaient.

Des célébrités voulurent aussi nous aider. Bob Hope demanda à me rencontrer après avoir vu un de mes messages télévisés au cours d'une séance de massage. Il voulait faire quelque chose pour nous.

Une autre fois, je rencontrai Bing Crosby au cours d'un dîner à Las Vegas. Je fus réveillé à une heure du matin dans ma chambre d'hôtel par la sonnerie du téléphone.

— Vous m'avez réveillé, dis-je.

— Excusez-moi, dit-il, pour nous la soirée ne fait que commencer. J'admire ce que vous faites et notamment votre action en faveur des Noirs. Je gagne beaucoup d'argent, alors que d'autres meurent de faim. Je voudrais faire quelque chose pour vous.

Il vint à Detroit présenter son spectacle à 20 000 de nos ouvriers. Après quoi, il reprit l'avion sans nous demander un sou ni même une voiture pour le conduire à l'aéroport. Il voulait seulement montrer qu'il était avec nous.

Pearl Bailey vint aussi me trouver. Elle me félicita pour les emplois que j'essayais de sauvegarder et pour l'espoir que j'entretenais au cœur des gens. Elle ne voulait pas donner un concert, mais souhaitait s'adresser aux ouvriers de l'usine de Jefferson Avenue.

Elle fit un discours brillant, exaltant le patriotisme et les vertus du sacrifice, mais fut interrompue par des perturbateurs qui lui lancèrent : « C'est facile à dire quand on est riche ! »

Nous n'étions pas loin de l'émeute et j'intervins pour clôturer la réunion. C'était tout de même un beau geste et il m'a beaucoup touché.

Franck Sinatra me contacta lui aussi. « Lee, me dit-il, puisque vous travaillez pour 1 $, je ferai la même chose. » Il enregistra pour nous quelques spots publicitaires, en échange de quoi nous lui donnâmes, la seconde année, quelques actions. Si Franck les a conservées, elles lui ont rapporté un joli magot.

Je pourrais citer encore bien d'autres exemples. Au cours de cette période, j'ai découvert le bon côté de la nature humaine. J'ignorais ce qui se passerait au beau milieu de la tourmente. En fait, tout le monde, ou presque, se serra les coudes et nul ne songea à défendre ses seuls intérêts, alors que l'on considère généralement l'appât du gain comme l'unique moteur des affaires. La plupart des gens ne refusent pas de répondre à un appel s'ils ont l'assurance de ne pas être les seuls à trinquer.

J'appris aussi que l'on peut agir très sereinement en temps de crise et accepter son sort en serrant les dents. Ces différentes constatations furent le seul côté agréable de toute cette période.

Après avoir réduit mon propre salaire, je m'intéressai à la situation des cadres. Nous renonçâmes à l'intéressement qui consistait à leur remettre des actions à la moitié de leur valeur et leur salaire fut réduit de 10 %, ce qui ne s'était jamais vu dans le secteur de l'automobile. Seuls les salaires les plus modestes furent maintenus au même niveau. Celui des secrétaires en particulier, car ils étaient bien mérités.

Cette mesure fut plutôt bien accueillie. Les cadres, qui lisaient les journaux, savaient que la partie pouvait s'arrêter à tout moment. En pareil cas, rien ne compte plus que la voie du salut, rien ne peut vous arrêter, vous marchez à l'adrénaline.

Ce qui avait commencé avec moi s'était propagé à travers toute la hiérarchie. Pour les besoins de la cause, j'aurais pu demander à n'importe qui de se jeter par la fenêtre, puisque chacun souffrait des mêmes maux.

Après les cadres, je m'attaquai aux syndicats avec l'aide d'un vrai « pro », Tom Miner, le responsable des relations professionnelles. Aujourd'hui, il semble normal au patronat que les syndicats acceptent de transiger, mais à l'époque, nous étions vraiment des précurseurs.

Pour les syndicalistes, les cadres sont toujours des privilégiés et les ouvriers des exploités. Quand je leur ai montré que les cadres étaient, eux aussi, sérieusement touchés et qu'ils n'avaient plus rien à nous reprocher, je suis devenu leur ami. Ils m'aimaient, ils m'adoraient, ils étaient convaincus que j'allais les conduire à la terre promise.

Cela n'avait certes pas été facile. Il m'avait fallu jouer serré. J'avais dû user de menaces. « Vous avez un pistolet pointé sur la tête. Je dispose de plusieurs milliers d'emplois à 17 dollars de l'heure, mais il n'y en pas un seul à 20 dollars. »

Un an plus tard, alors que la situation s'était encore dégradée, je dus revenir à la charge. Un soir d'hiver glacial, je m'adressai en ces termes aux représentants syndicaux : « Vous avez jusqu'à demain matin pour prendre une décision, mais si vous ne m'aidez pas, c'est fini pour tout le monde ; je dépose le bilan et vous vous retrouvez tous sur le pavé. Vous avez huit heures pour réfléchir. » Ce fut l'un de mes discours les plus brefs.

C'est une façon très désagréable de mener des négociations, mais c'est parfois nécessaire. Fraser estima que c'était le pire accord qu'il ait jamais conclu, mais c'était cela ou le chômage général.

Les ouvriers durent accepter des conditions très dures : d'abord un dollar quinze de l'heure de moins, puis deux dollars plus tard. Sur une période de dix-neuf mois, chaque ouvrier de chez Chrysler abandonna près de 10 000 $.

Le syndicat, qui s'était habitué à mon nouveau salaire d'1 $, me reprocha beaucoup de ne pas le reconduire l'année suivante, alors que l'on n'a jamais vu un dirigeant de chez Ford ou General Motors réduire son salaire après une négociation réussie.

Après que General Motors et le Syndicat eurent conclu un accord aux termes duquel les travailleurs abandonnaient des augmentations de salaire et des indemnités représentant 2,5 milliards de dollars, que fit la direction ? Roger Smith, le président du Conseil d'administration, réduisit son salaire annuel de 1 620 dollars ! Et le jour même de la signature de l'accord, la G.M. annonçait l'instauration d'un nouveau système de primes pour les cadres supérieurs. Voilà une entreprise qui n'a vraiment pas le sens de l'égalité dans le sacrifice !

Pour la première fois depuis très longtemps, la mentalité des ouvriers commença à évoluer. En 1982, quand le syndicat canadien déclara la grève, ils ne s'en prirent, fait nouveau, ni aux voitures, ni à l'outil de travail. Ils réclamèrent des avantages financiers, mais il n'était plus question de porter atteinte à l'entreprise.

L'une des conditions de l'emprunt garanti était la mise en œuvre d'un plan d'actionnariat ouvrier représentant une charge de quarante millions de dollars par an sur quatre ans. Il présentait toutefois l'avantage de motiver le personnel, intéressé aux bénéfices. Chaque employé a ainsi vu son compte crédité de 5 600 dollars environ — une jolie cagnotte.

A nouveau, les inconditionnels de la libre entreprise se déchaînèrent. Mais j'étais prêt. Je fis observer que les principales caisses de retraite détenaient une importante quantité d'actions de General Motors et d'un certain nombre d'autres sociétés cotées sur le marché public et qu'il n'y avait donc rien d'extraordinaire à ce que les ouvriers puissent en profiter *dès leur vie active*.

Pour les partisans du « laisser faire », c'était le premier pas vers le socialisme. Pour ma part, j'estime que le fait d'intéresser les ouvriers aux bénéfices ne peut en rien nuire à la qualité de la gestion. Qu'importe qu'une partie du capital soit détenue par un courtier de Wall Street ou par un manœuvre de la chaîne d'assemblage ? Lequel d'entre eux est le plus directement intéressé ? Quoi qu'il en soit, nos ouvriers possèdent aujourd'hui environ 17 % du capital de la société.

En outre, le syndicat accepta de nous aider à combattre l'absentéisme. Il y en a toujours qui s'arrangent pour ne pas venir travailler, mais qui entendent néanmoins être payés. De concert avec le syndicat, nous modifiâmes le règlement de manière à pouvoir pénaliser les récidivistes.

Dans le même temps, il fallut nous résoudre à fermer plusieurs usines et à licencier bon nombre de gens. C'est très dur de partir après vingt ou trente ans de loyaux services, parfois après avoir pris le relais de ses parents.

Ces fermetures provoquèrent de très vives réactions, mais le syndicat savait qu'il était indispensable de prendre des mesures draconiennes. Et il les acceptait d'autant mieux que nous demandions des efforts comparables à nos fournisseurs, à nos cadres, à nos banques.

En 1980, j'entrepris la visite de toutes les usines ; je remerciais les ouvriers d'avoir fait cause commune avec nous. Je les assurais que lorsque la situation s'améliorerait, ils se retrouveraient au même niveau que leurs collègues de chez Ford et General Motors, mais ce n'était pas encore pour demain. Certains sifflaient et me huaient, d'autres applaudissaient.

J'ai aussi provoqué des réunions avec les agents de maîtrise. Ils pouvaient me poser les questions qu'ils voulaient. Nous n'étions pas toujours d'accord, mais c'était déjà bien de pouvoir dialoguer.

Ainsi, l'ouvrier de base pouvait s'adresser directement au président du conseil d'administration. C'est de la concertation au plus haut niveau. C'est très intéressant, parce que chacun s'implique totalement. J'aurais bien voulu la pratiquer davantage. Je l'avais déjà fait chez Ford, mais là-bas, c'était plus facile, car ma tâche, au bureau, était bien moins lourde.

Chez Chrysler, les crises succédaient aux crises. Les réunions publiques étaient un vrai chemin de croix et il fallait serrer des centaines de mains. Certains ouvriers des chaînes de montage voulaient me donner l'accolade, m'offrir un cadeau, d'autres encore me faire savoir qu'ils priaient pour moi parce que j'avais sauvé leur emploi.

Un jour, Lilian Zirwas, une employée de la maintenance de l'usine de Lynch Road, à Detroit, écrivit un petit texte dans le journal de l'entreprise. Elle invitait ses collègues à se ressaisir, écrivant notamment : « Vous pourriez bien un jour avoir tout votre temps de méditer sur celui que vous avez perdu ou sur toutes les fois que vous avez détourné le regard d'un travail mal fait. »

Je lui fis part de mon désir de la rencontrer. Elle apporta un gâteau qu'elle avait elle-même confectionné. Il était couvert d'une couche de chocolat et parfumé à la bière. C'est le meilleur que j'aie jamais goûté. Ma femme lui écrivit pour connaître la recette.

Un tel état d'esprit était, certes, loin d'être unanimement partagé. Il est difficile de garder le sourire avec un salaire réduit de deux dollars de l'heure. Il n'est cependant pas tout à fait juste d'affirmer, comme des journalistes l'ont fait, que le salaire horaire était inférieur de 2 $ à celui versé chez Ford et General Motors.

En effet, contrairement à ces deux firmes, Chrysler doit assumer la charge d'un grand nombre de retraités. D'abord, la moyenne d'âge de nos ouvriers était assez élevée et, de plus, nous avions dû renvoyer des milliers d'employés. Et les actifs doivent donc payer les pensions, les dépenses de santé et les primes d'assurance-vie.

En temps normal, cela ne pose pas de problème. Deux personnes en activité peuvent financer la pension et les divers frais d'un retraité. Mais en 1980, nous étions tombés au taux incroyable de 93 actifs pour cent retraités ! Autrement dit, il y avait davantage de monde en pantoufles que devant les chaînes. Chaque ouvrier devait subvenir à la fois à ses propres besoins et à ceux de quelqu'un d'autre.

En cela aussi, les difficultés de Chrysler sont à l'image de notre société. C'est le même phénomène qui porte atteinte à la sécurité sociale. On part plus tôt à la retraite, on vit plus longtemps et le nombre des actifs devient insuffisant.

Malgré la réduction de salaire acceptée, le grand nombre de retraités empêchait une diminution des coûts de la main-d'œuvre. Certains ouvriers ne voyaient pas les choses du même œil, estimant qu'ils n'étaient pas responsables des autres.

Je leur répondais que la base du syndicalisme était la solidarité et qu'ils avaient accepté le système des retraites. Chrysler s'étant développé démesurément et l'industrie étant en plein marasme, il était devenu nécessaire de procéder à des mises à la retraite. Il fallait en assumer la charge, car il n'était pas possible de revenir sur ces engagements.

J'invitai Doug Fraser à siéger au conseil d'administration avant même que le syndicat ait accepté la moindre concession. Contrairement à ce que l'on a écrit dans la presse, cette décision n'entrait pas dans le cadre d'un accord global avec le syndicat. Certes, il y avait longtemps que les syndicalistes réclamaient que les travailleurs soient représentés au plus haut niveau, mais c'était devenu un rite et je ne pense pas qu'ils espéraient avoir gain de cause. Je fis appel à Doug Fraser, parce que je savais qu'il pourrait jouer un rôle important. C'est un homme intelligent, politiquement crédible et qui dit ce qu'il pense.

Devenu administrateur, Doug put apprécier, par lui-même, ce qui se passait dans la maison. Il sut vraiment quoi penser des fournisseurs et découvrit que le délai de rotation des stocks ne dépendait pas seulement des ouvriers. Il sut que nos bilans de pertes et profits étaient bien réels et comprit que bénéfice n'était pas un gros mot. Il apprit et comprit si bien que certains de ses adhérents commencèrent à le considérer comme un renégat, parce qu'il disait la vérité, à un moment où nous étions trop fragiles pour supporter les conséquences d'une grève.

Il nous fut extrêmement utile. Quand une usine devait être fermée, il nous disait comment limiter les dégâts matériels et psychologiques. Il est à la tête du comité des affaires sociales. Il fait également partie du comité de santé avec Joe Califano, ancien ministre de la Santé, de l'Éducation et du Cadre de vie, de Carter, Bill Milliken, ancien gouverneur du Michigan et moi-même. Nous sommes certainement les meilleurs spécialistes en matière de santé. Nous représentons les travailleurs, la direction, le gouvernement fédéral et l'État du Michigan. C'est nous qui sommes à l'origine des décisions qui ont abouti aux difficultés actuelles dans ce domaine. Il fallut ces quatre instances pour désorganiser le système, il en faudra autant pour le remettre en ordre.

L'entrée de Doug Fraser au conseil d'administration provoqua bien entendu un tollé général dans le monde des affaires. J'avais introduit le loup dans la bergerie, j'étais devenu fou. Je répliquai qu'on y trouvait bien des banquiers, à qui nous étions redevables d'une centaine de millions de dollars, ainsi que des fournisseurs. N'était-ce pas également un conflit d'intérêts ?

Jamais auparavant la base n'avait été représentée à la direction d'une grande société américaine. C'est pourtant courant en Europe et systématique au Japon. Alors où est le problème ? Aux Etats-Unis, les cadres de haut niveau sont prisonniers de l'idéologie. On veut être pur. On croit encore que l'ouvrier est l'ennemi mortel, naturel du patron.

C'est tout à fait dépassé. J'estime que les ouvriers doivent pouvoir comprendre les rouages internes d'une entreprise. Certains ne se sont pas encore aperçus que les temps avaient changé, mais ils devront bientôt se rendre à l'évidence. L'avenir économique des

États-Unis sera basé sur la coopération étroite du gouvernement, des syndicats et du patronat. Ce n'est que grâce à une action concertée que nous parviendrons à dominer le marché mondial.

L'opposition à cet état d'esprit ne fut pas seulement le fait des dirigeants, mais aussi celui d'un grand nombre de syndicalistes. Ils craignaient que la présence de Fraser à la direction ne remette en cause leur grande efficacité à presser le citron jusqu'à la dernière goutte, ayant toujours été persuadés que les patrons ne veulent jamais rien faire pour eux et qu'on ne peut obtenir quelque chose que par la violence, voire l'effusion de sang.

Pour changer cette mentalité, il faut des hommes modérés, capables de comprendre qu'on ne peut partager des bénéfices que lorsqu'il y en a et qu'on ne peut augmenter les salaires que lorsque la productivité est en hausse. Je ne suis pas sûr que cette conception se soit déjà tout à fait imposée, mais il le faudra, car si on continue à se déchirer pour arracher la plus grosse part d'un gâteau qui se rétrécit sans cesse, les Japonais continueront à se régaler à nos dépens.

Chez Ford, le patronat et le salariat ne se rencontraient qu'à l'occasion du réexamen du contrat triennal. Et tous les trois ans, la même angoisse ressurgissait. Il fallait rencontrer un inconnu, un ennemi. C'était comme se rencontrer sur un pont pour échanger des espions. Les deux parties se haïssent mais on a intérêt à faire cet échange.

Je suis très satisfait d'avoir installé Doug Fraser au conseil d'administration. Ses qualités sont telles que je l'aurais installé dans toute autre société. C'est un habile négociateur qui sait très bien ce que l'on peut accepter et ce que l'on ne peut pas. J'ai même suggéré un jour au président Reagan de le prendre au gouvernement comme négociateur.

Si Doug Fraser avait été présent à l'époque de Lynn Towsend, Chrysler n'aurait peut-être pas racheté les sociétés les plus déficitaires d'Europe. Le cycle infernal aurait pu être stoppé si quelqu'un avait su demander à temps : « Pourquoi faites-vous cela ? À quoi cela vous sert-il ? »

Qu'avons-nous, en fait, à cacher aux syndicats ? Qu'avons-nous à dissimuler aux travailleurs ? Qui mieux que les syndicats peut nous aider à construire des voitures meilleures et à moindre coût ?

Chaque fois qu'on me prenait à partie pour avoir fait de Fraser un administrateur, j'avais une réponse toute prête : « Vous n'avez rien à perdre, qu'est-ce qui vous dérange ? Si c'est une erreur, vous ne la referez pas, et vous pourrez parler à votre cercle de cet énergumène de Iaccoca. En revanche, si ça marche, vous me remercierez de vous avoir ouvert la voie et cela vous apportera peut-être un jour la prospérité. »

21

LES BANQUES : L'ÉPREUVE DU FEU

Les efforts ne furent accomplis facilement par personne. Mais lorsque chacun comprit la gravité de la situation et acquit la conviction que les autres joueraient le jeu, les choses allèrent rapidement.

Sauf du côté des banques. Il fut plus difficile d'obtenir 655 millions de dollars de nos quatre cents établissements bancaires que d'obtenir une garantie d'emprunt d'un million et demi de dollars de la part du Congrès. A côté des transactions avec les banques, les auditions parlementaires semblèrent aussi faciles que le changement d'un pneu un jour de printemps.

Je fus certes déçu par l'attitude des banques, mais nullement étonné. Lors des auditions à la Chambre et au Sénat, les banquiers s'étaient montrés très réticents. Walt Wriston, le directeur de la Citibank, Tom Clausen, le président de la Bank of America, et Peter Peterson, le président de Lehman Brothers, plaidèrent tous contre la garantie. Peterson alla même jusqu'à comparer la situation de Chrysler au bourbier vietnamien.

J'eus quelques entretiens animés avec Peter Fitts et Ron Drake, représentant respectivement la Citibank et Irving Trust et spécialistes en restructurations industrielles. Pour schématiser leur position, nous étions des incapables qui ne savaient pas ce qu'ils faisaient. Ils se moquaient pas mal des emplois et des investissements ; seule comptait pour eux l'assurance de pouvoir rentrer dans leurs fonds. Comme presque tous les responsables financiers, ils auraient voulu que nous déposions notre bilan. Mais je m'efforçai de les convaincre qu'en partageant les sacrifices grâce à la nouvelle équipe dirigeante, Chrysler parviendrait à s'en sortir.

Il m'arriva d'échanger des propos acides avec Ron Drake et,

ironie du sort, il est aujourd'hui devenu mon propre conseiller financier chez Merril Lynch. Si nous nous détestions en 1980, la traversée des enfers accomplie ensemble a fini par faire de nous une paire d'amis.

Quand la loi sur la garantie d'emprunt fut votée, à la fin de 1979, Chrysler Corporation et Chrysler Financial, notre société de crédit, étaient débitrices de quelque 4,75 milliards de dollars auprès de centaines de banques et de compagnies d'assurances. Pendant plusieurs années, les emprunts s'étaient accumulés sans jamais éveiller l'attention de quiconque, malgré les mauvais signes évidents.

Chrysler avait été une aubaine pour les banques et personne n'avait voulu regarder les dents du cheval donné. Pendant cinquante ans, les emprunts contractés régulièrement avaient été rigoureusement remboursés.

Chrysler a toujours été une société très bien considérée, en raison de la générosité de ses dividendes et de l'importance de ses emprunts, ce qui était bon pour les banques, mais pas toujours pour Chrysler. Une telle situation tend à tout exacerber, les bons et les mauvais moments. De plus, les taux appliqués ne nous ont jamais été aussi favorables qu'à General Motors et Ford. Alors que General Motors est assez puissante et riche pour avoir sa propre banque, Chrysler devait emprunter au taux en vigueur, que les banques se faisaient un devoir d'appliquer.

Pendant les bonnes années, les banquiers étaient toujours à nos côtés, mais, dans les moments difficiles, ils fuyaient à toutes jambes. En bons républicains conservateurs, la plupart des banquiers se méfiaient de la garantie d'emprunt, d'autant que la majorité des emprunts étaient libellés au nom de Chrysler Financial.

Fort heureusement, à la fin de 1979, Jerry Greenwald fit établir par un cabinet spécialisé de Los Angeles, Steve Miller et Ron Trost, une expertise prouvant la nullité de cette prévention. En cas de faillite, la *totalité* des prêts seraient solidaires aux yeux de la justice. De surcroît, les banques devraient abandonner une partie importante de leur investissement. Et selon la réglementation du Michigan, les taux d'intérêt des emprunts en cours baisseraient jusqu'à 6 % par an jusqu'à la clôture du dossier. Inutile de dire que les banquiers comprirent qu'ils avaient intérêt à tout mettre en œuvre pour nous maintenir à flot.

Malgré tout, les banques étaient bien moins conciliantes que les fournisseurs et les ouvriers, dans la mesure où leur survie n'était pas liée à notre redressement et où elles étaient innombrables. Les garanties fédérales d'emprunt accordées à Loockheed en 1971 ne concernaient que vingt-quatre banques, toutes américaines. En revanche, nos établissements bancaires étaient répartis dans la presque totalité des cinquante États et dans le monde entier, depuis la Manufacturers Hanover Trust de New York, à qui nous devions plus de 200 millions de dollars, jusqu'à la Twin City Bank de Little Rock, dans l'Arkansas, à qui nous ne devions que 78 000 dollars, en passant par des établissements de Londres, Toronto, Ottawa, Francfort, Paris, Tokyo et même Téhéran.

Chaque banque avait son caractère propre. Manufacturers Hanover, connue dans le monde des affaires sous le nom de Manny Hanny, était liée à Chrysler depuis des années. Lynn Townsend avait appartenu à sa direction pendant neuf ans, tandis que deux de ses présidents avaient siégé à notre conseil d'administration et nous avaient aidés à plusieurs reprises. John McGillicuddy, le président actuel, nous accorda un crédit sur acceptation renouvelée de 455 millions de dollars et plaida devant le Congrès en faveur de l'octroi des garanties d'emprunt. « La société Chrysler doit survivre, déclara-t-il à la commission. Je ne suis pas systématiquement opposé à l'intervention du gouvernement et ne considère pas son utilisation limitée comme une atteinte à la libre entreprise. »

John McGillicuddy fut un de nos deux bons anges. Manny Hanny était notre principale banque et il incita ses collègues à accéder à l'ensemble de nos demandes.

Le second fut G. William Miller, le ministre des Finances. Il se fit notre avocat devant la commission de la Chambre, assurant que le cas Chrysler était exceptionnel. Miller fut très ferme avec les banques, estimant que si elles n'étaient pas d'accord, elles n'avaient qu'à se retirer et panser leurs plaies.

A l'opposé, Walter Wriston de la Citibank, le banquier le plus influent du pays, était farouchement opposé à la garantie. La Citibank, qui était persuadée que nous ne pourrions échapper à la faillite, était impatiente de toucher les quinze cents par dollar que nous lui avions proposés, ainsi que le même rendement sur des actions préférentielles. Cette banque entendait rester fidèle à sa réputation d'intransigeance et ne manquait aucune occasion de nous mettre des bâtons dans les roues.

Toutefois, le différend entre la Manny Hanny et la Citibank n'était que la partie immergée de l'iceberg. Nos prêteurs comprenaient aussi bien de grands groupes financiers que des banques de province, des banques américaines que des banques étrangères et même plusieurs compagnies d'assurances. Et des prêts avaient été accordés à Chrysler Corporation, à Chrysler Canada, à Chrysler Financial, à des filiales étrangères. Des lettres de crédit sur futures factures avaient été signées.

Pour couronner le tout, les emprunts étaient assortis de taux d'intérêt différents : certains portaient un intérêt de 9 %, d'autres un taux variable en fonction du montant : de 12 % en janvier, au début des négociations, il passa à 20 % en avril, date de nos propositions, pour revenir à quelque 11 % lors de la conclusion de l'accord.

Certaines lignes de crédit furent largement étendues, d'autres réduites. Certains prêts avaient déjà six mois de retard, comme celui d'une banque espagnole, d'un montant de 5 millions de dollars, émis en juillet 1979, qui devait être remboursé quatre-vingt-dix jours plus tard. D'autres, contractés notamment auprès de compagnies d'assurances, n'arriveront à terme qu'en 1995.

Un grand nombre de conflits et de difficultés apparurent à propos de cette décision qu'ils voulaient être équitable. Les banquiers n'étaient guère disposés à accepter des compromis et leur principal désaccord ne les opposait pas à Chrysler, mais à leurs homologues, chacun souhaitant que l'autre fasse les frais des concessions.

Les banques américaines se plaignaient des banques étrangères. Les grandes banques américaines avaient des difficultés avec leurs créanciers mexicains, polonais et brésiliens, dont les moratoires risquent aujourd'hui de les entraîner dans les mêmes difficultés que Chrysler. A cette différence près qu'elles peuvent toujours trouver un appui au plus haut niveau.

Il y a quelque temps, quand le Mexique eut besoin d'un milliard de dollars pour honorer des obligations envers des banques de New York, Paul Volcker leur signa immédiatement un chèque sur la Réserve fédérale. Aucune audition et aucun contrôle ne furent nécessaires ; les banques n'y perdirent pas une plume, mais, bien entendu, l'argent sortait directement de la poche des contribuables.

Les banquiers n'étaient guère favorables à l'octroi de garanties d'emprunt à Chrysler, mais à eux, il leur en fallait. Ils avaient pourtant commis des erreurs en accordant des prêts à l'étranger. Mais avec la caution du Fonds monétaire international. Ils réclamaient la réduction du salaire des cadres, le non-paiement des dividendes, etc. Mais personne ne leur a jamais reproché d'avoir fait des prêts aventureux. J'aurais bien aimé pouvoir demander à la Citicorp de ne pas payer des dividendes et de réduire les hauts salaires !

La Banque fédérale de réserve, composée de financiers et non d'hommes d'affaires, a une curieuse attitude envers les banques. Si l'une d'entre elles se retrouve en rouge par suite de mauvaises décisions, elle est immédiatement soutenue. Lorsque deux petites banques de l'Oklahoma ont des difficultés, Paul Volcker parle d'une crise de liquidités et relâche les cordons de la bourse, mais lorsque Chrysler ou International Harvester dont dépendent un million d'emplois sont menacées, on considère qu'il s'agit du jeu normal de la bonne vieille libre entreprise.

Il y a en réalité deux poids et deux mesures, ce qui est totalement injuste.

Les protestations des banques étrangères ne manquaient pas non plus. Les Japonais affirmaient : « Quand nous avons un problème, nos banques s'en chargent et les intérêts étrangers ne sont pas lésés. C'est un problème strictement américain qui doit être traité par les banques américaines. »

Les Canadiens disaient : « Pas question de laisser les Américains s'immiscer dans nos affaires, on ne nous a déjà que trop forcé la main », ce en quoi leur gouvernement les soutenait. Ils exigeaient des assurances quant au nombre des emplois maintenus.

Au Canada, nous construisions alors des véhicules à traction arrière — la camionnette et le New Yorker — dont le succès se ralentissait. Nous parvînmes à nous entendre, non sur un nombre précis, mais sur un pourcentage — 11 % du personnel employé en Amérique du Nord. L'évolution de la conjoncture rendit cet engagement facile à tenir. Après la diminution du prix de l'essence, les grosses cylindrées s'enlevèrent comme des petits pains, si bien que la main-d'oeuvre canadienne représenta jusqu'à 18 % de l'effectif total de Chrysler en Amérique du Nord.

Les Européens disaient : « Nous ne vous soutiendrons pas. Souvenez-vous de Téléfunken. » Quelque temps auparavant, le gouvernement allemand avait sollicité l'aide des banques américaines, mais celles-ci s'y étaient refusées, laissant les financiers allemands se débrouiller seuls. Comme les Japonais, les Allemands estimaient qu'il s'agissait d'un problème américain qui devait être résolu par les banquiers américains.

Cette opposition provoqua une prise de conscience des banques américaines qui adoptèrent le même point de vue que nous : « Nous sommes tous solidaires. En cas de faillite, la justice traitera tout le monde sur le même plan. » La seule façon de s'en sortir était d'exiger une contribution juste et équitable de toutes les banques concernées. Mais les petites banques, qui avaient engagé un pourcentage plus important de leurs actifs que les grandes, exigeaient que l'effort soit différencié.

Pour emporter l'adhésion des banques, il nous fallut leur accorder un droit d'achat sur douze millions d'actions, valable jusqu'en 1990 et applicable à partir d'un cours de 13 dollars. Sur quoi, la commission de contrôle de l'emprunt exigea de bénéficier du même dispositif, sous prétexte qu'elle prenait encore bien plus de risques que les banques. Et ainsi, le Gouvernement hérita de 14,4 millions de droits d'achat.

Au total, il en fut accordé 26,4 millions, ce qui représentait une importante dévaluation de l'action, mais ce n'était pas catastrophique et nous n'osions pas imaginer que le cours puisse s'envoler de 3,5 à 13 $.

La conception d'un plan financier acceptable par les banques exigea plusieurs mois. Après avoir ouvert le dossier et participé aux réunions préparatoires, je confiai le plus gros du travail à Jerry Greenwald et Steve Miller.

Les discussions avec les banques étaient tellement compliquées que Jerry devait se contenter de coordonner les opérations depuis Highland Park. Il créa vingt-deux groupes de travail qu'il réunissait tous les vendredis avec Steve Miller qui, quant à lui, se rendait fréquemment à New York ou Washington, quand il ne prenait pas l'avion pour Ottawa, Paris, Londres et quantité d'autres villes.

A New York, où il travaillait le plus souvent, l'emploi du temps de Miller était infernal. A six heures trente, il prenait son petit déjeuner avec un de nos avocats. Toute la journée était ensuite consacrée aux rendez-vous avec les banquiers assistés de leurs hommes de loi. A 18 heures, il prenait l'apéritif avec d'autres banquiers. A 20 heures, il dînait avec d'autres encore. A 22 heures, il rentrait à l'hôtel et préparait ses entrevues du lendemain. A minuit, il était en communication téléphonique avec le Japon, par exemple, pour essayer de trouver des points d'accord avec Mitsubishi et les banques japonaises.

Tout en se démenant comme un beau diable, Steve s'efforçait de remplir sa tâche avec bonne humeur. « Je sais que vous n'avez jamais rencontré un tel problème, disait-il aux banquiers, et moi non plus. Essayons néanmoins d'avancer ensemble sur cette terre inconnue. » C'était vraiment l'homme de la situation. Inflexible et rigoureux, il savait aussi détendre l'atmosphère quand il le fallait. Un jour, au beau milieu d'une discorde générale, il exhiba un pistolet factice, le pointa contre sa tempe et s'écria : « Puisque vous n'êtes pas d'accord, il ne me reste plus qu'à me supprimer ! »

Une autre fois, alors que l'on avait commandé des sandwiches, il nous fut répondu tout de go : « Désolé, mais vous êtes de chez Chrysler et il faut payer d'avance. » Une telle attitude était symptômatique de l'état d'esprit de l'époque. Alors que des millions de dollars étaient en jeu, l'épicier du coin refusait de nous avancer pour une demi-heure le prix de quelques tranches de corned beef et de saucisson !

Steve avait commencé par organiser des réunions séparées avec les banquiers, mais, se rendant compte que cela favorisait les divisions, il décida de réunir tout le monde en même temps. Chacun put ainsi se rendre directement compte à quel point des adultes peuvent être insupportables d'arrogance.

Ce fut un véritable événement. Certains se rencontraient pour la première fois. Ce jour-là, Steve prononça une brève allocution : « Je sais très bien que mon plan ne vous paraîtra pas équitable, dit-il, mais j'espère du moins qu'il paraîtra injuste à tout le monde. Emportez-le chez vous et étudiez-le pendant le week-end. Nous nous reverrons mardi prochain, 1er avril, et vous me donnerez alors votre réponse. Inutile d'aller plus loin aujourd'hui. »

Plusieurs menacèrent de ne pas revenir, mais aucun ne mit son projet à exécution. Malheureusement les milieux financiers traversaient une période difficile. Le marché monétaire était déstabilisé à cause des Frères Hunt. Bache était en grande difficulté. Les taux d'intérêt avaient grimpé à 20 % et semblaient devoir s'envoler jusqu'à 25 %.

Mais sans l'accord des banques, tout était perdu. Et avec une économie nationale déjà ébranlée, la faillite de Chrysler pourrait bien marquer le début d'un désastre économique.

A l'ouverture de la réunion du 1er avril, Steve fit une déclaration qui fit l'effet d'une bombe. « Messieurs, annonça-t-il, le conseil d'administration de Chrysler a tenu cette nuit une réunion d'urgence. Compte tenu de la conjoncture économique, des difficultés de la société, des taux d'intérêt prohibitifs et du manque de soutien de nos créanciers, à neuf heures et demie ce matin, nous avons décidé de déposer notre bilan. »

Un grand silence tomba. Greenwald était ahuri. Bien que membre du conseil d'administration, c'était la première fois qu'il entendait parler de cette réunion. Puis Miller ajouta : « Je vous rappelle toutefois que nous sommes aujourd'hui le 1er avril... » Une vague de soulagement parcourut l'assistance. Malheureusement, certains Européens, qui ignoraient la coutume, se demandaient ce que la date venait bien faire dans l'histoire.

Miller avait imaginé cette plaisanterie quelques minutes seulement avant la séance. C'était un peu osé, mais cela présentait l'avantage de bien situer les choses et de faire mesurer la gravité d'un éventuel échec. Le plan fut accepté par toutes les banques, qui accordèrent au total 660 millions de dollars d'intérêts différés et de réductions diverses, ainsi que des prêts supplémentaires de 4 milliards de dollars à 5,5 % sur quatre ans.

Mais ce plan ne pouvait être réellement mis en pratique que si toutes les banques acceptaient de coopérer. Or, certaines d'entre elles, telle la banque iranienne Tejarat, nous inspiraient des craintes. L'affaire des otages venait de se terminer et le gouvernement américain avait décidé de geler huit milliards de $ de dépôts iraniens. A notre grand soulagement, les Iraniens acceptèrent le plan sans sourciller.

En juin, presque toutes les banques avaient donné leur accord et nous pouvions commencer d'espérer toucher nos premiers 500 millions de dollars d'emprunts garantis. Mais nous avions un besoin urgent de liquidités pour régler nos factures. Le 10 juin 1980, nous fûmes contraints d'interrompre le paiement des fournisseurs. La faillite était encore possible.

L'argent arriverait sous quelques jours, mais combien de temps nos fournisseurs pourraient-ils patienter ? Même s'ils ne nous acculaient pas immédiatement à la faillite, ils pouvaient décider d'un arrêt des livraisons, ce qui serait presque aussi grave vu la faible importance de nos stocks. Mais ils ne bougèrent pas.

90 % des banques, représentant plus de 95 % des emprunts, avaient déjà donné leur aval. Mais il nous fallait l'accord de toutes, sans exception. En outre, le temps filait à toute vitesse et il fallait encore remplir toute la paperasserie et obtenir les signatures nécessaires.

Une banque d'Alaska avait signé la convention, mais l'avait expédiée par courrier ordinaire, si bien qu'elle risquait de nous parvenir trop tard et il fallut lui en envoyer un nouvel exemplaire.

Le directeur d'une banque du Minnesota avait laissé les formulaires sur un coin de son bureau pour les signer le lendemain matin. Dans la nuit, la femme de ménage les fit disparaître.

Une banque libanaise ne pouvait nous faire parvenir les documents à cause de la guerre civile. La commission de contrôle de l'emprunt dut accepter que l'on fasse appel à notre ambassade pour attester que les papiers étaient remplis en bonne et due forme.

En matière de réorganisation financière, il est d'usage que les grandes banques acceptent de désintéresser les plus modestes moyennant un avantage, afin de simplifier les choses. Mais nous tenions à ce que chacun soit pareillement traité, car la moindre exception aurait risqué de déséquilibrer l'édifice.

Plusieurs petites banques croyaient que la prolongation des prêts leur permettrait finalement d'obtenir un bénéfice.

En mai, Steve Miller entreprit un voyage éclair en Europe pour rencontrer les banquiers les plus réticents. Sa tâche fut compliquée par la parution d'un article dans le *Financial Times* affirmant que Chrysler avait conçu un plan secret visant à rembourser les banques récalcitrantes. Mais à leur grande déception, la seule alternative était l'acceptation du compromis proposé ou notre dépôt de bilan.

Chez nous, les plus difficiles à convaincre étaient les banques de province. L'une d'entre elles menaçait de tout faire échouer pour un emprunt de 75 000 $. De nouvelles rumeurs selon lesquelles nous serions disposés à rembourser les banques qui refusaient l'accord encourageaient les velléités de désengagement. Mais nous nous les ralliâmes toutes, une à une, et d'autant plus facilement qu'elles se raréfiaient. A la fin du mois, je commençais à me demander quand cette situation insupportable allait enfin se terminer.

Le conflit le plus aigu survint à Rockford, dans l'Illinois, avec l'American National Bank and Trust Company, dont le président, David Knapp, était persuadé que les garanties d'emprunt ne nous permettraient pas de nous en sortir. Il ne voulait rien savoir. Il avait exigé le recouvrement du prêt de 650 000 $ et était résolu à ne pas se laisser fléchir.

Heureusement, Rockford était aussi le siège de l'une de nos chaînes de montage et beaucoup d'habitants travaillaient pour nous ou nos sous-traitants. Dès qu'ils eurent vent de la situation, ils firent pression sur la banque.

Voyant que rien n'y faisait, Steve Miller voulut rencontrer Knapp. Au cas où Knapp refuserait de le rencontrer, il avait prévu de déclarer au journal local que cinq mille Rockfordiens allaient, par sa faute, êre réduits au chômage.

Le maire de Rockford organisa une entrevue à l'hôtel de ville. Miller fit un laïus à Knapp dans lequel il expliqua que le plan ne donnait, certes, pas satisfaction à tout le monde, mais que les autres s'en accommodaient et que l'on ne pouvait pas faire de cas particuliers. Knapp l'écouta jusqu'au bout mais ne changea pas d'avis et persista à demander le remboursement.

Quelques jours plus tard, la banque acceptait le plan. David Knapp avait reçu de nombreux appels téléphoniques de sociétés dont l'avenir dépendait directement de la survie de Chrysler. Des politiciens lui avaient parlé. Des milliers de membres de l'U.A.W. avaient menacé de retirer leur argent de son établissement. Il y avait même eu une alerte à la bombe et il nous soupçonnait d'en être à l'origine.

Miller rendit encore quelques visites. A la fin du mois de juin, toutes les banques avaient cédé. Notre but était atteint.

Du moins le pensions-nous, car il fallait encore rassembler tous les documents et à procéder à la clôture. Habituellement, il suffit pour cela de la réunion de quelques juristes qui étudient les documents et déclarent que tout est en règle.

Mais pour Chrysler, c'était un peu plus compliqué.

Tout d'abord, il y avait dix mille documents différents. A eux seuls, les frais d'impression du protocole final s'élevèrent à près de deux millions de dollars ! L'ensemble des documents empilés aurait représenté la hauteur d'un immeuble de sept étages.

Ensuite, les papiers étaient dispersés dans plusieurs cabinets juridiques de New York et de plusieurs autres villes. La plupart d'entre eux, toutefois, se trouvaient chez notre avocat-conseil, Debervoise, Plimpton, Lyons & Gates, dans le Westvaco Building, 299 Park Avenue.

Le lundi 23 juin au soir, une réunion se tint dans ces locaux, afin de rassembler tous les documents nécessaires à la réunion de clôture du lendemain. Nous avions fait appel à un grand nombre d'avocats, car l'absence d'un seul document pouvait tout compromettre.

Vers 19 h 30, Steve Miller se trouvait à la cafétéria, au trente-troisième étage du bâtiment, lorsqu'il aperçut par la fenêtre un panache de fumée noire. Il crut d'abord à un incident bénin survenu dans les cuisines, mais il apprit bientôt qu'un incendie s'était déclaré au vingtième étage. Steve fut tenté de ne pas s'occuper de l'incendie, car il ne pouvait imaginer que la clôture puisse être menacée. Quelques instants plus tard, le bâtiment fut évacué et tous ceux qui le pouvaient descendirent les trente-trois étages à pied.

Pendant que tout le monde descendait, Park Avenue était bloquée par les engins de secours. Les flammes jaillissaient des fenêtres. Steve songea que c'était assurément la preuve que Dieu désapprouvait le plan et que l'on n'aurait pas dû plaisanter ainsi avec la libre entreprise.

Nos représentants et les avocats considéraient avec une horreur croissante la progression de l'incendie à travers les bureaux dont les baies vitrées venaient, une à une, se fracasser dans la rue. Le sinistre fut heureusement circonscrit au vingtième étage. Tous nos documents se trouvaient au trentième et au-dessus.

Quand l'incendie fut enfin maîtrisé, les représentants de Chrysler se dirigèrent vers un restaurant pour aller dîner. Sur le trottoir, Miller rencontra Jerry Greenwald qui venait d'arriver et se dirigeait vers le Westvaco Building pour signer les documents.

« La circulation est impossible par ici, dit Greenwald. Il doit y avoir un incendie quelque part. Imaginez un peu si c'était chez nous ! »

« C'est justement le cas ! répondit Steve. »

Greenwald, qui connaissait l'humour de Miller, crut tout naturellement à une nouvelle facétie. Un peu plus loin, il fut bloqué et constata que ce n'était pas une plaisanterie.

A deux heures du matin, Jerry, Steve et les avocats se réunirent au siège de la Citicorp. Il apparaissait indispensable d'aller récupérer les papiers restés dans l'immeuble sinistré. A deux heures et demie, ils se frayaient un passage à travers les cordons de police à force d'insistance. Plusieurs pompiers avaient été blessés et nos représentants ne purent entrer qu'après avoir expliqué que la survie de Chrysler dépendait de ces documents.

Une vingtaine de personnes empruntèrent l'ascenseur. Elles jetèrent tous les papiers dans des cartons et sur des chariots postaux. Une heure plus tard, on vit un cortège d'avocats pousser en pleine nuit des chariots postaux au milieu de Park Avenue. Ils se dirigeaient vers le siège de la Citicorp, chez Shearman & Sterling, un des cabinets d'avocats représentant les banques. Ils passèrent le reste de la nuit et le début de la matinée à classer les documents. Par miracle, aucun n'avait été perdu ni endommagé.

A midi, un groupe important de banquiers et d'avocats se dirigea pour la clôture vers la grande salle de réunion où des liaisons téléphoniques avaient été établies avec Paris, Detroit, Wall Street, Toronto et Washington, où se trouvait la commission de contrôle de l'emprunt.

Bill Matteson, notre principal responsable juridique, procéda à l'appel. Il lut la longue liste des banques représentées dans la salle ou à l'autre bout du téléphone. Toronto, êtes-vous d'accord ? Paris, êtes-vous d'accord ? Toutes acquiescèrent.

Le 24 juin, à 12 heures 26, des applaudissements saluèrent la conclusion de l'affaire. Nous étions enfin autorisés à percevoir le premier versement de nos emprunts garantis. Un peu plus tard, après que Salomon Brothers, notre conseiller financier, eut encaissé ses honoraires de 13 250 000 dollars, Steve Miller endossa un chèque de 486 750 000 dollars, pour lequel il remplit un bordereau de versement à la banque Manny Hanny, comme un client ordinaire.

La Chrysler Corporation pouvait continuer d'exister.

22

LE MODÈLE K... ET UNE CHAUDE ALERTE

Pendant les jours les plus noirs, la perspective du lancement du modèle K avait toujours été la lueur au bout du tunnel. Depuis deux ans, tous nos espoirs reposaient sur une traction avant économique et entièrement fabriquée aux États-Unis. Tout au long des auditions du Congrès et des interminables tractations avec les banques, nous avions été portés par les espoirs que nous mettions dans le modèle K.

Il s'agit d'un produit extraordinaire. Et je peux en parler d'autant plus librement que je suis arrivé trop tard pour jouer un rôle important dans sa création. Hal Sperlich y avait déjà travaillé avant d'entrer chez Chrysler en 1977. C'est le type même de voiture qu'Hal et moi aurions aimé voir construit chez Ford. Et nous l'aurions fait si Henry n'avait pas eu des idées aussi arrêtées sur les petites voitures.

C'est un véhicule confortable équipé d'un moteur à quatre cylindres. Sa consommation est de 10,6 litres en ville et 5,9 litres sur route. Ces chiffres déjà éloquents étaient légèrement meilleurs que les normes annoncées pour le modèle X de la G.M., lancé un an plus tôt. Detroit avait déjà construit des compacts, mais la K était alors la seule à la fois assez spacieuse pour transporter une famille de six personnes et suffisamment légère pour autoriser une baisse sensible de la consommation.

Le génie de Sperlich était d'avoir réussi à créer un modèle solide et bien campé sur ses roues. Il avait l'air costaud et n'avait pas l'aspect fragile de certains autres de sa catégories. Comme la Mustang, la K avait une silhouette élégante, mais était propulsée par un tout petit moteur.

Dans la campagne publicitaire, nous disions que la K était la solution américaine, et pour mieux le souligner, beaucoup de supports utilisaient le rouge, le blanc et le bleu. Nous appelions aussi l'attention sur sa capacité à transporter “six Américains“, petit coup de griffe à nos concurrents japonais. Six ceintures de sécurité étaient d'ailleurs montées à l'origine, malgré la légère hausse du coût de revient que cela entraînait.

Mais notre meilleur argument commercial fut l'emploi du terme “Modèle K“, au lieu des véritables noms, Ariès (pour la gamme Dodge) et Reliant (pour la gamme Chrysler). J'aurais bien voulu être l'auteur de cette idée, mais elle est le fruit du hasard. Après tout ce que nous avions subi, un peu de chance était bien méritée.

Lorsqu'ils commencent d'élaborer un nouveau modèle, les stylistes lui assignent un nom de code à usage interne. Chez Ford, on utilise toujours des noms d'animaux ; chez Chrysler et General Motors, les lettres de l'alphabet. Ce n'est que bien plus tard que les publicitaires conçoivent et étudient un choix de dénomination.

Le modèle K était celui de la dernière chance, aussi fut-il évoqué dès les tout débuts de sa conception, bien avant que l'on ait défini son nom. Sans même que nous l'ayons voulu, la lettre “K“ accrocha l'esprit du public. C'est pourquoi nous reprîmes tout naturellement l'idée lors de la campagne de lancement en annonçant : « Les modèles K arrivent ». Nous organisâmes chez un grand concessionnaire une promotion spéciale baptisée « Les modèles K arrivent chez K ». Cette désignation devint rapidement si populaire que le véritable nom, Reliant et Aries, passa au second plan. Quand la lettre K disparut de l'arrière des voitures, en 1983, notre agence de publicité estima que c'était une grosse erreur.

L'Aries et la Reliant sont parfaitement adaptées à l'époque actuelle. Elles sont économiques, confortables et ont une ligne séduisante. Je ne suis d'ailleurs pas le seul à le penser, puisque *Motor Trend Magazine* les élut “voitures de l'année 1981“, distinction que nous avions déjà obtenue trois ans auparavant avec l'Omni et l'Horizon.

« Voilà les voitures qu'il nous fallait, écrivait la revue. Non seulement elles sont de bonne qualité, ce qui est un signe des temps, mais elles montrent surtout que, pour la première fois sans doute, un constructeur automobile a étudié le profil de l'acheteur moyen. Avec l'Aries et la Reliant, Chrysler présente un véhicule capable de résister pendant plus longtemps à la fois aux attaques du sel gemme et aux négligences traditionnelles de l'acheteur ».

Et Jim Dunne, responsable de la rubrique automobile dans *Popular Science,* remarquait : « Si Chrysler avait pu concevoir une automobile destinée au marché actuel il y a trois semaines et non trois ans et demi, ils auraient dessiné strictement le même modèle. »

Le modèle K est aujourd'hui devenu le point de départ de presque toutes nos réalisations. Pratiquement toutes nos autres voitures en sont dérivées : la LeBaron, la Chrysler Classe E, la Dodge 600, la New Yorker et, dans une moindre mesure, les modèles sport Dodge Daytona et Chrysler Laser.

Cela nous a d'ailleurs valu les foudres de la presse, et notamment de *The Wall Street Journal*. A les lire, nous aurions inventé une nouvelle méthode pour escroquer le client !

Si l'idéal à Detroit était autrefois de créer des voitures entièrement nouvelles dans chaque gamme de prix, chaque nouveauté totale exige aujourd'hui un investissement d'un milliard de dollars, ce qui ne saurait se répéter souvent. Tout "nouveau" modèle ne peut être qu'un mélange de neuf et d'ancien. On peut changer la carrosserie, la transmission ou le châssis, mais même General Motors ne pourrait se permettre de fabriquer un nouveau modèle à partir de rien.

Construire une voiture à partir d'un modèle déjà existant est une pratique en vigueur à Detroit depuis cinquante ans. Les Japonais l'ont toujours fait. General Motors est passé maître en la matière et de nombreuses pièces de la Chevrolet se retrouvaient dans les Buick et les Cadillac. Et chez Ford, comme nous l'avons déjà vu, la Mustang était une Falcon revue et corrigée.

Les plus malins conçoivent des pièces interchangeables pour réduire les prix de revient. Non seulement c'est permis, mais c'est indispensable. Fabriquer un modèle à partir de rien lorsque le volume des ventes est imprévisible est une excellente recette pour arriver à la faillite.

On peut aussi risquer l'échec en allant trop loin dans cette voie. G.M. l'a appris à ses dépens en deux occasions. En 1977, ne disposant plus de moteurs Oldsmobile V8, ils montèrent des Chevrolet V8 sur certaines Oldsmobile, Pontiac et Buick. Ils oublièrent malheureusement de l'indiquer à leurs acheteurs et certains en furent tellement furieux qu'ils entamèrent une action en justice. Cet échange de moteurs leur coûta plus de 30 millions de dollars.

Un autre problème survint avec la Cadillac Cimarron. Le modèle était en pleine production quand les responsables du marketing s'avisèrent que l'âge moyen des acheteurs oscillait entre soixante-dix ans et le cimetière. Mais le nouveau modèle n'était qu'une Chevrolet Cavalier légèrement modifiée. Même Peter Estes, un ancien président de la G.M., se plaignit de la trop grande ressemblance de la Cimarron avec une Chevrolet. Les sièges en cuir et le réglage automatique de l'éclairage ne suffisaient pas à la démarquer du modèle de base. Les clients s'aperçurent de la supercherie et la Cimarron disparut du marché.

Même un modèle parfait ne préserve pas totalement des erreurs. La K nous sauva, mais son apparition sur le marché coïncida avec d'énormes difficultés de notre firme.

Elle connut un départ très lent. Lors de leur sortie, en octobre 1980, l'Aries et la Reliant cafouillèrent. Nous avions des difficultés inattendues avec les nouveaux soudeurs automatiques qui entravaient la production. Trente-cinq mille voitures auraient dû être présentées dans les vitrines des concessionnaires le jour du lancement. Il n'y en eut que dix mille.

Plus grave, nous avions démotivé les acheteurs. Nous étions alors engagés dans une rude guerre des tarifs avec le modèle X de General Motors, notre première concurrente nationale. Leur version de base de la Citation étant vendu 6 270 dollars, le prix du nôtre fut fixé à 5 880 dollars. La seule façon de vendre moins cher que la G.M. tout en survivant était de multiplier les options. On construisit donc un grand nombre de modèles équipés de la climatisation, d'une boîte automatique, de garnitures en velours et de lève-vitres électriques qui en augmentaient le prix de plusieurs centaines de dollars.

Nous aurions dû être plus perspicaces. Des études de marché indiquaient que les acheteurs seraient surtout intéressés par les modèles de base, vendus aux alentours de 6 000 $, mais nous lançâmes sur le marché trop de voitures dont le prix total s'établissait entre 8 000 et 9 000 $.

Coûteuse erreur. Il aurait mieux valu attendre que la K soit lancée pour proposer des options. Nous n'avions pas à cibler la clientèle aisée, car elle n'allait certainement pas acheter le modèle K.

Fort heureusement la méprise fut décelée et corrigée très rapidement. Le public était certainement intéressé, puisqu'il fréquentait les garages des concessionnaires, mais il ne passait que rarement commande. Interrogés à la sortie, la plupart des gens répondaient : « Je pensais que cette voiture était une bonne affaire jusqu'à ce que je voie le prix. » Au plus vite, nous sortîmes davantage de modèles de base et les ventes grimpèrent.

Mais en décembre, nous rencontrâmes un autre obstacle. Le

taux de base avait grimpé à 18,5 %. Lors du lancement du modèle K, deux mois plus tôt, il était cinq points plus bas. S'il était resté à 13,5 %, nous aurions pu vendre de nombreuses unités. Mais à l'époque, les taux d'intérêt changeaient presque quotidiennement et les voitures, tout comme les maisons, se vendaient mal.

J'étais furieux contre l'attitude changeante du gouvernement en matière de taux d'intérêt, mais je n'y pouvais rien. Je pouvais seulement réagir à la situation. Ce que je fis.

Pour combattre le spectre de l'argent cher, il fallut mettre en place un plan de rabais variables. Pour toute acquisition à crédit, nous proposions une ristourne calculée sur la différence entre le taux en vigueur à la date de l'achat et celui de 13 %. « Aide-toi, le Ciel t'aidera », avais-je déclaré en présentant mon projet. Il a dû m'entendre — mais pas Paul Volcker — puisque le pari s'avéra payant. Et bientôt, Ford et General Motors nous emboîtèrent le pas.

Début 1981, la situation s'était considérablement améliorée. Malgré son début hésitant, le modèle K présentait à la fin de l'année plus de 20 % du marché des petites voitures. Et il continue de bien se vendre. Nous vendîmes un million d'Aries et de Reliant, ce qui nous permit de disposer des capitaux nécessaires pour entreprendre la mise en œuvre de nouveaux modèles.

Mais cela n'arriva pas tout de suite. Le départ avait été si lent que 1981 commença dans de très mauvaises conditions. Après nous être battus durant toute l'année pour que Chrysler n'occupe plus la une des journaux, il nous fallut de nouveau solliciter de Washington un emprunt garanti de 400 millions de dollars.

Quand il fallut réellement emprunter l'argent, la commission de contrôle de l'emprunt nous mit des bâtons dans les roues. Par exemple, on ne pouvait obtenir le crédit en totalité, mais par fractions. Les deux premières avaient été atribuées presque en même temps, en 1980.

Mais la troisième demande fut très mal accueillie par le public. La plupart des gens ne comprenaient pas : « Comment, pensaient-ils, ils viennent d'obtenir un milliard et demi de dollars et les voilà qui reviennent à la charge ! »

Je n'aurais jamais dû accepter d'emprunter l'argent en trois fois. A chaque versement il fallait subir les titres désobligeants de la presse et c'était très pénible. La commission de contrôle ne nous aurait certainement pas laisser emprunter la totalité de la somme d'un coup, mais nous aurions certainement pu obtenir deux versements de 600 millions de dollars chacun.

Chaque fois que nous redemandions de l'argent, nos ventes chutaient. Le public avait le sentiment que Chrysler était un gouffre sans fond. Beaucoup de gens qui appréciaient nos produits changèrent d'avis et se tournèrent vers nos concurrents. Il est impossible de le savoir exactement, mais je pense qu'environ un tiers du 1,2 milliard de dollars d'emprunts garantis ont été perdus en ventes ratées à cause de toute cette mauvaise publicité. C'était pourtant notre seule façon de nous en sortir.

Pour obtenir le dernier versement de 400 millions de dollars, nous fûmes encore contraints à une série de concessions. Nous demandâmes 600 millions de dollars de plus aux banques par la conversion de dettes en actions préférentielles. Nous demandâmes au personnel d'accepter un gel d'indexation des salaires sur le coût de la vie. Nous demandâmes à nos sous-traitants des délais de paiement plus longs et une réduction des tarifs de 5 % applicable pendant le premier trimestre de 1981. Et G. William Miller, le ministre des Finances, demanda aux banques de nous faire grâce de la moitié des dettes en cours. Une fois de plus, c'était cela ou la faillite.

Les banques effacèrent au total 1,1 milliard de dollars de dettes en échange d'actions préférentielles de l'entreprise. Habituellement, les actions préférentielles donnent droit à dividende ; celles-là non, tant que nous n'aurions pas remboursé les emprunts garantis. Les banquiers ne prirent pas notre offre très au sérieux, mais les plus optimistes se disaient que si nous en réchappions, ils pourraient récupérer une bonne partie de leur argent.

Tout au long de l'année 1981, notre survie était remise en cause chaque semaine. Malgré la "K", nos pertes restaient lourdes — 478,5 milliards de dollars pour l'ensemble de l'année. De surcroît, la commission de contrôle de l'emprunt émit plusieurs nouvelles restrictions qui n'étaient pas de nature à rehausser notre moral.

Nous devions lui payer un droit mensuel d'un million de dollars. Je trouvais cela vraiment exagéré, car notre contribution de janvier couvrait ses dépenses annuelles, si bien que les 11 millions restants seraient tout bénéfice pour le Trésor. Si j'avais pu trouver des conditions de ce genre pour Chrysler, nous n'aurions pas eu besoin de recourir à l'emprunt garanti !

Aux termes de la loi, le gouvernement exigeait un droit annuel de 0,5 % du montant total pour contrôler les prêts. Mais William Miller avait le droit de porter ce taux à 1 % s'il estimait qu'ils présentaient un risque. Il le pensait, et 1 % de 1,2 milliard de dollars représente 12 millions par an. Nous n'avions aucun recours et il était inutile de protester. Les six millions supplémentaires auraient été plus utilement employés s'ils avaient contribué à assurer notre avenir à long terme.

Mon deuxième différend avec la commission portait sur le volume incroyable de papier dont ils nous accablaient. Un rapport mensuel complet leur aurait fourni toutes les informations nécessaires. Ils préféraient nous demander de fournir sans cesse des montagnes de documents, une tâche dont il était très difficile de s'acquitter.

De plus, ils ne les lisaient même pas et il leur était toujours possible de demander des renseignements par téléphone. Je comprends qu'au début, la commission ait pu être inquiète et soucieuse de s'assurer du bon fonctionnement du dispositif. Mais à mesure que notre situation s'assainissait, les choses auraient pu changer.

Puis la commission nous demanda de nous séparer de notre jet Gulfstream, une idée qui n'avait pu germer que dans le cerveau fertile d'un bureaucrate. Dans l'esprit étroit des fonctionnaires de Washington, l'avion de Chrysler était le symbole des dépenses somptuaires d'une grande société. Peu importe que le gouvernement dispose d'une centaine d'avions privés, tous payés par les contribuables, pour les aider à régler leurs propres affaires. Personne ne bronche lorsque vous dépensez 100 millions de dollars dans l'achat de nouveaux robots, mais si vous envoyez un cadre supérieur faire le tour des usines pour apprendre aux ouvriers à s'en servir, il ne doit le faire qu'en empruntant les vols commerciaux.

Même s'il doit aller de Highland Park, dans le Michigan, à Rockford, dans l'Illinois, ou à Kokomo, dans l'Indiana, et si certaines usines sont difficilement accessibles par les vols réguliers. Si je paie un gars 200 000 $ par an, je ne tiens pas à ce qu'il passe son temps dans les aéroports.

Les avions privés épargnent beaucoup de peine et de fatigue à notre personnel de direction. Les gens peuvent avoir l'impression que la plupart des cadres supérieurs se la coulent douce, ce n'est le cas d'aucun de ceux que je connais. Ils travaillent douze à quatorze heures par jour et leur temps est précieux.

Un avion de société n'est pas un luxe, c'est une nécessité. Croyez-moi, ce serait bien plus agréable de voyager en première classe dans un appareil de ligne, avec une aimable hôtesse servant les rafraîchissements. Mais l'avion privé permet de gagner du temps et d'éviter le stress.

Pour être honnête, la commission de contrôle de l'emprunt n'avait pas que des exigences banales ou injustifiées. Une des plus sensées était la recherche active d'un partenaire. En arrivant chez Chrysler avec l'idée de Global Motors à l'esprit, j'avais estimé qu'une fusion devrait comprendre un constructeur étranger tel que Mitsubishi ou Volkswagen. Mais après avoir pris connaissance de nos comptes, personne ne m'en parlait plus jamais.

En 1981, comme le mal s'aggravait, la fusion apparut comme la seule solution. Nécessité étant mère de l'invention, comme on dit, lorsque les vents nous furent de nouveau contraires, nous nous fîmes aussi imaginatifs que possible. C'est alors que nous avançâmes une idée apparemment absurde, mais en fait pleine de bon sens : puisque nous avions la "K" et qu'ils n'avaient pas vraiment de modèle équivalent, nous proposâmes une fusion entre Chrysler et Ford.

D'innombrables obstacles s'opposaient à ce projet, mais la question qui venait tout de suite à l'esprit était un problème de personnes. « Admettons que cela marche, dirent les banquiers, Henry est toujours aux commandes, alors comment pourrez-vous vous entendre ? » « C'est très simple, leur répondais-je, Henry a déjà fait savoir qu'il souhaitait décrocher. Je suis disposé à faire de même. Je resterai encore douze mois pour collaborer à la mise en place du processus, après quoi, je me retirerai. C'est une affaire qui va bien au-delà de nos deux personnalités. »

Un autre problème majeur venait du fait qu'une telle fusion allait à l'encontre de la loi anti-trust. J'allai donc consulter Peter Rodino, qui s'était fait connaître lors de l'affaire du Watergate, et plusieurs autres membres de la commission juridique. Selon eux, la loi pourrait ne pas être appliquée du fait que nous étions en difficulté. Bob Strauss, grand avocat et personnalité influente du parti démocrate, estimait également que nous pourrions passer outre.

Ce problème étant écarté, du moins en théorie, nous pouvions envisager les mesures concrètes. L'année précédente, 1980, avait été catastrophique, puisqu'elle s'était soldée par une perte de 1,7 milliard de dollars, mais elle n'avait pas été fameuse pour Ford non plus. Leurs pertes étaient comparables aux nôtres — plus de 1,5 milliard de dollars — et, plus grave, leur part de marché s'était rétrécie comme une peau de chagrin, passant de 28 % en 1978 à 15 %.

Je chargeai Tom Denomme de se pencher sur la question. Quelques semaines plus tard, il nous soumettait une proposition très intéressante.

Ford absorberait Chrysler, car c'était la société la plus puissante et la moins menacée. Chrysler et Dodge continueraient d'exister, mais en tant que troisième et quatrième division de Ford aux côtés de Ford et de Lincoln-Mercury.

Tout le monde y trouverait son compte. Nos forces et nos faiblesses se complétaient. Tom et moi avions longtemps travaillé chez Ford et étions donc bien placés pour apprécier les difficultés et les besoins des deux parties. Si la fusion était décidée, l'avantage pour Chrysler en serait évident et se résumerait en un mot : la survie.

Et Ford avait aussi beaucoup à y gagner. Ford était alors très bien implantée en Europe et y dépensait des sommes considérables. Mais aux États-Unis, la société était en perte de vitesse. Après le second choc pétrolier, la firme avait beaucoup souffert des importations. À l'exception de l'Escort/Lynx, une "subcompact" vendue dans le monde entier, l'équivalent de notre Omni/Horizon, ils n'avaient aucun petit modèle à traction avant.

De plus, Ford était sur le point d'investir des milliards de dollars pour produire la Tempo et la Topaz, une spacieuse traction avant inspirée de notre K. En cas de fusion, nous pourrions commercialiser une version de l'Escort pour succéder à notre Omni/Horizon et ils pourraient commercialiser une version de notre Aries et Reliant. Il était prévu que Ford réalise une nouvelle traction avant plus grande en 1987 ainsi que la plupart des modèles de haut de gamme et les véhicules utilitaires. Nous fournirions, quant à nous, le minivan modèle 1984.

La fusion avec Chrysler serait pour Ford le meilleur et le plus rapide moyen de retrouver sa position de solide numéro deux, dépassant instantanément General Motors sur le marché des camions et ravissant la première place du marché automobile au Canada et au Mexique. Quant à sa part du marché intérieur, elle grimperait directement de 17 à 27 %.

Sa puissance de vente aux États-Unis représenterait alors 75 % de celle de General Motors et la lutte serait chaude. Alfred Sloan se retournerait dans sa tombe en apprenant que la nouvelle société alignait quatre divisions contre les cinq de General Motors. Ce serait fantastique de voir les deux grands constructeurs lutter pied à pied. Ce serait excellent pour les États-Unis. Les banquiers et les avocats se régaleraient, car ce serait le plus important groupement industriel de l'histoire des États-Unis.

D'autre part, nos études montraient qu'en cas de fermeture pure et simple de Chrysler, Ford n'en bénéficierait que très peu. La G.M. et surtout les importateurs reprendraient la majeure partie de notre clientèle.

Le projet fut soumis à quelques grands banquiers new-yorkais qui furent enthousiasmés. « Merveilleux ! s'écrièrent-ils. La production, la distribution, tout est parfait. »

Nous avions réalisé un bilan prospectif. Nous avions un projet prometteur. Nous pouvions faire un milliard de dollars de bénéfices. Rien que de très encourageant dans ces chiffres.

Salomon Brothers, notre cabinet financier, approuva le projet. Jim Wolfesohn, responsable financier de Chrysler, accepta de contacter Goldman Sachs, qui représentait Ford. Compte tenu de nos données financières et de ce qu'il pouvait savoir de Ford, Salomon Brothers donna corps à l'idée en rédigeant un mémoire détaillé montrant l'intérêt de l'opération pour les deux parties et indiquant le meilleur moyen d'y parvenir.

Goldman Sachs se montra intéressé par notre proposition et la transmit à la direction générale de Ford. Tout était d'abord absolument secret. Compte tenu de l'importance du projet, j'allai rencontrer personnellement Bill Ford. Nous avions tout fait pour que rien ne filtre. Tout s'était déroulé en coulisse, à huis clos, sans qu'il y ait la moindre fuite.

Et puis tout s'écroula. Philip Caldwell, le président du conseil d'administration de Ford, cracha le morceau. Il mit fin à toutes les discussions en déclarant devant la presse que Chrysler avait proposé une fusion, mais qu'il ne saurait en être question.

Cette déclaration était destinée à nous mettre en boîte. On n'avait même pas pris le temps chez Ford de procéder à une analyse sérieuse. Caldwell s'était contenté de dire que le conseil d'administration avait refusé à l'unanimité l'ouverture de négociations. Un des administrateurs me confia plus tard qu'ils s'étaient contentés de jeter un coup d'œil au projet pendant deux ou trois minutes. Ils avaient répondu en vingt-quatre heures, alors que vingt-quatre jours n'auraient pas été de trop pour étudier sérieusement notre proposition. Ils s'étaient contentés de repousser l'idée en se rangeant à l'avis de la direction.

La direction générale de Ford devait penser qu'après leur avoir pris leurs meilleurs collaborateurs, nous risquions de dévaloriser leur firme. Je suppose qu'Henry, qui était censé avoir pris sa retraite, a dû ruer dans les brancards.

Ils n'envisageaient que le plus mauvais cas de figure et ils ont, à mon avis, raté une belle occasion.

Je répondis en disant qu'une telle fusion aurait été très bénéfique pour le pays qui avait besoin d'un véritable concurrent pour General Motors. C'était vraiment regrettable, car je m'étais déjà assuré l'appui de gens influents à Washington. Le projet fut tué dans l'œuf, sans même que Ford ait pris le temps d'y réfléchir.

Si la fusion avait réussi, les dirigeants de General Motors se seraient acharnés à l'empêcher : « Nous l'avons déjà fait dans les années 20, se seraient-ils dit. Plus personne n'en a le droit. Non au cartel Chrysler-Ford ! Ce serait un coup trop rude pour nous ! »

Si nous avions fusionné, l'industrie automobile en aurait été transformée. Dès le lendemain matin, la rivalité entre Chrysler et Ford aurait disparu et nous aurions pu économiser trois à quatre milliards de dollars d'investissements. Les achats auraient été plus intéressants et les frais fixes sensiblement réduits par la fabrication de pièces interchangeables, comme chez General Motors.

Le moment était bien choisi. Il n'est peut-être pas trop tard, mais je doute que le ministère de la Justice l'autoriserait maintenant. Il hurlerait contre le regroupement horizontal de deux géants dans une structure oligopolistique à trois et refuserait au nom de la loi antitrust. Encore que depuis l'association G.M.-Toyota et la nouvelle politique de Washington en matière de restructuration, on ne puisse plus vraiment savoir.

Aujourd'hui que Chrysler a recouvré la santé, un regroupement aurait encore de l'intérêt. La G.M. dispose de quatre divisions, contre deux chacune pour Ford et Chrysler, un bon moyen de se ruiner en frais d'exploitation.

Au train où vont les choses, il ne restera plus en l'an 2000 que deux boxeurs sur le ring : G.M. et le Japon. Une fusion Ford-Chrysler serait certainement la seule décision à prendre pour renforcer la position de l'industrie automobile américaine face aux Japonais.

Tout est affaire d'état d'esprit. Chez Ford, on persiste à croire au retour du bon vieux temps. On s'imagine pouvoir redevenir le champion d'antan, alors que l'on est pris entre deux feux : d'un côté, les Japonais imbattables dans le bas de gamme ; de l'autre, la G.M. qui tient le haut du pavé avec les modèles de luxe. Mais Ford risque d'être progressivement grignoté. Comme la viande dans un sandwich.

Même après l'échec de cette fusion, j'avais espéré que nous repartirions du bon pied à la fin de 1981. C'était sans compter avec la persistance des taux d'intérêt élevés et le délabrement de l'économie.

Le 1er novembre, nouvelle crise. Nous entamions notre *dernier* million de dollars.

Quand on sait que nous dépensions environ 50 millions de dollars *par jour*, une telle situation était aussi absurde que de n'avoir plus qu'un dollar et demi sur son compte en banque. Dans l'automobile, 1 million de $, c'est véritablement de l'argent de poche.

N'importe lequel de nos sous-traitants aurait pu nous faire couler. Leurs factures s'élevaient à environ 800 millions de dollars par mois. Il fallait absolument leur demander des délais. Mais c'est plus facile à dire qu'à faire. Le premier pas peut provoquer une réaction en chaîne. La confiance est le ciment de notre coopération avec les fournisseurs. Si elle est entamée, ils ne sont pas guidés que par leur propre intérêt, ils s'inquiètent et leur crainte peut facilement entraîner un désastre.

Deux ou trois petits sous-traitants ayant interrompu leurs livraisons, il nous fallut fermer pendant quelques jours l'usine de Jefferson Avenue. Les délais de paiement purent être prolongés de vingt à vingt-deux ou vingt-trois jours et, dans certains cas, jusqu'à trente jours. Goodyear Tire et National Steel se montrèrent compréhensifs. Chuck Pilliod et Pete Love ont gardé la foi et je ne l'oublierai jamais.

J'avais aussi des inquiétudes quant au versement des salaires, mais nous avons toujours payé notre personnel en temps voulu. Et nous avons toujours réussi à payer normalement nos fournisseurs. C'était pourtant difficile et ce fut parfois fait avec retard lorsque des accords le permettaient expressément.

Il m'est arrivé de dire : « Aujourd'hui, il faut livrer mille unités supplémentaires sinon nous ne pourrons effectuer ce paiement de 28 millions de dollars jeudi, ou verser 55 millions de dollars de salaires vendredi. » Nous vivions au jour le jour et les sommes en jeu étaient énormes.

Il fallait être magicien pour établir la distinction entre les paiements différables et ceux qu'il fallait satisfaire. Il fallait se débattre comme un diable.

Aujourd'hui, vu nos disponibilités, ils nous accordent soixante jours. Nous avons du crédit sans même avoir à le demander ! C'est toujours la même histoire. Si vous voulez un prêt, commencez par montrer que vous n'en avez pas besoin. Si vous êtes riche, vous aurez tout ce que vous voulez, sinon rien.

Mon père me l'avait dit trente ans plus tôt, mais je ne l'avais pas écouté. Mes yeux se dessillèrent en novembre 1981.

ÇA ME FAIT MAL SEULEMENT QUAND JE RIS

De toutes les formes de journalisme, aucune n'est plus concise et plus tranchante que les dessins humoristiques. Tout au long de la crise affrontée par Chrysler, plusieurs centaines furent publiées.

Une caricature et une légende donnent l'essence de l'actualité. La chronologie permet de suivre l'évolution de notre situation pendant ces quatre années si difficiles. Voici quelques-uns des meilleurs dessins... ou des pires, selon votre point de vue.

Eté 1979

Paul Conrad © 1979, Los Angeles Times.

« C'est pas un hold-up !... je suis de chez Chrysler ! »

Hiver 1979

Don wright/The Miami news. Tribune Company Media Services.

Hiver 1981

Reproduit avec l'autorisation de United Feature Syndicate.

Hiver 1983

« Prenez une lettre pour M. Iacocca »
« Cher Lee, revenez vite ! Tout est oublié ! »

Ed Ashley/The Toledo Blade

Printemps 1983

« Retourne dans ta chambre faire tes devoirs. Tu veux devenir Iacocca oui ou non ? »

© 1983 NEA, INC.

23

HOMME PUBLIC ET RÔLE PUBLIQUE

Dès le milieu de l'année 1983, lorsque la compagnie fut solidement rétablie, on murmurait que j'allais me présenter à la présidence des États-Unis. Je pense que toutes ces rumeurs étaient fondées sur les séquences publicitaires que je fis pour Chrysler. Beaucoup de gens aujourd'hui me croient acteur. Ce qui est bien sûr ridicule. Tout le monde sait que le métier d'acteur ne vous qualifie pas pour la présidence !

Pendant les auditions au Congrès, nos affiches publicitaires étaient toutes signées de mon nom. Notre campagne fut extrêmement efficace, et, quand elle se conclut, notre agence de publicité décida de pousser plus loin l'idée de ma responsabilité individuelle en faisant apparaître mon visage dans des spots télévisés.

Ce n'était pas la première fois que cette idée était lancée. Avant l'arrivée sur la scène de K & E, Young & Rubicam déjà avaient voulu me convaincre d'apparaître sur l'écran. J'étais contre, et je consultai mon vieil ami Leo-Arthur Kelmenson, président de Kenyon & Eckhart.

Leo partageait mon scepticisme. « Lee, me dit-il, à votre place je ne le ferais pas. Le moment n'est pas propice. » Kelmenson insista, la seule raison valable pour mon apparition dans les réclames était que cela renforcerait la crédibilité de Chrysler. Or, je n'étais à mon nouveau poste que depuis trop peu de temps, et la compagnie était encore fragile. La crédibilité est une chose qui ne se conquiert qu'à la longue.

Quand K & E me demandèrent de faire de la télévision, ils présentèrent mieux leur cas. Une année s'était écoulée, et les événements s'étaient précipités. Au cours des séances du Congrès, j'étais devenu connu dans tout le pays. Les malheurs de Chrysler étaient toujours à la une, et les agents de publicité étaient avides de transformer ce passif en actif.

Au cours de nos réunions de stratégie à Highland Park, l'agence nous fit une présentation convaincante : « Tout le monde pense que Chrysler fait faillite. Il appartient à quelqu'un de leur dire le contraire. Et l'homme le plus crédible, c'est vous. D'abord vous êtes connu. Ensuite, les téléspectateurs savent très bien qu'après l'annonce publicitaire vous devez vous remettre à fabriquer ces voitures pour lesquelles vous venez de faire l'article. En figurant dans ces séquences, vous investissez beaucoup de vous-même. »

Rétrospectivement, je dois reconnaître qu'ils avaient raison. Il est clair que ma présence dans les spots télévisés fut un élément prépondérant de la reprise de Chrysler.

Mais la première fois où on me suggéra l'idée, j'étais résolument contre. Signer les affiches était une chose, un peu comme si j'écrivais une lettre ouverte au public américain, mais faire des annonces télévisées était une autre paire de manches.

Sans parler des autres problèmes, je ne voyais pas comment je trouverais le temps pour le faire. Il y a quand même une très bonne explication au fait que les publicités sont les meilleurs moments de télévision, c'est qu'elles sont faites avec bien plus de soin et de créativité que presque tout le reste.

Mais justement tout ce soin et cette créativité prennent énormément de temps. Réaliser un spot publicitaire est la chose la plus fastidieuse du monde. C'est comme si on regardait l'herbe pousser. Pour moi qui aime aller vite, le tournage d'un spot de soixante secondes peut facilement me prendre huit à dix heures. Chacune de ces journées que je passe devant les caméras de télévision est du temps perdu pour l'entreprise. Il est impossible de combiner le métier d'acteur et les fonctions d'un PDG dans la même journée.

J'étais aussi persuadé que le président du conseil d'administration d'une entreprise apparaissant dans ses propres publicités télévisées devait être atteint de mégalomanie. A chaque fois que j'avais vu un PDG vendant sa propre marchandise, cela m'avait laissé un arrière-goût désagréable. J'avais passé trente ans dans le marketing et il y avait certaines règles de base qu'il n'était pas question de violer. L'une d'elles pourrait s'exprimer comme suit :

Quand un client est hésitant,
Faites un gros plan de son usine,
Quand un client se tâte encore,
Faites-lui un logo géant,

Et dans les cas désespérés,
Montrez la tête du client.

Je redoutais naturellement que mes apparitions à la télévision ne passent aux yeux du public pour un dernier geste désespéré qui risquait de provoquer l'échec de tous nos efforts.

Cela faisait des années que des célébrités lançaient des produits à la télévision. Chez Chrysler, nous avions fait appel à Joe Garagiola et Ricardo Montalban. Puis nous avions utilisé les services de John Houseman et de Frank Sinatra. Mais jusqu'à une période récente, seule une poignée de chefs d'entreprise avaient tenu la vedette dans les publicités de leur compagnie. Les trois plus connus se prénommaient tous Frank : Frank Borman d'Eastern Airlines, Frank Sellinger de Schlitz et bien entendu Frank Perdue, le roi du poulet.

Outre la crédibilité, une autre raison, même si elle n'est pas très bonne, incite à faire apparaître le grand patron dans les publicités. Si la campagne est un échec, c'est *sa* réputation qui en prend un coup. On peut toujours imputer cet échec à l'ego du PDG, car le public supposera que l'idée venait de lui, même si ce n'était pas le cas.

Quelques mois auparavant, les responsables de K & E m'avaient demandé d'autoriser quelqu'un de leur agence à assister à nos réunions avec une caméra afin de préparer un documentaire sur notre rétablissement. On me filma en train de m'adresser à un groupe de nos concessionnaires et à titre d'expérience quelques secondes de ce plan furent insérées dans un de nos spots publicitaires.

Le résultat leur plut et ils me demandèrent de tourner une ou deux séquences publicitaires en vedette. Je comprenais leur raisonnement, mais cette idée ne me plaisait toujours pas. Un jour où je voyageais en avion en compagnie de John Morrissey, le chef de l'agence de Detroit, il m'annonça sans tourner autour du pot : « Il nous faut faire comprendre au public que nous sommes une entreprise nouvelle, différente de ce qu'était Chrysler sous la direction précédente. Le meilleur moyen de faire passer ce message est de présenter le nouveau patron. Je pense qu'il n'y a pas d'autre solution, vous devez le faire. » Et j'acceptai de faire un essai.

Il n'y avait qu'un aspect qui me séduisait dans toute cette affaire. A l'inverse de certaines des vedettes aux services desquelles nous avons eu recours, je n'étais pas cher. Je fis un jour lors d'une séance 108 prises en près de dix heures et ma seule récompense fut un sandwich au corned-beef et une tasse de café !

Je n'avais à prononcer qu'un slogan à la fin de l'annonce, du genre : « Je ne vous demande pas d'acheter l'un de nos modèles

les yeux fermés, je vous demande de comparer. » Ou bien : « Si vous achetez une voiture sans avoir pensé à Chrysler, ce sera dommage pour nous et pour vous. »

Puis nous nous enhardîmes et devînmes un peu plus agressifs. « Vous pouvez acheter Chrysler ou choisir une autre marque... à vos risques et périls. » Et la séquence devenue célèbre, au cours de laquelle, le doigt pointé vers la caméra, je disais : « Si vous trouvez une meilleure voiture, achetez-la ! » C'était une phrase de mon cru, ce qui explique peut-être la conviction avec laquelle je la prononçais.

Cette phrase a déjà été parodiée de cent façons différentes. Mais elle devait être véritablement efficace puisque je reçois encore des lettres qui me disent : « J'ai suivi votre conseil. J'ai fait le tour des marques et je n'ai pas trouvé de meilleure voiture. »

Il y en avait d'autres qui disaient : « Je vous ai écouté et j'ai trouvé une meilleure voiture. Mais ce n'est pas une de votre marque ! » Mais cela c'est le risque et le jeu... Ma phrase entra dans le jargon publicitaire et j'essayai de ne pas remarquer les multitudes de suggestions novatrices jouant sur le même thème, comme l'énorme panneau publicitaire de Dallas qui annonçait : « Si vous trouvez un meilleur bourbon, buvez-le ! » ou bien encore cette annonce : « Si vous trouvez un meilleur citron, sucez-le ! »

Plus je tournais de publicités, plus j'étais capable de décider du texte que j'aurais à prononcer. Et quand le PDG trouve lui-même un bon slogan, l'agence de publicité est dans ses petits souliers. Les publicitaires commencent à se dire : « Si ce slogan est si bon, pourquoi n'y avons-nous pas pensé nous-mêmes ? »

Dans une autre publicité, elle aussi devenue célèbre, je disais : « Il fut un temps où "Made in America" signifiait quelque chose, cela signifiait que c'était un produit de la meilleure qualité. Malheureusement, bien des Américains n'y croient plus. » J'avais proposé au départ d'ajouter : « Et à juste titre. Cette réputation est probablement méritée car à une certaine époque Detroit produisait des tas de ferraille. »

Quand l'agence entendit cela, même dans la version expurgée, ils s'arrachèrent les cheveux : « On n'est pas au confessional, si vous dites cela, le type assis devant sa télé et dont la Volaré 1975 est complètement bouffée par la rouille va nous demander un dédommagement de 1 000 $. » Nous trouvâmes donc un compromis. J'ajoutais simplement :« Et peut-être à juste titre. »

Ce genre de publicité était assez rare à l'époque, mais étant donné notre situation, il nous fallait quelque chose de frappant.

Par une suite de circonstances indépendantes de notre volonté, Chrysler avait déjà acquis aux yeux du public une identité à part. Nous étions déjà perçus comme très différents du reste de l'industrie automobile américaine.

En termes de marketing, notre choix était simple. Soit nous nous efforcions de réintégrer le groupe de nos concurrents, soit nous acceptions cette identité distincte en essayant d'en tirer profit. En faisant apparaître le président du conseil d'administration dans nos messages publicitaires, nous nous tournions vers la deuxième solution.

Dans les spots télévisés, comme dans les campagnes d'affichage qui les précédaient, nous nous attaquions de front aux réserves et aux doutes du public. Ce n'était un secret pour personne que le consommateur américain avait une piètre opinion des constructeurs de son pays. La plupart des gens croyaient que les voitures allemandes et japonaises étaient intrinsèquement meilleures que tout ce que Detroit produisait.

Nous leur fîmes savoir d'emblée que ce n'était plus vrai. Et nous appuyions notre affirmation en proposant 50 $ à quiconque accepterait de comparer l'un de nos modèles avec ceux de la concurrence — et même s'il ne se décidait pas finalement en notre faveur.

Mais nous prenions soin en même temps de ne pas être *trop* hardis. Nous cherchions à créer un climat de confiance, mais sans arrogance ; compte tenu de la réputation de nos produits, nous ne pouvions prétendre ouvertement que Chrysler fabriquait les meilleures voitures, même si nous en étions intimement persuadés.

Nous voulions au contraire que le consommateur en arrive lui-même à cette conclusion, c'est pourquoi nous affirmions que tout acheteur d'une voiture devrait au moins comparer avec les nôtres. Nous étions convaincus que la qualité de nos produits serait évidente à l'essai. Il suffisait d'attirer assez de clients dans nos salles d'exposition pour que nos ventes augmentent sensiblement, et c'est ce qui se produisit.

Mais je ne peux pas jouer éternellement ce rôle de racoleur. Je m'en lasse et le public s'en lasse aussi. Dans une société de consommation comme la nôtre, il n'y a pas de véritable héros. Personne ne dure très longtemps. Chaque semaine, *People*, l'hebdomadaire à grand tirage, nous présente une nouvelle brochette de célébrités dont, pour la plupart, on n'entend plus jamais parler au bout de quelques mois.

Je ne veux donc pas abuser de l'accueil que l'on me réserve. Je trouve que je m'introduis assez souvent dans la salle de séjour des téléspectateurs et je ne veux pas que l'on dise en me voyant apparaître à l'écran : « Oh, non, encore celui-là ! »

Depuis que j'ai commencé à tourner ces publicités, j'essaie d'arrêter. Mais K & E se sont toujours arrangés pour que je continue. J'ai découvert il y a peu qu'ils avaient même concocté le projet de créer un Muppet Lee Iacocca qui irait rejoindre miss Piggy, Kermit et toute leur bande. Ils expérimentèrent l'idée sur des échantillons de public, sans m'en parler, bien entendu. Le public trouva, Dieu merci, que ces publicités étaient drôles mais trop mignonnes !

La crise de Chrysler est maintenant terminée depuis deux ans et je tiens à ce que cela se remarque dans nos publicités. Quand je cesserai d'apparaître à la télévision, j'espère que les gens se diront : « On n'entend plus parler de lui, parce que sa boîte s'est redressée. Il s'adressait à nous quand elle était malade, mais maintenant, c'est fini. »

Il y a un autre aspect désagréable dans ces publicités : elles ont bouleversé ma vie privée. A Detroit, où tout tourne autour de l'automobile, je suis une célébrité depuis de longues années, mais maintenant, je ne peux même plus me promener dans la rue à New York. Le temps de longer un pâté de maisons, il y a cinq passants qui se retournent, six qui m'arrêtent pour me serrer la main et sept conducteurs qui hurlent mon nom. J'ai trouvé cela drôle au début, mais c'est devenu une corvée.

Il y a deux ans, je regardais une émission télévisée à Detroit. Le présentateur qui interrogeait un journaliste local lui dit : « Je vais vous citer quelques noms et j'aimerais que vous me disiez ce qu'ils représentent ici. »

Le premier nom fut Iacocca et le journaliste répondit aussitôt : « Célébrité. »

— Qu'entendez-vous par là ? s'enquit le présentateur. Est-il puissant ?

— Oh, non, répondit le journaliste. Il n'a aucun pouvoir, mais il est célèbre. Célèbre pour les publicités qu'il fait.

Je songeai qu'il avait bien raison. Et cela me rappelle ce que quelqu'un a dit il y a quelques années : « Dans notre société, une célébrité est une personne à qui le fait d'être très connue a conféré de la notoriété. »

Rien de plus éphémère que la célébrité. Ce qu'elle représente avant tout pour moi, c'est la disparition de la vie privée. Comprenez-moi bien, cela peut parfois être très agréable. Je me souviens d'un jour où j'étais dans un ascenseur au *Waldorf*, à New York. Une femme est entrée, a tendu le doigt vers moi et m'a dit : « Monsieur Iacocca, nous sommes très fiers de vous. Continuez à faire ce que vous faites. Vous êtes un vrai Américain. » Puis elle me serra la main et ressortit.

L'un de nos administrateurs qui m'accompagnait se tourna vers moi. « Cela doit faire du bien, non ? » dit-il. Et comment que cela fait du bien !

Quelques minutes plus tard, je sortis dans la rue et une petite femme âgée vint vers moi. « Je sais qui vous êtes, dit-elle. Je suis portoricaine et je ne vis ici que depuis quelques années, mais je trouve très bien ce que vous faites pour ce pays. Vous êtes si fort et si Américain. » Il y a un puissant contenu patriotique dans une grande partie de ces rencontres, probablement à cause de notre publicité qui reprit le slogan « Made in America », ou simplement parce que l'Amérique aime encourager le perdant.

Mais la célébrité a aussi des aspects agaçants. Chaque fois que je vais au restaurant, il y a toutes les cinq minutes un type qui vient me voir pour me parler de sa Mustang 1965 ou de sa Dodge Dart qui roule encore... ou qui ne roule plus !

Croyez-moi, je suis au fond de moi-même quelqu'un d'assez solitaire. J'ai parfois du mal à m'en souvenir comme, par exemple, lorsqu'on m'invita il y a deux ans à présider le défilé de Colombus Day à New York. C'était un grand honneur, mais j'étais très inquiet de me donner ainsi en spectacle devant une foule d'un million de personnes et agitant la main comme si j'avais été Douglas MacArthur ou un héros revenant du front.

J'apprécie que l'on sache reconnaître ce que j'ai accompli, mais on me rappelle toujours que ma célébrité n'a pas grand-chose à voir avec mes réalisations. Suis-je célèbre pour avoir été le père de la Mustang ? Pour avoir tenu les rênes de Ford au cours des années les plus prospères de son histoire ? Pour avoir sauvé Chrysler ? Cela me chagrine, mais j'ai l'impression que l'on ne se souviendra de moi que pour mes spots télévisés ! Ah, la boîte infernale !

Il y a vingt-cinq ans, j'appris avec stupeur que dans les foyers américains, la télévision était allumée en moyenne 42,7 heures par semaine ! Depuis ce jour, j'éprouve un profond respect pour la télévision. Je me mis à investir des millions de dollars dans l'achat de spots publicitaires. A un moment, quand j'étais chez Ford, j'achetai l'intégralité du temps de publicité pendant la retransmission des matches de la National Football League. A un demi-million de dollars la minute, ce serait impossible de nos jours.

Je me rendais compte du pouvoir de la télévision mais je ne l'avais pas encore expérimenté personnellement. Tout le monde ou presque me contacta après mes publicités pour Chrysler. Une douzaine d'optométristes étudièrent mes lunettes au microscope et en conclurent que les montures avaient été fabriquées en France. Ils ne trouvaient pas cela convenable pour quelqu'un qui reprenait le thème de « Made in America ». Puis il y eut trois dentistes qui m'écrivirent pour me proposer de s'occuper de mon dentier branlant. Vexé, je leur répondis que toutes mes dents étaient à moi et qu'elles étaient impeccables. Ils s'inquiétaient qu'on ne les voie jamais, même quand je souriais, mais m'assuraient que le remède était simple. Ils me proposaient un « procédé esthétique » permettant soit de me donner des dents de lapin, soit de me tirer les lèvres en arrière ! Je suis prêt à tout pour vendre des voitures, mais c'est quand même aller un peu loin.

Si je dois en croire mon courrier, il semble que j'aie popularisé les chemises bleues à col blanc. A propos, je n'ai jamais fumé le cigare pendant le tournage d'un spot publicitaire bien que l'on m'ait vu un certain nombre de fois à l'écran avec un cigare à la main. La presse affirme que je fume entre douze et cent cigares par jour. Pure fiction. Pour moi, trois cigares dans une journée est un maximum.

Ce sont ces maudites publicités qui sont à l'origine des rumeurs laissant entendre que j'allais me présenter à la présidence. Dans un élan patriotique, je déclarais : « Redonnons à l'Amérique la place qu'elle mérite », et les gens s'identifièrent à cette idée. Jamais je n'avais soupçonné que les publicités pourraient être perçues de la sorte.

Ces rumeurs furent amplifiées en juin 1982 par un article à la une de *The Wall Street Journal* qui disait : « Le bruit court à Detroit que Lee Iacocca serait attiré par la fonction publique. Mais à un poste suffisamment élevé pour satisfaire un homme à l'ego démesuré. Il se murmure que Lee Iacocca aspirerait à devenir le président du peuple tout entier. Pourquoi ce qui est possible à une vedette d'Hollywood ne le serait-il pas à un vendeur de voitures de Detroit ? »

C'était d'une logique implacable. Iacocca fait des tas de discours. Il fait des publicités télévisées. Il s'occupe de la statue de la Liberté. C'est une figure originale dans une industrie où l'anonymat est de règle. Il a manifestement assez d'ambition. Donc, il aspire à la présidence.

Cette histoire, quoi qu'il en soit, me valut l'attention générale, des tas d'articles et des tonnes de courrier. Comment tout cela a-t-il commencé ? Je soupçonne qu'une poignée de journalistes de Detroit a décidé un jour en prenant un verre de faire une bonne blague. La première fois qu'on me posa la question, je ne sus comment répondre et essayai de m'en tirer par une pirouette. « Oui, j'aimerais devenir président, mais à condition d'être nommé et seulement pour un an. » Je ne parlai même pas d'un mandat de quatre ans, car cela vieillit son homme. Et j'ai suffisamment vieilli pendant les quatre années que j'ai passées chez Chrysler.

L'article d'Amanda Bennett parut en première page de *The Wall Street Journal* dans la chronique semi-humoristique. Le dernier article d'Amanda, dans la même rubrique, parlait du dernier bordel du Michigan. Cela donne une bonne idée de ce que je pensais de sa prose.

Quelques mois plus tard, un article de *Time* passait en revue les éventuels candidats à la présidence et mon nom fut de nouveau cité. La revue disait que je pouvais me présenter aux élections présidentielles parce que j'avais « un visage expressif ». Un autre exemple de cette convaincante logique politique.

J'ai une anecdote à propos de cette phrase. C'était en 1962, à Detroit, à l'occasion d'une grande réception donnée par *Time* et où Henry Luce, son fondateur, était présent. J'étais invité, car j'étais à l'époque un jeune vice-président de Ford plein de promesses, deux ans avant la sortie de la Mustang.

Au cours de la soirée, on me présenta M. Luce qui me regarda et dit : « Un visage expressif. » Quelques minutes plus tard, l'un de ses assistants vint me voir. « Un jour, vous ferez la couverture, dit-il. Il aime les visages expressifs. » Je veux bien être pendu si ce n'est pas le fantôme d'Henry Luce qui a utilisé la même expression pour me décrire vingt ans plus tard. Est-ce vraiment d'après des critères de ce genre que l'on choisit nos dirigeants ?

On se retrouve à la Maison-Blanche pour toutes sortes de raisons. J'interrogeai un jour Jimmy Carter sur ce qui l'avait poussé à être candidat à la présidence et il me répondit : « Quand j'étais gouverneur de Georgie, j'ai eu l'occasion de rencontrer un certain nombre d'autres candidats et ils ne m'ont pas semblé particulièrement intelligents. » Je comprends ce qu'il a dû ressentir.

J'aimerais peut-être être président, mais ce n'est qu'un fantasme, car je ne me vois pas engagé dans la course électorale. Les candidats sont programmés comme des robots seize heures par jour — déjeuners, dîners, la tournée des banquets, poignées de main, entrées des usines —, cela n'a jamais de fin. Pour se présenter à la présidence, il faut une bonne dose d'enthousiasme. On doit vraiment en avoir très envie pour supporter toutes ces corvées.

J'ai déjà serré des millions de mains. J'ai participé en quarante ans à d'innombrables réunions et congrès. J'ai tenu tant de verres dans les cocktails que j'en ai la main déformée. J'ai l'impression d'avoir visité toutes les usines du monde.

J'ai déjà fait une bonne centaine de discours rien que dans les grands salons du *Waldorf Astoria*. Et le personnel doit connaître l'histoire de Chrysler par cœur. Au cours d'un de mes derniers discours, je remarquai que certains des serveurs mimaient les mots que je prononçais. Et l'un d'eux vint me voir pour me demander un emprunt garanti de 200 $ jusqu'au jour de sa paie !

Mais sérieusement, je suis épuisé. Les années passées chez Chrysler m'ont vieilli. Si j'avais dix ans de moins, je pourrais peut-être me lancer dans la politique. Il y a dix ans, je débordais d'énergie. Mais mon licenciement de chez Ford, la longue crise de Chrysler et surtout la perte de ma chère Mary m'ont beaucoup diminué.

Je ne crois pas non plus avoir le tempérament d'un politicien. j'ai bien observé McNamara et si lui n'a pas réussi, il n'y a aucune chance que je fasse mieux, car il est plus discipliné que moi. Et puis, je suis beaucoup trop impatient. Je suis franc à l'excès et pas diplomate pour un sou. Il me paraît inconcevable d'attendre huit ans pour qu'une loi sur l'énergie soit votée.

Mon franc-parler m'interdit une carrière politique. Quand on me raconte des bobards, j'envoie balader mon interlocuteur en lui disant qu'il débloque. Et je ne crois pas que ce soit l'attitude idéale quand on est président.

Mais je suis persuadé qu'il y a à la tête de l'État trop d'avocats et pas assez d'hommes d'affaires. J'aimerais voir un système où on ferait appel à une vingtaine de grands chefs d'entreprise pour gérer l'économie de la nation. On pourrait leur verser 1 million de $ par an. Ce serait suffisant pour les aiguillonner et on verrait alors beaucoup plus de gens de talent se tourner vers la fonction publique.

Il y a deux ans, un groupe de politiciens influents du Michigan tentèrent de me pousser à présenter ma candidature comme gouverneur. Pourquoi cela ? parce qu'un siège de gouverneur est le meilleur tremplin pour la présidence. « Vous avez sauvé Chrysler, me dirent-ils, et l'entreprise est redevenue prospère. Que diriez-vous de faire la même chose pour le Michigan ? Les problèmes sont comparables et c'est votre État d'adoption. »

Ma réponse était toute prête. « Si je dois me présenter un jour aux élections régionales, trouvez-moi un État dont les caisses sont pleines, comme l'Arizona. Je reviendrai peut-être alors sur ma décision. Mais plus question pour moi de me démener quand il n'y a plus d'argent. Une fois suffit !

Depuis cet article paru dans *The Wall Street Journal*, il m'a fallu consacrer énormément de temps à démentir ma candidature à la présidence. Mais c'est un cercle vicieux, car même les *vrais* candidats affirment qu'ils ne veulent pas se présenter jusqu'au moment où ils décident de rendre leurs intentions publiques. C'est pourquoi bien des gens refusent de me croire. « S'il ne veut pas se présenter, disent-ils, pourquoi écrit-il un livre ? Pourquoi agit-il en faveur de la statue de la Liberté si ce n'est pour se draper dans le drapeau américain ? »

Voyant que personne ne me croyait, je décidai de m'amuser un peu. Lorsqu'on me demandait mes intentions à propos de la présidence, je répondais : « Laissez-moi tuer ces rumeurs dans l'œuf. Je les trouve injustifiées et désagréables. Sans compter qu'elles perturbent énormément l'équipe qui s'occupe de ma campagne électorale. »

Mais il n'y avait pas grand-chose à faire pour mettre fin à ces spéculations. Quand on ne parle que d'automobile, on nous reproche d'avoir l'esprit de clocher, mais quand on aborde les questions de politique intérieure et étrangère, on est soupçonné de vouloir se présenter à la présidence.

A la fin de l'année 1983, je signai un contrat de trois ans avec Chrysler. Et cela, plus que tout le reste, contribua à mettre un terme aux bruits de mes ambitions politiques.

Je n'ai jamais été candidat, mais toutes ces discussions sur la présidence m'apprirent beaucoup. Peu après le début de toute cette affaire, j'eus une conversation avec un publicitaire qui me dit quelque chose d'intéressant. « J'ai compris pourquoi tout le monde parle de vous comme d'un candidat à la présidence. C'est très simple. On ne croit plus les politiciens. Mais quand vous vous adressez au public, vous parvenez à le convaincre que vous défendez quelque chose et vous faites ce que vous avez annoncé. Vous ne lui jetez pas de la poudre aux yeux et cela, le public américain l'apprécie, car il a été trop souvent floué. »

Une autre image que le public a de moi est celle d'un bon manager. Je sais gagner de l'argent et gérer une grande entreprise. Et cela j'en suis vraiment capable. Je sais tenir un budget et j'ai déjà eu l'occasion de sauver une compagnie au bord de la faillite.

Le peuple américain doit chercher quelqu'un qui soit capable à la fois d'équilibrer un budget et de redonner un but à la nation.

Je reçois toujours un courrier volumineux à propos de ma candidature, ce qui me laisse supposer qu'il y a un grand vide à combler. Le public aspire à entendre la vérité — que l'Amérique n'est pas pourrie, qu'elle est grande, ou tout au moins qu'elle peut retrouver sa grandeur si on la remet sur la bonne voie. Les gens m'écrivent parce que je passe à la télé, parce que je prononce des discours et parce que Chrysler s'est rétabli. On m'écrit par exemple : « Pourquoi ne reprenez-vous pas en main notre pays ? Pourquoi perdez-vous votre temps à vendre des voitures ? »

Notre peuple a besoin d'un chef. Je ne crois pas un instant que nous vivons dans une société qui a détruit le culte du héros. Il se trouve simplement que, depuis Eisenhower, nous n'avons pas eu un dirigeant suprême sur lequel nous puissions vraiment compter. Kennedy s'est fait tuer. Johnson nous a entraînés dans la guerre. Nixon nous a déshonorés. Ford était un président nommé par intérim. Carter, malgré ses qualités, n'était pas le bon choix pour l'époque. Reagan vit dans le passé.

Nous finirons par trouver quelqu'un qui sera un vrai chef. Je suis profondément honoré que tant de gens pensent que cela pourrait être moi. Et c'est une satisfaction suffisante en soi.

24

UNE VICTOIRE AIGRE-DOUCE

En 1982, quand la fumée de la bataille se dissipa enfin, le vent tourna en notre faveur.

Trois ans plus tôt seulement, la Chrysler Corporation avait dû écouler 2,3 millions de véhicules rien que pour présenter un bilan équilibré. Malheureusement, nous n'en vendions plus qu'environ un million. Un rapide calcul suffit à montrer que c'était insuffisant.

Mais grâce à l'effort concerté d'un grand nombre de gens, nous avions pu réduire nos coûts de telle manière que la vente de 1,1 million d'unités nous suffisait. Cela nous permit bientôt d'embaucher du personnel et de prendre de nouveaux concessionnaires sous contrat. Mais alors que nous reprenions du poil de la bête, l'économie stagnait.

A la fin de l'année, comme une reprise s'amorçait, les ventes d'automobiles en bénéficièrent. Ouf ! Notre bilan de l'année montrait même de modestes bénéfices.

Ma première impulsion fut de tenir une conférence de presse pour en finir une fois pour toutes avec ces expressions péjoratives qui s'attachaient à notre nom depuis le début de cette interminable crise. Attention, amis journalistes, dorénavant Chrysler n'est ni « à court de trésorerie », ni « subsistant tant bien que mal », ni « en proie à des difficultés financières ». Si vous y tenez vraiment, vous pouvez continuer à nous appeler « le numéro trois » de l'automobile, mais tout le reste doit être banni à jamais de votre vocabulaire !

L'année suivante, notre profit d'exploitation s'éleva à 925 millions de $ — le meilleur résultat, et de loin, de toute l'histoire de Chrysler.

Que de chemin parcouru depuis l'époque des audiences du

Congrès où nous avions fait tant de promesses : moderniser nos usines, les convertir aux technologies de pointe, nous astreindre à ne plus construire que des tractions avant, mener la bataille des économies de carburant, maintenir l'emploi d'un demi-million de travailleurs et lancer sur le marché des nouveautés excitantes.

En trois ans, nous avions réussi à tenir toutes ces promesses.

Et au printemps 1983, nous étions en position d'émettre de nouvelles actions. Nous avions à l'origine fixé le chiffre à 12,5 millions, mais pour répondre à la demande, nous en avons mis plus du double en circulation.

Les acheteurs piaffaient d'impatience et les 26 millions de titres proposés furent écoulés en une heure. Avec une valeur combinée de 432 millions de $, ce fut la troisième offre d'actions par ordre d'importance dans les annales de Wall Street.

Il semble logique qu'en distribuant de nouveaux titres, on diminue la valeur réelle des actions à échoir. Mais il se produisit cette fois une chose étonnante. Au moment de l'émission, nos actions étaient cotées 16 5/8 $, mais en quelques semaines, la demande se fit tellement forte que le prix monta en flèche jusqu'à 25 $, puis très vite jusqu'à 35 $. Des dévalorisations de ce genre, je suis pour !

Peu après l'émission des actions, nous remboursâmes 400 millions de dollars, soit un tiers de l'emprunt garanti. Et le plus coûteux, puisque les intérêts s'élevaient à 15,9 %.

C'est quelques semaines plus tard que fut prise une décision capitale : nous allions rembourser la *totalité* de l'emprunt, sept ans avant son échéance. Cette décision n'était pas approuvée par tout le monde chez Chrysler, car se défaire d'une telle somme nécessitait une bonne dose d'optimisme pour les deux années à venir.

Mais j'avais retrouvé confiance dans l'avenir et j'étais résolu à ne plus avoir le gouvernement sur le dos, et cela aussi tôt que possible.

J'annonçai le remboursement de l'emprunt au Club national de la presse, le 13 juillet 1983 — cinq ans jour pour jour après avoir été licencié par Henry Ford. Extraordinaire coïncidence !

« C'est aujourd'hui seulement que je peux dire que les trois années épouvantables que nous avons traversées valaient la peine d'être vécues, déclarai-je. Chez Chrysler, nous avons une conception un peu désuète de l'emprunt : nous le remboursons. »

Je poursuivis mon discours sur ce ton humoristique. « Les gens de Washington ont beaucoup plus l'habitude de distribuer de l'argent que d'en recevoir. C'est pourquoi j'espère qu'il y a un médecin dans la salle, pour le cas où quelqu'un aurait un malaise à la remise du chèque. »

En fait, le gouvernement ne put même pas encaisser le chèque ce jour-là. Il y eut de telles complications administratives qu'il lui fallut plus d'un mois pour trouver un moyen. Il semble que personne ne l'avait jamais remboursé de cette manière.

Au cours d'une cérémonie qui se tint à New York, je présentai à nos banquiers le plus gros chèque qu'il m'ait jamais été donné de voir, d'un montant de 813 487 500 $. Et je gagnai par la même occasion un boisseau de pommes. Koch, le maire de New York, m'avait fait le pari que la Ville de New York s'acquitterait avant Chrysler de ses dettes garanties par l'Etat. L'enjeu était un boisseau de pommes. Mais quand nous nous libérâmes de nos dettes, la Ville de New York avait encore un passif de plus d'un milliard de dollars.

Maintenant que nous étions hors de danger, il était temps de songer à se faire plaisir. Je regrettais profondément que Detroit ait cessé de fabriquer des cabriolets depuis un certain temps. La toute dernière décapotable américaine était la Cadillac Eldorado, dont la production avait été arrêtée en 1976. Quant à Chrysler, il fallait remonter à 1971 avec la Barracuda.

Bien des gens ont l'impression que c'est le gouvernement qui a brusquement interdit la mise en circulation de cabriolets. Ce n'est pas entièrement faux et c'était effectivement la tendance. Les fonctionnaires de Washington avaient essayé d'interdire les cabriolets — ou du moins d'y apporter des transformations profondes. Et comme à l'époque nous étions accablés par les règlements tatillons et que nous n'avions pas besoin de problèmes supplémentaires, la fabrication de décapotables avait été progressivement supprimée.

Mais le coup de grâce fut en réalité donné par l'air conditionné et la stéréo qui ne servent pas à grand-chose quand on conduit une voiture décapotée.

En 1982, je décidai de profiter de notre prospérité retrouvée pour relancer le cabriolet. A titre d'expérience, j'en fis fabriquer un à la main à partir d'une Chrysler LeBaron. Je la conduisis pendant l'été et les propriétaires de Mercedes et de Cadillac me suivaient et me forçaient à m'arrêter pour me harceler de questions : « Quelle est cette voiture ? Qui l'a construite ? Où puis-je en acheter une ? »

Quand ils reconnaissaient derrière le volant mon visage désormais familier, ils étaient prêts à en acheter une sur-le-champ.

Je pris un jour le cabriolet pour aller au centre commercial le plus proche de chez moi et un attroupement se fit sur le parking. On aurait dit que je distribuais des billets de 10 $! Pas besoin d'être un génie pour se rendre compte que cette voiture avait un énorme pouvoir de séduction.

Au retour des vacances, nous prîmes la décision de sauter l'étape de l'étude de marché. « Allons-y, construisons-la. Nous ne gagnerons pas d'argent, mais ce sera une formidable publicité. Et avec un peu de chance, nous rentrerons dans nos frais. »

Dès que la nouvelle se répandit qu'un cabriolet LeBaron était en construction, les acomptes commencèrent à affluer d'un bout à l'autre du pays. Brooke Shields était sur les rangs et nous lui livrâmes le tout premier modèle à titre d'opération promotionnelle. Il était devenu évident que nos petits bijoux auraient un certain succès. Nous avions prévu d'en vendre 3 000 unités la première année et nous atteignîmes le chiffre de 23 000.

General Motors et Ford ne mirent pas longtemps à nous emboîter le pas et lancèrent à leur tour des cabriolets sur le marché. En d'autres termes, le petit Poucet qu'était Chrysler ne fermait plus la marche mais ouvrait la voie.

La décapotable était surtout conçue pour s'amuser... et pour la publicité. Mais en 1984, nous commençâmes à commercialiser un nouveau modèle qui était à la fois amusant et très rentable : le minivan T115.

Le minivan est un véhicule d'une conception totalement nouvelle et destiné à une clientèle cherchant quelque chose de plus gros qu'un break traditionnel et de plus petit qu'un van. Il peut transporter sept passagers. C'est une traction avant qui consomme un peu moins de dix litres aux cent kilomètres et a l'avantage de pouvoir loger dans un garage de dimensions normales.

Chaque fois que je m'adresse à des étudiants des écoles de gestion, il se trouve quelqu'un pour me demander comment nous avons réussi à lancer le minivan si peu de temps après notre longue crise. « Comment avez-vous fait pour immobiliser sept cents millions de dollars sur une durée de trois ans alors que vous étiez au bord de la faillite ? »

C'est une excellente question. Mais, en fait, je n'avais pas le choix. Tous nos efforts auraient été déployés en pure perte s'il n'y avait rien eu à vendre au moment où nous sortirions du tunnel.

Et je ne plaisantais qu'à demi en répondant : « Quand on est endetté jusqu'au cou, que représentent sept cents millions de plus ou de moins entre amis ? »

C'est en réalité chez Ford que le minivan a vu le jour. Peu après la crise de l'OPEP, à l'époque où je travaillais avec Hal Sperlich sur la Fiesta, nous commençâmes à mettre en œuvre un projet que nous avions baptisé Mini-Max. Nous voulions construire un véhicule à traction avant d'un encombrement réduit, mais en mettant l'accent sur l'habitabilité. Nous construisîmes un prototype qui nous enthousiasma.

Nous lançâmes alors un programme d'études de 500 000 $. Il en ressortit trois points essentiels. D'abord, le marchepied devait être placé assez bas pour permettre aux femmes qui à l'époque étaient souvent en jupe de monter dans le véhicule. Ensuite, il fallait que la hauteur de la caisse lui permette d'entrer dans un garage. Enfin, un espace d'une soixantaine de centimètres devait être aménagé devant le moteur en cas d'accident.

Si nous faisions porter nos efforts sur ces trois points, nous pouvions caresser l'espoir de vendre 800 000 unités par an — et c'était en 1974. J'allai bien sûr voir tout de suite Sa Majesté Henry II.

— Laissez tomber, dit-il. Je ne veux pas de ce genre d'expérience.

— D'expérience ? rétorquai-je. Mais la Mustang était une expérience, la Mark III était une expérience. Nous tenons là un autre grand succès.

Mais il fut impossible de le convaincre.

A mon avis, quand on n'est pas le numéro un, on est *tenu* d'innover. Quand on est chez Ford, il faut avoir plus de mordant que la GM. Il faut trouver des créneaux auxquels ils n'ont pas songé. On ne peut les attaquer de front, ils sont trop puissants. Il faut donc effectuer des manœuvres de débordement.

C'est ainsi qu'au lieu de développer le minivan en 1978 chez Ford, nous dûmes, Hal et moi, attendre 1984 chez Chrysler. Et nous sommes maintenant en train de mordre sur la clientèle de Ford.

Et cette fois-ci, les prévisions de vente sont encore plus optimistes. Au moment où j'écris ces mots, au milieu de l'année 1984, nous sommes en rupture de stock. Et Ford et la GM se battent pour sortir leur propre version. Je suppose que l'on peut dire que l'imitation est la forme la plus sincère de la flatterie.

Avant même le lancement de notre minivan, la revue *Connoisseur* le sélectionna comme l'une des plus belles réussites esthétiques de l'industrie automobile. Et *Fortune* le classa parmi les dix innovations les plus marquantes de l'année. Les revues spécialisées le présentèrent en couverture plusieurs mois avant sa sortie.

Depuis le lancement de la Mustang en 1964, je n'ai jamais été aussi enthousiasmé par un nouveau modèle... ni aussi confiant dans sa réussite. Je me souviens de la première fois où je pris le volant du minivan sur notre piste d'essai. On ne pouvait m'arrêter tellement j'avais plaisir à le conduire. Nos ingénieurs avaient fait des prouesses aussi bien dans le domaine de la tenue de route que du confort.

Des bénéfices record, le remboursement de l'emprunt, le minivan ; c'était un triomphe sur toute la ligne.

Mais toute médaille a son revers. Quand nous pûmes enfin célébrer notre succès, beaucoup de soldats manquaient à l'appel. Nous avions gagné la bataille, mais nos pertes étaient lourdes. Un bon nombre de ceux qui étaient à nos côtés en 1979 — ouvriers, personnel d'administration, concessionnaires — n'étaient plus là pour savourer les fruits de la victoire.

Il y avait aussi le problème des 14,4 millions de titres que nous avions émis en juin 1980, juste avant de recevoir la première tranche de 500 millions de $ de notre emprunt garanti.

Ces titres autorisaient le porteur à faire l'acquisition de 14,4 millions d'actions Chrysler à 13 $. Quand nous les avions émis, l'action était cotée aux alentours de 5 $ et nous avions peine à imaginer qu'elle atteindrait bientôt les 13 $.

Mais maintenant qu'elle avait grimpé à 30 $, c'était une véritable manne tombée du ciel pour le gouvernement qui pouvait de surcroît les réaliser au moment de son choix jusqu'à la date de remboursement de l'emprunt fixée à 1990.

C'était notre épée de Damoclès. A n'importe quel moment dans les sept ans à venir, le gouvernement — ou le porteur des titres, quel qu'il fût — pouvait exiger de nous l'émission de 14,4 millions d'actions à un prix plus qu'avantageux.

Nous estimions déjà que l'emprunt garanti par le gouvernement nous revenait beaucoup trop cher. Nous avions emprunté 1,2 milliards de $ sur dix ans, mais nous les remboursions en trois ans. Au cours de ces trois années, nous avions payé 404 millions de $ d'intérêts, 33 millions de $ de droits administratifs et 67 millions de $ répartis entre nos avocats et nos banquiers.

Selon le cours de l'action, ces 14,4 millions de titres pouvaient représenter jusqu'à 300 millions de $. Si l'on y ajoutait les intérêts et les droits, cela rapportait au gouvernement et aux prêteurs l'équivalent de 24 % par an. Quand on songe que l'argent du gouvernement n'a jamais couru aucun risque — il avait un droit de rétention sur tout ce que nous possédions et il y en avait pour beaucoup plus de 1,2 milliard de $ —, ce bénéfice était presque indécent.

Mais plus important encore, de tous les groupes qui nous avaient aidés à sortir du pétrin dans lequel nous étions, aucun n'était en position de tirer profit de notre réussite. Les sacrifices ayant été répartis équitablement, il était normal qu'il en fût de même des récompenses. Si le gouvernement réussissait un beau coup avec nos titres, quel exemple ce serait pour les ouvriers et les fournisseurs... sans compter les concessionnaires.

Nous demandâmes donc poliment au gouvernement de nous restituer les titres gratuitement ou presque.

Quelle erreur ! Ce fut un tollé général. « Le culot de Chrysler », s'écria le *Wall Street Journal* dans un article méprisant. « Il n'y a pas d'autre mot pour cette démarche. » Mais cette fois, le *Wall Street Journal* n'était pas seul. Tout le monde critiquait notre voracité. Sur le plan des relations publiques, ce fut un désastre. Les héros qui avaient remboursé leur emprunt sept ans avant l'échéance étaient devenus des moins que rien du jour au lendemain. Ce fut une expérience fort douloureuse.

Nous battîmes très vite en retraite. En espérant trouver un compromis, nous proposâmes à la commission de contrôle de l'emprunt de racheter les titres pour 120 millions de $. Pas question. Puis nous fîmes une autre offre à 187 millions de $. Toujours rien.

Enfin, le 13 juillet, le jour même où fut annoncé le remboursement de l'emprunt, nous proposâmes 250 millions.

« Rien à faire », nous répondit la commission. « Nous les vendrons au plus offrant. »

Et c'est ce qu'ils firent. Chez Don Regan, un ancien agent de change, le naturel reprit le dessus. Il insista pour qu'il y ait une vente aux enchères... et bien entendu des droits élevés pour la mafia de Wall Street. Mais il fallait s'y attendre. Depuis le début, il était opposé à l'emprunt pour des raisons idéologiques. En trois ans, il n'avait pas convoqué une seule fois la commission de contrôle de l'emprunt et n'avait pas fait un geste pour nous aider.

Inspirée par Don Regan, l'administration Reagan nous répétait : « Vous n'aurez que ce qu'on vous a promis sous Carter. Nous ne lèverons pas le petit doigt pour y changer quoi que ce soit. Que cela vous nuise ou vous aide, ce n'est pas notre problème. »

Quand notre situation commença de s'améliorer, je leur conseillai de profiter de l'occasion et de s'attribuer une partie du mérite de notre réussite. A défaut d'autre chose, c'eût été une bonne manœuvre politique. Mais Donald Regan et une bonne partie de l'administration me répondaient : « Nous étions opposés à cet emprunt pour des raisons idéologiques et nous le sommes toujours. Nous ne croyons pas aux résultats. » Et ils soutinrent jusqu'au bout que l'action du gouvernement démocrate en faveur de Chrysler avait créé un regrettable précédent.

Les passions se déchaînèrent tellement que je fus reçu à deux reprises par le président Reagan. Il reconnut que mes arguments n'étaient pas dépourvus de valeur et, au cours d'un trajet jusqu'à Saint Louis que je fis en sa compagnie dans l'avion présidentiel, il me dit qu'il avait demandé à Jim Baker d'étudier la question.

Certes, il l'étudia mais se contenta de renvoyer l'affaire à Don Regan qui continua à me laisser mariner dans l'incertitude. J'ignore ce qui se passa à la Maison-Blanche, mais c'est Regan qui eut le dernier mot.

Je n'arrive toujours pas à y croire. Si, en ma qualité de chef de l'exécutif, je donne l'ordre à quelqu'un de faire quelque chose et que je n'obtiens pas de réponse, je vire la personne en question. C'est pourquoi il m'apparaît tout à fait incroyable que Regan ait pu faire la sourde oreille à la demande de Reagan.

En fin de compte, nous fûmes obligés de surenchérir et nous rachetâmes les titres pour plus de 311 millions de $. Sur le moment, je fus fou de rage ; d'ailleurs, je le suis encore. Pourquoi le gouvernement a-t-il spéculé avec nos titres ? J'en avais proposé 250 millions de $, ce qui était une offre généreuse. Mais ce n'était pas suffisant. Ils voulaient pressurer Chrysler et en tirer le maximum.

Un membre du Congrès fit la proposition suivante : « C'est une occasion en or ! Prenons ces 311 millions de $ et utilisons-les pour recycler les ouvriers de l'automobile au chômage. Cet argent vient de Chrysler, réinvestissons-le dans l'industrie automobile. Venons en aide à ceux qui ont perdu leur emploi quand Chrysler a été obligé de réduire ses effectifs. » Mais cela n'intéressait pas le gouvernement.

J'avais un autre plan à proposer. « Puisque vous ne vous attendiez pas à une pareille aubaine, dis-je au gouvernement, pourquoi ne prenez-vous pas cet argent pour constituer un fonds que vous compléteriez jusqu'à concurrence de 3 milliards de $? Et vous pourriez utiliser cette somme pour rendre notre industrie plus compétitive face aux Japonais. »

Mais le gouvernement décida de remettre l'argent dans les

caisses de l'Etat. Je crains que nos 311 millions de $ n'aient guère réduit le déficit fédéral. Mais il n'y a pas de petit profit.

Tout cet épisode me laissa un goût d'amertume dans la bouche. Mais je ne pus jouir du renflouement de Chrysler, car il coïncida avec le chagrin personnel le plus profond de mon existence.

Tout au long de ma carrière, aussi bien chez Ford que chez Chrysler, ma femme fut la personne qui me soutint et m'encouragea le plus. Nous étions très unis et elle restait toujours à mes côtés.

Mais Mary était diabétique et c'est une maladie qui peut entraîner de nombreuses complications. C'est ainsi par exemple qu'on dut pratiquer sur elle une césarienne pour la mise au monde de nos deux filles. Mary eut aussi la douleur de faire trois fausses couches.

Une personne atteinte du diabète doit avant tout éviter le stress. Mais dans la voie que j'avais choisie, c'était malheureusement presque impossible.

Mary eut sa première crise cardiaque en 1978, juste après mon limogeage de chez Ford. Elle souffrait depuis quelque temps, mais cet événement la traumatisa et contribua à aggraver le mal.

Elle eut un deuxième infarctus en janvier 1980. Elle était en Floride tandis que je me trouvais dans un restaurant de Washington en compagnie de tous ceux qui nous avaient soutenus. Le président Carter venait de signer la loi sur la garantie d'emprunt et nous fêtions notre victoire. En plein milieu du dîner, je reçus un coup de téléphone de Floride m'annonçant la crise cardiaque de Mary.

Deux ans plus tard, au printemps 1982, elle eut une attaque. Chacune de ces crises suivit une période de grande tension chez Ford ou chez Chrysler.

Tous ceux qui sont atteints de diabète ou qui vivent avec un diabétique reconnaîtront les symptômes. Mary était très fragile, car son pancréas ne fonctionnait qu'épisodiquement. Elle suivait scrupuleusement son régime, mais les injections d'insuline qu'elle se faisait elle-même deux fois par jour posaient d'autres problèmes. Les chocs insuliniques, en général en pleine nuit, étaient très fréquents. Jus d'orange sucré, raidissement de tout le corps, sueur froide, et parfois intervention d'une infirmière et transport d'urgence à l'hôpital.

Quand je partais en voyage, ce qui m'arrivait fréquemment, j'appelais Mary deux ou trois fois par jour. J'en arrivai à la longue à deviner son niveau d'insuline rien qu'en entendant le son de sa voix. Quand je ne passais pas la nuit à la maison, nous prenions toujours quelqu'un pour rester auprès d'elle, car le danger d'un choc insulinique ou d'un coma était toujours présent.

Il est tout à l'honneur de mes deux filles d'avoir non seulement accepté la maladie de leur mère mais aussi pourvu à ses besoins comme deux petites saintes.

Au printemps 1983, l'état de Mary s'aggrava. Son cœur fatigué n'en pouvait plus, et le 15 mai elle mourut. Elle n'avait que cinquante-sept ans et était encore très belle.

Mon grand regret sera toujours qu'elle n'ait pas tenu deux mois de plus pour voir le remboursement de l'emprunt qui l'aurait rendue si heureuse. Mais elle savait que nous allions réussir. « Les voitures sont de mieux en mieux, me dit-elle peu de temps avant sa mort. Elles n'ont plus rien à voir avec celles que tu ramenais à la maison il y a deux ou trois ans et qui étaient bonnes à mettre à la ferraille. »

Les dernières années de sa vie furent pénibles. Elle ne comprenait pas comment je faisais pour supporter Henry Ford. Après l'enquête de 1975, elle voulait que je porte les faits à la connaissance du public et que je lui intente un procès s'il le fallait. Mais bien qu'elle désapprouvât ma décision de rester, elle la respecta et continua de me soutenir.

Tout au long des deux dernières années chez Ford, je fis de mon mieux pour protéger Mary et les filles de ce qui se passait au bureau. Et quand je fus relevé de mes fonctions, j'eus plus de peine pour elles que pour moi, car elles ignoraient à quel point la situation était devenue insupportable.

Mais Mary demeura ferme comme un roc. Elle savait que je voulais rester dans l'automobile et elle m'encouragea à entrer chez Chrysler — si j'en avais vraiment envie. « Le Seigneur ne nous abandonne jamais, dit-elle. Peut-être que ton départ de chez Ford est ce qui pouvait t'arriver de mieux. »

Mais au bout de quelques mois chez Chrysler, tout commença à partir à vau-l'eau. L'essence est le sang de l'industrie automobile et les taux d'intérêts son oxygène. En 1979, il y eut simultanément la crise iranienne et une hausse des taux d'intérêts. Si ces deux événements s'étaient produits un an plus tôt, je ne serais jamais entré chez Chrysler.

Je ne voulais pas baisser les bras, mais peut-être était-il devenu impossible de faire face aux événements. A un moment, Mary m'exhorta à partir.

— Tu sais que je t'aime et que tu peux réussir tout ce que tu entreprends, dit-elle. Mais tu es devant une montagne trop abrupte. Il n'y a pas de honte à capituler quand la tâche est impossible.

— Je sais, répondis-je, mais ça va s'arranger.

J'étais loin de me douter que la situation allait encore sensiblement empirer avant de commencer à s'améliorer.

Mary fut aussi choquée que moi par la manière dont de vieux amis nous désertèrent après mon éviction de chez Ford. Mais elle ne se laissa pas décourager. Elle avait toujours été très directe et volontaire et elle ne changea pas.

Un jour, peu après mon entrée chez Chrysler, elle lut dans le journal que la fille d'anciens amis très proches dont nous n'avions plus de nouvelles allait se marier. Nous aimions tous deux beaucoup la jeune fille.

— J'irai à son mariage, me dit Mary.

— Impossible, répondis-je. Tu es *persona non grata* et tu n'as pas été invitée.

— C'est ce que tu crois ! s'écria Mary. On ne m'empêchera pas d'assister à la cérémonie. J'aime beaucoup cette petite et je tiens à la voir mariée. Si ses parents ne veulent plus avoir de rapports avec nous parce que tu as été licencié, c'est leur problème.

Elle continua aussi à assister à la réunion annuelle de Ford après mon départ de l'entreprise. « J'y vais depuis des années, disait-elle. Pourquoi cesserais-je maintenant ? N'oublie pas qu'après la famille Ford, nous sommes les plus gros actionnaires. »

Mary était stimulée par la difficulté. Dans l'adversité, elle prenait les choses en main. Un jour où nous rendions visite à notre ami Bill Winn, il eut une crise cardiaque. Tandis que je paniquais, elle fit venir les pompiers et un cardiologue qui lui fit un cathétérisme cardiaque... et tout cela en vingt minutes.

Anne Klotz, une de ses amies, l'appela un jour pour se plaindre de violents maux de tête. Mary se rendit chez elle en voiture et la trouva étendue sans connaissance. Elle appela une ambulance, l'accompagna à l'hôpital et resta jusqu'à la fin de l'intervention chirurgicale.

Elle ne se laissait jamais démonter. Si elle se trouvait sur les lieux d'un accident où une victime avait eu la tête coupée, sa première réaction était de se demander ce qu'elle pouvait faire. Elle réagissait avec promptitude, ce qui lui permit de sauver la vie de deux personnes. Quand notre fille Kathi avait dix ans, les freins de sa bicyclette se bloquèrent. Elle passa par-dessus le guidon et retomba sur la tête. Bien des années auparavant, mon médecin m'avait appris que le seul moyen de savoir si un accidenté souffrait d'une commotion cérébrale était de regarder si les pupilles étaient dilatées et remplissaient tout le globe oculaire. Je regardai les pupilles de Kathi : elles étaient énormes. Je commençai illico à tourner de l'œil. Mais Mary la releva, réussit à la faire transporter d'urgence dans un lit d'hôpital en une demi-heure, rentra à la maison, me prépara mon potage préféré et me mit *moi aussi* au lit une demi-heure après. Tout cela sans dire un mot.

Quand aujourd'hui je parle d'elle avec des amis, ils disent toujours : « C'est le souvenir que je garderai d'elle — sa force dans les situations difficiles. Son énergie. »

Mary s'intéressait passionnément aux recherches sur le diabète et elle soignait bénévolement d'autres diabétiques. Elle acceptait sa maladie avec beaucoup de courage et l'idée de la mort avec sérénité. « Tu crois que je suis à plaindre, disait-elle, mais tu aurais dû voir les gens qui étaient avec moi à l'hôpital. »

Elle croyait fermement qu'il fallait informer les gens sur le diabète et nous créâmes ensemble la fondation Mary Iacocca au Centre Joslin de traitement du diabète, à Boston. Mary ne manquait jamais d'expliquer qu'après les maladies de cœur et le cancer, le diabète était la troisième cause de mortalité aux Etats-Unis. Mais comme le mot « diabète » apparaît rarement sur le certificat de décès, le public sous-estime la gravité du problème. A sa mort, je m'assurai que le certificat de décès disait la vérité : complications d'un état diabétique.

Nous passâmes de très bons moments ensemble, mais Mary ne chercha jamais à établir des relations d'amitié avec mes collègues de travail. Pour elle, la famille occupait une place prépondérante. Elle assumait — avec le sourire — les responsabilités incombant à l'épouse d'un responsable d'une grande entreprise, mais elle plaçait son foyer au-dessus de tout.

Nous fîmes de nombreux voyages, à Hawaii en particulier, qui était son lieu de séjour de prédilection. Mais quand nous étions aux Etats-Unis, nous passions nos soirées et nos week-ends ensemble, avec les enfants.

Ma conception du bonheur n'a jamais été de jouer au golf avec mes collègues. Et je pense qu'on a fait trop grand cas de tout cet aspect de la vie des cadres supérieurs. Je ne prétends pas qu'il faille mener une existence recluse. Mais, en fin de compte, ce qui importe, c'est l'efficacité, et le travail prend assez de temps pour que l'on n'ait pas à léser sa famille.

Nous partions souvent tous les quatre en voiture, surtout quand les filles étaient petites. C'est là que nous formions vraiment une famille unie. Et quelles qu'aient été mes autres activités à cette période, je savais qu'au moins deux septièmes de ma vie — les week-ends et de nombreuses soirées — étaient consacrés à Mary et à mes enfants.

D'aucuns s'imaginent que plus on est haut dans la hiérarchie de l'entreprise, plus on est obligé de négliger sa famille. Il n'en est rien ! Ce sont en fait ceux qui sont arrivés au sommet qui ont la liberté et les facilités nécessaires pour consacrer assez de temps à leur femme et à leurs enfants.

Mais j'ai vu de nombreux cadres qui négligeaient leur famille et cela m'attriste toujours. Après qu'un type encore jeune fut mort à son bureau, McNamara, qui était alors président de Ford, rédigea une circulaire qui disait : « Je veux que tout le monde ait quitté son bureau au plus tard à 21 h. » Le simple fait d'avoir à en arriver là montre qu'il y avait quelque chose de vicié.

On ne peut laisser une entreprise devenir un camp de travaux forcés. Il est essentiel de travailler dur, mais il doit aussi y avoir un temps pour le repos et la détente, pour aller voir son gosse à la fête de l'école ou à une réunion de natation. Et si l'on ne fait pas cela pendant que les enfants sont petits, il est impossible ensuite de rattraper le temps perdu.

Deux semaines avant sa mort, Mary m'appela un soir à Toronto pour me dire qu'elle était fière de moi. Nous venions juste d'annoncer nos bénéfices du premier trimestre. Mais moi, au cours de ces dernières années bien difficiles, je ne lui ai jamais dit à quel point j'étais fier d'*elle*.

Mary a toujours été là pour me soutenir et elle a tout donné à Kathi et à Lia. C'est vrai, j'ai eu une carrière merveilleusement féconde, mais à côté de ma famille, cela n'a pas compté pour moi.

DE VOUS A MOI

25

COMMENT RÉDUIRE LE NOMBRE DES VICTIMES DE LA ROUTE

On peut dire que, dans l'ensemble, les Américains sont de bons conducteurs et, par comparaison à ceux d'autres pays, ils sont vraiment excellents. Il y a encore chaque année beaucoup trop de victimes de la route, mais notre taux d'accidents mortels de 3,15 pour 100 millions de véhicules par mile est le plus bas du monde.

Je ne prétends pas être un expert en conduite automobile mais je m'y connais un peu en voitures. Et je voudrais expliquer pourquoi la ceinture de sécurité — plutôt que le sac d'air gonflable — est la clé de la diminution des accidents mortels aux Etats-Unis.

Des années durant, je me suis fait l'avocat d'une cause extrêmement impopulaire : le port obligatoire de la ceinture de sécurité. En 1972, en ma qualité de président de Ford, j'écrivis aux cinquante gouverneurs des Etats de l'Union pour leur faire savoir que notre compagnie était favorable à l'obligation d'utiliser la ceinture de sécurité et les exhorter à apporter leur soutien à cette cause.

Douze ans plus tard, au moment où j'écris ces mots, pas un seul Etat n'a encore fait voter cette loi. Nous finirons par revenir à la raison, mais que de temps perdu.

L'opposition au port obligatoire de la ceinture de sécurité a des origines diverses, mais là encore, l'argument majeur est d'ordre idéologique. L'idée de rendre une mesure de sécurité obligatoire va à l'encontre des positions de certains. Et nombreux sont ceux qui pensent qu'il s'agirait d'un nouvel exemple de l'ingérence du gouvernement dans leurs droits civiques.

C'est particulièrement vrai de l'administration Reagan. Sa conception désuète du libéralisme à tout crin s'étend malheureusement à la sécurité routière.

Cela peut sembler difficile à croire, mais même à notre époque, il y a encore des tas de gens qui s'imaginent qu'obliger quelqu'un à ne pas se tuer — ou à ne pas tuer son prochain — n'est pas dans la mentalité américaine. Au nom de l'idéologie, ils acceptent que des milliers de personnes meurent et que des dizaines de milliers soient gravement blessées. Pour moi, ces gens-là vivent encore au dix-neuvième siècle.

Mais chaque fois que je fais une déclaration en faveur du port obligatoire de la ceinture de sécurité, je suis sûr de recevoir une pile de lettres de protestation envoyées par des gens qui se plaignent que j'attente à leur droit d'aller se tuer sur la route.

Mais est-ce vraiment le cas ? Pour conduire, il faut un permis, n'est-ce pas ? Et l'on doit s'arrêter à un feu rouge ? Et le port du casque est obligatoire pour les conducteurs de motos dans certains Etats ?

Toutes ces réglementations sont-elles des exemples d'une ingérence inadmissible des pouvoirs publics ? Ou bien sont-elles nécessaires dans une société civilisée ? Si le Code de la route n'existait pas, ce serait un carnage à chaque carrefour.

Et que penser des lois qui, dans certains Etats, obligent les gens à porter leurs lunettes pour prendre le volant ? Je porte moi-même des lunettes. Si un flic m'arrête en Pennsylvanie et que je n'ai pas mes lunettes, il dresse procès-verbal. Je crois qu'il est temps d'ajouter une ligne au permis de conduire : Non valable sans une ceinture de sécurité.

Je regrette, mais rien dans la Constitution ne stipule que la conduite est un droit naturel. Bien sûr, puisqu'il n'en est rien. La conduite d'une voiture est un *privilège*. Et comme pour tout privilège, elle entraîne certaines responsabilités.

Une loi rendant obligatoire le port de la ceinture constituerait-elle une intervention abusive de l'Etat ? Bien sûr que non. Dès que l'on parle d'intervention de l'Etat, d'aucuns pensent qu'on ne peut être qu'entièrement pour ou entièrement contre.

Mais comme pour tout, il faut tenir compte des circonstances. Dans certains domaines, le gouvernement a le devoir d'agir pour protéger la société. Il n'y a qu'aux Etats-Unis qu'on laisse l'idéologie prendre le pas sur les exigences de la sécurité.

Ces puristes semblent oublier que les dégâts causés par l'absence de ceinture de sécurité provoquent des augmentations d'impôts et des hausses des tarifs d'assurance et qu'ils nous font du tort, à nous et aux nôtres. S'il ne s'agit pas d'une intrusion dans la liberté individuelle, je ne sais pas ce qu'il leur faut.

Mais je ne tiens pas à entrer dans une discussion philosophique, je laisse cela aux idéologues de tout poil. Il vaut mieux réfléchir à des choses pratiques, à ce qui se passe réellement sur les routes.

La vérité est que lorsqu'on porte une ceinture de sécurité, il est presque impossible d'être tué au-dessous de cinquante kilomètres à l'heure. La ceinture de sécurité peut, entre autres raisons, éviter au passager de perdre connaissance à la suite d'un choc, ce qui peut se produire même à une vitesse modérée.

Ce qui me jette hors de mes gonds, c'est que même les adversaires de la ceinture de sécurité reconnaissent qu'elle sauve des vies humaines. Au cas où il serait encore besoin d'en apporter la preuve, on peut se reporter à la célèbre étude de l'université de Caroline du Nord qui détermina que le port de la ceinture de sécurité réduisait de 50 % les blessures graves et de 75 % les blessures mortelles à la suite d'accidents de la route. Et à la fin des années soixante, une autre étude effectuée en Suède passa en revue près de 29 000 accidents dans lesquels avaient été impliqués des porteurs de ceinture de sécurité et découvrit que pas un seul n'avait été mortel.

La Sécurité routière (NHTSA) estime de son côté que les accidents mortels diminueraient d'*au moins 50 %* si tous les usagers utilisaient la ceinture de sécurité. Mais à ce jour, il n'y a guère qu'une personne sur huit qui l'attache en montant en voiture.

On me dit toujours que rendre le port de la ceinture obligatoire est un rêve impossible. Mais je ne crois pas que la plupart des gens s'y opposent d'une manière active. Ils ne se donnent simplement pas la peine de la boucler. Des études ont montré que les usagers ne sont pas contre l'*idée* de la ceinture. Mais ils la trouvent gênante et incommode, ce en quoi ils ont raison.

Ces reproches ne sont d'ailleurs pas nouveaux. En 1956, quand Ford proposa pour la première fois des ceintures de sécurité en option, seulement 2 % de nos clients en prirent. L'indifférence manifestée par les 98 % restants nous coûta énormément d'argent.

Et il fallait entendre les raisons que donnaient les gens qui n'en voulaient pas. Certains se plaignaient que les ceintures juraient avec la couleur de leur intérieur et je n'oublierai jamais une lettre qui disait : « Elles prennent beaucoup de place et ne sont pas confortables quand on est assis dessus ! »

Mais voyons de plus près les autres arguments, bien qu'ils ne soient guère plus convaincants. J'ai entendu des gens dire qu'ils ne voulaient pas être attachés au cas où leur véhicule prendrait feu dans un accident et où ils ne pourraient se dégager. Certes, ce genre de chose *pourrait* arriver. Mais en fait, l'incendie du véhicule n'est à l'origine que d'un accident mortel sur mille.

En outre, même si la voiture prend feu, il est tout aussi facile de détacher sa ceinture de sécurité que d'ouvrir la portière. Et personne n'a encore suggéré que l'on conduise avec les portières ouvertes.

Un autre argument contre le port obligatoire de la ceinture de sécurité est que l'on risque, en cas de collision, d'être projeté hors de la voiture plutôt que coincé à l'intérieur.

Là encore, ce n'est pas totalement faux. Il arrive effectivement de temps en temps qu'un passager soit éjecté dans une collision, mais c'est rare. Et il y a *vingt-cinq* fois plus de chances d'être tué si l'on est éjecté que si on reste protégé par la carrosserie.

D'aucuns prétendent aussi que la ceinture de sécurité n'est vraiment nécessaire que pour la conduite sur autoroute. Mais beaucoup de gens ne se rendent pas compte que 80 % des accidents et des blessures graves se produisent dans les zones urbaines, à une vitesse de moins de cinquante kilomètres à l'heure.

Nous avons parcouru beaucoup de chemin depuis que l'utilisation de la ceinture de sécurité était réservée aux avions. Leur développement coïncide avec les premiers temps de l'aviation, quand parvenir à rester sain et sauf dans l'habitacle était déjà un prodige. C'est vers 1930 que la législation fédérale imposa la ceinture de sécurité dans tous les avions de ligne.

Aujourd'hui, alors que la technologie aéronautique et la sécurité ont fait d'énormes progrès, la loi exige toujours que l'on attache sa ceinture au décollage et à l'atterrissage. C'est parce que la ceinture de sécurité est beaucoup plus efficace sur la terre ferme qu'en vol. Si l'on refuse de se plier à cette loi, la compagnie aérienne est en droit de refuser de vous transporter.

A l'origine, la ceinture de sécurité n'était utilisée que dans les voitures de course et, quand Ford et Chrysler la proposèrent simultanément à leurs clients en 1956, il y eut peu d'amateurs. Huit ans plus tard seulement, en 1964, la ceinture de sécurité faisait partie de l'équipement de base de tous les véhicules particuliers.

Cela fait maintenant près de trente ans que je m'attache à la promotion de la ceinture de sécurité. J'ai commencé en 1955, quand je faisais partie de l'équipe du marketing qui décida de proposer des équipements de sécurité sur les modèles Ford 1956. L'ensemble de ces équipements peut paraître primitif aujourd'hui, mais pour l'époque, c'était révolutionnaire. Outre les ceintures de sécurité, il y avait une fermeture de sécurité des portières, des pare-soleil, un volant près du tableau de bord et un bourrelet antichocs. Notre campagne publicitaire fut axée sur la sécurité de nos nouveaux modèles.

Le fait de mettre l'accent sur la sécurité était une véritable révolution à Detroit, à tel point qu'il semble que plusieurs membres de la direction générale de la GM appelèrent Henry Ford pour lui demander d'arrêter. Ils estimaient que nos campagnes publicitaires sur la sécurité étaient dangereuses pour l'industrie automobile, car elles évoquaient des images de vulnérabilité et même de mort — ce qui n'était tout de même pas idéal pour les ventes. C'est Robert McNamara, dont le système de valeurs était sensiblement différent de celui de ses collègues de Ford ou des autres marques, qui avait décidé de lancer cette campagne de sécurité. Et celui faillit lui coûter sa place.

Tandis que nous vantions la sécurité de nos modèles, Chevrolet, notre principal concurrent, proposait des enjoliveurs fantaisie et un puissant moteur à huit cylindres en V. Cette année-là, Chevrolet nous battit à plates coutures. Mais dès l'année suivante, nous changeâmes de stratégie pour lancer des voitures nerveuses aux accélérations foudroyantes et les résultats furent bien meilleurs.

Depuis cette campagne publicitaire de 1956, on cite une formule que j'aurais prononcée : « La sécurité ne se vend pas », comme si j'avais trouvé un prétexte pour ne pas fabriquer des voitures plus sûres. C'est une grave déformation sinon de ce que j'ai déclaré, tout au moins de ce que je crois profondément. Après l'échec de notre campagne de promotion des équipements de sécurité, j'ai dit à peu près ceci : « Eh bien, vous voyez, nous avons fait de notre mieux, mais il faut croire que la sécurité ne se vend pas. »

Et c'était vrai. Nous avions dépensé des millions de dollars et déployé toute notre énergie, mais en pure perte. Nous avions développé tout le matériel, fait de la publicité, de la promotion et des démonstrations, mais les ventes ne suivaient pas. Certains clients nous disaient : « Oui, la voiture me plaît bien, mais il faudra enlever ces ceintures de sécurité, sinon cela ne m'intéresse pas. »

Quand je débarquai à Detroit en 1956, j'étais un défenseur acharné de la sécurité et je le suis resté. Mais j'ai appris à mes dépens que la sécurité est un très mauvais argument de vente et c'est pourquoi il appartient au gouvernement d'intervenir.

En la matière, tout au moins, les cyniques étaient dans le vrai : si l'on met l'accent sur la sécurité, le client commence à penser aux risques d'accidents et c'est bien la dernière chose qu'il souhaite envisager. Chacun se dit instinctivement : « Je n'aurai jamais d'accident. Cela n'arrive qu'aux autres. »

Cette campagne de 1956 n'eut pas les résultats escomptés, mais je suis fier d'avoir participé à ce rôle de pionnier dans le développement des équipements de sécurité à une époque où Ralph Nader devait encore faire du vélo.

Malgré cet échec, Ford continua à proposer tous les ans des ceintures de sécurité en option, alors que nos concurrents les retiraient devant le manque d'empressement du public. Nombreux étaient ceux qui nous prenaient pour des cinglés. « Des ceintures de sécurité, comme dans un avion ? Mais il s'agit de conduite automobile, pas d'aviation ! »

Mais je me souviens aussi d'avoir assisté à des réunions au cours desquelles des experts en sécurité nous montraient des diapositives d'accidents de la route pour que nous puissions comprendre ce qui se passait exactement dans une collision. J'avoue que c'était horrible et un jour, pris de nausées, je fus obligé de quitter la pièce. Mais c'était très utile et cela me permit de me rendre compte que la protection la plus efficace est bien la ceinture de sécurité... à condition de l'attacher.

On est parfois obligé de faire peur aux gens pour faire passer un message. En 1982, je participai à un déjeuner en compagnie des rédacteurs du *New York Times*. Je parlai longuement de la ceinture de sécurité et fis quelques dessins pour bien montrer son importance dans la prévention des accidents mortels.

Quelques jours plus tard, je reçus une lettre de Seymour Topping, le rédacteur en chef, qui me disait que jusqu'à notre déjeuner, il avait toujours négligé d'attacher sa ceinture de sécurité, mais qu'après avoir entendu mes histoires macabres, il n'avait plus jamais omis de le faire.

Dans le courant de la même semaine, tandis qu'il rentrait chez lui au milieu d'un orage, le véhicule qui roulait devant le sien dérapa et se mit en travers de la route. Il freina brusquement pour éviter la collision, mais sa voiture fit une embardée sur la chaussée mouillée et alla s'écraser contre un mur. Grâce à sa ceinture de sécurité, il sortit indemne de l'accident et il est aujourd'hui un partisan convaincu de ce dispositif.

Le fait d'être un excellent conducteur ne dispense pas du port de la ceinture. On refuse toujours de croire que l'on pourrait avoir un accident. Mais 50 % des accidents sont causés par des conducteurs en état d'ivresse. Et quand ils viennent percuter votre voiture, il vaut mieux être bien protégé.

C'est il y a une dizaine d'années que je compris que la législation sur le port obligatoire de la ceinture de sécurité n'existerait pas dans un avenir proche. J'élaborai donc un projet qui obligerait les conducteurs et les passagers à attacher leur ceinture. Avec l'aide des ingénieurs de chez Ford, je mis au point un dispositif baptisé Interlock, grâce auquel on ne pouvait mettre le contact avant que le conducteur et le passager du siège avant aient attaché leur ceinture. American Motors apporta son soutien à Interlock, mais la GM et Chrysler s'y opposèrent.

Après une vive polémique, la direction de la Sécurité routière rendit l'installation d'un Interlock obligatoire sur tous les véhicules neufs. Mais ce fut un échec. Les usagers étaient hostiles à Interlock et trouvèrent très vite des moyens pour tourner le règlement. Ils attachaient leur ceinture de sécurité... mais sans la porter. Et comme un poids assez léger sur le siège avant suffisait à couper le contact, la ceinture de sécurité devait être bouclée autour de tout objet d'un certain volume, un sac à provisions par exemple.

La levée de boucliers contre Interlock fut telle que la Chambre des représentants, sous la conduite de Louis Wyman, un député républicain du New Hampshire, ordonna sa suppression. Sous la pression de l'opinion publique, il fallut une vingtaine de minutes au Congrès pour bannir Interlock qui fut remplacé par un signal sonore de huit secondes destiné à rappeler aux passagers qu'ils devaient attacher leur ceinture.

Interlock avait des inconvénients, mais je demeure persuadé qu'il aurait pu être amélioré et sauver des vies humaines. Après son rejet par le Congrès, je mis au point un nouveau projet : une lampe spéciale sur la voiture qui serait verte quand la ceinture de sécurité serait attachée et rouge quand elle ne le serait pas. Avec la lumière rouge, on serait passible d'une contravention. Je songeais à un système comparable au signal radar qui permet à la police de ne pas avoir à arrêter le contrevenant. Il leur suffit d'envoyer une contravention par la poste. Mais à la suite de l'échec d'Interlock, personne ne manifesta d'intérêt pour cette solution.

Dans le domaine de la sécurité, les gens ne savent pas toujours où se trouve leur intérêt. Comme il y a tant de vies en jeu, la seule solution est d'avoir une législation sur le port de la ceinture de sécurité.

De toute évidence, je ne suis pas le seul à penser ainsi. Plus de trente pays et cinq des dix provinces du Canada ont déjà des lois existantes. Dans l'Ontario, à quelques minutes de mon lieu de travail, les accidents mortels ont diminué de 17 % depuis la promulgation d'une loi sur le port de la ceinture de sécurité. En France, la même cause eut les mêmes effets et les accidents mortels sont en baisse de 25 %.

Dans certains pays, les contrevenants sont punis d'une amende ; ailleurs on perd le bénéfice de son assurance ; et dans quelques cas, les deux sanctions sont appliquées. Mais aux Etats-Unis la législation n'existe toujours pas. Le gouvernement fédéral affirme qu'elle est du ressort des Etats, mais ces derniers n'ont rien fait. Combien de morts devra-t-on encore déplorer avant qu'on se décide à agir ?

Dans certains Etats, le port de la ceinture de sécurité est obligatoire pour les enfants. Il est temps de songer à protéger également leurs parents. Il n'y aurait rien de plus tragique que de se contenter de demi-mesure — sans parler des nombreux orphelins que cela ferait.

J'ai toujours pensé que le Michigan, qui est la patrie de l'automobile, devrait être à la pointe du combat dans ce domaine. Et chaque fois que la question du port obligatoire de la ceinture de sécurité est à l'ordre du jour à Lansing, j'apporte mon témoignage ou mon soutien à ce projet.

Certains croient que le sac gonflable antichocs est la réponse. Mais je ne suis pas d'accord. J'ai toujours pris position contre ce dispositif depuis son lancement, il y a près de vingt ans. J'ai parfois l'impression qu'à ma mort — et en admettant que j'entre au paradis — saint Pierre m'accueillera à la porte pour me parler des sacs gonflables antichocs.

Ils furent mis au point dans les années soixante par une équipe d'ingénieurs de la Eaton Corporation, une entreprise de Cleveland, et en 1969, la direction de la Sécurité routière décida qu'ils offraient la meilleure protection pour les usagers de la route. Une campagne fut lancée pour que leur installation soit obligatoire à bord de toutes les voitures fabriquées aux Etats-Unis.

La même année, le Congrès vota une loi autorisant le ministère des Transports à rendre les dispositifs de sécurité obligatoires. Ce fut le cas des sacs gonflables antichocs en 1972, mais ces dispositions furent annulées par une cour fédérale. Le gouvernement Ford laissa les sacs gonflables antichocs retomber dans l'oubli, mais ils revinrent à l'ordre du jour sous la présidence de Carter. En 1977, la direction de la Sécurité routière donna l'ordre aux constructeurs d'automobiles d'installer des « dispositifs de sécurité passifs » — expression généralement employée pour désigner les sacs gonflables antichocs — avant 1982. Depuis cette date, les tribunaux et le Congrès sont appelés à se prononcer sur cette question.

Le sac gonflable antichocs, constitué de nylon recouvert de

néoprène, est plié — avec une centaine de grammes d'azide de sodium — à l'intérieur de l'axe du volant et sous la boîte à gants. Lors d'une collision, des capteurs spéciaux sont activés et provoquent l'inflammation immédiate de l'azide de sodium qui dégage assez d'azote pour remplir le sac gonflable. Quand le système fonctionne, le sac gonflable joue le rôle d'un gigantesque ballon qui amortit le choc.

Cela peut sembler être la solution idéale, mais il y a des problèmes, de gros problèmes, que les partisans de ce système ne nient pas. D'une part, le sac gonflable qui est censé être une forme de « sécurité passive » — ce qui signifie que l'usager n'a pas à agir pour le faire fonctionner — n'est efficace que lorsqu'il est utilisé *en même temps que la ceinture de sécurité*. Sans la ceinture, le sac gonflable antichocs ne fonctionne que pour les collisions de front. Il est donc absolument inutile dans plus de 50 % des accidents de la route.

La plupart des gens s'imaginent toujours à tort que le sac gonflable antichocs supprimera la nécessité de porter la ceinture de sécurité. Je crains que les constructeurs n'aient pas très bien réussi à expliquer ce problème.

Les sacs gonflables peuvent être dangereux. Il existe toujours la possibilité que le sac ne se gonfle pas quand il le devrait ou qu'il se gonfle quand il ne le devrait pas. Le sac peut se gonfler par mégarde, et quand cela se produit, un accident grave ou mortel est possible. Un sac qui se gonfle au mauvais moment peut repousser le conducteur en arrière et lui faire perdre le contrôle de son véhicule. Et puis l'azide de sodium n'est pas le genre de substance que j'aime transporter dans ma voiture.

Qu'un sac gonflable ne fonctionne pas au moment voulu ou qu'il se gonfle sans raison, c'est une aubaine pour les avocats. Comme de nombreux usagers le considèrent comme une panacée, ils n'hésitent pas à poursuivre le constructeur en justice quand — et cela se produit inéluctablement — des gens se font tuer ou estropier dans des voitures équipées de ce dispositif.

Mais il faut être honnête et reconnaître que la technologie est maintenant bien au point. Disons que le sac gonflable antichocs fonctionne dans 99,99 % des cas. Si tous les véhicules étaient équipés de ce dispositif — et il y a à l'heure actuelle 150 millions de voitures sur les routes —, cela signifie qu'environ 15 000 fois par an, c'est-à-dire une quarantaine de fois par jour, un sac gonflable fonctionnerait mal. Même si seulement une victime sur cent intentait une action en justice, cela reviendrait extrêmement cher aux constructeurs.

Le sac gonflable antichocs est donc une de ces solutions qui sont peut-être encore pires que le problème. Car il est très dangereux. Un jour, en Europe, je découvris avec stupéfaction dans un quotidien anglais un titre qui disait : « Un Américain préconise le sac gonflable antichocs pour la peine capitale. » Je pris cela pour une plaisanterie, mais c'était apparemment une suggestion on ne peut plus sérieuse. Son auteur était un ingénieur à la retraite du Michigan qui déclarait que le sac gonflable antichoc était une méthode plus humaine que la chaise électrique pour l'exécution des condamnés à mort.

L'inventeur déclara au Bureau des brevets qu'un sac gonflé juste sous la tête d'un condamné aurait une force de douze mille livres qui briserait instantanément les vertèbres cervicales et serait beaucoup plus efficace que la corde du bourreau. Je me demande si j'ai vraiment envie d'avoir un de ces gadgets dans ma voiture.

Le sac gonflable antichocs n'est pas la solution. Et comme la réglementation envisagée ne précise jamais « sac gonflable antichocs » mais seulement « dispositif de sécurité passif », une ceinture de sécurité passive — une ceinture entourant la taille et retenant les épaules qui s'attacherait automatiquement à la fermeture des portières — pourrait faire l'affaire. Volkswagen a travaillé sur un dispositif de ce genre. En montant en voiture, on se glisse sous la bretelle et la ceinture se boucle automatiquement. Ces ceintures qui se referment sur le passager, qu'il le veuille ou non, sont maintenant proposées en option sur la Rabbit.

Un seul constructeur américain a proposé le sac gonflable antichocs à sa clientèle. Il s'agit de General Motors qui, en 1974, investit 80 millions de $ dans un programme d'études sur le sac gonflable et en produisit 300 000 exemplaires. Ils furent proposés en option sur certaines Cadillac, Buick et Oldsmobile de 1974 à 1976. Mais il n'y eut que 10 000 commandes et le sac gonflable revint à 8 000 dollars pièce à la compagnie. Un représentant de la GM déclara à l'époque : « Il aurait mieux valu vendre les sacs et donner les voitures. »

Je pense que dix ans après la publication de cet ouvrage, le gouvernement sera toujours en train de s'interroger sur l'utilité du sac gonflable antichocs. Quand les champions d'une cause montent sur leurs grands chevaux, il est impossible de les arrêter. Depuis le début, la question du sac gonflable antichocs est sans issue. Sauf imprévu, le débat se prolongera probablement très longtemps.

Mais ce n'est pas de sacs gonflables que nous avons besoin. Ce qu'il nous faut, c'est une réglementation rendant obligatoire le port de la ceinture de sécurité. Plus vite nous l'aurons, plus il y aura de vies humaines sauvées.

Jusqu'à ce que cette réglementation soit devenue une réalité, de grâce, protégez-vous, vous et votre famille. Attachez votre ceinture !

26

LE COÛT ÉLEVÉ DE LA MASSE SALARIALE

En tant que descendant d'immigrés durs à la tâche, je crois fermement à la dignité du travail manuel. Je suis partisan de bien rétribuer les ouvriers pour leur temps et leurs efforts. Je ne suis pas socialiste, loin de là, mais je prône la répartition des richesses — à condition que l'entreprise fasse des bénéfices.

Quand le premier Henry Ford décida en 1914 de payer ses ouvriers 5 $ de l'heure, il créa une classe moyenne. C'était une excellente idée, car si les travailleurs de notre pays ne gagnent pas bien leur vie, ce sera la mort de la classe moyenne. Le ciment de tout notre système démocratique est l'ouvrier qui gagne 15 $ de l'heure et qui achète une maison, une voiture et un réfrigérateur. C'est lui qui fait tourner la machine économique.

Les médias ont tendance à ne s'intéresser qu'aux très riches et aux très pauvres, mais c'est la classe moyenne qui nous apporte la stabilité et assure la prospérité de notre économie. Dès qu'un type gagne assez pour honorer ses traites, manger correctement, avoir une voiture, payer les études de ses enfants et sortir une fois par semaine avec sa femme pour aller au restaurant ou au spectacle, il est satisfait. Et aussi longtemps que la classe moyenne sera satisfaite, il n'y aura ni guerre civile ni révolution.

Les États-Unis sont différents de l'Europe. Chez nous, les ouvriers de l'automobile ont une mentalité aussi capitaliste que le patronat et cela n'a rien d'étonnant. Le salaire horaire des membres de l'UAW est le plus élevé au monde. Et quand l'argent parle, l'idéologie suit.

Mais les salaires élevés ne sont pas le véritable problème entre la direction et l'UAW. Le problème, ce sont les avantages sociaux.

Tant que l'argent rentrait à flots à Detroit, il était facile de satisfaire les revendications syndicales et de les récupérer ensuite par une hausse des prix. Sinon, on s'exposait à une grève qui risquait de ruiner l'entreprise.

Les dirigeants de General Motors, de Ford ou de Chrysler n'ont jamais été intéressés outre mesure par une planification à long terme. Ils se préoccupaient surtout de leur intérêt personnel, des résultats du trimestre à venir... et de leurs primes.

Pourquoi ils ? Je devrais dire nous. Car j'étais l'un des leurs et je faisais partie de ce système. Nous avons cédé petit à petit à toutes les revendications syndicales. Nous gagnions tellement d'argent que nous ne prenions pas la peine de réfléchir. Et comme nous n'avions pas envie d'avoir une grève sur les bras, nous ne nous sommes que rarement battus pour le principe.

Et je participai à tout cela en disant : « Prudence est mère de sûreté. Qu'on leur donne ce qu'ils réclament. Car s'ils se mettent en grève, nous perdrons des centaines de millions de dollars, nous perdrons nos primes et je perdrai personnellement un demi-million de dollars. »

Nous étions mus par l'appât du gain. Nous avions spontanément tendance à régler rapidement les problèmes et à cet égard, nos critiques étaient dans le vrai : nous ne pensions qu'au trimestre à venir.

« Que représente une augmentation d'un dollar de l'heure ? disions-nous. Que nos successeurs se débrouillent s'il y a des problèmes, nous ne serons plus là. »

Mais le temps a passé et quelques-uns d'entre nous sont encore dans la profession. Et aujourd'hui, nous subissons les conséquences de notre complaisance.

Avec le recul, je vois trois domaines-clés dans lesquels les dirigeants baissèrent les bras et qui nous coûtent maintenant très cher : l'indemnité de vie chère, la « règle des trente ans » et la prise en charge des soins médicaux du berceau à la tombe.

Commençons par l'indemnité de vie chère. C'est elle qui est le moteur de l'inflation. Les deux millions d'ouvriers qui en bénéficièrent à l'origine travaillaient dans l'industrie automobile. Mais aujourd'hui des millions de travailleurs et de fonctionnaires jouissent de cette protection.

Le premier mouvement serait de rejeter la responsabilité de cette indemnité sur les syndicats, mais en réalité l'idée ne vient pas d'eux. C'est le patronat qui est à l'origine de la création de cette indemnité. En 1946, Charlie Wilson, président de General Motors, proposa aux syndicats une indemnité de vie chère pour lutter contre l'inflation qui s'était déclenchée quand le gouvernement avait renoncé au contrôle des prix.

L'inflation diminua rapidement, mais les syndicats avaient peur. Dans l'accord patronat-salariat de 1948, la GM instaura l'indemnité de vie chère, une clause d'échelle mobile qui prévoyait le versement d'indemnités calculées d'après l'évolution du coût de la vie en se référant à l'indice des prix.

Comme pour toutes les innovations, Ford et Chrysler ne tardèrent pas à emboîter le pas à la GM. Nous réussîmes pendant quelques années à maintenir un plafond à cette indemnité. Mais les ouvriers de l'automobile se mirent en grève et obtinrent le déplafonnement de l'indemnité. A compter de ce moment, l'indemnité de vie chère pervertit les données économiques et elle contribue en fait à *créer* l'inflation qu'elle prétend combattre.

L'indemnité de vie chère se nourrit d'elle-même : plus on essaie de suivre la hausse des prix, plus on crée l'inflation. Mais comme tous les autres avantages, il fut impossible de supprimer ou même de modifier cette indemnité dès qu'elle fut instituée.

Tout au long des années cinquante et soixante, ce ne fut pas un problème majeur. C'était une période de pleine expansion et l'industrie américaine ne cessait de conquérir de nouveaux marchés. L'Europe de l'Ouest et le Japon avaient été ravagés par la guerre et il leur fallut des années pour opérer un redressement. Pendant toute cette période, notre taux d'inflation demeura très bas — environ 2% — et la productivité était très élevée, avec un taux d'augmentation annuel de l'ordre de 3%. L'indemnité de vie chère n'avait donc pas véritablement d'effets inflationnistes, car les hausses de salaire pouvaient toujours être compensées par la croissance de la productivité.

Mais depuis quelques années, c'est le contraire qui se produit. L'inflation est plus forte et la productivité a baissé. A moins de réussir à inverser ces deux tendances, l'indemnité de vie chère deviendra un problème de plus en plus aigu.

Lors de sa création, cette indemnité était un gain contractuel très important, mais au fil des ans, elle est progressivement devenue une obligation rituelle. Par contraste, l'augmentation de la productivité qui était elle aussi rituelle fait maintenant partie du passé. Comment peut-on s'étonner, dans ces conditions, ne ne plus pouvoir contrôler la masse salariale ?

L'indemnité de vie chère s'applique de nos jours à la sécurité sociale, à l'assistance médicale aux personnes âgées, aux forces armées et il est envisagé d'en faire bénéficier la fonction publique. Ce sont de mauvaises habitudes dont nous sommes responsables. Les problèmes rencontrés à ce jour avec ces différents groupes proviennent du déplafonnement de l'indemnité de vie chère.

Contrairement à l'indemnité de vie chère, la « règle des trente ans » est une idée des syndicats, et une mauvaise idée. Walther Reuther, le fondateur de l'UAW, en fit le principal sujet des négociations avec la GM en 1970, juste avant sa mort. Elle fut, avec la revendication de déplafonnement de l'indemnité de vie chère, à l'origine de la grande grève de General Motors, à l'automne de cette année-là.

La « règle des trente ans » stipule qu'au bout de trente années de travail, un ouvrier a le droit, quel que soit son âge, de prendre sa retraite anticipée et de bénéfier de l'intégralité de sa pension — à savoir 60% du salaire — comme s'il avait atteint l'âge légal de soixante-cinq ans.

La « règle des trente ans », qui semble être une bonne idée, fut conçue au départ pour permettre la création d'emplois destinés aux jeunes arrivants sur le marché du travail, mais c'est le genre de réglementation qui contribue à rendre l'industrie américaine de moins en moins compétitive. Voyons pourquoi. Prenons un jeune travailleur de dix-huit ans à qui nous assurons une formation pendant plusieurs années et qui à quarante-huit ans cesse de travailler. Non seulement nous perdons un ouvrier qualifié, mais il faut lui verser sa pension de retraite jusqu'à la fin de sa vie — c'est-à-dire en moyenne pendant une trentaine d'années !

D'après la réglementation, ce « retraité » n'a pas le droit de travailler. S'il travaille, il perd le bénéfice de sa pension. Mais comme il n'est âgé que de quarante-huit ans, il ne va pas rester très longtemps oisif. Il va donc devenir chauffeur de taxi ou bien faire de petits travaux au noir. Un responsable syndical m'avoua un jour : « Ils n'arrêtent pas de travailler. Ils se contentent de changer de boulot. La réglementation leur interdit de travailler, mais qui va aller vérifier ? »

En conséquence, certains des meilleurs électriciens que j'eus sous mes ordres chez Ford ou Chrysler conduisent maintenant des taxis. Et l'ironie de la chose est que pour avoir de nouveaux électriciens, il me faut former des chauffeurs de taxi qui n'y connaissent absolument rien en automobile. C'est de la folie ! On agit en dépit du bon sens dans ce pays qui se précipite la tête la première dans la médiocrité.

La « règle des trente ans » me met hors de moi. C'est un crime d'imposer la retraite à quelqu'un sous le seul prétexte qu'il a travaillé trente ans. A cinquante ans, on a pris la cadence et on possède une expérience et des talents plus variés. Au lieu de les utiliser, il conduit un taxi ou reste chez lui à se tourner les pouces.

Je ne remets pas en cause le fait de payer une bonne pension de retraite. Mais nous ne pouvons plus nous permettre de verser une pension à des gens âgés de cinquante ou de cinquante-cinq ans. J'aimerais modifier la « règle des trente ans » de la manière suivante : l'ouvrier pourrait prendre une retraite anticipée et bénéficier de l'intégralité de sa pension de retraite à condition d'avoir atteint l'âge de soixante ans.

Sinon, nous continuerons à verser 800 $ par mois pour *ne pas* travailler à des hommes qui devraient nous aider à repousser les assauts des Japonais. Est-ce bien raisonnable ?

Le troisième grand abus du système est la prise en charge médicale. Je découvris en prenant mes fonctions chez Chrysler que Blue Cross/Blue Shield étaient nos premiers fournisseurs. Le montant de leurs factures était supérieur à celui de nos fournisseurs d'acier et de caoutchouc ! Chrysler, Ford et General Motors déboursent à l'heure actuelle 3 milliards de dollars par an pour les frais d'hospitalisation et de chirurgie, les soins médicaux et les assurances dentaires, sans parler de tous les frais pharmaceutiques. Chez Chrysler, cette somme s'élève à 600 millions de $, soit à peu près 600 $ par véhicule. Tout compte fait, cela revient donc à plus d'1 million de dollars par jour !

Comme tous les autres avantages accordés par le patronat aux ouvriers, la couverture médicale eut des débuts modestes. Mais au fil des ans, nous sommes passés de la prise en charge des honoraires médicaux au paiement intégral par l'entreprise de tout ce que l'on peut imaginer : dermatologie, psychiatrie, orthodontie... et même les lunettes.

Pire encore, il n'y a même pas de participation aux honoraires médicaux ni aux frais d'hospitalisation. Et le ticket modérateur est très réduit pour les médicaments délivrés sur ordonnance : la quote-part du salarié est de 3 $. C'est ce qui me permettra sans doute de passer à la postérité. J'ai réussi à faire passer cette somme de 2 à 3 $. Après vingt-cinq ans de négociations, c'est ma victoire la plus probante !

Le fond du problème, c'est que la relation acheteur/vendeur a disparu dans la délivrance des biens et des services médicaux.

On a pris l'habitude de laisser l'Oncle Sam ou l'Oncle Lee régler la note. « Qu'importe le prix des examens ou de l'intervention chirurgicale, *ce n'est pas moi qui paie.* »

De même que pour Mediacaid, financé conjointement pat l'État et les collectivés locales, ce système engendre d'incroyables abus. J'ai découvert récemment quatre pédicures qui gagnaient chacun 400 000 $ par an uniquement grâce à la clientèle des employés de Chrysler et de leur famille. Comment un pédicure pourrait-il voir autant de patients ? Il doit les soigner orteil par orteil ! J'ai aussi découvert que nous avions payé en une seule année 240 000 analyses de sang. Cela fait quand même beaucoup de sang à analyser à une époque où nous n'avions que 60 000 employés.

Les soins médicaux nous reviennent à 600 $ par véhicule. Et pour les plus petites voitures, cela représente 7 % du prix affiché. En 1982, nous avons versé 373 millions de $ de primes d'assurance-maladie pour nos employés, nos retraités et leurs ayants droit. Nous eûmes de plus 20 millions de $ de taxes de Medicare, l'aide aux personnes âgées. Et enfin, nous estimâmes qu'environ 200 millions de $ versés à nos fournisseurs étaient utilisés pour régler les primes d'assurance-maladie de leurs propres employés !

Chaque fois qu'un accord est signé avec l'UAW, nous devons faire bénéficier des mêmes avantages tous les employés de l'administration, du haut en bas de la hiérarchie.

Il y a deux ans, ma femme fut hospitalisée pendant quinze jours. Le total des frais s'élevait à près de 20 000 dollars. Savez-vous combien on m'a demandé de payer ? La somme astronomique de 12 $!(Et c'était pour le téléviseur.) Le reste des frais fut intégralement imputé à Chrysler. Je trouve scandaleux de ne même pas avoir eu une quote-part de 1 000 dollars. Mais c'est ainsi que fonctionne le système.

Nous nous sommes efforcés de réformer une partie de ces abus, mais il nous reste beaucoup de chemin à parcourir. Une solution raisonnable pourrait consister à ce que l'État impose les employés sur nos contributions à leurs primes d'assurance-maladie. Ils y réfléchiraient peut-être à deux fois avant de demander des examens complémentaires. Mais dans l'état actuel des choses, nous sommes étranglés par les honoraires médicaux et les frais d'hospitalisation.

Ce sont les trois principaux domaines dans lesquels nous avons cédé trop rapidement aux exigences des syndicats. Mais il y en a un quatrième : la semaine de quatre jours. Les syndicats en parlent depuis des années mais sans jamais dire franchement ce dont il s'agit, à savoir cinq jours payés pour quatre jours de travail.

Mais les responsables syndicaux sont beaucoup trop rusés pour parler ouvertement de la semaine de quatre jours. Ils savent fort bien que jamais l'opinion publique n'accepterait. Leonard Woodcock, le président de l'UAW de l'époque, me dit un jour : « J'obtiendrai la semaine de quatre jours et vous ne vous en rendrez même pas compte. » Il comptait y parvenir par une voie détournée consistant à obtenir tellement de jours de congé supplémentaires que le syndicat pourrait se targuer d'avoir l'équivalent d'une semaine de quatre jours.

C'est là l'origine de la brillante invention des congés payés, grâce à laquelle chaque salarié a droit annuellement à un certain nombre de jours de congé. En 1976, le syndicat obtint douze jours de congés payés — cinq la deuxième année passée dans l'entreprise et sept la troisième année. Et pendant un moment, le jour de l'*anniversaire* des salariés était considéré comme un congé payé. Mais cela posait trop de problèmes et le syndicat accepta de revoir sa position. A l'heure actuelle, nous fêtons le même jour l'anniversaire de tout le monde, en comptant en général comme jour ouvrable le dimanche précédant Noël.

Tout cela — indemnité de vie chère sans plafond, « règle des trente ans », avantages médicaux sans ticket modérateur et multiplication des congés payés — n'a pas le sens commun. Les congés payés peuvent paraître une mesure très avancée, mais au nom de quelle logique peut-on payer quelqu'un pour rester chez soi ?

Si l'industrie automobile veut survivre, il est absolument vital que le patronat et les syndicats imaginent une méthode nouvelle et plus pratique pour travailler ensemble. Il faudra s'inspirer du modèle de leurs efforts conjugués qui ont permis de sauver Chrysler de la faillite.

Je sais que ce ne sera pas facile. D'une part, les ouvriers ont beaucoup de mémoire et certaines des violentes confrontations qui les ont opposés aux dirigeants de l'industrie automobile ne sont pas près d'être oubliées. Ce qui s'est passé en 1937 à Flint, quand on fit appel à la garde nationale pour réprimer le désordre causé par les ouvriers de la GM et leurs responsables syndicaux, n'est, somme toute, pas si vieux.

Le salariat et le patronat représentent des classes sociales différentes, ce qui est toujours une source de tensions. L'ouvrier à sa chaîne de montage jalouse le patron qu'il imagine passant ses journées à siroter du café plutôt qu'à se tuer au travail.

Le système de l'ancienneté est un autre facteur qui incite au militantisme syndical. Les jeunes sont toujours les premiers à perdre leur emploi quand l'entreprise est en difficulté. A l'UAW les ouvriers en chômage conservent leur droit de vote pendant six mois après l'expiration de leur allocation. Après cela, ils doivent remplir un formulaire tous les mois et la plupart ne s'en donnent pas la peine.

Chaque fois qu'il y a un référendum sur un nouvel accord ou un compromis, les ouvriers qui votent sont donc ceux qui ont le plus d'ancienneté. Ils peuvent se permettre de militer, car ils ne risquent pas de perdre leur emploi, sauf en cas de fermeture de l'entreprise. Mais que devient l'ouvrier plus jeune privé temporairement d'emploi ? Il serait prêt à accepter des compromis, si cela pouvait lui permettre de retrouver du travail, mais en général il n'a pas voix au chapitre.

Le syndicat a été créé pour protéger les droits des ouvriers qui étaient maltraités et exploités et il a réussi au-delà de toute espérance. Mais il représente aujourd'hui un groupe de privilégiés, bien payés et extrêmement protégés. D'une certaine manière, l'UAW complique la tâche d'un jeune ouvrier non spécialisé de l'industrie automobile.

Comment en est-on arrivé à cette regrettable situation ? Tout a commencé pendant l'âge d'or de l'automobile.

En 1978, quand je quittai Ford, nous venions d'achever les trois meilleures années de toute notre histoire. Jusqu'alors et à de rares exceptions près, l'histoire des trois Grands n'avait été qu'une suite de variations sur le même thème : la prospérité.

Ce fut particulièrement vrai pendant l'après-guerre. A cette époque, les voitures étaient presque aussi importantes que la nourriture et la capacité de les fabriquer revenait en quelque sorte à faire fonctionner la planche à billets. Les ressources de General Motors s'apparentaient — et la situation n'a guère changé — plus à celles d'un État que d'une entreprise. Ford était la troisième société industrielle du pays et même Chrysler, la petite dernière, était jusqu'à une date récente la dixième entreprise industrielle de la planète.

Cette prodigieuse réussite est due à deux groupes humains tout à fait distincts. D'une part, le patronat, sous la conduite d'un noyau de dirigeants aux très hauts revenus. Il est à l'heure actuelle dominé par les diplômés des écoles supérieures de commerce, mais il n'en a pas toujours été ainsi. Durant la majeure partie de son histoire, l'industrie automobile a été dirigée par un groupe d'individualistes acharnés, arrogants, riches et puissants.

En face, il y a les syndicats. L'UAW (United Auto Workers), qui ne s'est vraiment développée qu'après la Seconde Guerre mondiale, était d'une certaine manière aussi puissante que la direction. L'UAW a toujours été en situation de monopole et c'est elle seule qui a fourni toute la main-d'œuvre permettant à notre industrie de travailler.

L'UAW a vu le jour dans les années trente, en tant que membre de la Confédération des syndicats de l'industrie (CIO) qui quitta en 1935 la Fédération américaine du travail (AFL). L'AFL s'était efforcée avec persévérance mais en vain de syndiquer l'industrie automobile. Après des affrontements acharnés et souvent violents avec la direction de tous les grands constructeurs, l'UAW finit par se faire reconnaître comme une force avec laquelle il fallait compter.

Je suis trop jeune pour avoir connu Walter Reuther, le fondateur du syndicat dont il fut président de 1946 à 1970. Il périt dans un accident d'avion à peu près au moment où j'accédai à la présidence de Ford. Mais je sais qu'il s'agissait d'un esprit éclairé. Sa philosophie peut être résumée très simplement : les ouvriers doivent s'octroyer une part du gâteau aussi avantageuse que possible. Et plus le gâteau est gros, plus la part du salariat serait importante.

Les anciens de Detroit racontent d'ailleurs que Reuther s'asseyait à la table des négociations et qu'il dessinait un gâteau. « C'est la tâche de la direction de faire cuire ce gâteau », déclarait-il. Puis il montrait les différentes parts et expliquait, comme s'il s'adressait à des enfants : « Celle-ci est pour les matières premières, celle-ci pour les frais généraux et les baux, celle-ci pour les salaires des cadres et enfin celle-ci pour les ouvriers. Messieurs, nous sommes assis à cette table aujourd'hui parce que nous ne sommes pas entièrement satisfaits de la manière dont ce gâteau a été coupé. Nous désirons que la répartition soit très légèrement différente. »

Les discours de Reuther devinrent un sujet de plaisanterie à Detroit, car il répétait exactement la même chose à chaque réunion. Comme un disque. Certains journalistes allaient jusqu'à écrire leur article à l'avance et ils ne se trompaient jamais.

Comme Reuther se préoccupait des bénéfices et de la productivité et comme il comprenait que le sort du salariat était indissolublement lié à celui de l'entreprise, il conquit le respect du patronat parallèlement à celui des ouvriers. Et je me plais parfois à rappeler sa philosophie aux dirigeants syndicaux d'aujourd'hui. Reuther est le fondateur de l'UAW, mais je trouve que l'on n'évoque pas très souvent son nom ces temps-ci. Et il y a de bonnes raisons à cela. Car le syndicat réclame toujours une part plus grosse, mais le gâteau est de plus en plus petit.

Reuther n'a jamais combattu l'automatisation. Il ne s'est jamais opposé au progrès industriel, même quand les intérêts à court terme de la classe ouvrière semblaient être menacés. Dès le début, il fut favorable à l'installation de robots. « Ne refusez jamais les nouvelles machines, disait-il à ses adhérents, car elles permettent d'augmenter la productivité. Et si la productivité augmente et que la compagnie accroît ses bénéfices, nous serons en mesure de négocier plus avantageusement. »

Malgré les reproches que j'adresse à l'UAW, je dois reconnaître que les conceptions éclairées de Reuther placèrent son syndicat bien loin devant les autres. Prenons l'exemple de la locomotive à moteur Diesel. Quand elle fut mise en service, les compagnies de chemin de fer n'avaient plus besoin d'un chauffeur pour entretenir le feu de la chaudière. Mais le syndicat insista pour que le chauffeur conserve sa place, même s'il n'avait plus de travail.

Walter Reuther pouvait être très dur et même se montrer déraisonnable, mais c'était un visionnaire. Le journaliste Murray Kempton écrivit un jour que Reuther était le seul homme de sa connaissance qui eût des réminiscences de l'avenir.

En 1948, sous l'impulsion de Reuther, le patronat et le syndicat mirent sur pied un système d'accord salarial sur plusieurs années. Avant cela, il y avait des négociations annuelles, une situation qui ne pouvait que créer une ambiance de travail instable. L'accord de 1948 porta sur deux ans au lieu d'un seul. Il fut suivi en 1950 d'un accord conclu pour cinq ans. Et le syndicat finit par signer une série d'accords sur trois ans avec les trois Grands.

Dans certaines branches, le caoutchouc et l'acier par exemple, les entreprises se sont parfois regroupées pour mener des négociations sectorielles. Mais les ouvriers de l'automobile ont toujours négocié séparément avec General Motors, Ford et Chrysler. Tous les trois ans, le syndicat choisissait une firme et — souvent après une grève ou au moins la *menace* d'une grève — signait un accord qui servait de référence aux autres.

Ce genre de négociations simplifiait la vie de tout le monde. L'un des avantages était qu'aucun constructeur ne pouvait avoir des salaires plus bas que ses concurrents. Ce système contribuait d'autre part à tranquilliser la direction dans leurs rapports avec le syndicat. Si le même accord était appliqué par les quatre firmes automobiles (American Motors était partie prenante), la direction n'était pas obligée de se battre pied à pied au cours des négociations.

LE COÛT ÉLEVÉ DE LA MASSE SALARIALE

Tout au long des années soixante-dix, quand j'étais à la présidence de Ford, je participai à de nombreuses négociations syndicales et j'ai toujours eu l'impression que nous étions dans une position désavantageuse par rapport au syndicat. L'UAW disposait en effet de l'arme suprême : le droit de grève. Et le seul fait de brandir la menace d'un arrêt du travail nous plongeait dans les affres de l'angoisse.

Tout le monde à Detroit a gardé un souvenir très vif de la grève de 1970 chez General Motors. Elle dura soixante-sept jours aux États-Unis et quatre-vingt-quinze au Canada. Les quatre cent mille ouvriers en inactivité perdirent 760 millions de $ en salaires. La caisse de secours du syndicat fut très vite à sec et les ouvriers furent obligés de piocher dans leurs économies.

Mais le bilan fut aussi lourd pour la GM. Leur chiffre d'affaires dégringola de 64 % par rapport à l'année précédente et la grève leur fit perdre environ 1,5 million de voitures particulières et de véhicules industriels par rapport à leurs prévisions de production, c'est-à-dire plus de 5 milliards de $. J'avais pensé à l'époque que pour faire vaciller ainsi General Motors le syndicat devait véritablement être très puissant.

En 1950, Chrysler avait supporté une grève de 104 jours. C'est à cette époque que Ford avait dépassé Chrysler et donc, d'une certaine manière, les effets de cette grève se font encore sentir à ce jour. Nous avons eu des grèves chez Ford aussi, pendant lesquelles nos pertes s'élevaient à peu près à 100 millions de dollars par semaine. A ce tarif, la note devient vite assez salée.

Comme les grèves étaient dévastatrices, les dirigeants étaient prêts à faire n'importe quoi ou presque pour les éviter. Et à cette époque, nous pouvions nous permettre d'être généreux. Nous tenions solidement le marché en main et pouvions augmenter la part de la masse salariale en répercutant simplement la hausse des coûts sur le prix de vente de nos véhicules.

Nous aurions pu riposter par un lock-out, une sorte de grève à l'envers décidée par les patrons qui ferment les usines. Cela nous aurait certes coûté très cher, mais une telle saignée aurait pu être décisive. Il est possible que cela ait pu changer les rapports entre patronat et syndicat avant qu'il soit trop tard.

Mais il n'y a jamais eu un seul lock-out dans l'industrie automobile. C'est la solution que je préconisais quand j'étais chez Ford. Mais la GM préférait toujours satisfaire aux revendications syndicales, car pour elle l'argent n'était pas un problème. Chrysler préférait aussi baisser les bras, mais pour la raison inverse — comme l'entreprise avait les reins moins solides que ses concurrents, elle serait la première à devoir mettre la clé sous la porte en cas de grève prolongée.

Avant chaque négociation, quand les dirigeants des trois Grands se rencontraient afin de mettre sur pied une stratégie commune, la possibilité du lock-out était toujours évoquée. Mais nous étions trop divisés pour adopter une ligne d'action commune. Ford, General Motors et Chrysler étaient incapables de se mettre d'accord sur quoi que ce fût d'un bout de l'année à l'autre et il n'y avait aucune raison de penser qu'ils pourraient faire une exception pour un sujet aussi important. Le syndicat n'avait absolument rien à redouter.

27

LE DÉFI JAPONAIS

Peu après mon entrée chez Chrysler, je me rendis au Japon pour une série de réunions avec la direction de Mitsubishi Motors. En 1971, Chrysler avait acquis 15 % du capital du constructeur japonais et conclu un accord pour importer certaines de leurs excellentes petites cylindrées sous le nom de Dodge ou de Chrysler. Depuis cette époque, nous étions associés.

Les réunions se tenaient à Kyoto. Un jour, pendant une interruption de séance, je sortis faire une promenade avec le docteur Tomio Kubo, le dynamique président du conseil d'administration de Mitsubishi. Nous marchions au milieu des temples et des jardins sacrés et je demandai à mon nouvel ami pourquoi son entreprise avait choisi de construire son usine géante dans cet environnement paisible et champêtre.

— En fait, répondit Kubo en riant, notre usine de Kyoto était à l'origine la principale usine d'avions du Japon. C'est ici que nous construisions nos bombardiers pendant la guerre.

— Mais pourquoi ici, demandai-je, au milieu de toute cette beauté ?

— C'est justement la raison, répondit Kubo. Avant la guerre, votre président et Mme Roosevelt sont venus en vacances ici. Ils sont tombés amoureux de la ville et quand la guerre a éclaté, le président Roosevelt a donné l'ordre de ne pas bombarder Kyoto. Dès que nos services de renseignements ont été au courant, nous décidâmes de bâtir notre usine d'avions dans un lieu où la protection était assurée.

— En amour comme à la guerre, tout est permis, fis-je en secouant la tête.

— Qu'auriez-vous fait à notre place ? demanda Kubo. Nous,

les Japonais, nous protégeons nos intérêts. Ce que je ne comprends pas, c'est pourquoi votre pays ne fait pas toujours de même.

Moi non plus, je ne comprends pas pourquoi. Nous sommes en ce moment même en plein conflit avec le Japon. Mais heureusement, c'est une guerre pacifique, une guerre économique. Et comme le gouvernement refuse de considérer qu'il s'agit d'une guerre, nous avons déjà pris le chemin de la défaite.

Il ne faut pas s'y tromper, notre lutte économique avec le Japon est cruciale pour notre avenir. Nous avons à affronter un adversaire redoutable et nous aurons de la chance si nous restons à son niveau. Mais les cartes sont biseautées et il n'est pas étonnant que nous soyons en train de perdre la partie.

Pour commencer, l'industrie japonaise ne joue pas toute seule. Elle est soutenue à fond par le gouvernement, par l'entremise du MCII, le ministère du Commerce international et de l'Industrie. Le rôle du MCII consiste à déterminer quelles sont les industries vitales pour l'avenir du Japon et à les aider pour la recherche et le développement.

Aux yeux de l'observateur américain, le MCII pourrait passer pour un ramassis de bureaucrates fouineurs, mais il n'en est rien. Au Japon, la fonction publique attire une bonne partie de l'élite de la jeunesse. Quand on songe que les ministères du Commerce, de l'Économie et des Finances sont les départements les plus prestigieux au sein du gouvernement, on a une idée du talent qui se trouve rassemblé au MCII. Le ministère a commis quelques erreurs classiques, mais son influence globale sur l'industrie japonaise a été colossale.

Après la guerre, le gouvernement nippon choisit l'automobile, la sidérurgie, la chimie, la construction navale et la construction mécanique comme secteurs-clés de la reconstruction du pays. En d'autres termes, l'avenir économique du Japon ne fut pas soumis au libre jeu du laisser-faire. Le Japon n'est tout de même pas l'Union soviétique où l'économie est totalement planifiée. Loin de là. Mais il existe au Japon un système d'objectifs et de priorités qui permet au gouvernement et à l'industrie de travailler la main dans la main.

L'industrie automobile japonaise a donc bénéficié d'un cocon protecteur. Prêts du gouvernement, dépréciation accélérée, barrières douanières et rejet des investisseurs étrangers. Grâce à cette collaboration, l'industrie automobile japonaise est passée de cent mille véhicules par an au milieu des années cinquante à onze millions aujourd'hui.

Mais quel que soit le soutien dont ont bénéficié les constructeurs japonais, ils méritent notre respect et notre admiration. Ils ont agi en planificateurs et en techniciens avisés et ne se sont pas contentés de rester frileusement à l'abri des barrières douanières.

Tout le monde a fait bloc — patronat, salariat, actionnaires, gouvernement, banquiers, fournisseurs. En faisant appel à une technologie de pointe, ils ont conçu des produits de la plus haute qualité. Motivés par une politique énergétique taxant lourdement le carburant et par leurs ressources très limitées, ils ont fabriqué des modèles économiques. Il n'est pas étonnant dans ces conditions que les Japonais aient été prêts à affronter les conséquences de la guerre israélo-arabe de 1973 et du départ précipité du Shah en 1980.

Un autre avantage que possède l'industrie japonaise est d'être la moins lourdement imposée de tous les pays industrialisés. L'une des raisons pour lesquelles les taxes sont si faibles est la modicité du budget de la Défense. Depuis la fin de la Seconde Guerre mondiale, nous leur avons ôté ce fardeau. Après la reddition du Japon, nous avons dit : « Arrêtez donc de fabriquer des armes, vous voyez bien où cela vous a menés. Ne vous inquiétez pas, nous nous chargerons de défendre votre pays. Nous vous demandons de vous lancer pour changer dans la fabrication de choses plaisantes et sans danger, des voitures, par exemple. Nous vous montrerons même comment il faut faire. Nos constructeurs de Detroit vous donneront un coup de main ! »

Et c'est ce que nous avons fait. Mais malheureusement, nous avons engendré un monstre. Il est à ce jour âgé d'environ trente-cinq ans, en pleine maturité et bourré de muscles. Il sème la panique sur le marché américain de l'automobile et ne s'arrêtera pas tant que nous n'y aurons pas mis le holà.

Mais comment lutter contre un pays qui ne dépense annuellement que 80 $ par habitant pour sa défense quand on en dépense plus du décuple ? Pendant que nous protégeons les *deux* pays, le Japon peut investir tout ses fonds dans la recherche et le développement.

Les Japonais bénéficient aussi d'un autre atout non négligeable : la faiblesse artificielle du yen. Leurs manipulations monétaires peuvent briser les reins des plus solides. L'industrie et les banques japonaises se sont démenées pour que leur monnaie reste faible afin que leurs exportations demeurent compétitives sur les marchés occidentaux.

Mais il est malheureusement difficile de faire la preuve de ces manœuvres. Chaque fois que je m'en plains à Washington, le gouvernement me demande des faits concrets. Tout le monde veut savoir exactement comment le Japon s'y prend.

Je n'en ai pas la moindre idée. Et je ne dispose pas d'une ambassade à Tokyo, à Londres ou à Zurich pour m'apporter les réponses. Le ministère des Finances américain a 126 000 fonctionnaires. A *eux* de se débrouiller pour trouver !

Tout ce que je sais, c'est qu'il y a anguille sous roche. Quand nos taux d'intérêt montent en flèche de 10 % à 22 % avant de redescendre à 10 % et quand pendant toute la durée de ces fluctuations, le yen conserve la même parité de 240 pour un dollar, il doit se passer quelque chose de louche à Tokyo.

Le yen est sous-évalué d'au moins 15 %. Cela peut ne pas paraître énorme, mais la différence sur le prix d'une Toyota neuve est de plus de 1 000 dollars. Comment sommes-nous censés vaincre dans ces conditions ?

Chaque fois que l'on aborde ce sujet avec les Japonais, ils affirment que ce n'est pas le yen qui est trop faible mais le dollar qui est trop fort. Il y a certainement un fond de vérité dans ces assertions et notre politique fiscale de ces dernières années y est pour quelque chose. Une partie de la faute incombe au gouvernement Reagan dont la politique d'argent rare et de taux d'intérêt élevés a rendu le dollar trop attrayant pour les capitaux étrangers.

L'une de mes craintes les plus profondes est de faire dans dix ans chez Chrysler une fantastique opération qui nous permettrait d'accroître notre marge bénéficiaire de 1 000 $ par unité et de voir d'un seul coup des fluctuations soudaines du yen réduire à néant tout notre avantage chèrement acquis.

Nous ne pouvons pas continuer comme cela. Le moment est venu pour notre gouvernement de demander des comptes à notre concurrent. Ses explications ne sont plus convaincantes et notre économie est gravement perturbée. Nous devrions donner quatre-vingt-dix jours aux Japonais pour nous dire pourquoi leur monnaie est dévaluée... et ce qu'ils comptent faire pour remédier à cet état de choses.

Et enfin, il y a le problème du libre-échange. Ou peut-être devrais-je dire le *mythe* du libre-échange. A ma connaissance, le libre-échange n'a été pratiqué que quatre fois dans toute l'histoire de l'économie dont une sur le plan de la doctrine pure. Les trois seuls États à avoir pratiqué le libre-échange ont été les Pays-Bas, très peu de temps, la Grande-Bretagne au début de la révolution industrielle, et les États-Unis, depuis la fin de la Seconde Guerre mondiale.

Les Anglais pratiquèrent le libre-échange il y a deux siècles parce qu'ils n'avaient pas de concurrence. Mais ils y renoncèrent dès que l'économie des autres pays industrialisés se développa.

Les États-Unis eurent de même le monde entier à leurs pieds. Notre domination a été battue en brèche au fil des ans, mais dans notre tête, nous sommes toujours en 1947.

Le libre-échange est parfait, mais à condition que tout le monde joue le jeu. Comme le Japon a pipé les dés, nous sommes dans une position désavantageuse.

Voyons pourquoi la partie est faussée. Quand une voiture japonaise est chargée sur un navire à destination des États-Unis, le gouvernement japonais accorde un rabais d'environ 800 $ au constructeur. C'est parfaitement légal et conforme au code du G.A.T.T. (Accord général sur les tarifs douaniers et le commerce). En d'autres termes l'acheteur d'une Toyota paie sa voiture plus cher à Tokyo qu'à San Francisco.

Comment devrions-nous réagir ? En Europe la pratique courante consiste à appliquer des droits de douane pour contrebalancer le rabais accordé par le gouvernement japonais à ses exportateurs.

Il est évident qu'on ne peut plus parler de libre-échange. Mais c'est la solution la plus judicieuse.

Prenons donc une Toyota qui coûte 8 000 dollars au Japon. Dès qu'elle arrive à San Francisco, le prix descend à 7 200 dollars. Mais le même modèle vendu à Francfort est vendu 9 000 dollars et 10 500 à Paris. L'Amérique, qui se considère comme le dernier bastion de la libre entreprise, est le dindon de la farce.

Comment pouvons-nous laisser le taux de pénétration des importations atteindre 25 % et supplier les Japonais de ne pas dépasser ce seuil ? Comment pouvons-nous faire l'offrande de nos biens productifs et dire ensuite aux Japonais : « Prenez tout ce que vous voulez. Laissez-nous faire face aux conséquences sociales. »

Jusqu'à ce que nous ayons atteint un point d'équilibre dans le déficit de notre commerce international, il faudrait limiter la part japonaise de notre marché intérieur de l'automobile et la fixer au maximum à 15 %.

L'Europe est beaucoup plus ancienne que nous et a beaucoup plus d'expérience. Si le libre-échange est si important, pourquoi les Européens fixent-ils des limites à leurs importations ?

L'Italie prétend ne pas pouvoir absorber plus de deux mille japonaises par an. La France affirme que la limite est de 3 %. Quant à l'Allemagne, grand pays libre-échangiste, elle ne fixe pas des limites aussi strictes. Mais quand la pénétration japonaise sur son marché intérieur atteignit 11 %, elle décida de fixer le plafond à 10 %. L'Angleterre fit de même.

Il semble malheureusement que notre gouvernement ait de la peine à s'engager sur la même voie. Un certain nombre de nos dirigeants politiques doivent s'imaginer que nous sommes les seuls producteurs au monde et que nous devons nous montrer magnanimes. Mais quarante ans se sont écoulés depuis la fin de la guerre et il est plus que temps de reconnaître que la situation a changé.

Parallèlement, les Japonais ne jouent pas franc jeu avec les importations américaines. Il y eut récemment une réunion entre nos représentants commerciaux et les Japonais pour discuter de cette injustice. Les délégués américains voulaient aborder le problème du bœuf et des agrumes qui sont protégés par la législation japonaise et parler de l'ouverture de nouveaux marchés pour nos exportations.

Mais les Nippons déclarèrent que rien de tout cela n'était négociable. Ils affirmèrent sans sourire qu'ils étaient prêts à supprimer les droits de douane sur la purée de tomate. Pas sur les tomates... sur la purée de tomate ! Grande nouvelle. Cela devrait nous permettre de réduire notre déficit commercial avec le Japon qui est de l'ordre de 30 milliards de dollars d'un peu plus d'un millier de dollars !

Les Japonais limitent la vente des produits pharmaceutiques américains. Ils interdisent notre matériel de communications et nos fibres optiques. Ils ont créé un réseau de près de cinq cents cartels protégés par le gouvernement. Ce protectionnisme est rendu possible par un ensemble délirant de conditions imposées aux produits importés et de paperasserie administrative décourageant les exportations.

Leur système de classification des produits est complètement truqué. Prenons par exemple les pommes chips dont les Japonais sont friands. Elles étaient à l'origine classées comme conserves alimentaires et soumises à ce titre à une taxe de 16 %, mais quand un fabricant américain menaça de se tailler une place trop importante sur leur marché intérieur, les pommes chips furent soudain considérées comme des « confiseries » auxquelles s'appliquait une taxe de 35 %.

Mais l'exemple le plus frappant est celui des cigarettes. La vente des produits américains est autorisée au Japon, mais seulement dans 8 % des débits de tabac. De plus, il y a une taxe de cinquante cents par paquet. Peut-on encore parler de libre-échange ?

Jusqu'en 1981, les fabricants de cigarettes américaines n'avaient pas le droit de faire de la publicité au Japon... sauf en anglais. Pour leur rendre la monnaie de leur pièce, il faudrait peut-être obliger Datsun et Toyota à ne faire leur publicité chez nous qu'en japonais. Imaginons les cris d'angoisse qui s'élèveraient si nous prenions une telle mesure. Je me demande comment on dit « Quelle horreur ! » en japonais.

Quand on me demande si je suis partisan du libre-échange ou du protectionnisme, je réponds : « Ni l'un ni l'autre. » Je suis contre le protectionnisme. Je suis aussi contre le contingentement des importations. Mais les États-Unis sont à peu près le seul pays au monde à ne pas avoir une politique commerciale éclairée et moderne. Nous sommes le seul pays au monde à pratiquer presque totalement le libre-échange... et nous en payons les conséquences.

C'est pourquoi je préconise une solution intermédiaire que j'appelle le prix imposé. Il s'agit d'imposer des restrictions sélectives et temporaires contre le seul pays avec lequel notre balance commerciale est exagérément déficitaire.

Regardons la situation plus en détail. Nous exportons vers le Japon du blé, du maïs, du soja, du charbon et du bois. Et que nous expédient les Japonais ? Des voitures, des camions, des motos, du matériel de forage pétrolier et du matériel électronique.

Question : Comment appelle-t-on un pays qui exporte des matières premières et importe des produits finis ?

Réponse : Une colonie.

Est-ce vraiment le genre de relations que nous voulons avoir avec les Japonais ? Nous nous sommes déjà trouvés dans une situation similaire et cela s'est terminé par le rejet d'une cargaison de thé dans les eaux du port de Boston !

Mais cette fois, nous restons passifs en nous contentant de regarder les Japonais s'attaquer l'un après l'autre à tous les secteurs industriels.

Ils ont déjà l'électronique, le matériel sportif, les machines à photocopier, les appareils photo, le quart du marché de l'automobile.

Ils ont mis la main en passant sur le quart de la sidérurgie. Les Japonais ont trouvé une excellente ruse pour faire entrer en fraude leur acier aux États-Unis. Ils le peignent, le mettent sur quatre roues et le baptisent voiture.

En nous expédiant leurs Toyota, les Nippons exportent quelque chose de plus important que des voitures : le chômage. Les subventions du gouvernement japonais visent à maintenir le plein emploi au pays du Soleil-Levant et cette politique est couronnée de succès. Leur taux de chômage est de 2,7 %. Le nôtre est de trois à quatre fois supérieur.

Quelle sera l'étape suivante ? Ce n'est pas un secret, car ils ont eu la gentillesse de nous le faire savoir : l'avion et l'ordinateur.

Je ne voudrais pas que l'on se méprenne sur ma position à l'égard des Japonais. Oui, je suis furieux que les dés soient pipés et que nous restions passifs devant cette situation, mais le Japon ne fait réellement rien de mal. Comme le disait Kubo, ils prennent seulement soin de leurs intérêts. À nous de prendre soin des nôtres.

Comme je prends position sur les inégalités de nos échanges commerciaux tandis que la plupart des responsables de l'industrie automobile gardent le silence, on a tendance à me cataloguer comme anti-japonais. Il y a même une histoire qui court ces temps-ci et qui se passe dans une école maternelle. L'instituteur interroge ses élèves :

— Qui a dit : « Je regrette de n'avoir qu'une vie à donner pour ma patrie » ? demande-t-il.

— Nathan Hale, en 1776, répond une petite fille japonaise au premier rang.

— Très bien, dit l'instituteur. Et maintenant, qui a dit : « Donnez-moi la liberté ou la mort » ?

La petite Japonaise se lève de nouveau et répond :

— Patrick Henry, en 1775.

— Parfait ! s'écrie l'instituteur. C'est merveilleux de voir que Kiko connaît toutes les réponses. Mais tous les autres devraient avoir honte d'eux. N'oubliez pas que vous êtes américains et qu'elle est japonaise.

À ce moment-là, un petit garçon au fond de la classe marmonne :

— Les Japonais, ils nous emmerdent.

— Qui a dit cela ? demande sèchement l'instituteur.

— Lee Iacocca, en 1982 ! lance une voix au dernier rang.

C'est une charmante histoire, mais en réalité j'admire beaucoup les Japonais. Pourquoi cela ? Eh bien, parce qu'ils savent d'où ils viennent, où ils en sont et où ils vont. Et plus important encore, parce qu'ils ont une stratégie gouvernementale pour y arriver.

Ils savent aussi fabriquer de bonnes voitures. Au cours des années soixante-dix, leurs produits étaient meilleurs que les nôtres.

Ce n'est plus vrai maintenant, mais nombreux sont les Américains qui le croient encore.

Comment les voitures japonaises ont-elles pu devenir si bonnes ? Cela commence par les ouvriers. Il faut savoir que le coût de leur main-d'œuvre est beaucoup plus bas que chez nous. L'ouvrier japonais gagne à peu près 60 % du salaire de son homologue américain. Il n'y a pas au Japon d'augmentations automatiques indexées sur l'indice du coût de la vie. Et il n'y a pas toute la collection d'avantages sociaux pris en charge par l'employeur et qui coûtent au consommateur plusieurs centaines de dollars par voiture.

Les ouvriers japonais sont aussi plus productifs que les nôtres. Je ne veux pas dire qu'ils sont *meilleurs*, mais les règles ne sont pas les mêmes.

Il n'y a en fait que deux catégories professionnelles au Japon : les ouvriers qualifiés et les ouvriers sans qualification. L'ouvrier peut accomplir des tâches très différentes en fonction de ce qui doit être fait un jour donné. Si le sol est sale, il prend un balai et le nettoie sans se préoccuper de savoir si cela entre dans ses attributions. Ce sens de la responsabilité entraîne, bien entendu, une efficacité beaucoup plus grande.

Un système de ce genre serait proprement impensable à Detroit où chacun a une tâche bien déterminée. En comparaison de la simplicité et du bon sens qui caractérisent l'usine japonaise, notre système de règles syndicales et de règlements de l'entreprise paraît absolument ridicule. Il y a à l'heure actuelle près de 150 classifications professionnelles à l'UAW. Alors que la mentalité de l'ouvrier japonais est de chercher à se rendre utile, celle de son homologue américain consiste trop souvent à dire : « Ce n'est pas mon boulot. »

Les syndicats japonais travaillent en étroite collaboration avec le patronat. Les deux parties sont conscientes du fait que leurs destins sont indissolublement liés. Il existe entre le patronat et le salariat des relations de coopération et de respect mutuel. Nous sommes bien loin de l'antagonisme et de la suspicion systématiques qui ont longtemps été de rigueur dans notre pays.

L'ouvrier japonais est extrêmement discipliné. Quand quelque chose va de travers, il le répare. Quand il y a un problème sur la chaîne de montage, il l'arrête jusqu'à ce que le problème soit réglé.

L'ouvrier japonais est fier de son travail ; il se sent investi d'une mission. On ne voit pas au Japon des ouvriers arriver au travail avec la gueule de bois. Le sabotage industriel n'a pas cours et l'aliénation du prolétariat ne semble pas exister.

J'ai lu quelque part que dans certaines entreprises japonaises la direction était obligée d'infliger des amendes à leurs contremaîtres parce que la plupart tenaient absolument à travailler pendant leurs vacances et leurs congés. Peut-on imaginer que cela se produise un jour dans le Michigan ou l'Ohio ?

Le patronat japonais a lui aussi des conceptions qui peuvent nous paraître curieuses mais qui contribuent au succès d'ensemble. Le cadre de l'industrie automobile est bien loin de gagner un salaire comparable à celui de son homologue de Detroit. Il ne reçoit pas non plus d'actions ni de prime de fin d'année.

Certains des dirigeants japonais ont commencé leur carrière en travaillant à la chaîne. Les patrons américains seraient certainement choqués d'apprendre que le PDG de Mitsubishi était autrefois le responsable syndical de son entreprise. Au Japon les cadres de l'automobile partagent l'univers des ouvriers au lieu de vivre dans une atmosphère raréfiée.

La conclusion est qu'au Japon les pouvoirs publics, le salariat et le patronat œuvrent tous dans la même direction alors que chez nous les ouvriers et la direction ont traditionnellement des relations hostiles. Et malgré ce que le public pourrait croire, l'État et les industriels ne travaillent pas non plus de concert.

Une fois encore, j'en rejette la responsabilité sur les idéologues qui semblent croire que *toute* intervention du gouvernement dans l'industrie privée contribuerait à saper les fondements de la libre entreprise. Il ne faut certes pas confondre intervention et ingérence, mais devant le retard que nous ne cessons de prendre sur le Japon, une intervention discrète des pouvoirs publics dans le domaine économique serait parfois souhaitable.

Il est grand temps de prendre des mesures. Nous devons remplacer le libre-échange par une politique de prix imposés. Si le Japon — ou toute autre nation — protège ses marchés, pourquoi ne ferions-nous pas de même ? S'il encourage son industrie nationale, pourquoi ne pas agir de la même manière ? Et s'il continue ses manipulations avec sa monnaie, il conviendra de prendre des mesures pour ramener le taux de change à un niveau correspondant à la réalité.

Je ne sais pas quand nous ouvrirons les yeux mais j'espère que cela ne tardera pas. Sinon notre arsenal économique ne consistera plus guère dans quelques années qu'en guichets de banques directement accessibles en voiture, en fast-foods et en galeries de jeux vidéo.

Est-ce vraiment l'image des États-Unis que nous voulons avoir à la fin du XXe siècle ?

28

COMMENT REDORER NOTRE BLASON

Tout le monde parle depuis quelque temps du déficit de notre budget. Mais comme nous avons failli perdre Chrysler il y a quelques années, j'ai eu l'honneur douteux de me pencher sur ce problème un peu plus tôt que la majorité des gens. Les taux d'intérêt trop élevés nous assassinaient et il était patent qu'aussi longtemps que le gouvernement continuerait à utiliser plus de la moitié du crédit de la nation, les taux d'intérêt ne baisseraient guère.

Pendant l'été 1982, j'écrivis donc pour *Newsweek* un article dans lequel je proposais un moyen simple de réduire de moitié le déficit budgétaire. Il n'était à l'époque que — si j'ose dire — de 120 milliards de dollars. Mon projet consistait à diminuer de trente milliards de dollars les dépenses de l'État et à récupérer trente autres milliards par des augmentations de recettes.

J'avais déjà appris pour l'avoir vécu que si Chrysler avait réussi à se tirer d'affaire, c'était grâce aux efforts conjugués de la direction, des employés, des banques, des fournisseurs et du gouvernement. Et je me posai la question de savoir si le principe de l'« égalité dans le sacrifice » ne pourrait pas également être appliqué au déficit du budget de l'État.

Mon plan était simple. Il s'agissait d'abord de réduire de 5 % le budget de la Défense. Cela représentait déjà 15 milliards de dollars, sans avoir de conséquences sur les différents programmes en cours.

Puis nous aurions demandé aux démocrates de faire des coupes d'une valeur correspondante dans les programmes d'aide sociale qu'ils avaient mis sur pied depuis quarante ans.

Mais le plus difficile reste à venir. Une fois les dépenses réduites de 30 milliards, comment augmenter les recettes de la même somme ? En instaurant d'abord une surtaxe à l'importation du pétrole destinée à aider l'OPEP à maintenir le prix du baril à 34 $ et qui fait rentrer 15 milliards de dollars dans les caisses de l'État. Puis en ajoutant une taxe de 15 cents sur l'essence à la pompe, ce qui procure 15 milliards supplémentaires.

Même en tenant compte de ces nouvelles taxes, l'essence et le pétrole vendus en Amérique resteraient moins chers que dans n'importe quel pays en dehors du monde arabe. Et en plus des nouvelles recettes, cela permettait de mettre enfin sur pied une politique de l'énergie. Nous pouvions parer la prochaine offensive de l'OPEP.

Le déficit budgétaire pouvait ainsi être réduit de 60 milliards de $ par an. L'intérêt de ce projet est qu'il répartit équitablement les sacrifices, aussi bien entre les républicains et les démocrates qu'entre le patronat et le salariat.

Après avoir mis ce projet au point, je contactai tous les PDG de ma connaissance et leur demandai : « Que se passerait-il si le président annonçait dans un discours télévisé qu'il est en mesure de réduire de moitié le déficit budgétaire ? » Et tout le monde s'accorda à dire que cette nouvelle déclencherait la plus folle flambée d'investissements de notre histoire. Cela restaurerait la crédibilité de notre pays et prouverait que nous savions où nous allions.

Inutile de dire que cela ne s'est pas fait. Mais cette idée retint l'attention d'un grand nombre de gens. Des milliers de lecteurs de *Newsweek* m'écrivirent pour me dire qu'ils étaient séduits par mon plan. Et je reçus un coup de téléphone de la Maison-Blanche me demandant de venir voir le président.

Quand je pénétrai dans le bureau ovale, le président Reagan m'accueillit avec l'article de *Newsweek* à la main. « Ce que vous avez écrit me plaît, dit-il. Et sachez que l'ampleur du déficit budgétaire m'inquiète moi aussi. Mais d'après Richard Wirthlin, les sondages montrent qu'une taxe sur le carburant serait la mesure la plus impopulaire que je puisse prendre. »

« Est-ce que notre pays est gouverné en fonction des sondages ? me dis-je. Est-ce seulement cela être président ? »

Reagan voulut ensuite parler du budget de la Défense.

— Il était trop limité sous Carter, dit-il. Il nous faut dépenser beaucoup plus pour assurer notre sécurité nationale. Peut-être n'avez-vous pas une vue d'ensemble suffisante.

— C'est vrai, répondis-je, je n'ai pas une vue d'ensemble de la situation. Et je ne voudrais pas être présomptueux. Mais le budget de la Défense nationale dépasse déjà 300 milliards de $. Je suis un homme d'affaires et, croyez-moi, je me fais fort de réduire *n'importe quel* budget de 5 % sans que vous vous en aperceviez. En fait, c'est ce que j'ai passé ma vie à faire.

Le déficit budgétaire ne fut pas réduit en ce mois d'août 1982 et il a maintenant allègrement dépassé les 200 milliards de dollars. Nous sommes au printemps 1984 et tout le monde se tord encore les mains d'impuissance.

Mais le déficit de l'État n'est malheureusement que la partie visible de l'iceberg. Afin de ne plus douter que nous avons perdu une part de notre grandeur économique, penchons-nous sur les points suivants :

Pourquoi la patrie de Walter Chrysler, d'Alfred Sloan et du premier Henry Ford a-t-elle tant de difficultés à être compétitive pour la fabrication et la vente des voitures ?

Pourquoi la patrie d'Andrew Carnegie a-t-elle tant de difficultés à conserver une sidérurgie compétitive ?

Pourquoi la patrie de Thomas Edison doit-elle importer la majeure partie de ses électrophones, de ses radios, de ses téléviseurs, de ses magnétoscopes et plus généralement de tout l'appareillage électronique ?

Pourquoi la patrie de John Rockefeller a-t-elle des difficultés pétrolières ?

Pourquoi la patrie d'Eli Whitney doit-elle importer une telle quantité de machines-outils ?

Pourquoi la patrie de Robert Fulton et des frères Wright doit-elle faire face à une telle concurrence dans le domaine des équipements de transport ?

Qu'est devenue la puissante machine industrielle qui faisait autrefois l'envie et était l'espoir du reste du monde ?

Comment avons-nous pu, en moins de quarante ans, démanteler l'« arsenal de la démocratie » et nous retrouver avec une économie si vulnérable dans tant de secteurs cruciaux ?

Ce n'est pas du jour au lendemain que nous avons perdu notre leadership. La lente érosion de notre puissance a débuté dès l'âge d'or qui a suivi la Seconde Guerre mondiale. Mais jamais, dans toute son histoire, l'Amérique n'a montré une telle vulnérabilité que dans la dernière décennie.

Pour commencer, nous nous sommes réveillés un beau matin pour constater qu'un cartel du nom d'OPEP avait le pouvoir de nous mettre à genoux. Comme Pavlov qui faisait retentir une sonnerie pour arriver au but recherché, l'OPEP nous sonnait et nous répondions. Et aujourd'hui, alors que plus de dix ans se sont écoulés, nous n'avons toujours pas de véritable programme pour faire face à ce monumental danger économique.

Ensuite, au nom du respect de la théorie du libre-échange, nous restons les bras croisés en regardant le Japon mettre systématiquement la main sur notre base industrielle et technologique. En combinant son savoir-faire et son efficacité traditionnels avec toute une gamme de privilèges économiques injustes, le Japon semble capable de se tailler impunément la part du lion sur nos marchés.

C'est ce qu'on appelle à Washington la politique du laisser faire et on semble s'en satisfaire. A Tokyo on appelle cela le *veni, vidi, vici* et on s'en réjouit encore plus. Les Japonais sont venus, ils ont vu et ils ont conquis. Et notre dépendance vis-à-vis du Japon continuera de croître tant que nous n'aurons pas fixé des limites concrètes à cette invasion de nos marchés.

En troisième lieu, l'Union soviétique nous a rattrapés sur le plan du potentiel nucléaire global. Les États-Unis n'ont plus un avantage militaire décisif. Nous avons mis au point un programme destiné à récupérer cette avance, mais sa part dans le budget de l'État est tellement écrasante que je commence à me demander ce que tout ce nouvel armement va protéger. Sans une infrastructure industrielle vigoureuse et dynamique, nous ne serons qu'une nation hérissée de missiles déployés autour d'usines vides, d'ouvriers en chômage et de villes délabrées. Où est la sagesse d'une telle politique ?

Enfin, il faut savoir que dans un passé récent, l'Amérique a perdu de vue la véritable source de sa puissance et de sa grandeur. D'une nation dont la force a toujours découlé des investissements dans la production et la consommation des biens, nous sommes devenus un pays épris de papier.

Cest ainsi que nos plus grosses entreprises investissent des sommes colossales dans l'achat d'actions d'autres sociétés. Et où passe tout ce capital ? Dans de nouvelles usines ? Dans de nouveaux équipements ? Dans des innovations techniques ?

Une partie, mais pas beaucoup. La majeure partie de cet argent finit dans les banques ou autres institutions financières qui le prêtent à des pays comme la Pologne, le Mexique et l'Argentine. Cela n'apporte pas grand-chose aux États-Unis. Mais au moins, quand ces pays furent incapables de régler leur dette extérieure et que les banques tirèrent la sonnette d'alarme, ils réussirent là où Chrysler, International Harvester et l'industrie de la construction avaient échoué : ils persuadèrent la Réserve fédérale de ne plus pratiquer la politique de l'argent rare.

On crée chaque mois un nouveau type d'instrument financier dans le seul but d'absorber le pouvoir d'achat du consommateur et d'enrichir les agents de change. Quand on suit attentivement ce qui se passe, on ne peut s'empêcher de penser que jamais autant de capital n'a été si peu mis en valeur.

Les plus gros employeurs de l'industrie sont à l'heure actuelle dans l'automobile, la sidérurgie, l'électronique, la construction aéronautique et le textile. Si nous voulons sauvegarder des millions d'emplois, il faut protéger ces secteurs industriels. Ce sont eux qui ouvrent des marchés aux services et aux technologies de pointe. Ce sont des secteurs vitaux pour l'intérêt national. Pouvons-nous réellement conserver l'ossature de notre système de défense sans disposer d'une industrie puissante dans les secteurs de la sidérurgie, des machines-outils et de l'automobile ?

Sans une solide base industrielle, nous pouvons dire adieu à notre sécurité nationale. Nous pouvons aussi faire une croix sur la majorité des emplois bénéficiant de la valeur ajoutée. Si l'on supprime les salaires industriels de 10 à 15 $ de l'heure, c'est toute notre économie qui est ébranlée. Et c'est la fin de la classe moyenne.

Il est temps de prendre des décisions radicales. Si nous n'agissons pas rapidement, nous céderons aux Japonais le marché de la sidérurgie et de l'automobile avant l'an 2000. Et le pire est que nous n'aurons même pas lutté pour les conserver.

D'aucuns semblent croire que cette défaite est inéluctable. Ils pensent que nous devrions même accélérer le processus en renonçant à notre base industrielle pour nous concentrer sur la technologie de pointe.

Mon propos n'est certes pas de mettre un seul instant en doute l'importance de la haute technologie dans l'avenir industriel des États-Unis. Mais elle ne suffira pas à nous sauver. Et si elle est importante pour notre économie, c'est précisément parce que tant d'autres secteurs de l'industrie américaine sont ses clients.

C'est le cas de l'automobile en particulier. C'est notre branche qui utilise tous les robots et, plus que quiconque, nous avons recours à l'informatique pour la conception et la fabrication de nos produits. Nous utilisons des ordinateurs pour réduire la consommation et le taux de pollution de nos modèles et pour améliorer la précision et la qualité de fabrication.

Rares sont ceux qui savent que les trois plus gros clients de l'industrie informatique (la défense mise à part) sont General Motors, Ford et Chrysler. La Silicon Valley ne pourrait exister sans Detroit. Quand on produit des puces de silicium, il faut bien que quelqu'un les utilise. Et c'est l'automobile. Il y a maintenant au moins un ordinateur de bord sur chaque unité sortant des chaînes de montage. Et certains de nos modèles les plus sophistiqués n'en ont pas moins de huit !

On ne peut vendre des puces empaquetées chez les marchands de hardware. Il leur faut une utilisation. Et ce sont les industries de base qui les utilisent. Si nous fermons, c'est le marché de l'informatique qui s'effondre. Si les usines automobiles ferment, c'est la mort de la sidérurgie et du caoutchouc. Et cela représenterait la disparition d'un emploi sur sept.

Nous nous retrouverions dans un pays où les gens se vendraient entre eux des hamburgers et vendraient des puces de silicium au reste du monde.

Je le répète, la haute technologie est vitale pour notre avenir économique, mais, aussi importante qu'elle soit, elle ne pourra jamais fournir autant d'emplois que nos industries de base. C'est une leçon que nous aurions dû retenir de la mort de l'industrie textile. Entre 1957 et 1975, 674 000 ouvriers du textile perdirent leur emploi en Nouvelle-Angleterre. Mais malgré la prospérité des industries de haute technologie de la région, seulement 18 000 de ces ouvriers purent se reconvertir dans l'informatique.

Presque cinq fois plus se retrouvèrent avec un salaire inférieur dans le commerce de détail ou le tertiaire. En d'autres termes, celui qui perdait son emploi dans une filature du Massachusetts avait cinq fois plus de chances de retrouver du travail chez K-Mart ou McDonald's que chez Digital Equipment ou Wang. Il ne suffit pas de donner une blouse blanche à un ouvrier qualifié du textile de quarante ans pour en faire un programmeur.

La solution n'est donc pas de promouvoir la haute technologie au détriment de nos industries clés. Il faut les promouvoir *parallèlement*. La corne d'abondance contient de quoi satisfaire tout le monde, mais une concertation nationale est indispensable.

Autrement dit, nous avons besoin d'une politique industrielle rationnelle.

L'expression « politique industrielle » a pris de nos jours une connotation insidieuse. C'est comme si l'on criait « Au feu ! » dans un théâtre bourré à craquer. Cette expression provoque chez bien des gens une réaction de panique.

Refusent-ils une Amérique forte et prospère ? Bien sûr que non, mais ils refusent toute planification pour atteindre cet objectif. Il veulent que la grandeur de l'Amérique soit le fait du *hasard*.

Les idéologues prétendent qu'une politique industrielle structurée marquerait la fin du régime de libre entreprise tel que nous le connaissons. Or, notre merveilleux régime de libre entreprise présente à l'heure actuelle un déficit budgétaire de 200 milliards de dollars, un programme des dépenses anarchique et un déficit du commerce extérieur de 100 milliards de dollars. La vérité est que la loi du marché n'est pas toujours la seule règle. Nous vivons dans un monde très complexe et, de temps à autre, il faut réamorcer la pompe.

Contrairement à ce que pensent certains, je ne propose pas que le gouvernement choisisse les gagnants et les perdants. Il a montré en de multiples occasions qu'il n'était pas capable de le faire avec discernement.

Et puis je ne veux pas d'ingérence de l'État dans mon entreprise, ni dans aucune autre d'ailleurs. La législation actuelle est déjà suffisamment contraignante, croyez-moi.

Pour moi, une politique industrielle consiste à restructurer et redonner de la vitalité aux industries soi-disant déclinantes — c'est-à-dire les industries les plus anciennes et qui connaissent des difficultés. L'État doit jouer un rôle beaucoup plus actif pour nous permettre de faire face au défi de la concurrence étrangère dans un monde en pleine mutation.

Les Japonais font l'admiration quasi générale avec leur vision claire de l'avenir, la coopération entre leur gouvernement, leurs banques et leur salariat et la manière dont ils savent tirer avantage de leurs forces. Mais dès que quelqu'un suggère de suivre leur exemple, cette image fait aussitôt place à celle de l'économie soviétique et de ses plans quinquennaux.

Mais planification gouvernementale n'est pas nécessairement synonyme de socialisme. Cela signifie simplement la poursuite d'un objectif. Cela signifie la coordination de tous les éléments de la politique économique au lieu d'actions au coup par coup élaborées dans les officines du pouvoir par des gens qui ne songent qu'à leur propre intérêt.

La planification est-elle incompatible avec la mentalité américaine ? Nous planifions beaucoup chez Chrysler et il en est de même de toutes les entreprises prospères. Les équipes de football, les universités, les syndicats, les banques planifient. Les gouvernements du monde entier planifient — tous, sauf le nôtre.

Nous n'irons pas de l'avant tant que nous n'aurons pas

abandonné l'idée absurde que toute planification au niveau national est une atteinte au système capitaliste. A cause de cette crainte, nous sommes le seul pays développé qui soit dépourvu d'une politique industrielle.

En fait, ce n'est pas tout à fait vrai. Les États-Unis ont déjà une politique industrielle, mais elle est mauvaise. Aucun familier des allées du pouvoir ne pourrait prétendre que le gouvernement viole les règles de la libre entreprise si cela peut aider l'industrie nationale. Washington répand la manne de ses subventions et l'ensemble de ces aides constitue une politique industrielle.

Commençons par les emprunts garantis par l'État. (Je suis un expert dans ce domaine.) Celui qui fut accordé à Chrysler n'était pas le premier. Avant nous, 409 milliards de dollars avaient déjà été distribués et cette somme qui a déjà atteint 500 milliards de dollars ne cesse d'augmenter. C'est une politique industrielle.

Ensuite, il y a la défense. Eisenhower nous avait mis en garde en parlant du complexe militaro-industriel. Ce complexe engloutit à l'heure actuelle plus de 300 milliards de $ par an. C'est la seule industrie protégée qui nous reste, la seule que la loi met à l'abri de la concurrence japonaise.

C'est pourquoi, lorsque Chrysler vendit sa division chars à General Dynamics, on nous demanda pourquoi on ne vendait pas plutôt le secteur automobile pour conserver la construction des chars qui nous rapportaient 60 milliards de $ par an garantis et protégés.

Puis il y a la NASA et le programme spatial. Là aussi il s'agit d'une politique industrielle. C'est la conquête de la lune qui a permis à notre industrie informatique de passer la vitesse supérieure.

Il y a aussi l'Export-Import Bank. 80 % de ses fonds vont à quatre compagnies aériennes. Je n'y vois aucune objection, mais ce qui me gêne, c'est qu'elle ait prêté à Freddie Laker 95 millions de $ de l'argent des contribuables. Pour quoi faire ? Pour acheter des DC-10 lui permettant de casser les tarifs de Pan Am et TWA, deux compagnies américaines, sur les vols transatlantiques. Mais Freddie Laker a fait faillite et les 95 millions de $ se sont envolés en fumée. A quoi rime une politique industrielle de ce genre ?

Voyons maintenant le Fonds monétaire international. Il vient en aide à des pays étrangers qui ont emprunté au-dessus de leurs moyens et sont incapables de rembourser leur dette extérieure. Il y a peu, Paul Volcker a accordé au Mexique une rallonge d'1 milliard de dollars pour qu'il puisse conserver son crédit et afin de soulager quelques grosses banques américaines qui lui avaient accordé des prêts. Cette rallonge fut versée presque instantanément et sans garanties, mais, afin d'obtenir le 1,2 milliard de $ qui a permis de sauver Chrysler, une entreprise américaine, il nous a fallu accaparer le Congrès pendant plusieurs semaines. Est-ce une politique industrielle ?

Le FMI accorde également à la Pologne des prêts à 6 % alors que nous demandons à nos immigrés polonais d'acheter des maisons à 14 % d'intérêt. Si le parti démocrate ne parvient pas à tirer parti de cette situation, il méritera de perdre.

Et la politique fiscale ? L'industrie automobile dans son ensemble verse à l'État 50 % de ses bénéfices. Les banques ne versent que 2 %. Voilà une autre forme de politique industrielle.

Il existe donc réellement une politique industrielle — ou, plus exactement, des *centaines* de politiques industrielles. Le seul problème est qu'elles sont éparpillées et qu'elles n'apportent rien, ou si peu, à nos industries de base.

L'idée de politique industrielle est loin d'être nouvelle. Nous en avions déjà une avant même d'être une nation. En 1643, le Massachusetts accorda à une fonderie de création nouvelle l'exclusivité de la production d'acier pendant vingt et un ans afin d'encourager cette industrie en plein développement.

Plus récemment, au XIXe siècle, les chemins de fer, le canal de l'Érié et même les universités bénéficièrent d'un très important soutien fédéral.

Au XXe siècle, l'État a subventionné l'infrastructure routière, le caoutchouc synthétique, les avions à réaction, la conquête de la lune, les circuits intégrés, les technologies de pointe et bien d'autres secteurs.

Au cours des décennies précédentes, une politique industrielle a connu un succès phénoménal — dans le domaine de l'agriculture. 3 % de l'ensemble de notre population nourrissent non seulement les 97 % restants mais aussi une partie du reste du monde. Si ce n'est pas de la productivité !

Comment en sommes-nous arrivés là ? Il ne s'agit pas seulement d'avoir un climat favorable, un sol riche et des fermiers travailleurs. Nous disposions de tout cela il y a un demi-siècle et tout ce que nous obtenions, c'étaient des déserts de poussière et des catastrophes agricoles.

La différence réside dans une vaste gamme de projets financés par le gouvernement, bourses de recherches, fonctionnaires régionaux chargés d'éduquer les gens, fermes expérimentales, électrification rurale et grands programmes d'irrigation, assurances des récoltes, crédits à l'exportation, soutien des prix, contrôle des superficies et maintenant paiement en nature, à savoir des subventions accordées aux exploitants agricoles pour ne *pas* cultiver certains produits. Ce programme seul revient à plus de 20 milliards par an.

Avec toute cette aide gouvernementale (à moins qu'on la considère comme une ingérence) nous avons créé un miracle. Notre politique agricole fait l'envie du monde entier.

Puisque nous avons une politique agro-industrielle et une politique militaro-industrielle, pourquoi ne pouvons-nous avoir une politique *purement* industrielle ?

Je suppose que mon point de vue sur une politique industrielle rejoint celui d'Abraham Lincoln qui répondit quand on lui raconta qu'Ulysses S. Grant buvait beaucoup : « Trouvez la marque de whisky qu'il préfère et envoyez-en à mes autres généraux. »

Voici un programme en six points qui pourrait fournir la base d'une politique industrielle :

Premièrement, acquérir d'ici 1990 notre indépendance énergétique en taxant les produits pétroliers étrangers à la fois par des droits de douane et à la pompe afin de remettre en vigueur le principe de la conservation de l'énergie et de ranimer les investissements dans les sources d'énergie de substitution. Nous ne devons pas nous laisser endormir par la faiblesse actuelle de la demande. L'OPEP agira toujours en fonction de ses seuls intérêts, à savoir en pratiquant des tarifs élevés et en effectuant des approvisionnements parcimonieux. Le peuple américain est prêt à payer le prix pour assurer son indépendance énergétique, car il sait que cet objectif ne sera pas atteint sans sacrifices.

Deuxièmement, nous devons fixer des limites précises à la part du marché des Japonais dans certaines industries clés. Nous devons déclarer l'état d'urgence économique dans ces secteurs industriels et passer unilatéralement outre aux restrictions du G.A.T.T. pendant cette période. Nous n'avons pas à nous justifier d'aborder ainsi le problème de nos relations commerciales avec le Japon. Dans la conjoncture économique actuelle, nous ne pouvons nous permettre de conserver un partenaire commercial qui exige d'avoir le droit de vendre tout en refusant d'acheter.

Troisièmement, la nation tout entière doit regarder les choses en face pour ce qui est des coûts et des mécanismes de financement des programmes d'autorisation gouvernementaux. Washington étudie la question à fond, car c'est un sujet politique brûlant. Mais la réponse a toujours été devant notre nez : nous ne pouvons continuer de payer plus que nous ne recevons. Ce qui implique qu'il devra y avoir des rajustements extrêmement désagréables.

Quatrièmement, les États-Unis ont besoin de cerveaux, ingénieurs, scientifiques et techniciens. Il y a au Japon quatre fois plus d'ingénieurs que chez nous. (Par contre, nous avons quinze fois plus d'avocats !) Des bourses et des prêts de l'État doivent être accordés dans les matières de haute technologie. L'Union soviétique et le Japon consacrent beaucoup d'efforts à la formation de leurs technologues et nous restons à la traîne.

Cinquièmement, il faut encourager la recherche et le développement dans le secteur privé, accélérer la modernisation des usines et accroître la productivité dans les industries clés. Une solution consiste à offrir des crédits d'impôt pour les investissements dans la recherche et le développement et dans l'amélioration de la productivité.

Sixièmement, il faut établir un programme à long terme pour la reconstruction des artères commerciales de notre pays — réseau routier et ferroviaire, ponts et voies de communication fluviales. Notre infrastructure, essentielle au renforcement et à l'expansion de notre puissance industrielle, se détériore à une vitesse alarmante. Il faut agir d'urgence. Ce programme pourrait être partiellement financé par la taxe sur l'énergie. Il aurait l'avantage de représenter un volant de sécurité pour les perturbations de l'emploi qui résulteront inévitablement des gains de productivité et de l'automatisation industrielle.

Afin de mettre tous ces projets en œuvre, il conviendrait de créer une commission des industries clés, une sorte de forum où le gouvernement, le salariat et le patronat se réuniraient pour trouver des solutions nous permettant de sortir de l'impasse. Avant d'entreprendre une action commune, il faut apprendre à se parler. Cette commission tripartite recommanderait des mesures précises pour renforcer nos industries vitales et pour restaurer et rehausser leur compétitivité sur les marchés internationaux.

Je tiens à être bien clair : je ne propose pas un régime d'assistance pour toutes les entreprises en difficulté. Il nous faut un programme applicable uniquement quand des entreprises en difficulté *acceptent de répartir équitablement les sacrifices entre la direction, les ouvriers, les fournisseurs et les établissements bancaires*. Ce qui a marché pour Chrysler peut marcher pour le reste de l'Amérique.

Quand une industrie ou une compagnie ferait appel à Washington comme je l'ai fait il y a cinq ans, cette commission tripartite demanderait au nom des contribuables : « Qu'avons-nous à y gagner ? Et qu'a le peuple à y gagner ? » En d'autres termes : « Qu'apportent le patronat et le salariat ? »

J'ai vécu tout cela et c'est très simple. Il faut que le patronat accepte de faire quelque chose avant que le gouvernement décide *quoi que ce soit*, qu'il s'agisse d'un emprunt garanti, de restrictions à l'importation, de crédits d'impôt pour les investissements ou d'une aide pour la recherche et le développement. Le patronat sera peut-être obligé d'accepter de réinvestir ses bénéfices dans des créations d'emplois — dans *notre* pays —, d'intéresser les salariés aux bénéfices ou même de s'engager à bloquer les prix.

Quant aux syndicats, il leur faudra sortir de l'âge des ténèbres. Il leur faudra accepter des modifications dans les règlements de travail qui nuisent à la productivité — l'existence, par exemple, de 114 catégories professionnelles dans les usines d'assemblage quand une demi-douzaine feraient l'affaire. Ils seront même peut-être tenus de consentir à des limitations de la prise en charge médicale qui fait maintenant partie intégrante du système.

Si ni le patronat, ni les syndicats ne sont disposés à faire des sacrifices, la réunion sera close. On ne peut espérer obtenir une aide gouvernementale si l'on refuse de mettre de l'ordre dans ses propres affaires. On n'a rien pour rien et celui qui demandera l'assistance de l'État devra bien comprendre qu'il y a des conditions.

Tout cela ressemble un peu à un plan Marshall à usage interne et c'est exactement ce dont il s'agit. Les États-Unis ont réussi à reconstruire l'Europe après la Seconde Guerre mondiale, ils ont créé le Fonds monétaire international et une douzaine de banques de développement à vocation internationale pour contribuer à reconstruire le reste du monde, ils devraient donc être capables de reconstruire aujourd'hui leur propre pays. Si la Banque internationale pour la reconstruction et le développement, qui est une organisation à but lucratif, réussit à aider les pays sous-développés, pourquoi une banque nationale ne réussirait-elle pas à venir en aide aux entreprises américaines en difficulté ?

Ce dont nous avons besoin, c'est peut-être d'un Fonds monétaire *américain*. Qu'y aurait-il d'insurmontable dans la création d'une banque de développement national disposant d'un budget de 5 milliards de $ pour rendre la compétitivité à nos industries de base ?

Au début 1984, la commission Kissinger demanda 8 milliards de $ pour le développement économique de l'Amérique centrale.

Dire que j'avais toujours cru que l'Amérique centrale comprenait des lieux comme le Michigan, l'Ohio et l'Indiana ! (Cela montre à quel point je suis simple d'esprit.) Et que devient *notre* Amérique centrale ? Comment peut-on dépenser 8 milliards de $ pour soutenir l'économie des autres quand on néglige de venir en aide à ses propres industries bien mal en point ?

Toute politique industrielle devrait pour être réaliste être accompagnée d'une politique monétaire et fiscale.

Il est impossible d'avoir une économie stable et vigoureuse avec des taux d'intérêt élevés ou qui sont soumis à d'incessantes fluctuations. Ce sont des catastrophes d'origine humaine. Et ce que l'homme a fait, l'homme peut le défaire.

Je considère le 6 octobre 1979 comme un jour d'infamie pour notre pays. C'est le jour où Paul Volcker et la Réserve fédérale décidèrent de laisser flotter le taux de base en affirmant que le seul moyen de juguler l'inflation était de contrôler les réserves monétaires... et tant pis pour les taux d'intérêt.

Comme nous l'apprîmes tous à nos dépens, cette décision provoqua une vague de destruction économique. Il doit y avoir un meilleur moyen de contrôler l'inflation que de d'en faire subir les conséquences aux ouvriers de l'automobile et du bâtiment. Quand les historiens du futur étudieront notre remède pour guérir l'inflation et s'apercevront qu'il était peut-être pire que le mal, ils le compareront sans doute à la saignée du Moyen Age !

C'est Detroit qui fut touché le premier. Nous eûmes à subir la plus longue période de baisse des ventes depuis cinquante ans. Puis ce fut le tour du bâtiment et après cela, presque tout le monde subit le contrecoup de cette décision.

Les taux d'intérêt n'avaient auparavant atteint qu'une seule fois 12 % dans toute notre histoire et c'était pendant la guerre de Sécession. Mais cette fois, après avoir atteint 12 %, ils continuèrent à grimper. Ils montèrent jusqu'à 22 %, un taux usuraire s'il en fut.

Mais si des taux d'intérêt de 20 % sont durs à digérer, l'effet de yo-yo est encore pire. Du 6 octobre 1979 au mois d'octobre 1982, les taux d'intérêt montèrent ou baissèrent à quatre-vingt-six reprises, c'est-à-dire une fois tous les quatorze jours en moyenne. Comment peut-on respecter une planification dans ces conditions ?

Quand les taux d'intérêt sont élevés, les consommateurs placent beaucoup d'argent dans les valeurs à court terme. Mais gagner de l'argent sur l'argent n'est pas productif, cela ne crée pas des emplois. Et ceux d'entre nous qui créent des emplois, qui investissent dans la productivité, veulent se développer et acceptent de payer leur part d'impôts se trouvent condamnés à attendre des crédits parcimonieux qui leur permettront de donner du travail à quelques salariés supplémentaires.

Les taux d'intérêt élevés encouragent les puissants à faire fructifier leur argent. Quand l'argent est cher, les investissements dans la recherche et le développement sont risqués. Quand les taux d'intérêt sont élevés, il est plus économique d'acheter une compagnie que d'en créer une.

Neuf des dix plus importantes fusions de l'histoire des États-Unis ont été réalisées sous le gouvernement Reagan. L'une des plus grosses concerna U.S. Steel. Profitant de la libération des prix (ce qui nous coûtait 100 $ supplémentaires par voiture pour acheter de l'acier américain), U.S. Steel acheta Marathon Oil pour 3,4 milliards de $. La majeure partie de cet argent était empruntée. Il aurait mieux valu l'utiliser pour acheter du matériel moderne permettant de lutter contre les Japonais.

Quand les métallurgistes se rendirent compte de ce qui se passait, ils devinrent tellement furieux qu'ils exigèrent que toutes les concessions salariales qu'ils feraient soient réinvesties dans la sidérurgie. Il est à peine croyable que ce soient les ouvriers qui aient été forcés de faire un cours aux patrons sur la manière dont le système fonctionne.

Que dire de DuPont qui a racheté Conoco pour 7,5 milliards de $ et a ainsi triplé sa dette pour la faire passer à 4 milliards de $? Les intérêts de cette dette ont coûté à DuPont 600 millions de dollars par an. Ne serait-il pas dans l'intérêt général que DuPont utilise cet argent pour développer les produits nouveaux et novateurs qui ont rendu cette entreprise célèbre dans le monde entier ?

Et que dire de Bendix, United Technologies et Martin Marietta qui ont emprunté 5,6 milliards pour fonder une association sans créer un seul emploi nouveau ?

Dans la décennie comprise entre 1972 et 1982, le nombre total de salariés des cinq cents plus grosses entreprises industrielles a diminué. Tous les nouveaux emplois — plus de dix millions — ont deux sources. D'une part, les petites entreprises et, d'autre part, le gouvernement. Le gouvernement qui est peut-être la seule industrie de croissance qui nous reste.

Pourquoi ne pas voter une loi aux termes de laquelle une entreprise ayant emprunté pour en absorber une autre ne pourrait déduire de ses impôts les intérêts sur cet emprunt ? Cela mettrait rapidement un terme aux excès.

A l'heure actuelle, il est très difficile de racheter un concurrent, car on tombe sous le coup de la loi antitrust. Mais si l'on veut racheter une compagnie d'une branche totalement différente, cela ne pose pas de problèmes.

A quoi cela rime-t-il ? Pourquoi un chef d'entreprise de la sidérurgie devrait-il soudain se lancer dans le pétrole ? C'est un monde complètement différent et il lui faudra des années pour apprendre le métier. De plus, cela a le grave inconvénient de ne pas être productif.

La baisse des taux d'intérêt et l'interdiction de ces fusions absurdes nous permettraient de chasser rapidement les marchands du temple de l'économie. Nous pourrions recommencer à faire des affaires à la manière américaine, c'est-à-dire en réinvestissant et en pratiquant la concurrence au lieu de passer notre temps à nous racheter. Et aussi en créant de nouveaux emplois afin que la croissance économique bénéficie à plus de gens. Le coût des prestations sociales diminuerait, le capital recommencerait à s'accumuler et les usines retrouveraient leur prospérité.

Tout le monde sait que le meilleur moyen de faire baisser les taux d'intérêt est de réduire sensiblement le déficit budgétaire. Il est temps que l'on songe à restreindre les dépenses de l'État. A ce jour, Washington utilise plus de la moitié de tout le crédit disponible (54 % pour être précis) pour financer la dette publique.

Malgré les promesses électorales du président Reagan, la dette de l'État échappe à tout contrôle. En 1835, la dette publique n'était que de 38 000 dollars. En 1981, elle dépassa pour la première fois 100 milliards de dollars. Aujourd'hui, elle est de l'ordre de 200 milliards. Et l'on suppose que dans cinq ans, elle atteindra 1,5 *billion* !

Nous avons déjà eu un déficit de cet ordre — dans la période comprise entre 1776 et 1981. Il nous a fallu 206 ans, huit guerres, deux grandes crises économiques, une douzaine de récessions, deux grands programmes spatiaux, la conquête de l'Ouest et les mandats de trente-neuf présidents pour atteindre ce chiffre. Et maintenant, nous allons égaler ce record en cinq ans, en période de paix et au cours d'une soi-disant reprise économique.

Pour exprimer les choses différemment, il y a dans notre pays soixante et un millions de familles et nous allons leur mettre sur le dos 3 000 dollars de dettes par an *sans leur permission*. C'est comme si l'Oncle Sam utilisait votre carte de crédit à votre insu. Nous hypothéquons ainsi l'avenir de nos enfants et de nos petits-enfants.

Comme la plupart d'entre eux ne sont pas encore en âge de voter, ils nous ont donné une procuration. Et nous n'en faisons pas très bon usage. Sur le chapitre budgétaire, je donnerais un zéro pointé à tous les politiciens de Washington.

Nous devons nous attaquer au déficit budgétaire et aux autres problèmes économiques avant d'être complètement submergés. Mais pour résoudre les problèmes importants, il faut être prêt à prendre des mesures impopulaires. L'enfant de la crise de 1929 que je suis a toujours voué une profonde admiration à Franklin Roosevelt. Il a beaucoup fait pour son pays, malgré les idéologues qui n'ont cessé de lui mettre des bâtons dans les roues. Il a réalisé l'unification de la nation. Il a inclus les exclus dans la communauté. Il a eu le courage d'aller chercher les gens aux coins de rues où ils vendaient des pommes pour les mettre au travail.

Mais avant tout, il était pragmatique. Quand il avait un grave problème à résoudre, il *agissait*. Et il faut toujours plus de courage pour agir que pour ne rien faire. Roosevelt ne s'est pas attaqué à la crise de 1929 avec des courbes et des graphiques, ni avec des théories de la Harvard Business School. Il prenait des mesures concrètes et était toujours prêt à essayer des solutions nouvelles. Et si cela ne marchait pas, il essayait autre chose.

C'est un peu de cet esprit-là qu'il nous faudrait aujourd'hui à Washington. Les problèmes que nous avons à affronter sont énormes et très compliqués. Mais les solutions existent. Elles ne sont pas toujours faciles et elles ne sont pas toujours agréables. Mais elles existent.

Les grandes questions d'aujourd'hui ne se posent pas en termes de républicains ou de démocrates. Les partis politiques peuvent discuter des moyens, mais ils doivent tous deux ne pas perdre de vue l'objectif final qui est de redonner sa grandeur à l'Amérique.

Pouvons-nous réussir dans cette entreprise ? Quelqu'un a dit un jour que toute grande entreprise est glorieuse, même dans l'échec. Nous devons donc essayer et en mon for intérieur, je suis convaincu que nous réussirons.

Nous sommes un peuple plein de ressources et une nation où règne l'abondance. Avec une ligne directrice, des chefs et le soutien du peuple tout entier, nous ne pouvons échouer. Je suis persuadé que notre pays redeviendra le symbole éclatant de la puissance et de la liberté que nul ne défiera et que tout le monde enviera.

ÉPILOGUE :

LA GRANDE DAME

Quand le président Reagan me proposa le poste de président de la commission du centenaire de la statue de la Liberté — Ellis Island, j'étais plongé jusqu'au cou dans l'affaire Chrysler. Mais j'acceptai. On me demanda de toutes parts pourquoi je m'étais chargé de cela, comme si je n'avais pas déjà assez à faire.

Mais c'était une marque d'amour dédiée à mes parents qui m'avaient si souvent parlé d'Ellis Island. En débarquant à New York, ils ne connaissaient pas la langue et ne savaient pas quoi faire. Ils étaient pauvres et n'avaient rien à eux. Ellis Island faisait donc partie de moi-même — pas l'île, mais ce qu'elle représentait.

Ce n'est pas seulement en mémoire de mes parents que j'ai accepté de participer à la restauration de ces deux grands symboles. Je peux, moi aussi, m'identifier à leur expérience. Et maintenant que je me consacre à cette tâche, je me rends compte qu'un grand nombre d'Américains éprouve la même chose que moi.

Les dix-sept millions d'étrangers qui sont passés par les bureaux d'immigration d'Ellis Island ont eu beaucoup d'enfants. Ils ont donné aux États-Unis cent millions de descendants, c'est-à-dire que près de la moitié de la population de notre patrie y a ses racines.

Et c'est de racines que notre peuple a besoin. Il aspire à retrouver les valeurs fondamentales. Le travail, la dignité de l'ouvrier, la défense du bien — voilà ce que représentent la statue de la Liberté et Ellis Island.

A l'exception des Indiens, nous sommes tous des immigrants ou des descendants d'immigrants. Il est donc essentiel de dépasser les stéréotypes avec lesquels nous avons vécu. Les Italiens n'ont pas seulement apporté la pizza et les spaghetti, les juifs les

« bagels » et les Allemands les saucisses et la bière. Chacun de ces groupes ethniques a apporté sa culture, sa musique, sa littérature. Ils se sont fondus dans le creuset américain mais ils sont en même temps parvenus à préserver leur culture distinctive tout en s'imprégnant de celle des autres.

Nos ancêtres sont arrivés dans ce pays et ont pris part à la révolution industrielle qui a changé le visage du monde. En ce moment même, nous sommes les témoins d'une nouvelle révolution technologique qui nous terrifie. Quand des bouleversements de cet ordre sont en cours, on redoute vivement que des tas de gens en souffrent — et d'être au nombre de ces victimes. Et l'on s'interroge avec anxiété : « Réussirons-nous aussi bien que nos ancêtres à nous adapter à cette nouvelle donne ou bien resterons-nous en plan ? » Et nos enfants commencent à se demander s'il leur faudra se résigner à des espoirs et à un niveau de vie moins ambitieux.

Alors je tiens à leur dire ceci : « Il n'y a pas de fatalité. Si nos parents ont réussi à surmonter cette épreuve, vous le pouvez aussi. Vous n'y avez peut-être jamais songé, mais ils ont beaucoup souffert. Ils ont renoncé à énormément de choses, car ils voulaient vous préparer une existence meilleure que la leur. »

Dans les moments difficiles, ma mère n'hésita pas à aller travailler en usine pour que je puisse avoir de quoi déjeuner à la cantine de l'école. Elle a fait ce qu'elle avait à faire. Et quand je suis arrivé chez Chrysler, j'ai trouvé une épouvantable pagaille mais j'ai fait ce que j'avais à faire.

Les cinquante années qui viennent de s'écouler peuvent nous donner une idée des cinquante ans à venir. Ces cinquante dernières années nous ont appris à faire la distinction du bien et du mal. Elles nous ont appris que la réussite est le fruit du travail, que l'on n'a rien pour rien et qu'il faut être productif. Telles sont les valeurs qui ont fait la grandeur de notre patrie.

Et telles sont les valeurs que symbolise la statue de la Liberté. Elle n'est rien d'autre qu'un merveilleux symbole de la liberté. C'est Ellis Island qui est la réalité. La liberté n'est que le billet d'entrée, mais si l'on veut survivre et prospérer, il faut accepter de payer le prix.

J'ai eu une carrière extraordinaire et cette chance je la dois à notre pays. J'ai su saisir les occasions, mais il m'a fallu près de quarante ans de travail acharné.

On me demande toujours à quoi est due ma réussite et je reviens à ce que mes parents m'ont enseigné. Applique-toi. Reçois la meilleure éducation possible mais ensuite, *agis* ! Surtout ne reste pas passif. Ce n'est pas facile, mais à condition de travailler sans relâche, il est merveilleux de constater que dans une société de liberté il est possible de réaliser toutes ses ambitions. Il faut aussi, bien entendu, être reconnaissant au Seigneur, des bienfaits dont il nous a comblés.

Comme j'ai passé la majeure partie de ma vie à vendre — qu'il s'agisse de produits, d'idées ou de valeurs — cela ne me ressemblerait sans doute guère de clore cet ouvrage sans lancer un appel.

Je vous demande donc d'apporter votre concours à la restauration d'Ellis Island et de la statue de la Liberté. Envoyez votre contribution à : Fondation statue de la Liberté - Ellis Island, Box 1986, New York, NY 10 018. Ne laissez pas s'éteindre la flamme de la statue de la Liberté !

Souvenez-vous de Christophe Colomb, mon ancêtre, et soyez assuré de ma reconnaissance éternelle.

REMERCIEMENTS

La coutume veut qu'un auteur remercie tous ceux qui ont contribué à la réalisation de son ouvrage.

Mais comme il s'agit ici d'une autobiographie, j'aimerais commencer par remercier certains de ceux qui m'ont aidé dans ma vie, ces amis véritables qui m'ont soutenu quand tout se désagrégeait autour de moi : l'évêque Ed Broderick, Bill Curran, Vic Damone, Alejandro de Tomaso, Bill Fugazy, Frank Klotz, Walter Murphy, Bill Winn et Gio, mon coiffeur. Sans oublier mon médecin, James Barron, qui m'a aidé à conserver ma santé mentale et physique.

Je voudrais également remercier tous ceux qui sont sortis d'une retraite douillette pour me prêter main-forte chez Chrysler : Paul Bergmoser, Don DeLaRossa, Gar Laux, Hans Matthias et John Naughton ainsi que quelques jeunes loups : Jerry Greenwald, Steve Miller, Leo Kelmenson et Ron DeLuca qui ont renoncé à des postes de responsabilité et retroussé leurs manches pour apporter du sang frais à une firme moribonde.

Au cours de mes trente-huit années dans l'industrie automobile, j'ai eu le bonheur d'avoir trois secrétaires qui ont su me mettre en valeur. La première, Betty Martin, était si talentueuse que bon nombre de cadres supérieurs de chez Ford paraissaient médiocres en comparaison. La deuxième, Dorothy Carr, démissionna de chez Ford le jour où je fus licencié et me suivit chez Chrysler par pure fidélité, compromettant ainsi sa pension de retraite. La troisième, Bonnie Gatewood, ma secrétaire du moment, une employée de longue date de Chrysler, est à mettre sur le même plan.

Je voudrais aussi exprimer ma gratitude à mes vieux amis de chez Ford, dont l'affection m'a été précieuse dans les moments difficiles : Calvin Beauregard, Hank Carlini, Jay Dugan, Matt McLaughlin, John Morrissey, Wes Small, Hal Sperlich et Frank Zimmerman.

Je tiens à remercier Nessa Rapoport, mon éditrice, qui a fait en sorte que cet ouvrage soit mené à bonne fin ; l'équipe de Bantam Books qui s'est donné tant de mal, Jack Romanos, Stuart Applebaum, Heather Florence, Alberto Vitale et Lou Wolfe en particulier ; William Novak pour son concours inappréciable.

Et, cela va sans dire, mes filles Kathi et Lia qui étaient toute ma vie et le sont encore.

Table des matières

Avant-propos 9
Prologue 11

MADE IN AMERICA

1. La famille 17
2. Le temps des études 28

FORD STORY

3. Les premières armes 47
4. Les grosses têtes 57
5. Clés pour le management 66
6. La Mustang 82
7. Bis ! 101
8. La voie royale 110
9. Des nuages dans un ciel serein 122
10. L'année fatale 136
11. L'épreuve de force 145
12. Après la bataille 160

CHRYSLER STORY

13. Chrysler me fait des avances 169
14. Sur un navire en perdition 179
15. La formation de l'équipe 196
16. Le jour où le Shah quitta Téhéran 212
17. Mesures d'urgence : l'appel au gouvernement 222
18. Faut-il sauver Chrysler ? 232
19. Chrysler devant le Congrès 244
20. Égalité dans le sacrifice 261
21. Les banques : l'épreuve du feu 270
22. Le modèle K... et une chaude alerte 282
23. Homme public, rôle public 297
24. Une victoire aigre-douce 309

DE VOUS A MOI

25. Comment réduire le nombre des victimes de la route .. 325
26. Le coût élevé de la masse salariale 335
27. Le défi japonais 347
28. Comment redorer notre blason 357

Épilogue : La Grande Dame 373

Remerciements 377

L'impression de ce livre
a été réalisée sur les presses
des Imprimeries Aubin
à Poitiers/Ligugé

pour les Éditions Robert Laffont

Achevé d'imprimer en avril 1985
N° d'édition, L 393 — N° d'impression, L 19889
Dépôt légal, mai 1985

Imprimé en France